国家社科基金项目成果

基于道德的传统善恶报应思想研究

孙长虹 著

中国社会科学出版社

图书在版编目(CIP)数据

基于道德的传统善恶报应思想研究/孙长虹著.—北京：中国社会科学出版社，2021.10
ISBN 978-7-5203-9018-7

Ⅰ.①基… Ⅱ.①孙… Ⅲ.①善恶—伦理学—研究 Ⅳ.①B82

中国版本图书馆 CIP 数据核字(2021)第 176149 号

出 版 人	赵剑英
责任编辑	韩国茹
责任校对	张爱华
责任印制	张雪娇

出　　版	中国社会科学出版社
社　　址	北京鼓楼西大街甲 158 号
邮　　编	100720
网　　址	http://www.csspw.cn
发 行 部	010-84083685
门 市 部	010-84029450
经　　销	新华书店及其他书店
印　　刷	北京君升印刷有限公司
装　　订	廊坊市广阳区广增装订厂
版　　次	2021 年 10 月第 1 版
印　　次	2021 年 10 月第 1 次印刷
开　　本	710×1000　1/16
印　　张	19.75
插　　页	2
字　　数	322 千字
定　　价	118.00 元

凡购买中国社会科学出版社图书，如有质量问题请与本社营销中心联系调换
电话：010-84083683
版权所有　侵权必究

目 录

前 言 ⋯⋯⋯⋯⋯⋯⋯⋯⋯⋯⋯⋯⋯⋯⋯⋯⋯⋯⋯⋯⋯⋯⋯⋯⋯⋯ 1

第一章 善恶报应及其信仰的认识论基础 ⋯⋯⋯⋯⋯⋯⋯⋯ 5
  一 善恶报应中道德及报应规律的真理性 ⋯⋯⋯⋯⋯⋯⋯ 5
  二 善恶报应与直觉 ⋯⋯⋯⋯⋯⋯⋯⋯⋯⋯⋯⋯⋯⋯⋯⋯ 8
  三 善恶报应信仰合乎人的理性 ⋯⋯⋯⋯⋯⋯⋯⋯⋯⋯⋯ 10
  四 善恶报应信仰与情感 ⋯⋯⋯⋯⋯⋯⋯⋯⋯⋯⋯⋯⋯⋯ 13
  五 信念伦理与信仰锁定 ⋯⋯⋯⋯⋯⋯⋯⋯⋯⋯⋯⋯⋯⋯ 15
  六 善恶报应信仰中的"真"与"善"问题 ⋯⋯⋯⋯⋯⋯ 17

第二章 善恶报应的合理性 ⋯⋯⋯⋯⋯⋯⋯⋯⋯⋯⋯⋯⋯⋯ 23
  一 善恶报应中的因果规律及其伦理蕴涵 ⋯⋯⋯⋯⋯⋯⋯ 23
  二 善恶报应中的利己与利人 ⋯⋯⋯⋯⋯⋯⋯⋯⋯⋯⋯⋯ 26
  三 善恶报应中自律与他律的统一 ⋯⋯⋯⋯⋯⋯⋯⋯⋯⋯ 31
  四 善恶报应中的公正 ⋯⋯⋯⋯⋯⋯⋯⋯⋯⋯⋯⋯⋯⋯⋯ 34
  五 善恶报应中的道德与幸福 ⋯⋯⋯⋯⋯⋯⋯⋯⋯⋯⋯⋯ 37
  六 善恶报应中的道德权威 ⋯⋯⋯⋯⋯⋯⋯⋯⋯⋯⋯⋯⋯ 41
  七 善恶报应的影响 ⋯⋯⋯⋯⋯⋯⋯⋯⋯⋯⋯⋯⋯⋯⋯⋯ 43
  八 善恶报应面临的质疑 ⋯⋯⋯⋯⋯⋯⋯⋯⋯⋯⋯⋯⋯⋯ 47

第三章 反馈之美：从系统论的视角看善恶报应的必要性和重要性 ⋯⋯⋯⋯⋯⋯⋯⋯⋯⋯⋯⋯⋯⋯⋯⋯⋯⋯⋯⋯ 53
  一 从系统论的角度看善恶报应中的反馈 ⋯⋯⋯⋯⋯⋯⋯ 53
  二 反馈的必要性 ⋯⋯⋯⋯⋯⋯⋯⋯⋯⋯⋯⋯⋯⋯⋯⋯⋯ 56

三　反馈的重要性 …………………………………… 58
　　四　奖励的作用 ……………………………………… 61
　　五　惩罚的作用 ……………………………………… 62
　　六　善恶报应反馈与控制论 ………………………… 66
　　七　对奖励和惩罚的质疑 …………………………… 68

第四章　儒家的善恶报应思想 ………………………………… 74
　　一　儒家的善恶报应内容 …………………………… 74
　　二　儒家善恶报应的宗教性 ………………………… 77
　　三　道德的宗教 ……………………………………… 81
　　四　优质的信仰 ……………………………………… 88
　　五　儒家报应思想中的人性论 ……………………… 92
　　六　儒家善恶报应思想的特点 ……………………… 95
　　七　儒家善恶报应思想存在的问题 ………………… 98

第五章　道教的善恶报应思想 ………………………………… 102
　　一　道教中善恶报应的内容 ………………………… 102
　　二　道教中的承负观念 ……………………………… 105
　　三　以儒家道德为基础的道教报应 ………………… 108
　　四　道教中"道"与"术"的关系 ………………… 110
　　五　与儒家善恶报应思想的不同 …………………… 112
　　六　与佛教善恶报应的区别 ………………………… 114
　　七　与民间信仰中善恶报应的关系 ………………… 115
　　八　道教善恶报应的特点 …………………………… 117

第六章　佛教的善恶报应思想 ………………………………… 121
　　一　佛教中善恶报应的内容 ………………………… 121
　　二　佛教报应的儒家道德化 ………………………… 124
　　三　佛教修行方式的道德化 ………………………… 128
　　四　佛教报应的世俗化 ……………………………… 131
　　五　佛教善恶报应的特点 …………………………… 134
　　六　佛教与民间信仰中的善恶报应 ………………… 137

第七章 民间的善恶报应信仰 … 141
 一 民间善恶报应信仰的内容 … 141
 二 鬼神的道德化 … 145
 三 造神运动与道德神话 … 147
 四 民间善恶报应信仰的功利性和世俗性 … 150
 五 信仰的程度 … 153
 六 民间善恶报应信仰与迷信 … 155
 七 民间善恶报应信仰的作用 … 157
 八 民间善恶报应信仰的思维方式 … 160
 九 民间善恶报应信仰中的问题及回应 … 164

第八章 文学作品中的善恶报应思想
  ——以《三言》为例 … 169
 一 童话般的叙事伦理 … 170
 二 叙事的世俗性 … 175
 三 叙事中的教化 … 178
 四 善恶报应与命运观 … 181
 五 价值和影响 … 183

第九章 大小传统融会下的善恶报应思想
  ——以《阅微草堂笔记》为例 … 189
 一 善恶报应的道德叙事 … 190
 二 大小传统的融会 … 194
 三 可改变的命运 … 200
 四 传统信仰的大全 … 204
 五 叙事模式 … 208

第十章 善恶报应思想影响下的诗性正义 … 214
 一 传统文化中的诗性正义 … 214
 二 诗性正义中的命运观 … 218
 三 诗性正义下的正剧及悲剧的缺席 … 221
 四 诗性正义的渊源 … 225

五　诗性正义的影响 …………………………………………… 230

第十一章　传统善恶报应信仰与共同体 …………………………… 237
　　一　传统善恶报应信仰对信仰共同体和情感
　　　　共同体的造就 ………………………………………………… 237
　　二　传统善恶报应信仰对道德共同体的成就 ……………………… 240
　　三　传统善恶报应信仰对家庭共同体的巩固 ……………………… 243
　　四　传统善恶报应信仰对政治共同体、社会
　　　　共同体的促进 ………………………………………………… 246
　　五　国家政权共同体对善恶报应信仰的引导和管控 ……………… 249
　　六　善恶报应信仰中的集体记忆对共同体的巩固和强化 ………… 253
　　七　以儒家思想为正统的共同体意识及共同体的
　　　　形成、稳固和发展 …………………………………………… 255

第十二章　善恶报应的制度建构 ……………………………………… 261
　　一　我国历史上与善恶报应有关的制度 ………………………… 261
　　二　善恶报应制度建构的必要性 ………………………………… 264
　　三　制度对人的塑造 ……………………………………………… 268
　　四　善恶报应制度建构的道德基础 ……………………………… 272
　　五　制度建构的有效性 …………………………………………… 275
　　六　善恶报应制度的内容 ………………………………………… 277
　　七　其他制度对道德及道德制度建设的促进作用 ……………… 279
　　八　道德制度建构的技术支持 …………………………………… 281
　　九　制度与自由 …………………………………………………… 282
　　十　道德制度中有无真正的道德？ ……………………………… 285

结　语 ……………………………………………………………………… 289

参考文献 ………………………………………………………………… 295

前　言

纵观人类文明史，善恶报应是一个十分流行的观念，几乎是所有人类不同文化的共同点，在我国传统社会中更是作为公理而存在。善恶报应不仅在民间盛行，而且在很多正统文化中具有预设性的地位，也是各大宗教文化的重要内容。即使在现代社会，善恶报应依然是很多人内心深处的信仰，获得了广泛的共识。例如俗语所说，"人在做天在看"，"善有善报，恶有恶报；不是不报，时辰未到"等，善恶报应作为一种背景性道德信念，具有非常大的影响。善恶报应理论在很多文化中都以超验的创世主、鬼神的存在为依据，这特别体现在宗教信仰和民间信仰中。如果只依靠超验的东西作为根据而没有任何理性基础，那么，善恶报应理论及信仰就会成为非常虚幻的东西。事实上，即使抛开超验的前提，在科技发达的现代社会，很多人依然相信善恶报应。

令人吃惊的是，对这种影响广泛之观念的研究却非常少，与其在人类思想、社会中的地位和作用不相匹配。究其原因，大概是因为在很多学者看来，善恶报应这种道德因果论简单机械，没有深刻的蕴涵；认为其更多的是作为普通民众的一种民间信仰，带有很大的迷信成分。虽然善恶报应是很多文化中民间信仰的一个重要主题，民间的报应思想中确实存在着很多迷信的东西，但是就善恶报应理论本身来说，其绝对不是迷信的，其蕴涵的人的行为与后果之间的因果关系体现出了人们对自由、利益、幸福及与他人关系的考量和追求。如果把善恶报应在人类思想和文化中的地位和作用简单地归之于迷信而忽视、轻视之，那么，这种态度不仅是傲慢的，也是粗暴的；这样的态度将阻碍人们对伦理学的深入探究。

国外直接对善恶报应进行研究的成果并不多，不过，关于道德与后果关系的研究在主要的伦理学派中都可见到。功利主义强调道德行为与后果之间的有机联系，在对多数人的利益的强调中也关注到行为者自身的利益。这种观点受到了义务论者的反对，在他们看来，任何道德行为都应该摒弃利益的考虑，虽然如此，道德与后果的关系仍然是其学术研究的一个重要问题，因为，完全不考虑后果的道德的合理性是令人怀疑的。其中，关于道德与行为人的回报之间的关系主要体现在自从苏格拉底以来的德福关系问题中。柏拉图的《理想国》认为道德的人应该获得幸福，也会获得神的庇护，死后会获得好的轮回。在基督教信仰中，普遍认为有德的人有福。很多学者都看到了道德回报、德福一致的有用性，认为有助于人们做出道德的行为，斯密在《道德情操论》中认为，以善报善、以恶报恶不仅是出于情感，也是出于维护社会秩序、保障社会整体利益的需要。

不过，正是这种功利性观点让不少学者对善恶报应提出了质疑，认为其只是一种低级的、庸俗的道德逻辑，埃尔菲·艾恩在《奖励的惩罚》一书中，对行为主义者通过奖励对人们的行为进行控制的做法进行了反驳，认为奖励并不会有助于真正的道德的建立，而是使人们屈从于后果，是对人性的腐蚀。按照义务论的观点，道德的行为是"应该的"行为，而不应该关注对行为人的"有用性"；"有用性"是经济行为所关注的。但是，如果完全排除有用性，即道德行为与有用性毫无关涉，这种逻辑规律很难具有本质上的合理性，也很难获得人们的认同。我们应该看到社会需要与人的自我完善是一个相互统一的过程，通过一定的奖惩机制把社会的要求实现出来，是社会文化长期发展的结果；完全否定个人完善的外部机制，既是不必要的，也是不可能的。

几乎是出于与国外研究同样的原因，国内很多学者认为善恶报应思想是迷信的、缺乏逻辑的，甚至是荒谬的，没有深入研究的价值。不过，也有不少学者看到了这种思想对传统文化及国民性塑造的重要性，刘道超在《中国善恶报应习俗》一书中对传统善恶报应进行了比较系统的梳理，指出其中蕴含着极其丰富的道德规范，是我国古代社会的道德载体或道德万花筒；认为善恶报应使人们敬老爱幼、勤劳友善，弘扬了传统美德，同时也造就了人们对现实苦难的麻木不仁、无条件忍受的弊端。郑基良在《生死鬼神与善恶报应的思想证》一书中根据历史的逻辑对传统社会中有代表性的儒家经典、道教典籍、佛教经典、明清善书和劝善小说中的善恶报应思想进行了分析，认为善恶报应有利于人们积善行德、改过迁善。不过，

前　言

目前这些关于善恶报应的研究更多的是通过传统典籍中的善恶报应故事来教化人心，缺乏理论上的充分论证。

不少学者对善恶报应提出了很多创见，取得了一定的成果。樊和平在《善恶因果律与伦理合理性》中指出善恶因果律的深层次蕴涵就是德福一致的伦理追求，在现实世界具有实现的可能性。黄明理在《善恶因果律的现代转换——道德信仰构建的关键概念》中认为现代善恶因果律实现了报应力量由神秘、虚幻到真实、现实的转换，反映了人们普遍的伦理诉求，具有强大的实践号召力。在此基础上，不少学者主张重视善恶因果律在当代社会道德建设中的重要作用。樊和平指出当前伦理信仰危机的重要根源在于善恶因果律的中断和紊乱，导致伦理缺乏合理性与有效性，当前应该重建道德的善恶因果律，赋予伦理以合理性。葛晨虹在《建立道德奉献与道德回报机制》中指出在当前的道德建设中，建立和完善一个德福统一、赏善罚恶的社会体制势在必行。这些研究成果看到了善恶因果规律的价值和意义，为正确认识和对待善恶因果律提供了理论依据。

不过，从总体来看，与传统善恶报应思想蕴涵和形式的丰富性及其对传统文化和社会影响的深刻性相比，当前对善恶报应思想的研究是远远不够的。传统善恶报应思想的伦理内涵、历史与逻辑发展脉络都尚待进一步厘清，其以怎样的方式、在多大程度上对人们的道德观念和行为方式产生了影响，对传统文化和传统社会的面貌、精神气质产生了怎样的作用，都是需要继续探讨的问题。深邃的真理性知识往往隐藏在习以为常的观念中，善恶报应看似简单直接，其背后则具有深刻的伦理蕴涵，反映出动机与后果、自利与利人、自律与他律、道德与幸福之间深刻而复杂的关系。可以说，善恶报应思想背后蕴涵了几乎所有的伦理学问题。本书希望能够在日常中发现真理，在平常中发现深刻，在司空见惯中看到不平凡。虽然善恶报应并没有在当代伦理思想中占据重要地位，但是，其蕴涵的问题依然是伦理学领域的重要问题。善恶报应往往被视为一种机械的、幼稚的、简单的因果关系论而在现代伦理思想研究中几乎不被提及，但是我们应该看到，其背后蕴涵的深刻的伦理问题往往经过改头换面后，以高端大气的术语表现出来，依然是伦理学的重要研究内容。

在我国传统文化中，善恶报应思想具有特别重要的地位。善恶报应不仅是正统儒家思想中的重要内容，也是道教、佛教以及民间信仰不可或缺的组成部分；从《尚书》《周易》到《三言》《二拍》，从儒家经典、宗教教义到世俗小说，其不仅在大传统中占有一席之地，而且在小传统中根深蒂固，获得了无论是士人阶层还是普通民众、宗教信徒的一致认可和接受。本书以传统善恶报应思想为主要研究对象，传统善恶报应思想既有低级、庸俗、迷信、缺乏逻辑甚至荒谬的内容，也有合理的丰富蕴涵。本书探讨传统善恶报应思想在本体论、宗教、民间信仰、意识形态、文学艺术等各种意识形式中的内涵、价值及对人们道德观念和行为方式的影响。在历史与逻辑的统一中探究传统善恶报应思想中蕴涵的动机与后果、感性与理性、工具理性和价值理性、必然性与偶然性等伦理学问题，揭示其与道德的关系和影响。

　　只有把道德放到一定的文化传统中才能更好地理解道德。本书力图结合经典从认识论、系统论、价值论和实践论等方面揭示传统善恶报应思想的深刻伦理蕴涵、发展脉络、价值、影响，为我国当代的道德思想文化及制度建设提供有益的借鉴。本书在历史语境中探讨有关传统善恶报应思想中的洞见，澄清关于善恶报应的种种误解：善恶报应思想虽然朴素，但并不简单，其中既有宗教性元素如神灵、神秘、命运等，也有对人性、人的自由、责任、能动性与人类社会秩序等的深刻洞察。从传统文献中可以发现丰富的道德材料的宝藏，无论是在儒家经典中，还是在世俗小说中，抑或在道教、佛教典籍中，都能够找到丰富的道德材料。本书从传统著作中选取具有代表性的重要研究文献，在研究中，与历代人的思想相遇，发掘历代人的智慧，并且与这种智慧碰撞出思想的火花，既有利于我们更清楚、更真切地认知我们的传统文化，与传统进行对话，也有利于激发我们的道德智慧、道德理想和道德实践。

第一章 善恶报应及其信仰的认识论基础

善恶报应是一种十分流行但未经充分证实的观念。善恶报应理论在很多文化中都以超验的创世主、鬼神的存在为依据,特别体现在宗教信仰和民间信仰中。如果只依靠超验的东西作为根据而没有认识论上的任何基础,那么,善恶报应理论及信仰就会成为非常虚幻的东西。事实上,即使抛开超验的前提,善恶报应理论及其信仰仍然具有认识论上的依据。

一 善恶报应中道德及报应规律的真理性

虽然信念的存在依赖于心灵,但是仅仅依赖心灵的信念难免陷入虚无,无法获得普遍性。因此所有的宗教信仰总要有一套教义理论作为客观性依据。正如罗素所说,"信念的真理不依赖心灵"①,还要依赖一些客观性的东西,特别是思想理论与客观事实的相符合,即信念具有客观依据,存在着真理性的认知。善恶报应中的道德及报应规律既是客观存在的,又符合人们的认知,具有真理性的内容。

善恶报应中道德的客观性表现在其功能和作用上。道德是人类文明中的普遍现象,既是人类文明发展进步的必需品,也是人类文明的重要标志。"道德规范的目的在于使个人和社会的生活成为可能,道德行为具有促进个人和社会利益的倾向。可以说,道德画了个圆圈,人们在圈内可以安全地追求各自的目的而不会相互损害。"② 这种约束、引导功能是道德客

---

① [英]罗素:《哲学问题》,何兆武译,商务印书馆2007年版,第107页。
② [美]梯利:《伦理学导论》,何意译,北京师范大学出版社2015年版,第227页。

观性的表现，也是其重要性的表现。这种客观的约束和引导功能主要是以行为与后果之间的因果联系来实现的。在善恶报应中，通过后果反馈，让行善的人得到好报、作恶的人受到惩罚，这种因果律让人们感知到道德的存在，即道德是客观的，是不以个人意志为转移的。如果道德无客观性，就会成为主观任意的东西，那么，道德就很难获得人们认知上的共同认可，也根本无法担负起对人类生活、社会秩序的维护作用。

在善恶报应中，道德知识不仅是客观存在的，而且具有真理性，是具有真理性的知识。"真正的哲学使命在于，在观察者眼中的**功能性**与参与者心目中的**合理性**之间建立起可靠的联系。"[①] 善恶报应恰恰是在功能性与合理性之间建立起了可靠的联系，使其符合人们的认知。无论是按照内在主义还是按照外在主义的观点，善恶报应在认识论上都有其依据，这使得其中的道德知识具有了真理性。

善恶报应符合认知论上的内在主义的观点。按照内在主义的融贯论的观点，真理是某种合理的可接受性，是我们的诸信念之间、信念同经验之间的某种融贯。善恶报应符合融贯论的要求，体现了道德知识、理论的自洽性。善的行为应该是对他人有利的行为，同时也是对自己有利的行为；如果善的行为只对他人有利，行为主体的利益却受损，那么这种"善"的合理性就成为可疑的。因为在人们的道德认知逻辑中，道德的行为是具有普遍善特征的行为，"即有利于增进个人和社会整体的利益。如果'善'的行为的后果是损害行为者本人的利益，则违背了它的初衷，那么就是对道德本质的背离，道德知识就陷入自我矛盾的悖论之中"[②]。就是说，道德的行为是对他人、社会有利的行为，这种行为不应该损害行为者的利益，否则，道德的正当性就会成为问题。如果遵照道德行事，行为者利益受损，那么道德的"善"是令人怀疑的，很难获得人们的认同和履行。换句话说，"善"的行为在逻辑建构上应该是对所有遵行"善"的规定的人都是有利的，如果遵循"善"的规定，行为主体却得不到好的报偿，那么，"善"是否为"善"就是令人怀疑的。这样，道德知识、理论就会陷入自我矛盾的悖论之中，道德知识的真理性就面临着危机。只有做"善"的行

---

① ［德］尤尔根·哈贝马斯：《包容他者》，曹卫东译，上海人民出版社2018年版，第54页。
② 孙长虹：《善恶报应与道德信仰的确立》，《华中科技大学学报》（社会科学版）2014年第6期。

为，对他人、社会有益，行为主体也得到好的报偿，这种因果律才符合"善"的定位，道德知识与道德规律才是自洽的、融贯的。

按照外在主义的理论，善恶报应规律也具有真理性。在外在主义看来，内在主义具有自我循环、自我论证的不可信性。外在主义认为，决定知识辩护的因素，不仅是认知主体的内在状态，更应该是在可信赖的认知过程中产生的。可信赖过程或可靠过程是指认识过程符合认知规范，包括正常的知觉过程和记忆、正确的推理和内省等，使对知识的信念得到辩护。善恶报应让遵守道德的人得到好报、让违反道德的人受到惩罚，这种道德规律符合人们朴素因果关系的推理，而因果联系是自然界及人类行为最基本的一种关系，是最符合人们朴素知觉和认知习惯的一种关系，当然，也符合人们的内省。因而，在善恶报应中，由于行为与后果之间的因果关系使善恶报应符合正确的知觉、推理和内省，具有可信赖的认知过程，符合外在主义的真理性知识的要求。

如果一种道德理论与人们的认知完全相悖，那么，这种道德理论是很难得到人们的认可并被接受的。正是由于善恶报应具有认识论上的依据，才为人们认同道德、遵从道德提供了认知上的基础。"如果道德缺少一种可靠的认知内涵，它也就和其他协调行为的昂贵方法，比如直接使用暴力或以制裁作为威胁乃至以利益作为引诱等，没有什么差别了。"① 的确，善恶报应规律具有认识上的依据，从而也为道德践履提供了认知基础。如果道德没有认知上的合理性，那么道德践履就不得不依赖暴力或威胁利诱等手段，而完全依仗这些手段的道德在严格意义上已经不能算是道德了。

不过，我们应该看到，对于善恶报应乃至任何一种理论或信仰都很难精确地去论证，从而得到真值。因为我们的知识不管是通过归纳得来的，还是通过推理得来的，都存在着无法实现的真理性问题。归纳不可能穷尽一切事实经验，推理又无法确保预设前提的真理性，我们的知识都是建立在相对确定性的基础之上的，信仰也是。正如罗素所说："但是谈到直观的信仰，要想发现一个标准来区别哪些是真确的，哪些是错误的，那绝不是一件容易事。在这个问题上，简直不可能达到非常精确的结果：我们一

---

① ［德］尤尔根·哈贝马斯：《包容他者》，第38页。

切的真理知识都带有几乎存疑的程度,一种理论只要忽略了这个事实,显然它就是错误的。"① 善恶报应的信仰也是如此,虽然它不一定是真的,有很多存疑的成分,但是它曾经、现在依然得到了很多人的认可,被很多人接受。善恶报应理论之所以在很多文化中都显性或隐性地存在着,之所以在很多伦理问题背后都有其影踪,不仅在于其符合认识论上的外在主义和内在主义,还在于其符合人们的道德直觉。

二 善恶报应与直觉

在人类是否具有道德直觉的能力这一问题上,目前仍然存在着争论。在麦金太尔看来:"道德哲学家引入'直觉'一词乃是其论证已走投无路的标志。"② 他认为,道德哲学论证引用"直觉"显示出论证的失败。但是,我们不能否认,道德直觉作为一种现象的存在及其影响。即使自然科学知识的获得也常常借助于直觉、灵感,人们对道德规范的认知不仅依靠经验、理性,也需要直觉。

善恶报应符合人们朴素的道德直觉。因果规律是自然界的基本规律,也是人类行为的基本规律。在人类行为与后果的关系上,最基本的规律就是因果规律;简单直接的因果律在道德方面的表现就是善恶报应,这种报应符合人们朴素的道德直觉。正如"种瓜得瓜,种豆得豆",有什么因得什么果,善的行为应该得到好的报应,恶的行为应该受到惩罚。"把经典的基础主义运用到道德的领域,就产生了道德直觉主义:这种立场认为,人们持有某些道德信念在认识上是证成的,即便他们不一定能够从别的信念推论出这些道德信念(粗略地说,就是主张某些道德真理是'明摆着的')。"③ 在人们的朴素的直觉中,善恶报应就是一种类似于公理的存在,是不证自明的、明摆着的真理。

---

① [英]罗素:《哲学问题》,第111页。
② [美]阿拉斯戴尔·麦金太尔:《追寻美德——道德理论研究》,宋继杰译,译林出版社2011年第2版,第88页。
③ [新西兰]理查德·乔伊斯:《道德的演化》,刘鹏博、黄素珍译,译林出版社2017年版,第276页。

第一章　善恶报应及其信仰的认识论基础

所有的直觉都有着价值观念上的文化基础，道德直觉并不是先天的、先验的，而是建立在一定道德认知基础之上的。"我们是否有时会以道德论证来为直觉寻找理由？当然如此。但缜密的道德论证是否也能改变我们对某一行为是否正确的直觉？回答同样是肯定的。"① 有时候需要为道德直觉提供道德论证，并且，道德认知和道德论证也能够改变我们的道德直觉。虽然，这样有可能陷入循环论证的窠臼，即道德直觉和道德论证相互成就，但是我们在很多问题上，不仅道德问题上，而且自然科学问题上，循环论证都是难免的、必要的。能够经得住道德论证的直觉往往更能得到人们的普遍认可，成为规范性的要求。

善恶报应作为人们的道德直觉，与冲动既有联系，也有区别。回报曾经获得过的帮助的冲动会令人产生报应观念，即好人、做好事的人应该得到应有的好报。不过，冲动与道德直觉中的报应思想存在着本质上的区别。冲动并不是以道德原则为基础的，其更多的是出自情感。冲动可能是一种江湖义气，或为朋友两肋插刀，或"滴水之恩，当涌泉相报"，其回报方式既可能是道德的，也可能是非道德的，或者是违背道德的，甚至是违背法律的；而善恶报应作为道德直觉，则是以道德原则为基础的道德判断或道德行动。

善恶报应的道德直觉并不排斥理性，而是与理性相融洽的直觉。在认识论上，仅仅依靠直觉是靠不住的："如果将伦理学仅仅视作某种表现直觉的方式，那伦理学的内容就根本无法扩展和深化，也无法让所有人都相信，伦理学具有强大的说服力。"② 善恶报应中的道德直觉与理性不是相悖的，而是可以经得住理性的反思的；只有经得住理性考量的道德直觉才是可靠的。善恶报应不仅符合直觉，也符合人们的理性，是符合理性的道德直觉。在善恶报应中，做道德的事情，既可以利人、利社会，也可以利自己，这是符合人们的理性认知的，能够得到人们理性的认可和接受。因而，善恶报应作为一种理论和信仰，不是盲目的，而是与人们的理性联系在一起的。

---

① ［美］托马斯·卡思卡特：《电车难题》，朱沉之译，北京大学出版社 2014 年版，第 163 页。
② ［德］阿尔伯特·史怀哲：《文明与伦理》，孙林译，贵州人民出版社 2018 年版，第 94 页。

三　善恶报应信仰合乎人的理性

善恶报应信仰并不是与理性相对立的。德尔图良在信仰上主张"惟其荒谬我才相信",这只是一种对基督教信仰辩护的反理性方式。在信仰上,反理性的信仰并不太可能得到广泛传播和发展,因为其既不符合人们的认知逻辑,也不符合理性。特别是随着科技和社会的进步,在一定意义上,信仰和理性不仅不是对立的关系,而且是互相补充的关系。善恶报应信仰中做善事的人得到好报,做坏事的人受到惩罚,其逻辑架构符合人们的理性认知,既符合人们功利性的需要,又符合正当性的需要。

善恶报应信仰具有功利方面的原因。帕斯卡尔提出了信仰上的赌博论,他说:"让我们权衡一下赌上帝存在这一方面的得失吧。让我们估价这两种情况:假如你赢了,你就赢得了一切;假如你输了,你却一无所失。因此,你就不必迟疑去赌上帝存在吧。"① 在赌博论者看来,无论上帝是否存在,相信它的存在是一件稳赚不赔的事情。明恩溥也认为:"神祇的被祭拜,就如同保险政策在西方国家的被采用,因为这是一种更为安全的办法。人们常说:'宁可信其有,不愿信其无。'这就是说,如果神灵完全不存在,这样做也没有什么害处;而如果神灵确实存在,却又被忽视,他们就会发怒,就会报复。人们认为,驱使人类的那些动机也同样地驱使着神灵。"② 这样看来,人类思维存在着共通性,虽然在宗教信仰上存在着千差万别,但是在信仰动机上却具有共性,即如果神不存在,信仰不会带来害处;如果神存在,信仰会带来好处,不信则失去一切。因而,在此意义上看,信仰是一件稳赚不赔的好事,是人们理性的选择。

善恶报应信仰也是如此,按照这个规律做事,对自己没有害处;如果不相信,则可能会使自己利益受损。善恶报应信仰既可以看作对未来的赌注,即做善事将来更可能赢得赌局,又可以被视为有利于获得当前的利益,因为善恶报应不仅给予人们以未来利益的诱惑,而且许诺给人们以现

---

① [法] 布莱士·帕斯卡尔:《思想录》,何兆武译,天津人民出版社2014年版,第123页。
② [美] 明恩溥:《中国人的气质》,刘云飞、刘晓旸译,上海三联书店2007年版,第232页。

实的利益。在善恶报应的逻辑脉络中，遵循道德一定会得到好的回报，这种承诺对于理性的人而言具有强大的诱惑力。"当且仅当理性的人能够期待从一个规范中有所得时，他才会愿意接受这个规范。因此道德与相关利益相关，当且仅当我们在一个人们通常遵守规范的社会里生活得更好时，你和我才会在道德上遵从规范。"① 当人们在善恶报应中能够得到自己想要的，必然会产生对报应的信仰；在此意义上对善恶报应的信仰，是人的理性计算的结果和选择。

善恶报应信仰也符合实用主义的观念。实用主义比功利主义更进一步，他们甚至把功用性应用到了认知领域，在实用主义者看来，实用的就是真理。"实用主义检验或然真理的唯一标准，就是看哪个能给予我们最有效的引导，哪个最能适合于生活的各个部分，并且能够与经验的各种要求全部结合起来，毫无遗漏。"② 从实用主义的角度来看，如果善有善报、恶有恶报，那么道德肯定就是有用的，就是真理；善恶报应规律得以实现，善恶报应规律就是真理。"**真是善的一种**，而不是像通常人们所设想的那样，真与善相区别，是与善相并列的一个范畴。**凡是在信念上证明本身是善的，并且依据某些明确的、能够指出的理由也是善的，那么，我们就称它是真的。**"③ 在实用主义者的眼中，在善恶报应中，善行恶行得到相应的报应，道德就获得了实用性的价值，道德及道德规律就是真理。

仅仅因为一种信仰许诺使人获得利益便轻易地相信，这种情况并不一定会在很多人身上出现，但是如果一种信仰能够通过正当的方式即成就美德的方式使人获得利益或幸福，那么，即使不能成为一种宗教性的信仰，也足以成为一种信念。善恶报应及其信仰的理性依据还在于其符合人们认知上的正当性信念。在人的信仰形成中，动机往往是多元的，包括传统、个人利益、情感和理想等在内的多种动机都在发挥着作用，其中，不容忽视的一个重要动机是正当性的信念。"可是作为支配的基础，单靠习惯、个人利益、纯感情或理想等动机来结合仍不够坚实。除了这些之外，通常

---

① ［美］詹姆斯·雷切尔斯、斯图尔特·雷切尔斯：《道德的理由》，杨宗元译，中国人民大学出版社 2014 年版，第 85 页。
② ［美］威廉·詹姆士：《实用主义：某些旧思想方法的新名称》，李步楼译，商务印书馆 2009 年版，第 47 页。
③ ［美］威廉·詹姆士：《实用主义：某些旧思想方法的新名称》，第 44 页。

还需要另一个因素，那就是**正当性**的信念。"① 在信仰形成中，正当性具有重要作用，这是由人的社会本性决定的；正当性意味着对个人、对社会都有利，而不仅仅只是对个人有利。在所有的报应类型中，善恶报应基于道德进行赏罚，是最具有正当性的，越是具有正当性的信念越有可能得到人们的认可和遵行。"我们不仅渴望服从规范，而且也渴望规范本身。如果我们不了解用来证明规范、判断规范有根有据的理性，那么服从就是不可能的。"② 人们之所以相信道德，服从道德规范要求，就是因为善恶报应规律中的道德不仅带给行为主体以利益回报，而且也具有正当性。就如孔子所说的："不义而富且贵，于我如浮云"（《论语·述而》），"富与贵，是人之所欲也，不以其道得之，不处也；贫与贱，是人之所恶也，不以其道得之，不去也"（《论语·里仁》），就是讲的利益的道德性、正当性，只有依靠正当手段得来的富贵名利才是可以接受的；否则，就是不义的。如果一种信仰只对个人有利，而有害于社会、他人，那么，在这种信仰下，整个社会共同体的存在和发展就是非常困难的事情，个人的存在和长远的幸福也就无从谈起。基于人的社会性本质和理性，一种能够得到人们普遍认可的信仰必然应该具有正当性。

信仰作为人类的独特现象，具有多样性的动机和理由。帕斯卡尔认为："信仰有三种方法：即理智，习俗，灵感。"③ 在对善恶报应的信仰中，这三种方法可以同时适用。善恶报应信仰不仅符合人们的理智，也符合习俗和人们的直觉。在此意义上可以说，善恶报应及其信仰具有认识论上的依据。伴随着人类社会发展，逐渐形成的普遍的人类精神信仰，是对道德的相信，相信道德可以让人类生活得更美好。"人类的精神信仰通过对于掌握着同情、诚实及正义等伦理道德观的神和恶有恶报的是非观的笃信而表现出来。"④ 善恶报应信仰在一定程度上与这种精神信仰是相通的，因为，善恶报应信仰归根结底是以道德作为基础和依据，体现为一种对道德的相信精神。促成信仰的动机因人而异，在有些人是单一的，在有些人是

---

① ［德］马克斯·韦伯：《经济与历史；支配的类型》，康乐译，广西师范大学出版社 2010 年版，第 293 页。
② ［法］爱弥尔·涂尔干：《社会学与哲学》，梁栋译，上海人民出版社 2002 年版，第 80 页。
③ ［法］布莱士·帕斯卡尔：《思想录》，第 131 页。
④ ［美］詹姆斯·D. 贝尔德、劳丽·纳德尔：《幸福基因——把藏在 DNA 之中的积极潜能释放出来》，邢科、柴利君译，商务印书馆 2012 年版，第 156 页。

多元的。善恶报应之所以能够得到大多数人的认可和信任，就在于这种理论不仅在理论上是合理的，能够给予人们以利益、幸福等许诺，而且符合人们的情感。

四　善恶报应信仰与情感

任何一种道德理论或信仰不能与人们的情感相悖，否则是很难得到人们的认可和接受的。善恶报应信仰不仅符合人们朴素的道德情感，而且能够满足人们的情感需要，比如对死亡的恐惧、对幸福的向往以及对确定性的渴望等。

善恶报应符合人的情感，在朴素直观的情感中，好人得到好报、恶人受到惩罚是天经地义的。情感不仅是情感，而且也具有认知功能，正如努斯鲍姆所指出的："情感在它们自身中指向了一个对象，并且以一种有意图的描述来看待这个对象。这就是说，对象按照体验情感的人看起来和感知到的样子出现在情感中。……简单来说，不管情感身处何地，它们至少都是观察方式的一部分。"① 情感具有一定的认知维度，使得认知主体感受到某些价值，"完整的伦理洞识离不开情感"②，所有抛开情感的道德理论都受到了质疑，因为人不仅是理性动物，也是情感动物。善恶报应符合人的认知情感，认知情感不仅是自然的情感，也是社会的情感。任何人类情感都是社会化了的，即使最天然的情感也带有社会价值观的蕴涵，是带有社会性的情感。傅斯年认为社会的信条具有自然律的力量，信条应该"总当出于人情之自然"③，信条"总要对于社会或个人有利益"④。善恶报应不仅符合人们的自利情感，也符合人们的社会化情感。"道德善的确主要在于社会的和善良的感情，由此我们超越自身。但个人或利己的感情，只要限定在某个范围内，就不仅对于个体的善，而且对于社会来说，都有种

---

① ［美］玛莎·努斯鲍姆：《诗性正义——文学想象和公共生活》，丁晓东译，北京大学出版社 2010 年版，第 94 页。
② ［美］玛莎·努斯鲍姆：《诗性正义——文学想象和公共生活》，第 98 页。
③ 傅斯年：《中国人的德行》，中国工人出版社 2012 年版，第 18 页。
④ 傅斯年：《中国人的德行》，第 18 页。

自然的有益性。没有它们，任何人就其作为个人而言就不完整。既然任何一个社会的幸福产生于个体的幸福，那么必然的结论就是，出于每个人达到最佳状态的需要，对每个人自利感情的限度是，它与个人最有效地为公众提供服务相一致。"① 在善恶报应中，通过善行得到好报，既能够自利，又有利于他人、社会，因而，能够满足人们的这两种情感，即自利情感和社会情感。

善恶报应信仰能够在一定程度上满足人们对幸福、永生的情感需要。趋利避害、贪生怕死是任何生物的本能，也是人的本能。为了抵抗死亡，人类构想创造出了宗教，认为人可以在另一个世界得到永生。宗教产生的一个重要原因就在于人们对死亡的恐惧和对永生的向往。"宗教本来就是要为人生解决安身立命的问题，要为人生求得归宿。宗教起于恐惧与希望（fear and hope）。恐惧是怕受末日的裁判，希望是欲求愿望的满足。"② 的确，恐惧感是宗教产生的一个重要原因，为了对抗这种感觉，宗教就成为人类文明的产物。宗教不仅能够对现世人们的生活给予希望，而且许诺永恒与不朽。善恶报应是世界上几乎所有宗教中都存在的内容，无论是基督教的末日审判，还是佛教的轮回转世，倚仗的都是人们自己的功绩德行，这种信仰通过许诺人们依靠德行获得此世或永恒的幸福给予人们情感上的慰藉。

善恶报应信仰还能够满足人们确定性的情感需要。与恐惧感相伴的是人类渴望认识外部世界的情感，"人类对于宗教的渴望，我想和他们对科学、艺术以及哲学的需要是出于同样的原因；这个原因就是，人有灵魂，正因为如此，他不仅发掘历史、探索未来，而且观察现在——不像动物那样只管当下——并感到需要了解身处其中的这个神秘世界"③。善恶报应信仰以一种外部世界的存在秩序即道德秩序的方式满足了人们的认知情感，并且认知情感和确定性情感往往是联系在一起的，善恶报应以世界是可以认知的、命运是可以掌握的态度让人们对个人的过去、未来有了一种确定

---

① ［英］弗兰西斯·哈奇森：《道德哲学体系》（上），江畅等译，浙江大学出版社 2010 年版，第 143 页。
② 罗家伦：《中国人的品格》，中国工人出版社 2010 年版，第 102 页。
③ 辜鸿铭：《中国人的精神》，王晋华、黄永华注译，北京理工大学出版社 2016 年版，第 23 页。

性的认识。善恶报应信仰虽然未必能够在现实中降低人们生活的不确定性或风险，但在想象中，这种观念降低了风险和不确定性。因为，在人们的信仰中，人们认为自己的所有行为终究会得到相应的回报，未来是可预期的，是可以依靠自己的行为所掌控的。这样，善恶报应信仰就能够给人们一种依赖感、安全感和确定感，在一定程度上满足了人们的情感需要。

虽然善恶报应规律符合人们朴素的道德因果律的认知，能够得到认知上的认可、理智上的接受、符合道德直觉和道德情感等，但是并不意味着一定会产生道德信仰。在道德信仰上，任何决定论都是贫乏的。信仰问题正如海森堡的"测不准"理论所反映的，具有无限的复杂性和不确定性。即使能够证实一个命题为真，也不是所有人都相信；即使相信，也并不一定按照其要求去做；即使不能够充分证明的命题，依然可能得到人们的认可和相信，并且产生信念伦理和信仰锁定，进行自我巩固和强化。

五　信念伦理与信仰锁定

严格来看，善恶报应在认识论上是不充分的，因为无论是从经验的角度还是从理性推理的角度，其都是不能被充分证成的。从经验的角度来看，人们的认知无法穷尽一切事实来归纳出善恶报应的结论；而在理性推理中，善恶报应往往是作为前提出现的，这就犯了循环论证的错误，因而，无论是归纳法还是演绎法都无法确证善恶报应的真理性。在现实中，很多人对善恶报应的认可和相信具有信念伦理的特征和信仰上的锁定性。

善恶报应更像是一种信念伦理，即相信善恶报应是人类社会中的真理和秩序，一定会实现，相信善恶报应对个人、社会都有好处。在这种信念中，人们更有可能做出符合道德要求的行为，而不可能去作恶。因而，这种信念有助于人类秩序的维持、道德的遵守和心灵的宁静，即有助于个人的完善、人类的繁荣，对个人和社会都大有裨益。善恶报应之所以作为一种朴素的信念或信仰成为很多民众的背景知识和信念，就在于作为一种信念伦理，它与其他信念信仰不同，其不仅不会造成伤害，而且有益于个人和社会。历史和现实中的经验已经表明，这种信念伦理与神秘规律结合起来，的确发挥了积极的作用。信念伦理相信无论在什么境况下，善恶报应规律都会发生作用。并且，当面对与自己的信念不符合甚至相违背的经验事实时，人们是通过修改对经验事实的解释来确证自己的信念，而不是通过经验事实去修改信念，体现出信仰的锁定性。

信仰锁定是善恶报应中认知和信仰路径的依赖，这种依赖是指赏善罚恶的正负反馈及人们从中得到的利益得以放大，以至于信仰一旦选定，即使出现对善恶报应的怀疑甚至反证，也未必能动摇这种信仰。信仰锁定认知中的依据在于前置效应，一旦人们认定一种规律，就往往依照这种规律来解释事件，从而强化和巩固这种信仰。"许多冒充神示或神秘洞察的东西可能都是通过这种方式出现的：信念感以其异常的力量，将自身或多或少偶然地与我们在适当的时刻碰巧想到的某种内容联系在一起。"① 人们已有的信念影响了人们对事物的看法，这种态度使得人们在遇到事情时往往是以已有的信念来解释，这种解释方式事实上是对原有信仰的维护和巩固。信仰锁定往往与思维锁定联系在一起，在现实中，很多善恶报应的信仰者是以善恶报应的因果律来看待和解释事件的，这种解释往往不是从因到果，而更多的是从果到因，即倒果为因。这种思维方式看待事件是从结果来看，如果有人有好的结果，就推断其必然有善行。这种思维方式和推理方式实质上是陷入了循环论证，不过在信仰中，思维锁定和认知锁定是很常见的。

信仰锁定还与人们的认知中存在的证实偏差和失验偏差有关。证实偏差和失验偏差是由于局限于原有的认知而无法对事物做出全面的判断，是认知上的惯性或惰性的表现。"证实偏差是指接受支持已持有信念的信息之倾向。失验偏差是指无视或忽视与已持有信念相悖的信息之倾向。这些偏差对那些坚定持有或长期持有的信念有着最大的影响。"② 善恶报应信仰上的证实偏差是指相信善恶报应的人往往只看到与善恶报应相符合的事实，失验偏差是指相信善恶报应的人无视或忽视了现实生活中善恶没有得到相应报应的事实。无论是证实偏差还是失验偏差，其存在的问题都在于有选择地看待事实，而无法得出一个不偏不倚的认知结论。在这两种偏差中，人们已有的信念影响了人们对事物的看法，人们只选择支持自己信念

---

① ［英］伯特兰·罗素：《心的分析》，贾可春译，商务印书馆2009年版，第220页。
② ［美］尼尔斯·尼尔森：《理解信念：人工智能的科学理解》，王飞跃、赵学亮译，机械工业出版社2017年版，第146页。

的事实，而对不支持或违背自己信念的事实或现象视而不见。这种认知上的偏差对人们已有的善恶报应信仰起到了加强作用。

信念伦理与信仰锁定，本质上是人们对自己认知的一种自我巩固和强化，换句话说，也就是思维方式和认知内容的固化和僵化。这种固化和僵化体现为："无论模型多么不确定，人们都不愿意修改一个内容丰富内在连贯的模型；以及他们非常舒适地用这样一个模型去解释新事实，而不管该事实是多么的出乎意料。"① 善恶报应信仰上的信念伦理和信仰锁定虽然在认识论上是不充分的，却有利于强化人们对道德的相信，有利于人们遵循道德、维护社会秩序。即使现实生活中存在着大量的与善恶报应相悖的现象，这种信念与锁定客观上仍然有利于个人做出道德的行为，对维护社会秩序具有非常重要的意义。不过，信念伦理和信仰锁定往往让信仰主体形成思维定式，缺乏道德反思的能力，不仅不利于主体对道德的认知，而且不利于道德的发展进步。

无论是信念伦理还是信仰锁定都带来了"真"与"善"的问题，即相信为"真"是否就是"真"的、相信是"善"是否就是"善"的问题。道德上"真"与"善"的关系问题历来是伦理学的重要问题，也是善恶报应理论和信仰所面对的一个难题。

六 善恶报应信仰中的"真"与"善"问题

在严格的逻辑论者看来，善恶报应无论是在经验论上还是在理性方法上都是无法证成的。在经验论上，善恶报应信仰者往往根据个案就得出善恶报应是真的，而忽略了相反的案例（当然他们对相反案例的解释是不可知的原因导致报应延迟，甚至延迟到当事人或见证人都不可见的死后或来世，这在严格的逻辑上是讲不通的）。在理性方法上，善恶报应并不符合理性论证、逻辑推理，其不仅逻辑论证混乱，而且是用报应的理念去解释出现的事件，又用解释后的事件去论证善恶报应理论，存在着循环论证的

---

① ［美、以色列］丹尼尔·卡尼曼、［美］保罗·斯洛维奇、［以色列］阿莫斯·特沃斯基编：《不确定状况下的判断：启发式和偏差》，方文等译，中国人民大学出版社2013年版，第138页。

谬误。所以，在他们看来，善恶报应不可能是真的社会知识，对其的信仰是未经证实的、不可信的。

不过，任何一种信仰的建立都不太可能有非常充分的证据，宗教信仰如此，科学知识也如此，因为无论是归纳法还是演绎法，都无法确保人类能够获得绝对真理。归纳法存在着无法穷尽认知的缺陷，演绎法则假定了一个理论前提。因而，任何一种信仰都不太可能建立在完全客观的基础上，也不太可能完全建立在主观感受上，而必须是二者的结合。虽然证据可以解释或确证信念，但是任何信念的证据往往都是不充分的，并且人们拥有的证据并不能完全决定人们的信念。在此意义上，善恶报应信仰之"真"是很难得到确证的，或者说根本无法确证。

虽然在认识论上，善恶报应作为一种真理性知识是站不住脚的，但是我们应该把作为认识论上的真理知识与价值观、实践论上的真理知识区别开来，认识论上的错误并不等于道德上的错误。作为一种信念伦理，善恶报应信仰在乎的并不是"真"，而是"善"；用证成的标准去检验道德信念是没有意义的。并且，由于人类认识能力的局限，人类对"真"的认识本来就具有相对性；科学也需要预设，其真理也只是在一定范围内的相对真理，并且是处于发展之中的，人文知识更是如此。"如果我们关心的是我们的信念是否为真，为什么我们会更喜欢被更多证成的那些信念，而不是被更少证成的信念呢？这并没有预设，我们所关心的只是可靠性；我们也关心利益、重要性、实质内容。"① 人类是拥有信念并有意识地行动的动物，人对自然的认识和改造需要科学意义上的真理知识，这种真理知识不仅具有认识论上的价值，而且也能够很好地帮助人们达到目的，具有工具层面的价值。不过，在人际关系之中，我们很难甚至无法找到自然科学中的那种真理知识，已有的历史经验表明，人类需要道德，道德可以使得社会稳定有序，使人们生活友爱和谐。虽然我们也不否认，在高压强权统治下，社会依然有可能秩序井然，只不过如果人们无法忍受高压了，就会起来反抗，从根本上来看，很难维持长久的社会稳固。与高压强制力相比较，依靠道德的力量来维护社会秩序是人类文明进步的表现，也是文明进

---

① [英]苏珊·哈克：《证据与探究——对认识论的实用主义重构》，刘叶涛、张力锋译，中国人民大学出版社2018年版，第262页。

步的方向。道德既是发现的，更是发明的；道德既是在人类共同生活中被发现的，更是在人类共同生活中塑造、形成的，是人类文明的标志。因而，对于道德知识人们是用"善"来形容的，它与科学之"真"存在着认识论上的区别。信仰是一种非常奇妙的事情，就如罗素所说："常常有这种情形发生：人们怀着一种真诚的信念，这种信念所以能在他们的心中滋长，是因为它可以根据一些片断的直观知识有效地推论出来；但事实上，它却不是利用任何逻辑步骤根据直观知识推论出来的。"① 传统善恶报应就是如此，"所谓的原始人能够很好地为他们的信仰辩护，甚至能解释与他们的信仰矛盾的事实"②。我们关于善恶报应的解释模式的确就是这样，这也就解释了为什么有些理论或信仰虽然很荒谬却还是有人会相信。苏珊·哈克认为："不论是真的还是假的，主体接受它们为真将导致他认为有价值的东西。信念必定是产生出来的。"③正如罗素所指出的："心灵并不创造真理，也不创造虚妄。它们创造信念，但是信念一经创造出来，心灵便不能使它们成为真实的或成为虚妄的了。"④

对于善恶报应信仰而言，人们之信仰为"真"的东西与"善"紧密联系在一起。人们相信善恶因果规律之真，实质上体现出对道德之善的认同和渴望。即使质疑者认为善恶报应只不过是一种信仰者认知上的自我欺骗，我们也应该看到，"尽管自我欺骗总是认知上的失败，但它并不总是或者必然是道德上的失败"⑤。虽然有时候善恶没有得到相应的报应，甚至是相反的报应，信仰者仍然解释为这只是暂时的，真正的报应还未来临，总是以种种借口为善恶报应规律做解释。这种解释方法虽然在认知论上是站不住脚的，但是，不管信仰者是出自信仰还是出自自我欺骗，这种解释方法并不意味着道德上的失败，而往往意味着道德上的胜利。一个社会的信仰，不管是宗教的，还是非宗教的，若是有违人情，有违社会利益、个人利益，不合乎社会情形，那么这种信仰会导致社会的混乱甚至崩溃，难以获得广泛的认可。善恶报应信仰出自人情之自然，对社会或个人有利，

---

① [英]罗素：《哲学问题》，第110页。
② [美]保罗·费耶阿本德：《知识、科学与相对主义》，陈健等译，江苏人民出版社2006年版，第45页。
③ [英]苏珊·哈克：《证据与探究——对认识论的实用主义重构》，第242页。
④ [英]罗素：《哲学问题》，第107页。
⑤ [英]苏珊·哈克：《证据与探究——对认识论的实用主义重构》，第243页。

既合乎传统，又合乎现代社会的需要。并且在人们朴素的认知中，这种规律类似于自然规律，历来具有存在的合理性。无论怎样，信仰者都相信道德的权威、道德的力量，相信道德秩序，并且做出符合道德要求的行为。这不仅意味着对道德的相信，而且体现着人类美好的道德理想和对道德的向往。

善恶报应信仰并没有认识上的充分依据，并不是如自然规律般被所有人所认可和接受，因此，善恶报应信仰是一种信仰，而不是科学理论。也正是由于这个原因，在善恶报应信仰上，根据信仰的强度存在着强信仰和弱信仰。强信仰是相信善恶报应一定会实现，相信者认为有充分的证据证明这种信念。弱信仰是不太确定是否有充分的证据证明这种信仰，至少经验上的证据并不充分；或者对于来世的、彼岸的一些东西，信仰者虽然无法靠自己的经验来证实，但是依然相信应该存在着善恶报应规律。如果说强信仰体现了信仰上的坚定性和彻底性，弱信仰则体现了一种信仰上的倾向性。在对善恶报应思想的相信上，有人持有强信仰，有人秉持弱信仰。强信仰者的信仰模式和思维解释模式都是从这种信仰出发，无论证据怎样，都能找到一套解释说辞。弱信仰者则偶尔会对这种信仰抱有怀疑态度，特别是当出现明显的证据并不支持报应理论时，但是弱信仰者即使不相信其经验上的可信性，一般仍然相信其理论上的合情合理性。

人的认知、信念和信仰系统是一个复杂的系统，促使人的信仰形成的因素可能是单一的，也可能是多元的，一般来说是内外因素交互融合后的影响，人的信仰的确立并不一定是必然的，而很可能是偶然的、或然的。也就是说，人的信仰形成是个复杂的过程，充斥着复杂性因果关系，在这个复杂认知系统中，线性思维是危险的，因为它可能会遗漏一些很关键的因素而导致错误的推理、判断和结论。善恶报应信仰的形成是一个复杂的过程，"为了得出我们的信念通常为真这个结论，需要进一步假设我们的信念通常会被证成。但是，人们有许多信念并未被证成或者只是在适当的程度上被证成。迷信、异想天开、自我欺骗、贸然得出的结论等等毕竟不在少数"[①]。就如罗素指出的"信念的存在依赖于心灵"[②]，依赖于心灵对

---

① ［英］苏珊·哈克：《证据与探究——对认识论的实用主义重构》，第247页。
② ［英］罗素：《哲学问题》，第107页。

外部世界的感知，同一个人可能对同一件事有不同的感知，所以即使面对同一个事实，得出的结论也可能大相径庭。

从总体上看，善恶报应信念或信仰不仅符合个体发生学的认知，也符合社会发生学的认知。在人们朴素的意识中，好人或做好事的人得好报、恶人或做坏事的人得恶报这种因果关系天经地义。如果好人得恶报、坏人得好报，那么，不仅颠覆了好坏的内容，而且与人们的因果观念背道而驰，人们很难接受这样的因果关系。如果好人不一定得好报、坏人不一定得恶报，这种陷入偶然性、任意性的关系也是令人难以接受、无所适从的。不仅在个人意识中如此，在整个社会群体意识中也是如此。如果在一个社会中，行善不会得到好报、作恶不会受到惩罚，那么很可能会使社会秩序陷入混乱之中。只有善恶得到相应的报应，建立起行为与后果之间的规律联系，才能合乎个人的认知，有利于社会的稳定。不仅在个人的朴素认知中，而且在社会认知中，不管是出于认知、情感、直觉上的原因，还是出于功用性的考量，都更可能生发出对善恶报应的相信或支持。

总之，虽然在认识论上，善恶报应是不充分的，但它也具有认识论上的依据，不仅符合外在主义的可信赖主义，也符合内在主义的融贯论，具有认知上的合理性；当然，善恶报应也符合人们朴素的道德直觉和情感。在善恶报应中，由于理论与实际相联结、行为与后果之间相关联，道德既不是非理性的情感、情绪，也不是非理性的任意决断，而是理性认知的结果，在此意义上，道德知识获得了真理性的地位，并且得到人们内心的认可，具有价值上的可接受性、可信赖性和可意欲性。善恶报应信仰不仅是人的灵魂、情感所需要的，也是人的理性所需要的。这种信仰不仅能够满足人们关于永恒的灵魂如何安放的问题，而且能够满足人们的利益需要。善恶报应不仅具有实质性的维护社会秩序的功能，而且能够起到满足人们精神性的需要，如公正感、永恒感等的需要。无论是出于理性的利益计算，还是出于对传统的因袭，还是出于朴素的认知和情感上的认同，善恶报应有其存在的认知、直觉和情感上的原因，是一种合乎理性的理论或信仰。

只有建立在坚实认知基础之上的理论或信仰才不会轻易坍塌，正因为善恶报应有其存在的认知基础，也符合人们朴素的道德直觉和情感愿望，因而，善恶报应理论才能够得到人们的认可和接受，并成为人们的一种信念或信仰。诚然，善恶报应既不是道德信念或信仰形成的充分条件，也不是必要条件，但是，它为对道德的相信、信仰和道德践履提供了比较可靠的认知基础，能够有助于道德信仰的形成和确立。善恶报应不仅具有认识论上的依据，更重要的是其在价值蕴涵上存在着合理性，善恶报应使得关于知识对象的认知体系与关于理想价值对象的信仰体系两相适应。

第二章　善恶报应的合理性

善恶报应是一种看似简单的道德上的因果联系，表面上很简单的东西往往蕴涵着深刻的含义。善恶报应直接的逻辑脉络是道德上的因果律，即行善得好报，作恶得恶果；其深层次的逻辑脉络是自利利人、互惠互利。在善恶报应理论中，蕴涵着自利与利他、道德与幸福和公正等伦理问题，可以说，其看似简单的因果关系背后是对复杂的人性和社会的深刻洞察。善恶报应体现出人类行为与后果之间的有机联系，反映了人类理想与客观规律、理性主义与神秘主义之间的结合。几乎所有人类文明中，都曾经或者仍然相信并且向往善有善报、恶有恶报的道德因果律；善恶报应作为一种人类文明普遍具有的思想，具有深刻的伦理蕴涵，有着内在的合理性。

一　善恶报应中的因果规律及其伦理蕴涵

善恶报应在几乎所有人类文明的早期都出现过，并且成为伦理学的基本预设，体现了人类行为与后果之间的因果联系。众所周知，因果关系是自然界的一种基本规律，依此类推，人们相信因果关系也应该是人们行为与后果之间的基本联系。这种因果关系体现在道德领域，应该是行善的人得到好报、作恶的人受到惩罚；如果这种因果关系不存在，那么人们的道德行为就会陷入一种极端不确定性中，不仅使人在情感上难以接受，也会给人带来认知和行为上的困惑。

善恶报应体现出对后果的重视，没有后果考量的道德行为是虚幻的。"即使不是效果论者（即认为有足够好的效果的任何事物便是善的），人们称一个行为是善的最通常的理由也毫无疑问就是它能引起的效果。"① 道德行为与其后果之间的关系在有规律的情况下主要可以分为四种，第一种是善的行为给行为者本人也给别人带来好的利益，即善行利人利己；第二种是善的行为给行为者带来恶果，即善行损己利人；第三种是恶行得到好的结果，即损人利己；第四种是恶行得到惩罚，即损人损己。第二种损己利人和第三种损人利己都与我们的道德直觉、朴素的道德情感相悖，也与我们的理性相悖。当然，对于第二种情况，我们不排除在特殊境况下，为了集体、社会和国家利益个人做出牺牲，这不仅是正当的，也是值得提倡的。但是这只是一种例外情形，如果成为常态甚至固态，那无论对行为人还是对旁观者而言，都是难以接受的，因为这样的道德秩序很难有公正可言。这样看来，只有第一种和第四种情况的逻辑是获得广泛认可的，利人同时利己和损人必然损己的行为，即善有善报、恶有恶报符合人们的理性和情感。

善恶报应的逻辑脉络是：

善的动机→善的行为→善的结果→奖励

恶的动机→恶的行为→恶的结果→惩罚

虽然这种直线型的因果关系并不一定在现实中会实现，但是，这种理论建构具有内在的合理性。这种因果律为人们的行为与后果的关系建立了确定性，而对确定性、规律性的探求是人们认知努力的一个方向。人的行为与后果之间的确有偶然性存在，但是如果行为与后果之间的关系全是偶然的、任意的，毫无规律可循，那么，就会造成认知混乱和行为混乱，让人坠入偶然性的泥沼而无所适从。认知混乱和行为混乱主要体现为人们不知道应该做什么，不知道达到自己目的的行为路径和方法，因而导致行为也是任意的、随机的、偶然的。善恶报应的存在确立了一种有规律的行为与后果之间的因果联系，为人们在不确定的世界中寻找到了确定性。人类不断寻找和创造着行为与后果之间关系的逻辑规律，这是文明进步的体现。

善恶报应中的奖励不仅包括道德上的赞扬肯定，而且也包括物质利益、名誉等，惩罚不仅包括道德上的谴责，还包括物质利益的损失，包括

---

① [美] 希拉里·普特南：《理性、真理与历史》，童世骏、李光程译，上海译文出版社2005年版，第232页。

肉体、精神上的折磨等。在善恶报应的逻辑脉络中，蕴涵着符合个人利益和社会利益的建构，因为善有善报、恶有恶报意味着遵守社会道德的人得到好报、违反道德的人受到惩罚，这不仅有利于社会正常秩序的维持，而且也有利于个人正当利益的保障。换句话说，即善恶报应对个人、对社会都是必要的、有利的。

善恶报应的最大特点在于道德的人不会因善行而受到利益上的损失，而是得到相应的回报。相对于义务论者道德本身就是慰藉这种论调，善恶报应给予行为人的利益回报或者补偿来得更合乎情理，当然，善恶报应并没有排斥道德本身就是慰藉的论断。因此，善恶报应的合理性在于它不是剥夺一些人的好处而使另一些人获益，而是主张善行得到相应的好报。在善恶报应的逻辑脉络中，行善不是与自我欲望的对立，而是满足人的合理合法的欲望的途径；当然，为了更高的目标而对个人欲望（或需要）进行抑制也是必要的。

因此，善恶报应理论体系中既有对个人利益的尊重，也有对社会所需要的道德的尊重和保障。善恶报应既注重对人的行为的回报，尊重个人的利益；又强调以道德作为报应的依据，而道德是社会群体共识的表现，反映了社会的要求和普遍意志。"我们必须承认人性优越的两种不同因素：社会性和个体性。任何只能说明其一的伦理学都是不完善的，也是不能令人满意的。"① 善恶报应体现出对人的个体性和社会性的充分尊重和维护，是双边、多边协调共赢，蕴涵着内在的合理性，能够得到人们的认可和接受，在社会生活中发挥着道德教化的作用。

善恶报应理论具有生理基础和社会依据。按照舍默的观点，任何人想要生存下去，都要注意利己与利他的平衡，即要关注付出和回报、索取之间的平衡。他认为：

> 在推动生存机器想要为自己囤积一切资源的自私感情之外，生存机器进化出了两种额外的在与其他生存机器互动中生存的路径：**亲缘利他**（"血浓于水"）和**互惠利他**（"以牙还牙"）。帮助基因上有关联

---

① ［英］伯特兰·罗素：《伦理学和政治学中的人类社会》，肖巍译，中国社会科学出版社1992年版，第31页。

的亲属，伸手援助知恩图报的人们，生存机器就是在帮助自己。所以，对于倾向于某种程度上利他的生存机器来说，面临着选择。资源有限，一台生存机器不可能承受帮助所有其他生存机器的负担，因而它必须评估帮助谁，利用谁，离弃谁。这是平衡的艺术。如果你太自私，其他生存机器会惩罚你；如果你太无私，其他生存机器会利用你。因此，与其他生存机器发展积极关系——社会纽带——是一个适应性的策略。①

这样看来，根据自己的行为得到相应回报的问题就不仅仅是道德问题，而且是生存问题；不仅是个人的生存问题，也是社会的存在和发展问题。当然，我们并不是要把善恶报应仅仅归之于生理层面的要求，而是主张关注人的行为与生理基础之间的关系；道德行为是对人的生理行为的超越，也是对人的生理要求的尊重。在善恶报应中，个人行为与后果之间的关系，或者说利己与利人、利社会之间的平衡，无论是对个人还是对社会而言，都是非常重要的；如果没有这种平衡，缺乏对人的合理要求包括生存和发展要求的尊重，那么，道德本身的合理性就是令人怀疑的。

二 善恶报应中的利己与利人

善恶报应蕴涵着利人即利己的思想，即做好事、助人，同时也是助己。在善恶报应的理论中，对他人之善即意味着对自己之善。这种设计无疑是一种非常合理的设计，把他人利益、社会利益与个人利益紧密联系在一起。从这个意义上说，善恶报应理论实际上是深刻洞察到个人与他人、社会的相关性，体现出对人性的深刻认识。

就善恶报应而言，具有双重的设计和动机。这种双重性表现在遵守道德的行为既可以出自道德的要求，也可以出自对个人利益的追求。因而，报应中的行为既可以看作出于对利益追求的功利性行为，也可以看作为了

---

① ［美］迈克尔·舍默：《道德之弧：科学和理性如何将人类引向真理、公正与自由》，刘维龙译，新华出版社2016年版，第29页。

第二章 善恶报应的合理性

道德而道德的义务论行为。人的行为动机往往是深藏于内的,但是,就善恶报应而言,其设计兼顾了各种动机的需要。善恶报应的设计不仅仅鼓励人们追求个人利益,更是让人们在尊重他人利益、社会利益的基础上实现个人利益,体现着对个人与他人、社会之间相关性关系的深刻把握。在善恶报应的逻辑架构中,个人和他人的幸福、利益是联系在一起的,人们之间的利益关系并不是零和博弈,而应该是双赢、共赢。"一个人的幸福并不是通过伤害别人或者造成别人的损失而得到的,因为人类的福利不是一个总数为零的游戏。"① 善恶有报中,行善的人不仅利人而且利己,他们出于自利和仁爱的双重动机把个人幸福和利益的欲望与他人紧密结合起来。

善恶报应的合理性并不在于对人的生物本能的对抗,而是尊重人的正当的欲望和需要。善恶报应的理论设计是对人的个人利益的尊重。对利益的追求是人的朴素的愿望,任何一个人的行为都不可能完全与自己的利益无关。我们不否认圣人完全是为了更多人甚至全部人的利益而忘却自我,但是具体到普通人,其思想和行为很难抛开个人利益,因而,合理的道德应该充分认识人性、尊重人性。"甚至正统的道德学家们也广泛地认为,所有道德最终都是建立在'合理的自爱'的基础之上的;就是说,对任何一个人来说,只有当遵守道德规则从总体上符合他的利益时,这些规则才最终对他有约束力。"② 之所以强调利己的重要性,首先因为利己是人类行为的一个重要动因,自我利益往往是个人思想和行为的出发点。从普遍的意义上看,很少有人能够完全忽视自己的利益。所以,基本的道德要求都应该是既利人又利己的,否则,道德的合法性就会成为问题。

任何道德都与人类普遍利益有关,也与个人利益有关。善恶报应并不是让人们无私奉献,而是尊重个人行为应得的报偿。如若从义务论的角度或其他角度空谈"无私",提倡纯粹为了他人、为了社会,而不是为自己,那么这种观点不仅在理论上站不住脚,实践中也很难行得通。"因为'无私'这一否定性观念,带着这样一个暗示,即首要之务并非为他人谋求好处,而是自己不图好处,仿佛我们的'禁欲'(abstinence)而非他人之

---

① [英]塔拉·史密斯:《有道德的利己》,王旋、毛鑫译,华夏出版社2014年版,第38页。
② [英]亨利·西季威克:《伦理学方法》,廖申白译,中国社会科学出版社1993年版,第31页。

'幸福'（happiness）才是重点所在。"① 善恶报应恰恰不是让人们"无私"，而是尊重人们的"私"：通过行善而利人利己这种行为是整个社会利益最大化的行为，它尊重了个人的人性，能够有效激发人们做出符合道德的行为。我们都不否认毫不利己专门利人的行为是非常高尚的，但是，如果高尚的行为只会让高尚的人受到损害或损失，那么社会机制就存在问题。虽然包括黑格尔在内的很多伦理学家，特别是社群主义者都认为道德的视角不能只限于个体的权利和利益而忽视社会整体的价值，认为道德不能还原为个体的权利和利益，不过，他们也并不否定个人利益的合法性。无论在什么样的社会制度中，如果道德要求常态性地与行为者的利益相悖，那么，这种社会制度的合理性就会成为可疑的。何况善恶报应理论的出发点和落脚点并不是局限于个人利益，而在于道德，关注的是个人利益与他人利益、社会利益的兼顾。

虽然康德等人极力否定自爱，认为："自爱一旦被纳入我们所有准则的原则，就不折不扣地是一切恶的泉源。"② 但是，仍然有很多思想家看到了自爱、个人利益的重要意义。托克维尔曾经在评价美国的民主时指出："明智的自爱是怎样使他们互相帮助并自愿为了国家福祉而牺牲自己的一部分时间和财富的。"③ 纳斯鲍姆也认为："效用主义有很多瑕疵，但是它有一个主要优点，这就是认真对待个人及其欲望，表现出对人们需求的尊重。有一些伦理观点，尤其是康德传统内的理论，草率地否定了欲望，将之视为人性中粗野和全然缺乏理智的部分。我反对这些观点，我认为欲望是人性中一个可加以理智阐释的面向，它有能力感知到有关善的信息……"④ 康德的错误在于把感性和道德对立起来。而感性和道德是性质不同的两种东西，虽然很多不道德的行为出自行为人对感性欲望的追求，但是对感性欲望的追求并不必然是反道德的。善恶报应理论的卓越之处在于没有把人的感性欲望与道德对立起来，而是鼓励人们通过自己的正当行为去满足自己

---

① [英] C. S. 路易斯：《荣耀之重：暨其他演讲》，邓军海译注，华东师范大学出版社2016年版，第2—3页。
② [德] 康德：《单纯理性限度内的宗教》，李秋零译，商务印书馆2012年版，第43—44页。
③ [法] 阿列克西·德·托克维尔：《论美国的民主》，曹冬雪译，译林出版社2012年版，第195页。
④ [美] 玛莎·C. 纳斯鲍姆：《寻求有尊严的生活——正义的能力理论》，田雷译，中国人民大学出版社2016年版，第59页。

的感性欲望，并且把人对感性欲望的追求纳入道德体系之中，使人对欲望的追求能够同时为他人、社会服务。能够抵抗自利的生物本能而做出有利于集体的行为当然是道德的，比如在战争中的牺牲，但是一个合理的社会不能总是要求个人牺牲自己的欲望和需要，禁欲主义已经在社会发展过程中逐渐丧失了其合理性，因而，对人的正当欲望和需要的满足是文明社会应该做到的，也是社会进步的表现。

在善恶报应理论中，不仅体现出对个人利益的尊重，也体现出对他人利益的尊重，是一种自利与他利的结合。善恶报应的逻辑脉络是利人、利社会即利己，即做对他人、对社会有利的事情同时就是做对自己有利的事情。在这种逻辑架构中，自利与利人并不是截然对立的，而是统一的。"哈贝马斯也提出，助人、行善这样一种应当，虽不能也不应以行为主体的旨趣为出发点，但其客观的实际效果，确有对于行为者从长远的角度来看、从他的整体来看均是有益而无害的这一面。"① 在善恶报应的逻辑框架中，利己的行为并不必然与善的行为相矛盾，利己的行为可以同时是利人的；利他的行为绝不意味着必然是损己的。在这个意义上，善恶报应的伦理意蕴是非常丰富而深刻的。虽然，在严格的义务论者看来，出于利己的行为不算是道德的行为，但是整个社会的道德架构，无论是从功利主义的角度还是从义务论的角度，都应该把利人与利己联系起来。

在善恶报应中，利己与利人既然是相通的、相辅相成的，这就在本体上把个人与他人、社会联系了起来。正如埃德加·莫兰指出的："所有对伦理的关注都应当承认自我中心主义的必不可少和利他主义发展的根本潜力。"② "所有对伦理的关注都应当看到，道德行为是一种连接（reliance）的个体行为：与他人连结，与社区连结，与社会连结，直到与人类种属连结。"③ 在善恶报应的理论建构中，让遵守道德的人得到好报，这种对人的行为的引导和约束使个人通过对道德的遵循实现社会性。也就是说，善恶报应思想中既有行为者的存在，也有他者的存在，它具有超然于特殊性的视角，超越个人所在的时间和空间。"人性地活着，就是要充分担当起人类身份的三个维度：个人身份、社会身份及人类身份。这尤其是要诗意地

---

① 甘绍平：《应用伦理学前沿问题研究》，江西人民出版社 2002 年版，第 249 页。
② [法] 埃德加·莫兰：《伦理》，于硕译，学林出版社 2017 年版，第 34 页。
③ [法] 埃德加·莫兰：《伦理》，第 35 页。

度过一生。"① 报应信仰其实就是让人体会到个人与他人的共在,认识到利己与利他的关联,意识到承担起自己的各种身份及责任对个人及社会的重要意义。例如在自己力所能及的前提下,去下水救人,这种道德的行为既是利他的道德行为,同时自己也得到了良心上的慰藉;同时,也能得到社会的奖励和赞扬,弘扬社会正能量。因此,在善恶报应的逻辑架构中,道德行为利人、利己、利社会;个人利益与他人利益、社会利益可以兼得,而并不是二元对立、非此即彼的。做出道德的行为,利人利己,何乐而不为。

　　在现实中,道德的行为往往会造成自我利益与他人利益之间的冲突,善恶报应虽然并不能在本质上消除或消解这种冲突,但是却可以尽可能地化解这种冲突,对人的行为起到道德导向作用。冲突的化解主要有外在和内在两种方式,外在方式是通过善恶报应中的奖励对道德行为予以补偿,奖励包括物质利益和荣誉、名誉等精神上的肯定;内在方式则是行为者通过自己的道德行为本身及其后果而得到道德上的幸福感和满足感。如果助人的行为、道德的行为客观上损害了个人利益,在善恶报应理论中则通过补偿性奖励予以肯定和支持,从而消解冲突。比如给见义勇为者的荣誉和奖金,是以另外一种方式对其进行补偿,是社会对其行为的高度肯定和赞扬。这种冲突的消除或消解并不具有对等意义,因为很多见义勇为者都是以自身受到伤害为代价的,这种伤害虽然并不一定可以通过金钱和荣誉完全消解,但是可以通过奖励给予其高度赞扬和认可,确认这种行为的社会意义和价值。功利主义者如巴特勒等反对将自爱与仁爱庸俗地对立起来,罗素也认为:"劝诫大多数人接受无私无欲的道德准则是办不到的事情。我个人认为,根本就没有必要这样做。我认为,只要褒贬得当,善加指示和调教,我们的天性就可以创造出美好的社会。"② 的确,自爱与仁爱在一定程度上、一定范围内是相容的。如果把自爱和仁爱完全对立起来,那么,道德就会成为一种自相矛盾的理论。因为道德如果反对自爱,那么这与其普遍善的目的是相违背的。当然,自爱与仁爱并不处于同等的地位,道德的崇高之处在于它能够突破自爱,实现对他人、对社会的仁爱,即为

---

① [法]埃德加·莫兰:《伦理》,第292页。
② [英]伯特兰·罗素:《罗素自选文集》,戴玉庆译,商务印书馆2006年版,第212—213页。

了整个人类的幸福牺牲个人的幸福是应该的、善的。

善恶报应是不是意味着一种道德与利益的交易呢？对于这个问题，我们应该看到，善恶报应理论是把道德作为出发点；道德的行为对他人、社会有益，同时行为人因为行善也得到相应的报偿，因此，报应不是交易，而是把道德与利益结合了起来。二者有关联并不意味着二者是交易关系，二者本质上是一种共生关系。在善恶报应的原初设计中，道德与利益并不是对立的关系，而是相容相生的关系。越是道德的人，越能够通过自己的行为获得利益，反之，越是不道德的人，越是因其行为而无法得到想要的利益。道德与利益回报是正相关的关系，这种关系必然使得无论是从自律的角度还是从他律的角度，人们都更有可能做出道德的行为。

三　善恶报应中自律与他律的统一

如果在一个理论体系中，能够把义务和偏好、利益结合起来，形成道德的行为，这种行为动机比起单一的行为动机，应该更为强大和牢固。按照善恶报应理论的逻辑设计，道德的行为既可能出自对法则的敬重，也有可能出自对个人利益的计算，还可能出自偏好，因此，善恶报应理论中的多重动因的推动，比起单一动机来，更能促使人们做出道德的行为。这种理论事实上能够从自律和他律相结合的角度对人们的行为起到引导和约束作用。

在善恶报应思想和理论的影响下，人们的行为有道德自律的倾向和可能。善恶报应符合人对行为因果律的朴素认知，给人的道德行动以动力支持，这种动力不仅是认知上的，也是情感、理性和意志上的，即给人的道德行为以知、情、意、行上的动力。在善恶报应因果规律的支配下，无论是出于道德上的要求，还是出于个人利益的追求，人们都更可能在理性的支配下做出道德的行为。善恶报应事实上鼓励人们在关注自身利益的同时，关注自身之外的人和事物，关注真正的道德需要，所以，善恶报应实际上具有自律的可能。

当然，在善恶报应秩序下，人们的行为也可能不是自律的，而是出于对奖赏的渴求和对惩罚的畏惧而做出的一种他律的行为。他律的行为虽然在义务论者看来并不是道德的行为，却具有道德意义。在义务论者看来，他律的行为并不是出于个人为了道德而道德的自由意志，而是出于个人利益的考量，这样的行为不能算是道德的。的确，在伦理学中，凡是出自个人利益的自私动机的行为都不能算是道德的行为，而是非道德行为；不过，非道德行为却可能具有道德意义。纯粹以自身为目的的道德，就如尼采所指出的："'以自身为目的的知识'——这是道德布下的最后陷阱：人们于是又一次深陷其中。"① 离开了后果考量的道德是虚幻的。道德是人类长期历史生活的智慧结晶，必须要在维护社会和谐、促进人类发展方面发挥重要作用；否则，道德的合理性就令人怀疑。道德行为的意义主要体现在行为的后果上，表现在行为对道德的尊重及行为客观上有利于社会秩序、社会发展、社会进步。按照义务论者的观点，他律的行为是非道德的行为，却不是反道德的行为，而是符合道德要求的行为。在人类文明史上，存在着大量的他律行为；他律行为既可能是出于对强制的畏惧，也可能是出于对规则的无意识的尊重。不管其动机如何，都确保了社会秩序的正常进行，并且对其他人的行为产生着潜移默化的影响。与反道德行为对社会造成的有形和无形的危害相比，可以说，他律行为是具有道德意义和社会意义的行为。

善恶报应中人的行为既可能是自律的、他律的，也可能是自律与他律的结合。这种结合体现在个人的道德行为既是出自个人的动机和自觉行动，而个人的动机和行动又符合社会的道德要求，即社会的道德要求与个人的动机和行为是相一致的，在个人动机和外在要求之间形成的是一种促进道德行为的合力。也就是说，在善恶报应中，外在的道德规范与个人内心的道德律令二者是相吻合的，道德要求的他律也是个人行动的自律。对于个人的思想和行为而言，这种他律与自律的统一或结合不仅强化和巩固了个人的道德观念，而且有利于个人把道德动机在现实中实现出来，做出道德的行为。

因而，善恶报应体现出义务论和功利论相结合的特征。伦理学上有

---

① ［德］尼采：《尼采著作全集》第5卷《善恶的彼岸·论道德的谱系》，赵千帆译，商务印书馆2020年版，第99页。

两大分支，一个是注重规则的义务论，另一个是注重后果的功利主义。前者给予道德规则以优先权，后者则更注重后果。善恶报应不仅可以从功利主义的角度理解，也可以从义务论的角度认识。在善恶报应的理论架构中，既注重道德本身，又注重道德后果，把后果上的功利性与具有内在价值的道德联系起来，其侧重点在于道德如何对于个人、社会而言都是有益的。"什么才能符合所有人的利益，这是一个抽象的问题，它高于什么对我们来说是至善这样一个伦理问题，因为后者受语境的制约。"① 善恶报应无论是对个人还是对社会而言，都是为了所有人的利益最大化；善恶报应力图实现利己利人，不仅是个人的最好选择，也是社会的最好选择。这种动机与后果的兼顾使得善恶报应中的道德更能得到人们的认可和遵从。

善恶报应既注重后果，又注重动机，体现出义务论与后果论的结合，这也是对韦伯信念伦理与责任伦理的调和。在韦伯看来，信念伦理与责任伦理是不可调和的、对立的。"一个人是按照心志伦理的准则行动（在宗教的说法上，就是'基督徒的行为是正当的，后果则委诸上帝'），**或者**是按照责任伦理的准则行动（当事人对自己行动〔可预见〕的后果负有责任），其间有着深邃的对立。"② 韦伯的信念伦理相当于伦理学上的义务论观点，责任伦理相当于后果论，在他看来，二者是对立的，而善恶报应恰恰是把对道德的履行与对他人的责任联系起来。在善恶报应的逻辑架构中，按照道德的要求行动，同时也是对行为造成的后果负责，这二者是统一的，因而，善恶报应是义务论与后果论的结合，而不是在二元论的视野中看待二者，把二者视为是不可调和的。

在善恶报应中，道德既是合法合理实现自己利益的手段，又是人应该遵循的义务。手段与目的之间是相互成就的，而不是截然分开的，即道德既可以是手段，又可以是目的。"用来实现完善的生活的手段并不只是一种没有独立价值的、外在的、技术的手段，而是同时构成了完善

---

① ［德］尤尔根·哈贝马斯：《包容他者》，第65页。
② ［德］马克斯·韦伯：《学术与政治》，钱永祥译，广西师范大学出版社2010年版，第264页。

的生活内容的一部分。"① 道德是人的完善生活的不可或缺的部分。"德性在完善的个人那里有其绝对的价值,但就完善的生活是通过它们实现而言,它们又具有作为手段的价值。"② 报应不仅能够使得个人追求的目的得到实现,也能够使得社会所追求的共同目的得到实现;报应不仅符合人们的个人理性和社会的集体理性,也满足了人们朴素的道德情感。善恶报应理论让遵守道德的人得到好报、违反道德的人得到惩罚,反映出公正的伦理意蕴,这种规律必然有利于促进社会秩序的维护和社会的发展进步。

四 善恶报应中的公正

公正应该与个人正当利益联系在一起,而不是分离。或者说,公正能够保证个人正当利益的实现,而不是相反。善有善报,恶有恶报,在善恶报应的逻辑架构中,每个人根据自己行为的道德性而得到相应的报偿,这种因果关系体现出公正的伦理蕴涵。

善恶报应中的公正既是程序正义,也是实质正义,是二者的结合。在善恶报应观念中,善恶必然根据道德因果规律而得到相应的报应,从形式上看,是一种程序正义。从内容上看,根据个人行为的善恶而做出的报应,必然具有实质上的正义。善恶报应是人们行为与后果之间道德关系上的因果关系的体现,是对因果律的尊重和实现,也是对正义的实现。"指导一个人判断正义问题的基本原则是因果律。人们永不应该企图逃避或打破原因与结果之间的链接。"③ 在善恶报应的因果链中,道德起到了基础性的作用,有着深刻的伦理蕴涵。

善恶报应中的公正对于整个社会正常秩序的维护具有重要的意义。对于好人的报偿不仅是公正的,而且也起到了价值引领的作用,让人们相信道德。对于恶人的惩罚比对好人的奖励往往更为重要,因为,坏人的破坏

---

① [德]弗里德里希·包尔生:《伦理学体系》,何怀宏、廖申白译,中国社会科学出版社1988年版,第10页。
② [德]弗里德里希·包尔生:《伦理学体系》,第11页。
③ [英]塔拉·史密斯:《有道德的利己》,第132页。

力往往大于好人的塑造力，无数善良的人的社会劳动成果可能会被少数几个坏人给破坏得转瞬间灰飞烟灭。休谟就认为，对于犯罪者，"为了社会的利益，对他处以某种他不犯过错或造成伤害便不可能遭受的惩罚就变成公道的"①。在休谟看来，有用性是构成德性的唯一基础，而正义是有用的。的确，无论是奖励还是惩罚都是社会所需要的，它们不仅是直接的对人们行为的处置，而且也是对人们认知的引导和品质的塑造，不仅培养人，而且维护社会道德秩序。

善恶报应的公正不仅具有维护社会秩序的有用性，而且具有满足人们情感需要的有用性。人们对公正的渴求不仅是理性的需要，也是情感的需求。人人都希望自己得到公正的待遇，也希望看到他人得到公正的报酬。义愤就是对不公平的事情或现象的不满意；人们对公正的渴望甚至会高于对利益的追求，即宁要公正，也不要不是靠公正得来的利益。"当待遇明显不公平时，人们似乎是从坚持原则而不是从赚钱中获得了更多的愉悦。"② 善恶报应满足了人们对公正的情感需要。

善恶报应中的公正并不排斥仁爱，在一定意义上，公正也是一种仁爱。在对待善恶报应是否能够体现出仁爱的美德这个问题上，存在着不同的观点。有的学者认为，报应论虽然体现了公正，但取消了仁爱。不过，细究起来这种观点是站不住脚的。在善恶报应思想中，奖励和惩罚都是社会性的普遍意志的反映，无论是对好人的奖励还是对恶人的惩罚，都不是一种个人的报复行为，也不是一种冤冤相报的机械行为，而是社会普遍意志的体现。这种报应不仅仅能够体现公正，而且能够体现仁爱，即不仅能够体现公正的秩序要求，而且能够起到塑造个人、维护社会秩序、促进社会美德的作用。

对做坏事的人的惩罚并不意味着不仁爱。惩罚对恶人来说是正义的，并且这种惩罚对整个社会而言能够带来好的结果；并且，即使对被惩罚者而言，惩罚也未必是不仁爱，并不意味着对其冷酷无情。因为，惩罚不仅是一种报复性的手段，而且也是一种教育改造的手段，即惩罚不仅具有报复性，也具有修复性和塑造性。对犯错的人的正义惩罚是为了以儆效尤，

---

① ［英］休谟：《道德原则研究》，曾晓平译，商务印书馆2001年版，第39页。
② ［美］保罗·扎克：《道德博弈：爱和繁荣究竟从何而来》，黄延峰译，中信出版社2016年版，第47页。

对其他人起到警诫作用，这是一种工具性作用，就如斯密所说："在某些场合，我们惩罚或赞同惩罚确实仅仅是出于某种对社会总的利益的考虑，我们认为，不那样，这种利益就得不到保证。"① 为了社会利益，惩罚是必要的。不仅如此，惩罚也是对犯错的人的一种塑造，用强制方法让其改正，这是目的性作用，不仅是公正的，也具有仁爱的蕴涵。惩罚对没犯错的人是一种公正（不管他们主观上需不需要，整个社会秩序的良好运转需要），也是一种仁爱，因为有时候对恶人的姑息意味着对好人的残忍。公正是道德的基石，博爱则是道德的冠冕，在涂尔干看来，这种观点是不准确的，与事实相距甚远，因为："公正充满了博爱，……所以对公正而言，它没有任何特别之处，它是任何一种团结必然的附带产物。因而，凡是在人们共同生活的地方，都有它的存在，不管它来自于生活的劳动分工，还是来自于人们的相应要求。"② 在涂尔干看来，公正就是一种仁爱，是一种有原则的仁爱，而不是毫无原则的泛滥之爱；没有原则的爱会造成伤害，因此不可能是一种真正的仁爱。

　　善恶报应中的正义并不像斯密所说只是一种消极的美德③，也是一种积极的美德。正义不仅是不应当去伤害别人，也是应该积极主动地对待别人、对待社会；或者说正义不仅是不作恶，而且是去行善。与仁爱比起来，正义对于一个社会而言，更为根本。"行善犹如美化建筑物的装饰品，而不是支撑建筑物的地基，因此作出劝惩已经足够，没有必要强加于人。相反，正义犹如支撑整个大厦的主要支柱。"④ 正义是社会必要的美德，不仅蕴涵着仁爱的可能性和现实性，而且在正义的道德秩序和社会制度中，更可能实现道德与幸福的统一，就如休谟所说："正义这一德性的用途和趋向是通过维护社会的秩序而达致幸福和安全……"⑤ 正义必然与幸福是有关联的。

---

① ［英］亚当·斯密：《道德情操论》，蒋自强等译，商务印书馆2009年版，第112页。
② ［法］埃米尔·涂尔干：《社会分工论》，渠东译，生活·读书·新知三联书店2013年版，第83页。
③ 这是亚当·斯密的观点。参见［英］亚当·斯密《道德情操论》，第101页。很多其他伦理学者也认为正义是基本的美德，仁爱在正义之上。
④ ［英］亚当·斯密：《道德情操论》，第107页。
⑤ ［英］休谟：《道德原则研究》，第38页。

五　善恶报应中的道德与幸福

善恶报应并不是让我们陷入选择道德就意味着自我牺牲的致命分裂中，而是让我们实现道德与幸福的两全。道德不仅是促进社会整体利益的行为，也是获得个人正当利益的途径。在善恶报应中，人们对自己的名誉、利益等予以关注，但不会对他人利益、社会整体利益麻木不仁，因为在善恶报应系统中，个人与他人是通过行为联系起来的，我们对他人、社会的态度决定了我们自己能否获得应得的幸福。

善恶报应在人的道德行为和幸福之间架构了桥梁，而不是制造了对立。个人主义者兰德认为，与个人利益对立起来的道德并不是真正的道德，而是非理性的道德："非理性道德是与人的天性、事实和人的生存需要相对立的，它必然强迫人们接受这种信念：道德与实际之间存在着不可避免的冲突。人们必须选择要么品德高尚，要么幸福；要么理想主义，要么获得成功，但是他们不能二者兼得。这个观点给人们内心最深处带来了灾难性的冲突，带来了能将人撕成两半的致命分裂：它迫使人们在这二者间选择：要么让自己能够生存，要么让自己活得有价值。然而，自尊和精神健康要求人们二者兼顾。"① 在他看来，理性的道德是道德与幸福、理想与成就的兼顾，非理性的道德是道德与幸福的对立，人们需要的是理性的道德而不是非理性的道德。从个人主义的眼光来看，善恶报应中的道德是理性的道德，因为善恶报应理论的最大特点就是沟通了道德与自利，认为道德的行为并不是损己的，而是与个人利益相容的，有助于实现个人幸福。在功用上，善恶报应有点类似功利主义，"调和了或是协调了德行与幸福、自爱与博爱，每个人获取利益都应当是取之有道"②。善恶报应就是这样一种秩序，每个人理性地寻求自己的利益便可以实现个人的幸福，即道德是获取幸福的有效手段。

说到德福关系，必然要牵涉到对幸福的理解。幸福往往意味着有比较充

---

① [美]安·兰德：《自私的德性》，焦晓菊译，华夏出版社2014年版，第32页。
② [法]吉尔·利波维茨基：《责任的落寞——新民主时期的无痛伦理观》，倪复生、方仁杰译，中国人民大学出版社2007年版，第16页。

裕的财富、幸福的家庭生活和快乐等，《洪范》中说："五福：一曰寿，二曰富，三曰康宁，四曰攸好德，五曰考终命。"（《尚书·洪范》）在传统思想中，幸福或者有福除了包括有形的长寿、富贵、健康平安、善终等条件之外，还包括喜好德行；在人们朴素的认知中，道德与幸福应该联系在一起。"人们通过自己对道德的思考都会达到第一个伟大和基本的真理——善良的人活得好，而邪恶的人活得糟。这一代表着人类经验的信念在无数的谚语中表现出来。"① 善恶报应首先能够在外在方面给予人们以回报，使其获得物质上的利益、名声和权力等，即获得幸福所需的物质条件。"各种美德是人类美好生活的一部分，也至少是个人利好、福利或过得好的要素之一。"② 在善恶报应中，行善的人得到的回报包括物质利益方面的，这种回报为个人幸福提供了物质基础。

即使有德性的人并不希图外在的回馈，并不代表着社会不应该给予他们以适当的报偿，这是道德合理性的要求和重要表现。内格尔强烈地倾向于认为："道德至少必须在较弱的意义上是合理的，即不是**不**合理的，尽管我更应该满足于一种可在较强的意义上表明其合理的那种理论。"③ 给予道德的人以外在利益的补偿是必要的、合理的，符合人们朴素的道德直觉。因为，外在利益"不仅是人类欲望的特有对象，其分配赋予正义与慷慨的美德以意义，而且没有人能够完全蔑视它们，除了那些伪君子"④。认识到外在利益是对人性的深刻洞察，建立在对外在利益充分尊重基础上的道德理论才能够得到人们的认可。分配正义以及给予道德的人以利益回馈是一个社会应有的功能和价值所在，也是社会发展进步的表现和目标。

善恶报应不仅能够给予人们物质上的幸福条件，也能够使人们获得内在幸福，即灵魂上的安宁和幸福感。在善恶报应中，行善的人不仅获得物质方面的回报，同时也能获得社会的认可和赞誉，并且行为本身就能带来一种精神上的愉悦。"君子坦荡荡，小人长戚戚"（《论语·述而》），遵从道德的要求让人心地坦荡，履行道德可以带来快乐和满足。现代科学研究

---

① ［德］弗里德里希·包尔生：《伦理学体系》，第341页。
② ［美］迈克尔·斯洛特：《从道德到美德》，周亮译，译林出版社2017年版，第254页。
③ ［美］托马斯·内格尔：《本然的观点》，贾可春译，中国人民大学出版社2010年版，第230页。
④ ［美］阿拉斯戴尔·麦金太尔：《追寻美德——道德理论研究》，第249页。

已经日益表明，道德的人更容易幸福。因为道德的人心胸开阔，做善事真心感到开心快乐。"无私的人容易更幸福，更长寿，连身体健康状况也比那些以自我为中心的家伙们好很多。"① 这种观点具有心理学上的依据，正如普列斯特指出的："我所做的好事会反射到我自己。我的脑部会以事后的感觉良好作为酬偿。我的善行也会影响我的自我认知。自我感觉良好对我是很重要的。它可以让我长久心安理得。"② 在认知上，做好事的人往往具有自我肯定和认同的倾向，获得更多的心理上的满足感，"帮助者认为他们并不单纯是愿意帮助别人，而且也是在为自己做件好事：即实现一种归属性。……帮助他人，对自己也会产生益处，会在情绪、生理、心理上拥有更佳的感受，精神会顺其自然地获得升华，助人者的收获至少和付出的一样多，甚至多于付出"③。现代心理科学、行为科学等研究表明，善有善报、恶有恶报的确有心理方面的依据，即善良的人、做好事的人因为认知上的自我肯定、情绪方面的坦然开心等而更有可能身体健康、精神充实，更有可能获得幸福的感觉；而作恶的人则有可能产生紧张不安的不良情绪，不利于身心健康。

在善恶报应中，道德不仅是获得幸福的手段，也是幸福本身。很多思想家如亚里士多德、霍布斯、斯宾诺莎、莱布尼茨和休谟等都指出过道德与幸福的密切关联，达成比较广泛共识的观点是幸福不仅是德行的报偿，也是德行本身。黑格尔认为："道德与幸福之间的和谐，是被设想为必然存在着的，或者说，这种和谐是被设定的。"④ 即道德必然是幸福的，无关其他因素。在善恶报应中，道德有助于人们获得外在利益或外在幸福，并且道德本身能够让人们感受到内在幸福。就如包尔生所说："德性与幸福并不仅仅是偶然地通过神灵的中介而发生联系，而是出自事物本性的联系。然而，幸福的概念逐渐被精神化了；不是外在的幸福或好运，而是内在的幸福、精神的和平安宁，直接与德性的实行结合在一起，或

---

① ［美］马克·马陶谢克：《底线：道德智慧的觉醒》，高园园译，重庆出版社2013年版，前言第12页。
② ［德］理查德·大卫·普列斯特：《不自私的艺术》，林宏涛译，电子工业出版社2013年版，第233页。
③ 甘绍平：《应用伦理学前沿问题研究》，第250页。
④ ［德］黑格尔：《精神现象学》（下），贺麟、王玖兴译，商务印书馆1979年第2版，第144页。

者作为它必然的结果相随。外在的幸福并不总是落到明智和有德性的人身上，但有德性者也倾向于认识到这一点，即使他没得到它，他也能确实地在他心中发现幸福。这也是在现代伦理学中流行的感情。"① 幸福与道德是联系在一起的，不仅是外在的幸福，更包括内在的幸福；在真正有德的人看来，即使没有获得外在的幸福，遵从道德本身就是一种幸福，就是一种慰藉。

德福关系历来是伦理学的重要内容，德福是否一致关系到伦理学的可信性。从苏格拉底到康德，几乎所有的哲学家都对这个问题进行了探究。苏格拉底认为："正义者是快乐的，不正义者是痛苦的。"② 亚里士多德说："造成幸福的是合德性的活动，相反的活动则造成相反的结果。"③ 幸福的生活就是具有美德的状况，也即康德的美德即幸福观念，不过亚里士多德也注意到了运气，认为幸福是诸神的礼物，是神给予的外在的境遇，即运气。思想家们已经看到了美德与幸福之间关系的多种可能性，正如纳斯鲍姆所指出的："在具有好品格和生活得好之间具有一个实实在在的裂隙。"④ 而善恶报应恰恰是通过个人的行为改变运气、弥补这种裂隙的重要理论。在善恶报应理论中，行善的人得到好报、作恶的人得到惩罚，体现出一种直线形的道德与幸福的对应关系，虽然得到好报并不必然意味着个人就是幸福的，还有种种际遇即运气的影响，但是在善恶报应的理论逻辑中，往往是把复杂的现实化约为简单的因果关系，让人获得幸福的最大可能性。道德与幸福统一是人类的向往，是人类朴素的认知和情感。"我们通常还是认为，人类的善或好生活（well-being）的完整概念必须既包括获得幸福（happiness），又包括履行义务。"⑤ 在善恶报应中，恰恰是通过对道德义务履行的方式来获得幸福，实现好的生活。

在善恶报应中，人们履行道德要求、做个好人并不是艰难的事情，因为好人总会得到好报的。"所有道德学说面对的重大问题依旧存在：你如

---

① ［德］弗里德里希·包尔生：《伦理学体系》，第342页。
② ［古希腊］柏拉图：《理想国》，郭斌和、张竹明译，商务印书馆1986年版，第42页。
③ ［古希腊］亚里士多德：《尼各马可伦理学》，廖申白译注，商务印书馆2003年版，第28页。
④ ［美］玛莎·C.纳斯鲍姆：《善的脆弱性：古希腊悲剧与哲学中的运气与伦理》（修订版），徐向东、陆萌译，译林出版社2018年第2版，第520页。
⑤ ［英］亨利·西季威克：《伦理学方法》，第27页。

何劝说人们**选择**做好人?"① 如果拥有美德成为一个人获得外在利益和内在满足的绊脚石,即道德与幸福是相悖的,那么,道德的权威将面临严重的威胁,社会不仅面临缺乏合理性的问题,现实的存在和发展也会成为问题。因为,在这样的社会中,美德缺乏生存的空间,会造成越来越多的人只追求个人的外在利益,而忽略了或者无暇顾及内在的美德,导致社会秩序的混乱和道德权威的崩溃,发展进步就会成为非常艰难的事情。善恶报应恰恰是排除了这种无序和崩溃,让道德的人得到好报,让不道德的人受到惩罚,即在善恶报应规律和秩序中,做好人是一件快乐的事情,不仅利人,也利己,正因为如此,善恶报应获得了权威。

六 善恶报应中的道德权威

在善恶报应中,道德不仅因其是实现最好的人类生活的手段而具有工具性价值,而且也因其是最好生活的一种构成要素而具有内在价值,即善恶报应通过奖罚使得道德具有了外在权威,同时也因其内在的价值和意义而具有了内在权威。

在善恶报应中,遵守道德的得到奖励,违反道德的受到惩罚,这种秩序和规律赋予道德以外在的权威。"权威是实存界的势力和强制性的确信以及涉及生存之根源的观念这三者的历史统一,而生存则知道自己在这种统一中是与超验界联系着的。"② 善恶报应让人们确信道德是个人生存和发展所必须要遵守的一种普遍意志,这种普遍意志是由外在强制力来维护的,报应因而具有外在权威。外在权威是必要的,因为仅仅依靠人们对道德的自觉遵守是不可能的,也是不现实的。善恶报应中道德的权威来自道德的后果,即遵循道德得到好报,违背道德受到惩罚。不管报应是通过现实中的制度来实现,还是通过神秘的"天"来赏罚,只要人们相信报应,就是相信道德的力量。如果道德任意被践踏,而行为者并没有受到任何惩罚或制裁,那么道德的权威就会丧失殆尽。外在权威使人们摆脱了对道德

---

① [英] 戴维·罗比森:《伦理学》,郭立东译,生活·读书·新知三联书店2016年版,第77页。

② [德] 卡尔·雅斯贝斯:《生存哲学》,王玖兴译,上海译文出版社2013年版,第40页。

的怀疑或轻视，让人相信道德的力量。

　　善恶报应中道德的内在权威主要体现在道德的本体性地位上。在善恶报应的逻辑脉络中就已经确立了道德的本体性地位，为道德的内在权威提供了前提。无论是在宗教信仰中，还是在我国传统信仰中，道德都是一种与神及神性联系在一起的非常根本的东西，是类似于本体的东西。而这种本体性地位是与道德的合理性联系在一起的，道德的合理性既在于道德能够维护人类社会秩序，也在于道德是人的实现的必要条件和标志。也就是说，道德的合理性不仅在于其与人的生存联系在一起，是人类存在方式所必需的，而且也是人类的理想和追求。人的社会性存在方式决定了道德的本质性地位和需要。"我们之所以和伦理义务具有同一性，是因为它们使我们获得了实现。只有它们才能赋予我们以有意义的生活。但这并不等于说我们只有（或主要地）通过自我利益才能贴近它们。相反，伦理生活包含对他人的关注，承认对我们来说有比自身的特殊福利更重要的主张。"①在善恶报应中，道德不仅是个人实现利益和自我实现的方式，也是社会普遍意志的要求，体现出个人意志和普遍意志的结合。在善恶报应中，使人们意识到道德对个人、他人和社会都是有益的、必要的，因而把道德内化为自己的良心，使道德具有了内在的权威。

　　善恶报应中道德的权威是通过其正当性、合法性而得到实现的。善恶报应的正当性、合法性至少可以在四个方面得到体现。一是基于理性的认可，行善得到好报、作恶受到惩罚，这种道德因果律不仅获得个人理性的认可，也获得普遍社会理性的接受。二是基于感情上的认可，道德的行为得到奖励，不道德的行为受到惩罚，这种伦理秩序往往能够得到普遍的朴素情感的支持。三是基于传统的认可，善恶报应是一种在人类文明史上出现得非常早的思想，这种思想具有先发的优势，一般人们倾向于相信传统、相信道德。四是基于官方的认可，善恶报应是人类长期历史生活的智慧结晶，在维护社会和谐、促进人类发展方面起着重要作用，几乎古今中外的所有政府都提倡和认可善恶有报，希望人们能够弃恶从善，做遵守社会道德的人。善恶报应不仅有利于为社会造就合格的社会成员，也有利于社会秩序的维护和统治的长治久安。这四个方面的正当性、合法性使得善

---

① ［美］伍德：《黑格尔的伦理思想》，黄涛译，知识产权出版社2016年版，第344页。

恶报应中的道德具有了内在的和外在的权威。

善恶报应中的道德权威是外在权威和内在权威的结合。外在权威和内在权威之间并不是相互排斥的，因为即使国家法律这类依靠外在强制力来保障的权威，依然有其内在的价值和依据。善恶报应中的道德不仅有利于个人的利益和完善，而且也有利于社会的秩序和利益，道德是普遍意志的体现。"无论谁诉诸理性，就是为了在自身之中发现这样一种权威，它不仅仅是个人的或社会的，而是普遍的——而且也能使那些愿意倾听它的人信服。"[①] 外在权威与内在权威是相辅相成的关系，即外在权威不断提醒着人们，应该相信什么，应该做什么；内在权威不断从心灵深处约束着人们的思想和行为，为人们履行道德的要求提供了动机。外在权威可以不断内化为内在权威，即良心，也就是康德所说的心中的道德律令。就如弗洛姆所说："即使良心与权威的关系已经内在化，但是这一内在化的完整性，不能视为已经达到可使良心脱离外界权威的程度。……令人产生畏惧感的外界权威的出现，不断地滋润内在权威——良心的泉源。"[②] 内在权威和外在权威的结合使得对道德的遵循更为可能。单纯依靠外在权威，抹杀了道德与其他强制措施的不同，无法体现出道德在人的自我完善、促进人类文明进步方面的作用；由于个人认知能力和自控能力的不同，内在权威往往因人而异，单一依靠内在权威也是不可靠的。与单一性地依靠一种权威相比，外在权威和内在权威有机结合的双重权威，无疑更具有合理性和有效性。

七　善恶报应的影响

善恶报应并不是乌托邦。这种理论对动机与后果的兼顾使得其不仅对人们具有吸引力，而且能够驱动理性的个体依照道德来行动。善恶报应不仅有利于引导人们认识道德的价值和意义，过上道德的生活，而且有利于维护社会秩序，促进社会的进步发展。

---

① ［美］托马斯·内格尔：《理性的权威》，蔡仲、郑玮译，上海译文出版社2013年版，第3页。

② ［美］艾·弗洛姆：《自我的追寻》，孙石译，上海译文出版社2013年版，第124—125页。

善恶报应对人的道德认知具有重要影响。善恶报应具有道德导向作用，让人们相信道德、遵从道德；做出善的行为，避免恶的行为。在善恶报应理论中，道德不是让人牺牲的，而是让人过上道德的生活、有意义的幸福生活，因为善恶报应的理论和实践设计，都是为了让有道德的人生活得更好。善恶报应使得道德不仅成为人们的一种外在需要，而且也成为自身的内在需求。外在需要与内在需要并不是各自独立的两个部分，而是内在统一的。主体在对他人、对社会承担起应尽义务的同时，也是其完善的过程，个人的完善总是与对社会的义务联系在一起的。善恶报应反对自我中心主义，在报应理论中，自我与他人是一种相互成就的关系，道德地对待他人，自己会得到道德的回报。人与人的关系不是像霍布斯所说的"是每一个人对每个人的战争"①，即使萨特的名言——"他人就是地狱"，在萨特本人看来，这句话是被人们误解了的，他说："'他人就是地狱'这句话总是被人误解，人们以为我想说的意思是，我们与他人的关系时刻都是坏透了的，而且这永远是难以沟通的关系。然而这根本就不是我的本意，我要说的是，如果与他人的关系被扭曲了，被败坏了，那么他人只能够是地狱。……其实，对于我们认识自己来说，他人是我们身上最为重要的因素……"② 在萨特看来，只有在扭曲的关系中，他人才是地狱，而在正常而良好的秩序中，他人与自己有着密切的关联。在善恶报应秩序中，个人与他人之间具有正常而稳定的关系，在本体上相互联系在一起，具有相关性。这种认知有利于人们遵照道德的要求，做出道德的行为。

善恶报应符合人们朴素的道德因果律情感，满足人们的情感需要，有利于培养对生活的乐观主义态度。善恶报应不仅符合人们朴素的道德直觉、情感，而且能够让人们获得确定感，对事情及结果大体上是可预见的。"只要人们遵循业已确立的行事方式，那么我们生活于其间的世界就是比较可预见的，但是需要指出的是，当人们违反这些行事方式的时候，

---

① 这是霍布斯在《利维坦》中的名言，他的意思是指在没有一个共同权力使大家慑服的情况下，人们之间便处在战争状态之下。参见［英］霍布斯《利维坦》，黎思复、黎廷弼译，商务出版社2020年版，第95页。

② ［法］萨特：《他人就是地狱：萨特自由选择论集》，周煦良等译，陕西师范大学出版社2003年版，第10页。

第二章 善恶报应的合理性

这个世界就会变得令人害怕。"① 在社会生活中，善恶报应给予的确定感能够让人积极面对生活，只要努力就会有收获，因而，善恶报应可以培养人的乐观主义态度。在善恶报应理论中，任何人做善事都不仅对他人有好处，也对自己有好处，助人的同时也是助己，并且可以通过道德使自己获得救赎。这种道德观、人生观都是积极向上的，因此，在善恶报应的信仰中，很少见到悲观主义，更多的是积极进取的乐观主义。

善恶报应理论、信仰和实践能够对人的行为起到约束和塑造作用。自利是人的本性，善恶报应符合人性的需要，它强调回报、尊重人的合情合理的利益需要。最高尚的道德在于能够为了他人、社会整体的利益而对抗自利本能，但是，任何一种合理的、有生命力的道德不应该总是牺牲个人的自利本能，时时刻刻去对抗它，而是应该尊重人的这种本性。"自我中心主义不是不道德的，而是形成了任何可行的道德体系的一个重要的部分。"② 道德的力量是有限的，并不是所有的人都能自觉或被动地遵守道德的要求。善恶报应的合理性在于通过一种类似于博弈的方式，让人们知道无论什么情况下，遵守道德都是最符合个人利益的，当然，也符合整个社会的利益。希望获得回报而做出道德的行为绝对不是不道德的，最多是非道德行为，但是我们不能否认这种行为的手段善的性质。并且，善恶报应从来没有否定道德因其自身之故而有价值，道德本身是值得欲求的，并不仅仅是因为它能够给人们带来利益才值得欲求。

善恶报应对人的道德行为既可能形成一种推力，又可能形成一种拉力，抑或是二者的结合。因为在善恶报应中，对道德的履行既可能是一种出自内心的认同，也可能是被迫的服从，还有可能是二者的结合。在报应中，既有前面的奖励、名誉等社会认可的吸引力，也有后面惩罚的威慑、义务的必须遵从等推动力。这样，双管齐下，不管是拉力也好，推力也好，形成一种合力，推动着人们去做出道德的行为。不管是对于道德高尚的人而言，还是对于个人主义者而言，善恶报应都是有效的。叔本华指出："如果希望劝诱这利己主义者得行慈善与人道，这只有一个方法能办

---

① ［英］冯·哈耶克：《哈耶克论文集》，邓正来选编译，首都经济贸易大学出版社 2001 年版，第 359 页。
② ［澳］约翰·L.麦凯：《伦理学：发明对与错》，丁三东译，上海译文出版社 2007 年版，第 190 页。

到：必须使他相信，减轻别人的痛苦终将证明是对他自己有利。"① 善恶报应注重行为者本人利益的满足，能够劝诱利己主义者做出道德的行为；而对于道德高尚者或社群主义者而言，善恶报应中的道德有利于社会利益，也有利于个人利益，当然应该遵从。

在善恶报应中，能够最大可能和限度地把人的多元化动机给统一起来、实现出来，形成一种遵守道德的合力。韦伯把社会行为分为四种类型：一是目的理性式的行为，即为达到一定目的而采取合理手段的行为；二是价值理性式的行为，即出于伦理的、审美的、宗教的或其他任何形式的由信仰所决定的行为；三是情感式尤其是情绪式的行为，即由现实的情感和感觉状态所决定的行为；四是传统式行为，即通过根深蒂固的习惯所决定的行为。② 作为一个务实的社会学家，韦伯最注重目的理性式的行为。按照韦伯的理论，善恶报应中的行为既可能是目的理性的，也可能是价值理性的，也可能是出于感情的，还可能是符合传统的；并且更有可能是这四个方面的统一，即这四个方面形成的是促成道德的合力，而不是相互掣肘的力。因此，这种理论系统中的行为具有做出道德行为的动机，不管是出于目的，还是出自信仰、情感或习惯，都应该遵循道德。多种动机形成的合力对于人们来说是引导也好、利诱也好、威胁也好、感动也好，客观上促使人们弃恶从善，做出符合道德要求的行为。并且，当个人行善不仅有利于他人、社会，而且有利于个人的时候，人们对道德的态度必然是积极的，而不是消极的。也就是说，善恶报应不仅能够让人们"己所不欲勿施于人"（《论语·颜渊》），而且能够让人们"己欲立而立人，己欲达而达人"（《论语·雍也》），不仅是消极地不去做什么，更是积极地去做什么。

因而，善恶报应有利于调和公共理性和个人理性之间的关系，维护社会秩序。是按照道德的要求去行动，还是为了个人的好生活而去行动？这个问题是伦理学的一个重要问题，即公共理性和个人理性之间如何协调。

---

① ［德］叔本华：《伦理学的两个基本问题》，任立、孟庆时译，商务印书馆1996年版，第283页。

② 这是韦伯对社会行为的四种分类。参看［德］马克斯·韦伯《社会学的基本概念》，顾忠华译，以及《经济行动与社会团体》，康乐、简惠美译，广西师范大学出版社2011年版，第51页。

第二章　善恶报应的合理性

一般认为公共理性和个人理性之间存在着难以解决的紧张，如何看待和处理这种紧张是伦理学面临的重要问题。善恶报应通过对个人行为相应的报偿把个人理性融入公共理性之中，使得个人利益与他人利益、社会利益密切相关，这样，善恶报应缓解或者消弭了人们在道德和自我关切之间的紧张。

虽然善恶报应理论的逻辑起点并不是个人利益，但是其仍然呈现出积极和消极两个方面的可能性。积极的方面主要体现在：善恶报应能够引导约束人的认知和行为，对人的思想、认知和行为起到塑造作用。消极的方面主要表现为：它客观上有可能造就道德工具化，即遵守道德只是为了得到个人利益，道德只是被用来作为工具；或者说，善恶报应培养的是经济人，而不是道德人，这使得善恶报应受到了广泛的质疑。

八　善恶报应面临的质疑

对善恶报应的质疑历来就存在，从柏拉图开始，人们就开始研究，如果一个人表现为正义的人，荣誉和奖赏就随之而来，那么就很难弄清楚这个人究竟是为了道德的缘故，还是为了荣誉和奖赏的缘故，"我们就搞不清楚他究竟是为正义而正义，还是为名利而正义了"[①]。这是对人们动机和行为之间距离的发现和研究。人不像动物那样不会掩饰自己的动机，人的行为动机往往是藏而不露的，因而，对于人在善恶报应中的行为动机的怀疑，进而对人的行为本身的道德性与否的怀疑就没有断绝过。

善恶报应受到的质疑主要表现在以下几种。一种认为其只是一种很幼稚的思想，只是一种带有迷信色彩的机械的报应观；一种认为在善恶报应中，人们对待道德具有赤裸裸的功利性，没有从范畴上把利益与价值区分开来；还有一种认为善恶报应是一种决定论，消解了人的自由意志，并不能算是道德的行为。这三种观点都是对善恶报应思想的片面的看法，都是从一个有失公允的角度看待善恶报应，而没有全面把握善恶报应思想的丰富内涵。

---

① ［古希腊］柏拉图：《理想国》，第49页。

第一种观点认为善恶报应只是一种很机械的报应论，带有迷信色彩，并且只是为了报应而报应，并不一定具有后果上的有用性。"结果主义理论告诉我们，要选择能带来最佳结果的惩罚措施，但报应论似乎完全不考虑结果而要求施加惩罚。"① 如前所述，善恶报应作为一种人们行为中的因果规律，不仅体现出个人的需求和愿望，而且也是一个社会良好秩序的表现和实现方式。不管是世界各大宗教中，还是人们朴素的信念中都普遍存在着对善恶报应规律的认同和期盼，善恶报应不是幼稚的，而是深刻的。善恶报应中体现着人的理性与感性、理性与信仰、道德与幸福、自律与他律等关系，几乎所有的伦理问题都绕不过善恶报应理论。"善恶因果性既是伦理合理性的直接体现，又是伦理合理性的实现机制。正是通过因果律的运作，作为主观精神的伦理才有可能外化为合理的道德行为和具有现实效力的文明因子。"② 善恶因果规律是一种具有现实性倾向的理论，其不仅具有理论上的合理性，而且潜在地蕴涵着合理性的实现途径。人们之所以对其误解，一个很重要的原因在于善恶报应在现实生活中被庸俗化、简单化、机械化，把报应论还原为报复观。如民间的一些报应观念往往认为做一件好事必然有一个报应，事实上，这种机械的报应不仅在现实中很难见到，而且也为很多相信善恶报应的人士所不屑。

第二种质疑主要来自义务论者，他们认为善恶报应是一种目的论，把道德作为实现目的的工具。在质疑者看来，善恶报应理论实际上把利益与价值等同起来，"把目的合理性本身设定为价值，这样做实在是徒劳无益"③。按照义务论者的观点，善恶报应是不可接受的，其把道德作为谋取个人利益的工具，是对道德的歪曲和亵渎。在他们看来，出于利益考量的行为肯定不是道德的，"因为凡是出于考虑奖惩的行为，必定是一种利己主义的交易，这种交易本身根本没有任何真正道德价值"④。这种对善恶报应的看法无疑也是片面的。因为善恶报应作为一种对道德规律的描述和实现，无论从哪方面看，都无法得出其只是为了功利目的的结论。我们不否

---

① ［美］伍德：《黑格尔的伦理思想》，第 197 页。
② 樊浩：《伦理精神的价值生态》，中国社会科学出版社 2001 年版，第 376 页。
③ ［德］尤尔根·哈贝马斯：《交往行为理论：行为合法化与社会合理化》，曹卫东译，上海人民出版社 2004 年版，第 166 页。
④ ［德］叔本华：《伦理学的两个基本问题》，第 146 页。

认，有些人是为了回报的目的而遵循道德，但是并不意味着善恶报应思想就是把道德置于工具性的地位。善恶报应只是强调道德秩序和规律，并没有主张人们为了功利目的而去履行道德规范的要求，其是通过强调和维持这种善恶有报的规律和秩序来引导和规范人们的思想和行为；这其中，道德能够带来利益只是作为道德行为的附属品，而并不是其目的所在。就实施道德行为的个人而言，其是把道德置于工具性地位还是置于价值地位，这是善恶报应理论本身所无法掌控的。我们不能否认善恶报应理论对人的趋利避害本性的深刻认识和体现，但是并不能因此而责咎其为功利主义。善恶报应理论的深刻伦理蕴涵不能因为部分行为人的利益性动机而被否定了。

善恶报应理论的确可以满足人的功利目的。即使这样，也不能说报应理论就是功利性的。在善恶报应的逻辑架构中，其出发点是道德，而不是个人利益最大化。善恶报应理论更类似于规则功利主义，其在某些方面的表现形态与功利主义理论比较接近。善恶报应与功利主义都是协调了道德与利益、幸福之间的关系，认为道德的人应该有好报。在善恶报应体系中，并不是所有符合道德的行为都是出于利益计算的手段合理性和选择合理性的"目的理性行为"，也有可能是出自规范合理性的"价值理性行为"。因为我们无法看到一个人行为的动机，但是可以通过教育、制度去制约和引导人的行为。善恶报应体现了行为与后果之间的因果规律，不能因为这种规律的存在就轻易认定按照这个规律行事的人都只是为了自己的功利目的。这种武断的看法无疑是把非常复杂的行为给简单化、粗暴化、工具化为仅仅是功利的目的。如果认为善恶报应鼓励人们追求利益，把道德置于达到个人目的的工具性地位，这明显是偏执的，是二元对立式思维方式的产物。

善恶报应既注重行为的后果，也看重行为人的动机和德性，所以，很难把善恶报应划归为单一的类别，而毋宁说它是后果论、道义论和美德论三者的结合。这种结合并不是骑墙主义，而是一种类似于亚里士多德的"中道"，或者儒家的"中庸"，是一种多方面综合考量的结果。在现实中，这种态度无疑更具有合理性和可行性。很多学者已经看到这种综合的重要性，"道义论、结果主义、德行伦理学在杜威看来都是伦理学的部分真理，需要把三者结合为一种'包含三个独立道德因素'的统一理论"①。动机总是要和后果联系起来考察，德行也要与后果联系起来；如果没有后果作为参照物，道德要么陷入独断论，要么陷入神秘主义，要么陷入循环论证，要么陷入怀疑论或虚无主义。

第三种质疑与第二种质疑相关，主要来自义务论者和美德论者，他们认为在善恶报应规律中，人们的行为不是真正道德的行为，而是一种报应体系中驯化出来的行为。的确，善恶报应中的奖励和惩罚确实可以在一定程度上"驯化"人们的行为，不过，我们应该看到，善恶报应并不具有强制性，善恶报应理论系统并不具有很强的制度性和可操作性。在善恶报应思想及其制度中，人的自由依然存在，因为这种思想并不像自然法则那般对人起到制约作用，人们可以不服从；只不过如果这么选择的话，会付出非理性的代价。在善恶报应中，从来没有也不可能取消人们的自由意志，其对人们行为的影响有点像"软性决定论"，这种决定论不同于机械强硬的硬性决定论，无论是在理论上还是在实践中，软性决定论都为个人自由留下了足够的空间。这种质疑没有看到，或者是低估了人们的自由意志，在看待问题上具有机械主义的特点，从而无法全面、合理地看待善恶报应理论。

事实上，这些对于善恶报应的质疑是很难站住脚的，因为这些质疑都是在一种片面的角度上看待善恶报应。不过，也并不能说善恶报应就是完美无瑕的，其也存在着一定的局限性。善恶报应理论的局限性在于把善恶报应理解为一种理论和实践中的因果必然性，而没有看到实践中偶然性的存在，忽视了理论与实践的距离问题，即理论上的必然性并不等于或必然带来实践上的必然性，导致理论和实践的脱节，在实践中，面临着难以判断、无法解释的问题。其一，善恶报应没有看到人的行为与后果之间的隔离或分裂，好的动机、符合道德的行为并不一定会带来好的结果，比如通常所说的"好心办坏事"，这时如何评判和奖罚一个人的行为就成为难题。其二，在善恶报应中，认为好的动机必然有行善的行为，也必然有好的结果，行为人也必然得到好的回报；反之，则相反。这种简单性、机械式的

---

① [美]托德·莱肯：《造就道德——伦理学理论的实用主义重构》，陶秀璈等译，北京大学出版社2010年版，第135页。

行为与后果之间的联系与事实之间存在着脱节，在现实中，存在着大量的好人得不到好报，坏人没有受到惩罚的现象，这种理论与实践的疏离事实上让善恶报应理论受到了冲击和怀疑。造成这种问题的本质在于善恶报应把行为与结果之间的无限复杂性关系给简单化、单一化了。

善恶报应理论中还存在着报应标准的问题，即根据一个人的善恶进行赏罚，究竟是根据行为的质还是行为的量，抑或是二者的结合；标准问题牵涉到人的动机和行为，无论是根据质还是根据量都存在着困难。按照善恶报应的设计逻辑，主要是根据人的动机，但动机往往是深藏不露的，因而客观上是根据人的行为来赏罚，这也无可厚非。但根据行为来做判断，也存在着相当大的困难，因为除了非常简单的因果关系，人的行为往往是在复杂情境下发生的，同样的行为很可能有不同的结果，在这种情况下，根据一个人的行为进行赏罚就存在着技术上的困难。在报应理论和信仰中，事实上是把人们的行为与后果之间的关系给简单化了，化约为一种因果关系的必然性和确定性，把偶然性和不确定性给排除了，在认识上忽视了因果关系的无限复杂性，在实践中把处理复杂因果关系的技术性困难给忽略了。

善恶报应作为人类不同文明中的一种共性的思想和理论，其产生、存在和发展的依据在于其在道德和利益之间的平衡、个人与社会之间的和谐。善恶报应是一种理性、审慎的思想，体现了个人与他人、社会的有机关联的一种合情合理的道德蕴涵。在这种伦理思想中，既有对道德的纯粹性的推崇，也有对个人利益的关切；既能满足公正的需要，又有仁爱的考虑；既有对个人利益的尊重，更有对整个社会利益的考量。善恶报应体现了利他与自利、个人与社会、他律与自律之间的兼容性，而不是在二元对立的视角中看待道德与利益。因而，善恶报应既能满足个人和整个社会的物质、精神、情感需要，也能促进社会的发展进步。这种伦理思想不是一种超凡脱俗不食人间烟火的不现实的与个人、社会利益相冲突的伦理，而是一种有助于塑造个人正确的道德认知和行为、维护社会秩序、促进个人与社会共同发展进步的伦理。因其合理性蕴涵，其在我国传统思想文化中作为一种基本的理论预设，成为儒家、道教、佛教乃至民间信仰中的重要内容。

善恶报应既不是道德相对主义，也不是道德怀疑论，更不是道德虚无主义，而是体现出对道德的尊重和相信。报应并不是把道德的标准交到个人手上，而是以流传下来的无数代人的集体道德智慧作为标准。因而，其是对以个人观念作为道德上对或错的最终标准的否定，因而，报应不会陷入相对主义的泥沼。善恶报应是基于道德基础上的一种报应观，其更不可能是道德怀疑论或虚无论。在善恶报应理论中，人们的命运由个人自己的行为所塑造，避免了人的命运在神秘力量面前的无可奈何，尽量避免了偶然性，不会再出现"上帝掷骰子"的疑问。并且，报应中的赏罚作为有效的反馈方式对人们的思想和行为具有重要的引导和约束作用，在维护社会秩序方面发挥着重要的作用。

第三章　反馈之美：从系统论的视角看善恶报应的必要性和重要性

为什么要对人的行为进行反馈？行为科学的研究表明了反馈的重要性，反馈不仅能够影响人的认知，而且能够影响人的行为。在善恶报应系统中，奖励和惩罚是对人的善行或恶行的反馈。从系统论的角度看，反馈是必要的，通过正负反馈，不仅使得社会系统有效运行，而且使得个人的认知系统和行为系统受到指引，做出符合社会需要的行为，促使个人实现社会化。虽然，在义务论者看来，为了反馈而进行的行为并不是道德的行为，但是，我们依然应该看到善恶报应中的反馈不仅是必要的，而且是重要的。

一　从系统论的角度看善恶报应中的反馈

反馈是系统论中的重要内容，通过正负反馈的调控，使系统能够有效运行。善恶报应作为一种思想体系和行为指南，其思想架构中蕴涵着反馈的内容，即通过后果来对行为人进行引导和约束。善恶报应实质上相当于一个行为控制系统，这个系统通过行为输入、反馈输出来影响人的认知和行为，并把认知用于继续、调节或改正自己的行为方式。善恶报应中的反馈并不像生物系统中的反馈那样是建立在本能基础上的反馈，而是一种人为形成的反馈。

善恶报应主要是通过奖励和惩罚来对人们的思想和行为进行反馈。奖励和惩罚是两种非常普遍的手段，在人类早期社会中就已经被普遍应用。亚里士多德说过："私人与立法者都惩罚和报复做坏事的人——除非那个人的行为是被迫的或出于他不能负责的无知的——并褒奖行为高尚［高贵］的人，以鼓励后者，遏止前者。"① 奖励和惩罚在人类社会中是很普遍的操控人的行为的手段方式。一个孩子从小到大，都会受到或看到很多奖励或惩罚的事件；一般认为奖励和惩罚是有效的反馈手段，在社会生活中广泛应用。奖励是善恶报应系统中的正反馈，鼓励人们继续做出有利于系统运行的行为；惩罚作为负反馈，对抗和阻止系统中正在进行的行为。奖励和惩罚反馈的伦理和实践意义在于告诉行为者什么样的行为是社会赞许的，应该继续下去；什么样的行为是社会不允许或禁止的，应该改正，否则就会受到惩罚。

善恶报应系统反馈机制的运行模式是这样的：

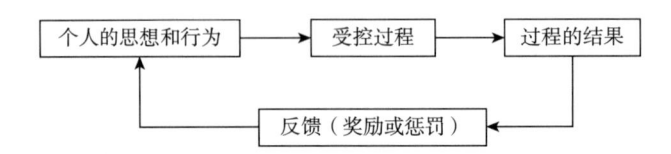

```
个人的思想和行为 → 受控过程 → 过程的结果
        ↑                            ↓
        └──── 反馈（奖励或惩罚）←────┘
```

在善恶报应系统中，反馈是个人与他人、社会之间的信息交流和能量交换过程。在系统论中，反馈的作用主要是把个人所做行为的信息传达到系统（社会）中，系统（社会）把对这种行为的肯定或否定的信息通过奖惩的方式传输回去，让人们知道什么是应该做的、什么是不应该做的。理性行为者会根据反馈信息对自己的行为做出继续或调整改正的决定，这是一个动态的过程。这种信息交换过程不仅客观上有利于帮助人们形成社会所要求的道德行为，而且能够影响人们的认知。反馈同时也是能量交换的过程，个人对他人、社会的行为，即能量输出，决定了社会对个人进行奖惩的能量反馈。对于个人的认知和行为系统而言，与作为环境的社会的交流反馈有助于个人认识哪些行为是应该做的，哪些行为是社会禁止的，做出符合社会要求的行为，实现人的社会化。对于社会系统而言，信息交流和能量反馈是社会与其内部组成部分之间的互动，有利于约束和引导社会成员的行为，有利于社会的和谐稳定。无论是作为系统的个人还是作为系统的社会都需要交流反馈；没有了信息与能量的交流反馈，个人认知系统或社会系统就会因为内部的无序而走向混乱崩溃。

在善恶报应系统中，反馈不仅包括物质方面，也包括精神方面。就道

---

① ［古希腊］亚里士多德：《尼各马可伦理学》，第72—73页。

第三章　反馈之美：从系统论的视角看善恶报应的必要性和重要性

德行为而言，对其奖励和惩罚既可以是物质利益，也可以是荣誉名声等精神方面的赞誉。特别是荣誉，作为一种名誉上的奖励，被很多人视为比珍宝更可贵的东西，它不仅意味着对行为者个人德行的高度肯定，也意味着社会推崇的价值引领方向。戴维·罗斯指出："大多数直觉主义者可能会持有这样的观点：有一种基本的和非派生性的义务，就是酬劳有德者，并惩罚恶人。……在我看来，酬劳和惩罚的义务似乎在这个意义上是派生性的。它能被归于尽我们所能地产生更多的善的义务中去……"① 在他看来，酬劳和惩罚的工具性价值是派生的，其本质性意义在于促进善、产生善、实现善。善恶报应中的赏罚事实上是把道德置于更为根本的地位，通过反馈赋予道德以外在和内在的权威，体现出价值理性。

在反馈系统中，既有奖励之类的正面的引导，形成前面的拉力，也有惩罚之类的威慑，形成后面的推力，最终形成合力促使人们做出符合社会要求的行为。在善恶报应机制中，奖励和惩罚作为外在的牵引力和推动力引导着人们去遵循道德，不过，它也没有排除内在的主动的认同和遵从。也就是说，善恶报应中的行为既可能出自被动的服从，也可能出自对善恶报应中的道德要求的认同和肯定，也可能是二者的结合。相对于单纯的推动力和牵引力而言，这种推动力和牵引力的结合，应该更能够起到对人的行为的引导和约束作用。

善恶报应系统并不是一个机械的硬系统，而是掺杂着人的自由意志的软系统。与硬系统的一次性完成不同，"软系统方法论不指望像硬系统方法论那样一次完成，而强调在实施过程中不断发现问题、不断变革，这和我们常说的实践、认识、再实践、再认识的辩证唯物论思想也是一致的"②。因而，善恶报应系统对人的影响也不仅仅是行为的约束，也有认知和道德的完善。作为对人的行为控制的系统，善恶报应反馈机制并不能精准预测人的行为，因为人的行为具有复杂性，但是相对于没有反馈，反馈机制使得人们从事符合系统要求的行为的可能性相对较大。反馈系统是把动力系统、计算理论和统计推测结合在一起，试图操控、引导具有复杂性的人的思想和行为。

---

① ［英］戴维·罗斯著，普利斯·斯特拉顿－莱克编：《正当与善》，林南译，上海译文出版社2008年版，第116页。
② 王众托编著：《系统工程引论》，电子工业出版社2012年第4版，第39页。

二 反馈的必要性

反馈作为个人行为与外界之间的信息和能量交流交换过程，无论是对于个人还是对于社会而言，都不仅具有必要性，而且具有重要性。从系统论的视角来看，善恶报应对于个人良好行为的养成、社会良好秩序的维持都是必要的，具有重要的工具性价值。因为无论是个人的思想行为，还是社会的有序维持都可以看作一个系统，其有机运行需要良好的反馈机制；善恶报应恰恰能够为个人及社会系统提供有效的反馈机制。

反馈的必要性首先在于个人的认知能力不同，为了促进个人的认知和行为方式的社会化，就需要有效的反馈。"永远有必要记住：行为规则本身从来不是行为的充分原因，某种行为的诱因总是会来自某些外部刺激或内部动机（通常是两者的结合），行为规则的作用不过是对由另一些原因引起的行动加以限制。"[①] 个人对道德的理解认知和实践存在着很大的差异，正如没有两片完全相同的树叶，也没有两个完全相同的人。有些人依靠道德教育就能对道德有深刻的感悟，做出道德的行为。有些人仅仅依靠教育则是不够的，即教育不是万能的；还需要强制性的措施和制度来促使和保障对道德的遵守。我们不能低估人性的善良，也不能低估人性的丑恶。行为规则的存在并不能够保证人人都遵守，因而，通过反馈对人的行为进行约束和引导就是非常有必要的。并且，人的行为有很大的随机性，人的很多随机行为更是非线性的、测不准的。因为，人的行为动机往往是多元的，既有本能的冲动、利益的驱动，也有道德的自觉，还有舆论的力量，等等。在人的认知及行为系统中，干扰信号其实是非常多的，不仅包括个人认知能力的差别，也包括个人情绪、情感、意志的不同，还包括周围人行为方式的影响。通过奖励或惩罚来对人们的认知和行为产生影响，特别是严重的惩罚可以在很大程度上对人的行为起到制约作用。善恶报应反馈系统是在非线性的、复杂的行为动机中通过后果来引导和规范人们的

---

① [美] 弗里德里希·冯·哈耶克：《哈耶克文选》，冯克利译，河南大学出版社2015年版，第690页。

第三章 反馈之美：从系统论的视角看善恶报应的必要性和重要性

认知和行为。

虽然我们承认依靠自律更具有伦理意义。但是，基于人性的复杂性只靠自律是不可能的，作为外在约束的伦理规范和法律都是必不可少的。我们承认自律在内在价值和外在作用上都强于赏罚的外在约束，"自我调整通常比依赖外部惩罚更具成本效益。培养人们的习惯和素质，从而不必如此严密地监视他们的行为。但是，这并不是一个反对伦理规范的论据，除非它也是一个反对法律的论据"①。不是所有的人都能做到自律，人类文明的发展已经经验地说明了人在道德方面的巨大差异。对于一部分人而言，如果没有因果性的奖励或惩罚反馈，在认知上人们会陷入不知道怎么做是对的、是好的之类的迷茫和盲目之中；即使认识到应该履行道德，依然有可能在行动中为了个人的私利，或者屈从于强权等而违背道德。作为一种控制系统，善恶报应对人的控制与人的利益挂钩，这使得其对人的行为的操控能力大为增加，"任何控制系统，只要和财产处理牵扯上确定的关系，那么这个控制系统之'正当性'的重要性就要远超过'理念'的重要性了"②。反馈以强制力为手段，作为一种他律，对于不能自律的人发挥着重要的作用。道德对于不能自觉遵守的人而言，是一种外在的制约，就如尼采所说的："每一种道德都与放任自流相对立，都是对'自然'、也是对'理性'的专横霸道……对每种道德来说，有一点是本质性的和无法估量的，即道德是一种长久的强制……"③的确，道德中有些内容是对人的自然本性的束缚，与人的本能冲动相对立；指望所有人都依靠个人的认知和实践就能够自觉实现对道德的认识和遵守，无论理论上还是实践上都是不可能的。因此，通过反馈让人们认识到什么是应该做的，什么是不应该做的，并且能够在自己的行为中贯彻这种要求，是非常重要的。

反馈的必要性还在于其是维护社会正常秩序所必需的。维护正常的社会秩序需要人们遵守相应的道德规范、职业规范、社会规范和法律规范等，把人们培养成为社会化的人。各种规范的强制性是通过反馈来体现的。在哈耶克看来，社会秩序"除了依靠内在（遗传）规则外，还依靠习

---

① ［美］P. 阿勒·维西林、［美］阿拉斯泰尔·S. 冈恩：《工程、伦理与环境》，吴晓东、翁端译，清华大学出版社2003年版，第242页。
② ［德］马克斯·韦伯：《经济与历史；支配的类型》，第293页。
③ ［德］尼采：《尼采著作全集》第5卷《善恶的彼岸·论道德的谱系》，第135页。

得的（文化传递的）规则。可以设想，这些规则并不是十分严格地得到了遵守，它需要一些不断的外部压力，以保证使个人不断遵守它们"①。反馈中的奖罚作为外部的压力，是道德约束力和有效性的体现。通过善恶报应的反馈，对行善的人予以奖励，特别是对作恶的人予以利益上的制裁或人身的限制等手段，可以有效地约束人的行为，使其做出符合社会规定的行为；否则就要受到惩罚。相较于教育这种手段而言，善恶报应反馈具有强制力。比如犯罪行为是大恶的行为，对这种行为的惩罚对于维护社会正常秩序而言是非常重要的。反馈是通过外在机制对人们内在的心智机制（认知、情感、意志和理性等）进行影响的过程，虽然这种影响并不必然是积极的导向作用，也有可能出现千方百计躲避制度约束的消极行为，甚至是反面的对抗行为，但是不能否认，反馈对大多数认知、情感和理性都正常的人来说是一种有效的手段，能够引导和约束人们做出符合社会要求的行为，从而有利于社会秩序的维护。

如上所述，善恶报应作为一种反馈系统，具有工具性价值，表现为它能够有效地规范和引导人们的行为方式，维护社会秩序。也就是说，善恶报应是一种有效性之善，在现实社会中能够发挥重要的作用。我们应该看到，有效性之善与优秀性之善之间并不是对立的，而是相辅相成的，在人的行为养成中，有效性之善可以不断转化为优秀性之善，即由工具善转化为价值善。在善恶报应系统中，对社会而言，通过手段善实现了效果善；在行为者身上，不断把行善的手段转化为内心的认同和自觉遵循，是实现优秀善的有效途径。

三 反馈的重要性

从系统论的角度看，善恶报应反馈不仅对于个人的思想和行为具有引导、约束作用，而且对于社会秩序的维持、社会面貌的塑造都具有重要作用，因而，奖励和惩罚反馈不仅是必要的，也是重要的。

善恶报应反馈符合人性，能够有利于从人类行为源头上激发人们做出

---

① ［美］弗里德里希·冯·哈耶克：《哈耶克文选》，第705页。

第三章 反馈之美：从系统论的视角看善恶报应的必要性和重要性

符合道德要求的行为，避免做出邪恶行为。叔本华认为：

> 人类行为仅有三个基本源头，并且一切可能动机都是从或者这个或者那个源头产生的。它们是：
> （a）利己主义；意欲自己的福利，而且是无限的。
> （b）邪恶；意欲别人的灾祸，而且可能发展成极度残忍。
> （c）同情；意欲别人的福利，而且可能提高到高尚与宽宏大量的程度。[1]

按照叔本华的观点，人类行为源头有利己的、邪恶的，还有利他的同情，即有不善不恶的源头、恶的源头和善的源头。对于善的源头而言，善恶报应对善的思想和行为加以肯定，鼓励人们继续对别人的同情和行善；对于不善不恶的源头和恶的源头而言，赏罚的反馈可以在一定程度上从源头上促使人们做出符合道德的行为。对利己主义者而言，奖罚报应能够激发他们从利己的角度出发去做道德的事情，因为道德对遵守者而言是符合自身利益的；对于邪恶的动机而言，赏罚能够通过惩罚禁止人们把邪恶动机转化为行动；对于同情动机而言，报应鼓励同情他人的行为，因为同情他人不仅符合自己的朴素情感，而且能够带给自己回报，是两全其美的事情。也就是说，善恶报应反馈从行为源头上鼓励善、禁止恶，让不善不恶的行为源头产生善的后果。

反馈对于人的行为具有约束性和威慑性的作用。赏罚反馈作为一种外部力量，对于规则而言是必要的。"规范是有约束力的，其有效性要求也正在于此。"[2] 没有反馈的规范是没有约束力的，规范的约束力和有效性是通过赏罚反馈来予以体现和实现的。正因为奖励和惩罚的存在，才使得道德规范能够被人们或者自觉或者被动地遵守。并且，反馈不仅提供惩罚或威慑，也提供改造的机会；即使作恶者无法被改造，其惩罚机制仍然可以在一定程度上阻碍恶行的泛滥，也就是说，即使威慑无效，其惩罚机制仍然可以发挥对人的约束作用。这种反馈机制的强力机构是制

---

[1] ［德］叔本华：《伦理学的两个基本问题》，第235页。
[2] ［德］尤尔根·哈贝马斯：《合法化危机》，刘北成、曹卫东译，上海人民出版社2009年版，第114页。

度，特别是法律制度，最严重的违法行为要受到法律的制裁。与国家法律的强制力系统相比较，善恶报应系统中的奖励和惩罚所针对的对象既包括严重的如触犯法律、制度的行为，也包括仅仅违反道德的行为，具有更广阔的覆盖范围，无论对个人完善还是对社会稳定和发展都具有重要的意义。

善恶报应中反馈的作用不仅是约束性的、威慑性的，也是引导性的、认知性的。赏罚反馈能够对人的行为和认知产生影响，让人做出社会所要求的行为，其目的不仅仅是控制人的行为，也是塑造人，让人在系统中进行自我学习、自我塑造，成为一个符合社会要求的具有德行的人。反馈系统是人的适应与自适应的结合。适应是通过改变自己的行为、服从系统要求以增加自身生存或成功的机会；自适应是自己主动从环境中学习的过程。"自适应控制的对象一般应具有如下两个基本特征：非线性特征和随机特征。……另外，自适应控制之所以需要具备学习功能，就是因为对象含有某些不确定因素或随机因素。"① 善恶报应理论可以通过反馈，教给人们正确的认知。与纯粹的理论说教不同，善恶报应是通过实践中的反馈，让人们切实体会到道德的权威，领会正确的道德知识。"真正的人性、人的真正的美好和真正的德行以及真正的宗教，都是和知识分不开的东西。"② 善恶报应中的反馈系统是自学习与社会控制的结合。这种反馈系统不仅是对人的行为的制约和规范，引导和约束人们做出符合社会要求的行为，具有行为主义的部分特征；也具有认识论上的意义和价值，个人可以通过反馈学习、反思行为方式。这种反馈系统不仅能够规范人的行为，也能够引导人的认知。因此，反馈系统既是通过反馈自我认知、学习的过程，又是社会对人的思想行为引导、制约和控制的过程。

对于个人的认知和行为系统而言，可以通过善恶报应反馈进行人与社会之间的信息和能量交流，人在反馈中知道什么是应该做的，什么是不应该做的，如果遵守或违抗社会道德会受到什么样的奖励或惩罚；并且社会也的确会实施这种奖励或惩罚。因而，反馈对于个人而言，不仅是一个行为养成的过程，也是一个学习认知的过程。善恶报应反馈不仅是约束人

---

① 万百五、韩崇昭、蔡远利编著：《控制论——概念、方法与应用》，清华大学出版社2009年版，第147页。

② ［法］布莱士·帕斯卡尔：《思想录》，第221页。

的，也是教育人的。对于社会系统而言，通过奖励和惩罚，鼓励人们做出符合社会道德要求的行为，禁止做出违反社会道德的行为，社会秩序得以维持；善恶报应反映的是集体理性，即社会需要反馈维护社会正常秩序，鼓励、倡导和维护社会所需要的价值观念，促进社会成员实现社会化，更好地促进社会及社会成员的发展进步。奖励和惩罚作为反馈的主要方式，在个人和社会的成长和完善中发挥着重要的作用。

四 奖励的作用

善恶报应中的奖励既包括物质方面的，也包括荣誉、名誉等精神方面的。奖励是对行为人行为的反馈，体现着认可和肯定的态度；通过奖励，鼓励行为人继续做出符合社会要求的行为。奖励不仅具有引导、鼓励人们做出社会性行为的作用，而且能够满足人们公正的需要，让人们得到情感上的慰藉和满足。

奖励体现着公正，是行为人应该得到的报偿。"正当奖赏，并非只是赢得奖赏的活动之附加物，而是活动本身之圆成（consummation）。"① 婚姻是真爱之人的奖赏，事业成功也是热爱事业的人的奖赏，伴随事业成功而来的金钱、名誉是其附加的奖赏品，这种奖赏体现着公正，而公正会鼓励人们继续做出符合道德要求的行为。公正的奖励是必要的，因为，没有人可以生活在虚空中，可以不需要衣食住行等基本的物质方面的保障；并且，行善也是有条件的，必须是在自己有能力的情况下，才能够更好地去匡扶正义、行善助人。而给予行善者物质或精神方面的奖赏，既是对其的奖励，也有利于弘扬这种精神，鼓励更多的人行善。

给予行为人奖励具有象征性意义和目的性意义。奖励作为一种有效的手段，有利于鼓励人们做出善的行为；手段善有助于目的善，"手段是目的有意义的组成部分"②。奖励是对符合道德要求的善行的认可，对什么行为、什么人进行奖励体现了集体意志和价值导向，是对道德的肯定、鼓励

---

① ［英］C. S. 路易斯：《荣耀之重：暨其他演讲》，第 5 页。
② ［美］托德·莱肯：《造就道德——伦理学理论的实用主义重构》，第 68 页。

和倡导，不仅具有实质性意义，而且具有象征性意义。奖励不仅对于当事人而言有意义，而且对于所有的共同体成员而言，都是一种价值导向和道德激励。人类文明史上几乎所有的文明都注重树立道德榜样、英雄人物，就是因为道德榜样和英雄人物象征着社会所提倡和鼓励的价值观念，是整个社会的道德或行为标杆，是学习的榜样。

奖励不仅对行为人而言有着物质利益上的回报，而且有着精神上的满足和快乐。科学实验表明，好人得到好报会释放更多的催产素，而催产素有利于加强人际联系、减轻焦虑，重复奖赏激励，有助于做出道德的行为，即道德行为的良性循环。得到回报的人会释放出催产素，"催产素及其释放的两种让人感觉舒服的神经化学物质（血清素和多巴胺）激活了'人类受催产素调节的移情'（The Human Oxytocin Mediated Empathy）循环，简称 HOME 循环"[①]。正是这种循环让人们做好事时感觉良好，强化了道德行为，因此，奖励反馈有助于道德良性循环的观点，有着生理上的基础，合理的奖励具有科学上的根据。

善恶报应系统反馈中的奖励不仅包括外部的物质、荣誉等奖励，而且也包括自我奖励。自我奖励意味着对社会规则的认同和对自我行为的肯定。"因为行善而心安理得，就是它的回报。"[②] 有脑部科学家研究表明，我们人的脑部似乎完全是依照社会生活而设计的，渴望从社会中得到肯定，"社会的赞许和正面的响应，是我们的脑部报酬中枢在事后才去汲取的蜜液"[③]。作为社会中的个人，渴望得到社会的承认和肯定，这种承认和肯定会让人得到快乐的感觉，这是人在长期的社会进化中形成和发展起来的，是人的社会性本质的体现。

五 惩罚的作用

惩罚不仅包括报复性惩罚，也包括补偿性惩罚、修复性惩罚和改造性惩罚等。对行为人错误行为的惩罚不仅是对其错误的报复，是对行为人的

---

① [美] 保罗·扎克：《道德博弈：爱和繁荣究竟从何而来》，第 65 页。
② [德] 理查德·大卫·普列斯特：《不自私的艺术》，第 105 页。
③ [德] 理查德·大卫·普列斯特：《不自私的艺术》，第 103 页。

第三章 反馈之美：从系统论的视角看善恶报应的必要性和重要性

告诫、威慑和改造，而且是对受害者的补偿；通过惩罚修复社会关系和秩序，从而实现社会的良好运行。在本质上，对社会秩序的维护和对人的教育改造是同一个过程。因而，惩罚的功能是多方面的，不仅体现在直接的对违反道德的人的惩罚，也体现在社会伦理价值的完成、教育功能的实现等。

惩罚是对社会道德秩序的维护。对违反秩序的人进行惩罚这种强力反馈，能够起到威慑作用，使其停止这种行为，做出符合社会要求的行为。亚当·斯密认为："根据对保持社会秩序的必要性所作的考虑，我们经常有必要坚持自己对合宜而又恰当的惩罚所具有的那种自然意识。"① 在斯密看来，出于对社会总体利益的考虑，惩罚是必不可少的，他还承认惩罚在死后及来世的重要性。众所周知，即使法律依靠强制力来维护，知法犯法、以身试法的人依然层出不穷。任何一个社会都很难根治犯罪行为，这是由人性的复杂性决定的。"如果我们是理性的，我们的行动就会服从绝对命令的支配。不过，事实上，我们并不必然就是理性的。"② 人类行为动因的复杂性往往是超乎个人意识的，其中既有理性的，也有感性的，还有生理本能的。就如人人都知道用功读书才能取得好的成绩，但是即使人人都想获得好的成绩，仍然有很多人做不到用功读书。这就是理性的局限，也是知与行之间的距离。"知识即美德"之类的命题虽然看到了人的认知与行动的紧密关系，但忽视了认知与行动之间的距离。而惩罚可以在一定程度上弥补认知与行动之间的距离，以强制力的方式迫使人们做出符合规则要求的行为。

虽然很多人认为惩罚仅仅是一种强制性制裁，但是不可否认，惩罚的意义绝不仅仅止于此。惩罚不仅对被惩罚人本身是一种制裁，同时也是一种制裁式教育，以一种严厉的方式告诉他不应该做什么，同时也是对其他民众的警示。"的确，在任何以优秀为目标的活动形式里，正是由于在应得正义的情景中，惩罚具有一种基本的教育作用……"③ 不过，在现实中，

---

① ［英］亚当·斯密：《道德情操论》，第110页。
② ［美］克里斯蒂娜·科尔斯戈德：《规范性的来源》，杨顺利译，上海译文出版社2010年版，第352页。
③ ［美］阿拉斯戴尔·麦金太尔：《谁之正义？何种合理性？》，万俊人等译，当代中国出版社1996年版，第54页。

惩罚的教育作用往往被低估了。"应受的惩罚应该是**纠正性的**，而不仅仅是报应的。"① 惩罚绝对不仅仅是为了报复而惩罚，而是具有改造人的思想和行为的作用。"惩罚之所以有意义仅在于它也处在事物的因果链条之中。我们可以通过教育使一个人变得有道德，也就是说，影响他的性格，引导他为社会利益而行动。"② 惩罚是塑造人的方式，正如对孩童无限度的溺爱难以使之健康成长一样，惩罚是以禁止的方式告诉人们什么是社会公共意识所反对的，使人通过惩罚不断社会化。

人类文明之初就产生了人与人之间的惩罚，很多学者都认识到惩罚的教育意义。就如福柯所说："关于惩罚的宣传不应具有肉体恐怖效果，而应是打开了一本供人阅读的书籍。"③ 在他看来："惩罚应该成为一个学校而不是一个节日，成为一本永远打开的书而不是一种仪式。"④ 当然，我们不可否认，可以通过说理教育让人们做有道德的人，但是讲道理的教育方式并不是百分之百有效的。善恶报应这种思想并没有否认说理教育的作用，只不过，它更强调一种后果反馈机制。在行为的养成中，通过反馈能更有力地让人们看到或体会到什么是应该做的，什么是禁止做的。并且，人的认知差异、自控力差异使得并不是所有人都能够通过教育就能真正认识道德、遵守道德。对不能真正认识道德、不能自觉遵守道德的人，惩罚的因果反馈是非常必要的手段，能够起到单纯教育所起不到的作用，这种作用既可能是维护社会秩序的工具性作用，又可能是对人的教化作用。

惩罚不同于报复，报复是个人采取的，并不具有社会的合法性；而惩罚是社会采取的，是集体意志的反映，其目的和效果都是多重的。惩罚不仅仅是为了社会良好秩序的恢复，也是为了个人的改造，就如涂尔干所说："通过人们对惩罚的恐惧来祛除罪恶之源。"⑤ 其效果是多方面的：一方面是对行为人错误行为的制裁，使其认识到这种行为的社会危害性和被禁止性，希冀后面不要重犯；另一方面，使周围的人受到教育和警醒，以

---

① 《杜威全集 中期著作（1899—1924）第五卷（1908）》，魏洪钟等译，华东师范大学出版社 2012 年版，第 291 页。
② [美] 梯利：《伦理学导论》，第 271 页。
③ [英] 米歇尔·福柯：《规训与惩罚：监狱的诞生》，刘北成、杨远婴译，生活·读书·新知三联书店 2003 年第 2 版，第 125 页。
④ [英] 米歇尔·福柯：《规训与惩罚：监狱的诞生》，第 125 页。
⑤ [法] 埃米尔·涂尔干：《社会分工论》，第 49 页。

第三章　反馈之美：从系统论的视角看善恶报应的必要性和重要性

傲效尤。福柯说得精辟："如果不受到惩罚就会使人们重犯，并可能扩散开。"① 拉罗什福科认为："为了总是能够善良，必须使其他人相信他们决不能够不受惩罚地对我们行恶。"② 可以说，惩罚是对善良的成全。因而，惩罚的意义不仅是针对行为人的，更是对社会的，其不仅是对行为人的报复，更是防止重演，是对行为人的强制教育，同时也是对社会关系的修复。并且，惩罚还具有社会平衡和情感满足的作用，对不义者的惩罚能够满足遵守道德秩序者公正的心理和情感需求。如果任何错误的行为都受不到惩罚，那么，破坏的不仅是整个社会正常秩序，而且道德的权威会丧失殆尽，对人们的道德信念也是严重的打击。所以，惩罚是正义的，对社会及个人都有益处，是社会普遍意志的体现。

人类在长期的文明发展中发现了奖励和惩罚这两种反馈手段，已经形成了路径依赖。迄今为止，各种形式和强度的奖励和惩罚在人类社会中发挥着非常重要的作用，是人们找到的最适合的方法；在没有比其更有效更合理的方法出现之前，奖励和惩罚将在维护社会秩序和促进人的社会化方面发挥着重要的作用。奖罚依据的是社会贯彻的道德价值观念，在实现工具性功能的同时，也处处体现出社会的价值理性。赏罚是人类文明的产物，目前来看，也是人类文明不可或缺的。就如尼采所说："如果赏罚被取消，那么做某些行为和不做某些行为的强有力的动机也就被取消了；人类的有用性需要它们延续下去。"③ 虽然尼采不承认赏罚本身的合理性，认为赏罚只是作为提倡或禁止某些行为的手段而被利用，不过，他承认赏罚的工具性价值。他还指出："惩罚作为对损害的消除，作为对进一步损害的阻止。惩罚作为对受害者所受损害的偿还，不管是以什么形式（即使是以一种情绪代偿的形式）。惩罚作为为了防止干扰的进一步蔓延而采取的平衡性干扰。"④ 通过奖罚让个人获得关于道德的正确认知，约束和规范人们的思想和行为；对社会而言，则通过这种反馈，把人们的行为在一定程度上约束到规范的要求之内，使社会能够良好运转。

---

① ［英］米歇尔·福柯：《规训与惩罚：监狱的诞生》，第102页。
② ［法］拉罗什福科：《道德箴言录》，何怀宏译，西苑出版社2003年版，第106页。
③ ［德］弗里德里希·尼采：《人性的，太人性的：一本献给自由精灵的书》，杨恒达译，中国人民大学出版社2005年版，第82页。
④ ［德］尼采：《尼采著作全集》第5卷《善恶的彼岸·论道德的谱系》，第398页。

六　善恶报应反馈与控制论

　　善恶报应的一些质疑者认为反馈机制对人的控制使得人们因为对奖励的渴望、惩罚的恐惧而被动服从道德，体现出行为主义的行为养成模式，属于行为上的控制论。在这种控制论下，个人所做出的符合道德要求的行为，并不能体现或促进一个人的德行。在反馈后果的控制之下，人的自由意志被严重压抑了，并不了解道德的意义而只是一种被动的、盲目的服从；人简直就是道德上的机器人，简单直接地听从道德命令。这些质疑只看到了反馈的某一个方面，把道德反馈等同于机械控制，忽视了人的自由意志，缺乏全面、客观、科学的视角，是非常片面的。

　　在善恶报应的反对者看来，善恶报应这种反馈其实就是一种行为主义的操纵和控制人类行为的方式，在这种操控中，人的自主性全然被剥夺了，人的行为方式与动物的行为方式被等量齐观。埃尔菲·艾恩极度否定奖罚的作用，他认为，在奖罚中，"人类自身被连根拔起，人被降格为一套行为。很难想象还有什么比除去我们人性的做法更不人道的了。事实上，即便说我们学习或工作的目的就是为了得到奖励——不像斯金纳那样偏激的行为主义者持此观点——既不准确，也有损人格"①。这种质疑认为报应取消了人的自由意志，是对人的行为进行操纵的控制论。我们不能否认善恶赏罚的反馈具有控制论的理论特征，但是这种控制论并不等同于机械控制论，也不同于行为主义的控制论。行为主义主要是运用机械的和化学的概念来研究人的行为，是以生理和遗传等因素作为基础的研究，排除了人性的特殊性，其对人的行为的研究和控制主要基于自然科学的方法。而善恶报应中的奖罚刺激不仅仅是机械的，满足人们生理和物质上的需要；更是精神上的、情感上的、心理上的，这与行为主义的控制明显不同。在善恶报应系统中，"普遍的幸福就是所谓最大的善，亦就是我们的一切欲望所趋向的。我们如果受了必然性的支配，来恒常地追求这种幸

---

①　[美] 埃尔菲·艾恩：《奖励的惩罚》，程寅、艾斐译，上海三联书店2006年版，第21页。

第三章 反馈之美：从系统论的视角看善恶报应的必要性和重要性

福，则这种必然性愈大，那我们便愈为自由"①。人们越是遵循规则，就越能得到自由。并且在善恶报应中，根本无法取消人的自由意志的作用，个人的自由意志始终存在并能发挥作用，有的人"明知山有虎，偏向虎山行"，事实上，法律制裁作为最严厉的惩罚手段也无法根绝犯罪行为。在人们自由意志的支配下，有的人因为认知能力上的欠缺无法认识到反馈中的因果关系，有的人则是行为上的赌博论，根据违犯规则的成本和风险大小来采取投机行为，不同的人有着不同的认识能力和行为逻辑，导致他们或出于无知或出于侥幸或出于故意而违反规则。因此，善恶报应中的反馈并不同于对人的机械控制的行为主义，而是对人性的塑造，是一种基于系统论理论的对人性的塑造。

作为人为的行为控制系统，善恶报应反馈系统不太可能像机械系统或生物系统的反馈那样具有确定性。在机械系统或生物系统中，只要系统不出故障，反馈就一定会实现，调整也一定会出现；而在善恶报应系统中，反馈的准确性、确定性以及对人的行为的影响都与机械系统或生物系统无法相提并论。善恶报应中的行动者是具有高度自由意志和自主性的个人，不可能像机械工程那样，"将行动研究仅仅看作这样一种线性的设计，输入—输出，预先设计好的计划的实施，确保一个有条不紊、预先决定的结果"②。这种高度控制在善恶报应中是不太可能的，因为人性是非常复杂的，行为动机也不一定是唯一的。人的行为系统并不是线性系统，而是复杂系统。因而，善恶报应反馈系统不同于工程机械那种硬系统，而是一个软系统、智能系统。在这个系统中，作为反馈接收者的不是机器，而是具有认知和学习能力的人，人能通过反馈结果进行学习、认知，进而决定自己的行为。虽然反馈增强了让人们按照系统要求去做的可能性，但是不太可能杜绝违反规则的现象，因为人有自由意志，不是机器，可以自己决定是否听从系统的要求，这是善恶报应系统与机械工程系统的不同。报应系统对人的操控是软性的、柔性的，而不可能是刚性的。

因此，与机械控制相比，善恶报应反馈只是一种弱控制，而不是强控制。即使知道可能会受到惩罚，有些人依然会怀着侥幸心理或者根本不在

---

① [英] 洛克：《人类理解论》（上），关文运译，商务印书馆1959年版，第254页。
② [美] 瑾·克兰迪宁主编：《叙事探究——原理、技术与实例》，鞠玉翠等译，北京师范大学出版社2012年版，第300页。

乎惩罚而违反规定；同样，即使知道自己那样做会有奖励，有的人不在乎这种奖励，也不在乎道德要求而不去做应该做的。道德具有的是权威而不是权力，它肯定或否定人们的行为，但并不支配他们。赏罚的威力绝不会强大到完全支配或控制人们的思想和行为。在善恶报应系统中，反馈只是一种引导型控制、意向型控制，它是通过后果来引导人们的行为，这只是一种较弱的控制，而不是机械式的强控制。因而，在善恶报应系统中，反馈并不是机械式地控制某人，而是在主观和客观上都具有塑造人的作用和目的。

总之，善恶报应与行为主义存在着显著区别，行为主义是让人去做它想要其做的事情，善恶报应是为了让人去做道德的事情；行为主义是为了操纵对方的行为，报应是为了让对方做出符合社会普遍要求的行为，一种是操控人的，一种是成就人的，二者具有本质上的不同。因而，善恶报应中的反馈虽然有对人的行为进行控制的可能、倾向和作用，但不是行为主义的控制论。反馈下的行为既可能是一种为了奖罚而做出的非道德行为，也可能是真正的道德行为。如果只是把反馈下的行为看作行为主义的控制论，那么，无疑是失之偏颇的，这种观点没有看到善恶报应中的反馈的价值理性，而只是一刀切地把手段的合理性和价值的合理性给割裂开了。

七 对奖励和惩罚的质疑

对善恶报应反馈手段即奖励和惩罚的质疑一直都存在。在反对者看来，善恶报应中的赏罚是一种非常幼稚简单的观念，体现出人与人、人与社会之间的机械关系。质疑者不仅来自义务论者，也来自后果论者。在义务论者看来，反馈体现和鼓励的是行为上的功利性，把道德给庸俗化了；真正的道德行为只能出于对道德的虔敬，而不能出于趋利避害的功利性目的。有些后果论者则认为，依靠奖励或惩罚的手段并不能促进人们良好的道德行为，而是相反，即不能产生良好的效果。在质疑者看来，无论是奖励还是惩罚都不是合适的道德手段，损害了人们对道德的认知和履行。在他们眼中，惩罚和奖励就是"大棒加胡萝卜"，简单粗暴；奖励和惩罚作为手段，忽视或扭曲了道德的目的和人的成长。

在质疑者眼中，奖励不仅不能使行为者在认知上明白行为的意义，而

第三章 反馈之美:从系统论的视角看善恶报应的必要性和重要性

且在行为上造成了严重的后果,使得人们纯粹为了报酬而去行动,而出于报酬激励的行为又难免会陷入奖励疲劳,即没有奖励就几乎无法刺激人们去行动。"奖励并不能产生我们希望的变化,但这里的关键是奖励还产生了其他情况:奖励用得越频繁,对奖励的需求就越大。我越经常许诺你以恩惠做我所欲之事,我就让你越对这些恩惠作出反应,甚至让你越指望得到这样的恩惠。在后文中我们将会看到,竭尽所能做事情的其他更真切的理由不存在了,剩下的就仅仅是为了得到报酬。不久,提供奖品成为习惯,因为少了奖品就做不成事情。"① 也就是说,"物质的报酬会败坏性格。如果被制约成只有物质报酬才肯做事,那么在没有报酬的情况下,他们就很难使唤了"②。认为物质奖励把道德与物质利益挂钩,导致没有报酬就很难刺激人们去行动,是对人们思想和行为的腐蚀。这种质疑存在的问题在于只看到了奖励的负面作用,而没有看到奖励的正面功能;只看到了物质奖励,而没有看到精神上、名誉上的、荣誉上等多种奖励方式。不可否认,现实中的确存在着很多出于报酬的行动,但是并不能因此而否认奖励对人们的认知、行为的引导作用。这种质疑一方面以偏概全,没有以全面科学的视角看待奖励特别是精神、荣誉奖励的作用。另一方面,混淆了手段与目的的界限,认为奖励这种激励手段必然会带来行为的腐蚀;作为手段,奖励是中性的,其对行为的影响既有负面的一面,也有正面的一面。

有些学者认为奖励作为一种物质刺激必然会导致人们行为上注重自己利益的自私自利。美国学者斯托特指出:"强调物质刺激,我们就将三个熟悉的社会杠杆,权威、服从、同情移向了鼓励自私的方向。……最后,这还意味着,自私肯定是有什么好处的。要不然,干吗要奖励它呢?"③ 在斯托特看来,物质刺激抑制了良知,"而且还发出了自私自利是适当的信号"④。很多人对报应思想中的奖励持相同的质疑观点,认为报应反馈思想是一种很低级的物质激励手段,在这种激励手段下,人们做出的符合道德的行为并不是真正的道德行为,而只是一种自私自利的算计。不过,这种

---

① [美] 埃尔菲·艾恩:《奖励的惩罚》,第 15 页。
② [德] 理查德·大卫·普列斯特:《不自私的艺术》,第 218 页。
③ [美] 琳恩·斯托特:《培育良知——良法如何造就好人》,李心白译,商务印书馆 2015 年版,第 223 页。
④ [美] 琳恩·斯托特:《培育良知——良法如何造就好人》,第 223 页。

质疑至少在两个方面存在着问题。其一，在报应信仰中，报应的内容与物质利益之间绝不能画上等号，虽然，在很多情况下，物质上的利益作为报应的一个重要内容，但是报应也可能是名誉、荣誉等精神上的奖励，甚至是自己良心上的心安理得。其二，在报应思想中，从来没有主张过自私自利是个人行为的出发点，在报应理论的逻辑建构中，道德是逻辑起点，道德的行为得到相应的好报，不道德的行为受到相应的惩罚；道德的人获得好的回报是其道德行为的必然结果。虽然并不能排除有些人出于自私自利的目的而遵循道德，但并不能因此而得出所有人都抱有自私自利的动机。如果因为有人因精致利己而遵循道德就把道德反馈手段全部否定，这就犯了因噎废食的错误，把目的与手段完全混同起来。

质疑者不仅质疑奖励，也质疑惩罚的合理性。质疑者认为惩罚是一种不可靠的、违反伦理的手段。在质疑者看来，被惩罚者要遭受惩罚的痛苦，这本身是恶的。"惩罚犯罪的人，那是错误。"[①] 的确，惩罚是强加于人的痛苦，但是这种痛苦并不是毫无缘由的，而是其咎由自取。强加于行为者的惩罚不仅对行为人有意义，而且对于社会也有重要的价值。即使是质疑者也认识到，在一定情况下，惩罚是必需的，即为了更大的善而对一部分犯错的人进行惩罚是应该的。如果惩罚所带来的后果比不惩罚所带来的后果好，那么惩罚是必要的，换句话说，如果为了威慑目的或者是为了矫正错误，惩罚是被允许的；在这种情况下，惩罚具有工具善的价值。不管怎样，虽然很多学者都认为惩罚的目的不是惩罚本身，但是都不能否认其功效。惩罚对于人的认知和行为系统而言是必要的反馈，通过惩罚告诉这个人做了错事，就应该承担起后果和责任。对社会而言，对犯错者的惩罚不仅是对社会秩序的维护，而且也会对社会其他成员起到警示和威慑作用，让其他人不敢效仿。从中可以看出，惩罚既有对行为人的制裁和对其他人的威慑这种工具性作用，又有通过惩罚对行为人的行为进行矫正、使其获得关于正确行为认知的价值性目的。所以，惩罚不仅是一种可靠的维护社会正常秩序的手段，也是对个人的一种教化，不仅具有工具性价值，也具有价值性意义。

有的质疑者认为惩罚只是一种驯化手段，没有伦理上的意义。尼采认

---

① ［法］布莱士·帕斯卡尔：《思想录》，第138页。

第三章 反馈之美:从系统论的视角看善恶报应的必要性和重要性

为:"那些挨受惩罚的作恶者们对他们的'过失'的感受,无非就跟斯宾诺莎一样:'没想到这次居然失手了',而不是'我本来不该这样做的'——,他们屈服于惩罚,就像人们屈服于疾病、灾祸或者死亡一样,带着那种由衷的宿命论,毫不反抗……"① 在尼采看来,"惩罚以此驯化人类,不过也不是而使之'改善'"②。尼采认为,惩罚虽然是人类社会必要的,但惩罚本身不具有任何道德意义,并且惩罚只是像驯化动物一样驯化人类自己,并不能改造坏人。叔本华也持类似的观点,他认为,通过各种措施,"的确可以使自私自利的人明白,假如他放弃某些小利,他将获益更多;并且可以教育恶毒的人知道,他将因损人而更害己。但是永远不可能劝服一个人摒除自私自利本身及邪恶本身;正如一只猫决不能被说服放弃它捉老鼠的癖性一样"③。不过,叔本华其实承认了教育及措施的工具性价值,即使不能改造人的自私自利本性,但是可以达到让其遵守道德的工具性价值。并且,无论是尼采还是叔本华,无疑都太过于悲观,没有看到奖励或惩罚对人的改造和教育作用。

质疑者认为在赏罚反馈中,即使没有主观上的故意,客观上也是鼓励人们对自己行为的后果进行计算和估量,为了达到后果斤斤计较从而丧失了对道德本身的追求,导致道德行为的异化,即看似道德的行为实质上却不是道德的。很多学者坚定地否定赏罚的道德意义,斯坎伦认为:"根据我的意见,任何程度的自由和自决都不能使赏罚论题成为在道德上可以接受的。"④ 这种反对归根结底在于反对者既没有看到赏罚的工具性作用,也没有看到价值性意义。反馈中有物质利益的成分,也有纯粹精神性的荣誉和名誉等。如果把报应反馈机制中的所有行为都归结为利益的计算,那么,这种观点无疑是太过于片面了。并且,人的动机往往是多元的、动态的。比如一个人做出某种行为,其动机可能是伦理的,也可能是利己的、服从的,甚至可能是直觉的、本能冲动的,更有可能是多种动机的权衡和考虑。对结果的考量并不一定是人们做出某种行为的唯一动机,在这种意

---

① [德]尼采:《尼采著作全集》第 5 卷《善恶的彼岸·论道德的谱系》,第 402 页。
② [德]尼采:《尼采著作全集》第 5 卷《善恶的彼岸·论道德的谱系》,第 402 页。
③ [德]叔本华:《伦理学的两个基本问题》,第 284 页。
④ [美]托马斯·斯坎伦:《我们彼此负有什么义务》,陈代东等译,人民出版社 2008 年版,第 301 页。

义上，认为反馈系统中人的行为仅仅是利益的计算，既是不充分的，也是不准确的，这种观点无疑是把无限复杂的人类思想和行为给简单化、机械化了。

与此相关联，还有的质疑者认为赏罚反馈中的美德已经异化成为追求个人权力和安全的工具，即美德工具性，已经不能算是真正的美德了。面对美德工具性的质疑，我们可以超越义务论的观点，承认道德本身具有工具性，同时，也要看到道德的价值性。在任何一个社会中，道德的工具性和价值性并不是不可能统一于同一个行为之中，问题在于是否仅仅把道德作为工具，是否仅仅把其作为实现其功利目标的纯粹工具。在善恶报应理论和实践中，对后果的重视并不意味着对道德价值性的排斥。我们并不否认，在现实中，奖励和惩罚作为手段有可能会出现一些问题和负面价值，但是我们也不能否认奖励和惩罚作为有效手段，的确起到了工具善的功能，也蕴涵着价值性的意义。对于善恶报应而言，最大的问题不在于取消奖罚，而在于通过更合理的设计避免奖罚的消极方面，让其发挥更大更好的作用。对美德工具论的质疑是在一种二元论的观念中看待道德赏罚反馈，只看到了赏罚的工具理性，无视其价值理性，这种观念无疑是片面的、不充分的。

善恶报应中的奖励和惩罚对于个人和社会都是必要而重要的。"一个不能还原为我们日常具体经验的概念，就像不能交换消费品的货币。它不是一个象征，而是一种欺骗。"① 反馈正是把善恶报应观念在现实中实现和体现出来，使善恶报应的合理性不仅体现在理论中，也体现在实践中。在个人认知行为系统中，反馈不仅引导、规范着人们的认知，而且直接制约着人们的行为。在社会系统中，赏罚反馈是社会普遍理性的反映，能够通过引导和约束人们的行为来维护社会秩序。从系统论的角度来看，奖罚反馈并不是行为主义的控制论，也不是强控制，而是软控制，个人的自由意志仍然能够发挥作用。

虽然赏罚反馈面临着种种质疑，认为其不仅无助于真正的道德的培养，也无助于好的行为的养成。但是，我们应该看到，古往今来，奖励和惩罚在人类社会生活中扮演着重要的角色，起到了非常重要的作用。奖励

---

① [美]乔治·桑塔亚纳：《社会中的理性》，张源译，北京大学出版社2008年版，第169页。

第三章 反馈之美：从系统论的视角看善恶报应的必要性和重要性

和惩罚不仅是制约人们行为的有效工具，而且也是引导、塑造个人和社会的重要手段，即赏罚反馈不仅具有手段善的作用，而且能够把手段善升华为道德之价值善。由于善恶报应具有如此重要的作用，在我国传统文化的各个学派中，无论是在儒家中，还是在道教、佛教、民间信仰中，其都占有重要的地位，特别是在儒家思想中，善恶报应更是一项基本的内容。

第四章 儒家的善恶报应思想

儒家在其思想形成之初就形成了善恶报应的思想。儒家的报应思想对道教、佛教和民间信仰中的报应观产生了深刻的影响，其他报应理论都是以儒家道德为基础的，不得与儒家报应观的基本内容相违背。儒家的报应观是一种把道德置于本体性地位的思想，与其他学派、宗教的善恶报应存在着本质上的差别。

一 儒家的善恶报应内容

儒家思想中很早就出现了善恶报应的内容。"天道无亲，唯德是授"（《国语·晋语六》），"惟上帝不常，作善降之百祥，作不善降之百殃"（《尚书·伊训》），"天道福善祸淫"（《尚书·汤诰》），"天视自我民视，天听自我民听"（《尚书·泰誓中》），"皇天无亲，惟德是辅；民心无常，惟惠之怀"（《尚书·蔡仲之命》）等。这些都说明儒家思想包含大量善恶报应的内容。其善恶报应思想主要包括以下四个方面的内容。

其一，善恶报应是通过天来裁判和赏罚的。"天道福善祸淫"，上天的赏罚规律就是奖善惩恶。"天"的观念是传统思想中最重要的观念，汉代董仲舒提出了"天人合一"思想，认为应该与"天"的要求合一，把朴素直接的天道赏善罚恶思想予以哲学化、理论化和神学化。在传统早期的思想中，"天"与"神"的概念往往是互通的。人们相信神或天与人之间存在信息和能量交换，神得到人们的献祭，必然会帮助人，报应与祭祀是相关的。《左传·僖公五年》记载虞公说："吾享祀丰絜，神

第四章　儒家的善恶报应思想

必据我。"① 报应不仅与祭祀相关，更与德行相关，即上天依靠人们的德行来对人们进行赏罚，发生了祭祀—报酬到德行—报酬的转换，或者更确切地说，献祭邀宠或德行获宠在儒家文明之初都出现了，献祭邀宠是更早期的祭祀文化的遗产，依靠德行获宠则在后来的发展中占据了主流，在大多数时期，两者并行不悖。

其二，善恶报应并不局限于行为者本人，而往往是以家庭（或家族）为单位进行，体现出相关性。"积善之家必有余庆，积不善之家必有余殃"（《周易·坤·文言》），把报应的主体扩展到了子孙后代身上，这种以家庭（家族）为主体的报应把家庭（家族）看作利益共同体甚至统一体，实质上是一种相关性报应。在这种报应中，个人不仅是自己行为的责任承担者，也是自己家庭或家族成员以及祖先行为的责任承担者，自己的行为不仅影响个人，而且影响家族成员或子孙后代，这种报应上的相关性把个人与家庭、家族紧密联系在一起。相关性报应是传统社会经济、政治、文化的产物，在传统社会中，人们主要从事以家庭为单位的自给自足的自然经济生产方式，家庭是经济共同体；在政治文化方面，家庭被视为一个利益上的、文化上的、名誉上的和荣誉上的共同体，统治阶级强调家庭成员之间的伦理关系，把"孝"提升到百行之首，并且把"忠"和"孝"连接为同一种性质的美德，维护自己的统治，使得家庭成为伦理共同体、利益共同体、名誉共同体和荣誉共同体等。因而，把家庭成员、子孙后代作为报应主体的这种思想反映了当时社会以家庭、家族为社会基本单位的观念，而这种观念又强化了人们的家庭、家族观念。这种相关性也影响了道教，道教的承负说也是一种相关性的报应。

其三，儒家思想在发展过程中，逐渐丰富了善恶报应的实现途径。因为"天"的直接赏罚在经验中很难看到，于是在儒家思想中，就认为很多赏罚是"天"借助人力来实现的。《论衡·福虚篇》中说："世论行善者福至，为恶者祸来。福祸之应皆天也，人为之，天应之。阳恩，人君赏其行；阴惠，天地报其德。无贵贱贤愚，莫谓不然。"② 阐述了报应论的两种实现方式，一种是通过官方的赏罚，另一种则是冥

---

① 杨伯峻编著：《春秋左传注》（上），中华书局2018年版，第263页。
② （汉）王充：《论衡校注》，张宗祥校注，郑绍昌标点，上海古籍出版社2013年版，第119页。

冥之中由天地来赏罚；在这种报应观中，看得见的德行受到官方的奖励，暂时看不见的德行则由天地来奖励，即阳德通过制度规定受到奖励，阴德则会以神秘的手段得到奖赏。这种报应观念不仅被士人所接受，而且也能够得到普通民众的认可，符合人们关于道德因果规律的朴素情感和认知。

其四，由于天道赏善罚恶，"皇天无亲，惟德是辅"，因而，儒家的命运观是可以改变的，根据德行而发生变化。"康诰曰：'惟命不于常。'道善则得之，不善则失之矣。"（《大学》）不仅个人的命运根据善恶而得到改变，国家的命运也是如此。天命是可以改变的，上天不会把人世间的统治权无条件地永远赋予一个王朝，这其实体现出一种忧患意识，即统治者对自己统治长治久安的担忧，这种政治上的忧患意识后来发展出了董仲舒的"天谴观"。这种"天谴观"在民间又被扩展到对每个人适用的报应观。上天的赏罚不仅与国君政权统治是否有道无道有关，还与个人品行有关。无道昏君，其统治权往往得不到上天的眷顾，会被推翻；罪大恶极的人，上天若是实在看不下去，也会出手让其灭亡。这种思想影响至深，以至于民间普遍认为，一个王朝的统治如果民不聊生、民怨不断，那么，推翻其统治就是正义的，会得到上天的支持；如果一个人被雷电击死，那就是上天对这个人不道德行为的惩罚。这种报应观念不仅提醒统治者应该遵照道德进行统治，而且也能很自然地引申出个人也应该遵循天理的观念，所以，天人合一不仅是政治上的，也是伦理上的、信仰上的。天人合一思想的思维方式，是一种类比的思维，即把天地自然之属性类比为德行，并经过理论加工和诠释，使其成为人的行为的典范。"我们的智力并不是从自然中总结了规律，而是把规律强加给自然。"[①] 俗话所说的"人在做，天在看""天网恢恢疏而不漏"等，都是天人合一思想的一种体现，即"天"无时无刻不在监督着人们的思想和行为，人的行为应该要符合"天"的要求；否则就要受到相应的惩罚。

---

① ［英］乔治·弗兰克尔：《道德的基础》，王雪梅译，石绍华、沈德灿译审，国际文化出版公司2007年版，第51页。

第四章　儒家的善恶报应思想

二　儒家善恶报应的宗教性

儒家报应是一种介于宗教与非宗教之间的宗教性形态。关于儒家是不是宗教的问题，有过很多争论。一般而言，儒家与基督教、佛教这些宗教存在着区别，不能算是严格意义上的宗教，不过，很多学者认同儒家具有宗教性。的确，与其他宗教相比，儒家没有严格的教规、宗教组织和宗教首领，其更多的是强调宇宙秩序与伦理秩序的统一，但是，儒家强调祭天祭祖，主张敬畏感、献身精神和神秘性等，这些都是其宗教性的表现。正如李泽厚所指出的："孔门儒学既非西方的哲学，也非西方的宗教，却具二者的功能。其关键就在于：它是以培育塑建人性情感为主题、为核心。所以，它不止有理智、认识的一面，而且更有情欲、信仰的一面。"[1] 儒家思想在很多方面具有综合性的特征，这也是其具有宗教性的一个原因。

儒家善恶报应的宗教性首先表现在报应是天地鬼神的旨意，是必然要实现的。虽然儒家很少谈鬼神，认为这些是虚妄不经的东西，"子不语怪力乱神"（《论语·述而》）。但是在儒家的善恶报应体系中，天地是具有宗教性的概念，"天"不仅是义理之天，也是赏罚之天。"天命有德，五服五章哉；天讨有罪，五刑五用哉"（《尚书·皋陶谟》），儒家的善恶报应观念把道德提升到了本体的高度，由"天"来裁决和赏罚的观念必然带有宗教性。儒家善恶报应的形而上学基础在于宇宙秩序，在儒家思想中，宇宙是道德的存在，宇宙秩序、自然秩序与伦理秩序是统一的。

儒家善恶报应的宗教性也表现为对"孝"的神化。儒家思想认为孝作为主德，具有感天动地的作用。《二十四孝》中第一个孝的典型是舜，"舜耕于历山，象为之耕，鸟为之耘，其孝感如此"[2]。认为舜的孝行感动天地。还有王翔"卧冰求鲤"、孟宗"哭竹生笋"等孝的故事，把"孝"神

---

[1] 李泽厚：《历史本体论·己卯五说》，生活·读书·新知三联书店2006年第2版，第180页。
[2] 《增广贤文 弟子规 朱子家训 孝经 二十四孝》，喻岳衡、喻涵译注，岳麓书社2016年版，第143页。

化到感动动物、植物，甚至违背自然规律的程度。而在民间，关于"孝"的神话故事比比皆是，认为孝子孝妇都会得到好的回报，即使鬼神也不敢侵犯。人们相信，一个人如果做到"孝"，会得到上天的眷顾。"孝"在儒家思想中，特别是在其道德体系中具有基础性地位，因此，在一定意义上可以说儒家是"孝"的宗教。

儒家善恶报应的宗教性还表现在其敬畏感上。孔子说："君子有三畏：畏天命、畏大人、畏圣人之言"（《论语·季氏》），分别是对自然权威、政治权威和文化权威的敬畏。敬畏感与宗教性是联系在一起的，虽然敬畏并不必然产生宗教，却能产生宗教性的情怀。敬畏感使得我们超越经验的世界，感受到超经验世界的神秘、力量，从而对我们的认识和行为产生影响。"敬畏悄然将我们得以施展真实力量的空间暗示给我们：这是一个比我们的时间性生存更伟大、更崇高的空间。"①敬畏是一种非常重要的情感，这种情感体现出人们对生命源头、文化源头的尊重、敬仰、感恩之情。敬畏感让我们认识到自己的渺小，认识到世界的广大，是我们认识自己和世界的一种非常重要的情感。在此基础之上，敬畏感有助于帮助人们确立个人与他人、社会及自然之间关系的正确认知和行动，有助于加强人们对于个人生存的意义和价值的认识。儒家善恶报应中的敬畏感是一种类似于宗教的敬畏感，只不过，与宗教相比，儒家敬畏的是道德、道德秩序，是一种非常独特的信仰。

儒家善恶报应的宗教性还表现在会为了道德而献身。在传统社会中，为了宗教信仰而献身的很少，为了道德而牺牲的反而很多。伯夷叔齐"不食周粟"，冻饿而死，曹娥投江觅父，都是为了伦理纲常而不惜牺牲自己的生命，道德责任和名誉比生命更重要。"尸谏"是臣子为了劝说皇帝不惜通过自杀来引起皇帝的重视，有点类似于为信仰而献身的虔诚的教徒。严重违犯伦理纲常者也会羞愧而自杀，即使不是因为自身的过失，依然为了纲常而牺牲，比如有些失节之女子，会以死明志。"饿死事极小，失节事极大"（《二程遗书》卷二十二下），后来被鲁迅先生认为是"吃人的礼教"。在这个意义上，既可以说是儒家的道德荣誉感、名誉感之强，也可

---

① [德]马克思·舍勒：《同情感与他者》，朱雁冰、林克等译，北京师范大学出版社2017年版，第274页。

第四章　儒家的善恶报应思想

以说是儒家有类似于宗教的约束力。

儒家善恶报应的宗教性还体现在其带有一定的神秘性。儒家报应的神秘性主要体现在其认为神秘的规律在主宰着报应的最终实现，即使在现世不能实现，也可能在死后得到迟来的正义的补偿或惩罚。有些学者反对把伦理学建立在神秘主义的基础之上，不过却并不否认神秘性与伦理的关联、对伦理的意义，如史怀哲主张："就神秘主义而言，只有当其符合伦理之时，它才是一种有价值的世界—生命观。"① 他提出应该放弃抽象的神秘主义，提倡符合伦理的神秘主义。儒家的神秘性与其不谋而合，也是基于伦理之上的对生命的注重、对伦理的注重。这种注重使得儒家的神秘性带有神圣性和神圣感，而这种神圣性和神圣感既是宗教的，也是道德的。因而，儒家的人文性与神圣性是联系在一起的，儒家的道德规范和要求主要体现在礼乐文化中，陈来认为："这种人文实践的理性化，并不企图消解一切神圣性，礼乐文化在理性化的脱巫的同时，珍视地保留着神圣性与神圣感，使人对神圣性的需要在文明、教养、礼仪中仍得到体现。"② 儒家的道德要求往往带有神秘性、神圣性的色彩。

在儒家思想中，善恶报应归根结底是道德性的，只不过有时披上了宗教的外衣。之所以借助宗教的外衣，是因为"天则不言，而信神则不怒而威"（《二程遗书》卷十一），宗教因人们对其信仰而对人们的行为具有强大的约束力。不过儒家的报应本质上是道德的报应，其出发点和目的都是道德教化。"慎终追远，民德归厚矣。"（《论语·学而》）儒家的礼乐实质上都是带有道德性的，"宗法性传统宗教的敬天法祖信仰及其祭祀活动正是直接用来加强儒家道德的。祭天以强化忠敬礼义，祭祖以显扬孝悌仁爱，宗教祭祀成为道德教育的重要手段。如曾子所说：'慎终归远，民德归厚矣。'在道德教育上，宗法性传统宗教和儒学紧密结合在一起，相得而益彰"③。世界上几乎所有的宗教都把希望寄托在另外一个世界，如天国、西方极乐世界等，只有中国的儒家，从来不把希望寄托在虚幻的另一个世界，而是把希望寄托在现世的努力上，具有强烈的对现世的热爱情怀

---

① [德]阿尔伯特·史怀哲：《文明与伦理》，第264页。
② 陈来：《古代宗教与伦理：儒家思想的根源》，生活·读书·新知三联书店2009年版，第14页。
③ 牟钟鉴、张践：《中国宗教通史》（下），中国社会科学出版社2007年版，第931页。

和积极进取的现世精神。因此，儒家的宗教性是道德化的，是一种充满道德内涵的宗教性。在儒家的善恶报应中，宗教与道德是联系在一起的，"两者都出于同样的根源：意志对完善的渴望。但是，那种在道德中是一个要求的却在宗教中成为一个实在。道德以抽象的公式描述完善，而在宗教中，却可以直观到以具体的形式，作为一个神圣、圣洁和享受福祉的生命出现的完善。所以，道德与宗教看来是同一件事情的两个方面：个人就他的意志和行动追求完美而言他是道德的，就他的感情、信仰和希望是受至高的形象鼓舞而言他是虔诚的。"① 儒家报应是即宗教即道德，宗教性与道德紧密结合在一起的，宗教与道德相得益彰。

在儒家学者看来，宗教性是道德教化的一种方式。在儒家的理论架构中，虽然有"天"作为神秘性、神圣性的位置，但是，在上层士人当中，往往并不相信鬼神。《说苑·辨物》中记载："子贡问孔子：'死人有知无知也？'孔子答：'吾欲言死者有知也，恐孝子顺孙妨生以送死也；欲言无知，恐不孝子孙弃不葬也。赐欲知死人有知将无知也，死徐自知之，犹未晚也。'"② 这其实体现了孔子的态度，即并不相信鬼神之类，只不过出于维护道德的目的，而不言明。在孔子看来，"敬鬼神而远之"（《论语·雍也》）才是应有的态度，体现出道德上的实用主义态度。这种实用主义态度反映出儒家精英的观点，即为了让不能自觉遵守道德的人遵守道德，可以神道设教。在遵守道德方面，儒家精英与群众之间的确存在着差别。"中国人下层阶级的多元论和泛神论，与上层阶级的纯粹无神论正好形成了对比。通过对这个问题最有研究的那些人士的论证，通过众多的表面迹象，通过一种先在的可能性，我们不难做出这样的总结来，即在这个地球上，还没有哪一些受过教育的文明之士能像儒家弟子这样，成为彻头彻尾的不可知论者和无神论者。"③ 如果说，善恶报应能够以其宗教性吸引下层阶级，那么，儒家精英根本不需要这种宗教性而依然能够遵守道德，因而，儒家道德不是宗教的道德，而是道德的宗教。

---

① ［德］弗里德里希·包尔生：《伦理学体系》，第 357—358 页。
② 《说苑》（下），王天海、杨秀岚译注，中华书局 2019 年版，第 993—994 页。
③ ［美］明恩溥：《中国人的气质》，第 225 页。

三　道德的宗教

从本质上看，儒家的善恶报应把道德置于本体地位，是一种道德的宗教。这种宗教实质上是相信道德的权威、道德的力量，认为道德可以改变和决定人的命运。

儒家的礼乐文化都具有道德上的蕴涵，最有宗教性意味的祭祀归根结底也是道德意义上的。"春秋时代的占卜文化和祭祀文化都出现了道德意识与神话思维抗衡的情形，即主张吉凶福祸不决定于神秘的联系，而决定于人的行为是否道德。"① 祭祀活动中的伦理转向是儒家思想中的一个重要转向，这个转向使儒家与其他宗教有了本质性的区别，儒家因这种转向而成为一种人文宗教。祭天祭祖是为了报本反始，这也是儒教祭祀中的最主要的内容。此外，祭祀对国家、民族有功的人物也是祭祀中的一个重要内容。《礼记·祭法》云："夫圣王之制祭祀也，法施于民则祀之，以死勤事则祀之，以劳定国则祀之，能御大祸则祀之，能捍大患则祀之。"从中我们可以看出祭祀不仅具有宗教意义，更在于其道德价值。荀子认为："祭者，志意思慕之情也。忠信爱敬之至矣，礼节文貌之盛矣，苟非圣人，莫之能知也。圣人明知之，士君子安行之，官人以为守，百姓以成俗。其在君子，以为人道也；其在百姓，以为鬼事也。"② 在儒家看来，祭祀本是伦理意义上的，而对百姓而言，则是具有宗教性的；而宗教性存在的合理性也在于其道德教化功能。因此，在儒家祭祀活动中，道德的意义是首要的。"祭祀活动真正的意义，在于借助祭祀活动端正人的心态，在于借助于祭祀活动修养人的德性。在这里，现实的道德意义远高于虚幻的鬼神有无问题。"③ 杜维明也指出："既然儒家对待鬼神的态度基本上是人文主义的，则祭祀活动，如祖先崇拜中的祭祀活动，便常

---

① 陈来：《古代思想文化的世界：春秋时代的宗教、伦理与社会》，北京：生活·读书·新知三联书店2009年版，第272页。
② （清）王先谦撰：《荀子集解》（下），沈啸寰、王星贤整理，中华书局2013年第2版，第445页。
③ 赖永海、王月清：《宗教与道德劝善》，江苏古籍出版社2002年版，第36页。

常是伦理关切的体现。"① 儒家的宗教性最终落脚在道德性上。如孔子，从人师到孔圣人，经过官方的大力宣传、推崇和文庙的广泛兴建，其已经不仅仅是一个历史上存在的人，而且具有万世师表的象征意义。在儒家思想中，是非之权是高于君权的，甚至高于神权，唐君毅认为基督教是"以道德建基于宗教"，儒家是"融宗教于道德"②，是非常有道理的。

牟宗三认为儒学没有人格神，也没有严格的宗教组织形式，是一种不同于基督教、佛教等宗教的特殊宗教，即"道德的宗教"。在他看来，

> "内圣之学"亦曰"成德之教"。"成德"之最高目标是圣、是仁者、是大人，而其真实意义则在于个人有限之生命中取得一无限而圆满之意义。此则即道德即宗教，而为人类建立一"道德的宗教"也。此则既与佛教之以舍离为中心的灭度宗教不同，亦与基督教之以神为中心的救赎宗教不同。在儒家，道德不是停在有限的范围内，不是如西方者然以道德与宗教为对立之两阶段。道德即通无限。道德行为有限，而道德行为所依据之实体以成其为道德行为者则无限。人而随时随处体现此实体以成其道德行为之"纯亦不已"，则其个人生命虽有限，其道德行为亦有限，然而有限即无限，此即其宗教境界。……要说信仰，此即是信仰，此是内信内仰，而非外信外仰以假祈祷以赖救恩者也。圣不圣且无所谓，要者是在自觉地作道德实践，本其本心性体以澈底清澈其生命。③

从中可以看出，牟宗三认为"道德的宗教"的目标是成德，而不是像基督教、佛教那样指向超越的天堂或者虚无缥缈的来世之类。道德不仅具有指导、规范人们行为的工具理性，而且具有价值理性，它是人的发展、人的完善、人的生命实现的不可或缺的要素。"君子之为善也，以为理所当为，非要福，非干禄；其不为不善也，以为理所不当为，非惧祸，非远

---

① [美]杜维明：《中庸：论儒学的宗教性》，段德智译，生活·读书·新知三联书店2013年版，第55页。
② 唐君毅：《人文精神之重建》（一），广西师范大学出版社2005年版，第72页。
③ 牟宗三：《心体与性体》（第1册），台北：正中书局1968年版，第6页。

第四章　儒家的善恶报应思想

罪。"① 儒家的这种观点强调为了善而善，更接近于义务论，与宗教关于义务的观点也是相类的，"这些义务不是作为约束或强制，而是新的积极的人类自由理想的表现"②。在儒家观念中，道德不是对人的外在约束，而是实现人作为人的充分必要条件，是一种人的自我完善的必要手段和目标。

西方思想史上康德针对奇迹宗教，提出过"道德的宗教"③，认为道德的宗教不需要奇迹神迹。儒家也并不主张奇迹神迹，但是在儒家通俗的教化材料中，也不排斥这种奇迹神迹，甚至把奇迹神迹作为展示道德力量、进行道德教化的一种方式，特别是在孝道方面，更是提供了很多"孝"的神话。并且，康德并没有否认道德的宗教的基督教背景，把其道德建立在宗教基础之上，而在儒家思想中，这种宗教性非常淡薄，即使没有宗教性的内容存在，儒家的道德宗教的性质依然不会受到影响。这种区别是非常吊诡的，即康德的基督教背景并不相信奇迹，而儒家的非宗教背景却有奇迹神迹的影踪，这说明了各种文化之间的相通与不同。相通为文化交流提供了基础，不同则保持了文化的多样性，使各种不同的文化保持自己的独特性。

在儒家思想中，"天人合一"是善恶报应的理论基石，也是其本体依据。《周易》是"天人合一"最早的、最权威的著作。"《易》与天地准，故能弥纶天地之道。仰以观于天文，俯以察于地理，是故知幽明之故；原始反终，故知死生之说；精气为物，游魂为变，是故知鬼神之情况。与天地相似，故不违；知周乎万物而道济天下，故不过；旁行而不流，乐天知命，故不忧；安土敦乎仁，故能爱。"（《周易·系辞上》）儒家是以天地之德作为人之行为的标准和典范。从"天行健，君子以自强不息"开始，儒家以比附的方式构想出了天地之德，并且以其为人之道德确立了原则和规范，就如林语堂所说："《易经》一书，乃为专事研究人事变化的学术专著……"④《易经》是以天事来比附人事，天事规定人事，汉初董仲舒《春秋繁露》的"天人感应"实质上也是一种天人合德，

---

① （明）吕坤：《呻吟语》（上），王国轩、王秀梅译注，中华书局2018年版，第320页。
② ［德］恩斯特·卡西尔：《人论：人类文化哲学导引》，甘阳译，上海译文出版社2013年版，第185页。
③ 参看［德］康德《单纯理性限度内的宗教》，第83—85页。
④ 林语堂：《吾国与吾民》，长江文艺出版社2009年版，第109页。

不合乎天德的行为要受到上天的惩罚，"灾者，天之谴也；异者，天之威也。谴之而不知，乃畏之以威。《诗》云：'畏天之威。'"① 宋明理学中的二程则明确指出："天、地、人只一道也。才通其一，则余皆通。"（《二程遗书》卷十八）在程颢、程颐看来，天道即人道，"忠者，天理"（《二程遗书》卷十一），伦理关系是天下之公理，"父子君臣，天下之定理，无所逃于天地之间"（《二程遗书》卷五），把世间道德上升为天理，因而，"天人合一"最主要的是"天人合德"，"天人合德"为道德提供了一种本体论上的依据。在儒家看来，道德是一种本体性的存在，它存在于天地之中，也是人之所以为人的根本。儒家思想是由天德到人德到教化的过程。"天何言哉？四时行焉，百物生焉。天何言哉！"（《论语·阳货》）认为四时运行不息，井然有序，万物化生于其中。天德是人德的榜样，可以利用天德垂教于人，"天有四时，春秋冬夏，风雨霜露，无非教也"（《礼记·孔子闲居》），说明了道德的本体上的依据及天地的道德教化功能。

　　儒家善恶报应信仰中对天地的崇拜是从对自然的信仰中发展而来的。任何一种宗教最初都是来自对自然的信仰，就如费尔巴哈所指出的："自然不仅是宗教最初的原始对象，而且还是宗教的不变基础、宗教的潜伏而永久的背景。"② 只不过，儒家信仰超越了自然信仰，其信仰的天地是道德化的天地，这样，其信仰之初就打上了非常深刻的道德烙印。儒家相信存在一个宇宙秩序，这个秩序主要是针对人间的，因为人在天地间被赋予了独特的属性和地位，要承担起天人合一的使命，实现海晏河清的责任。费尔巴哈还说过："人们的愿望是怎样的，他们的神便是怎样的。"③ 的确，儒家对道德的向往和相信导致他们的神是道德的；儒家不喜欢谈怪力乱神，是因为这些东西在儒家看来与道德无关，根本不可能是世上的规律。从这个意义上看，道德与天地具有同一性，即天地必须是道德的；否则其作为伦理之天的地位的合法性也就成为可疑的。正因为儒家对道德的相信，才会出现对天的疑问。屈原《天问》中发问："天命反侧，何罚何佑？齐桓九会，卒然身杀。彼王纣之躬，孰使乱惑？何恶辅弼，谗谄是服？比

---

① （清）苏舆撰：《春秋繁露义证》，钟哲点校，中华书局1992年版，第259页。
② ［德］费尔巴哈：《宗教的本质》，王太庆译，商务印书馆2010年版，第8页。
③ ［德］费尔巴哈：《宗教的本质》，第72—73页。

第四章 儒家的善恶报应思想

干何逆，而抑沈之？雷开阿顺，而赐封之？……"① 针对历史中出现的善者得不到庇佑、恶者没有受罚的种种事件表达了对天道神明的疑问。《窦娥冤》中蒙冤的窦娥发出悲诉："有日月朝暮悬，有鬼神掌着生死权。天地也，只合把清浊分辨，可怎生糊突了盗跖颜渊。为善的受贫穷更命短，造恶的享富贵又寿延。天地也，做得个怕硬欺软，却原来也这般顺水推船。地也，你不分好歹何为地？天也，你错勘贤愚枉做天！"② 这种质问和怀疑恰恰表明了在传统文化中天地就应该是赏善罚恶的，其道德属性被预设为公理、前提，如果天地没有道德属性，那么其作为至高无上之赏罚力量也就丧失了合法性。

宇宙秩序与道德秩序的关联在很多宗教中都出现过。休谟认为："宇宙中秩序的因或诸因与人类理智可能有些微的相似……"③ 卡西尔也指出："在几乎所有伟大的宗教中，都发现了制约所有事件的普遍时间秩序与同样主宰所有事件的外在的正义秩序之间的相同关系——天文宇宙与伦理宇宙之间的相同关联。"④ 儒家的特点在于把这种宇宙秩序与道德秩序的统一贯彻始终，不像其他文明后来逐渐把二者分离。张世英认为："儒家的天人合一本来就是一种人生哲学。人主要地不是作为认识者与天地万物打交道，而是主要地作为一个人伦道德意义的行为者与天地万物打交道，故儒家的天人合一境界是一个最充满人伦道德意义的境界，在此境界中，哲学思想与道德理想、政治理想融为一体，个人与他人、与社会融为一体。"⑤ 牟宗三也认为："依儒家道德的形上学言之，宇宙生化底宇宙秩序，与道德创造底道德秩序，其内容的意义完全同一。存在即是道德创造上的应当存在。总起来说，是天地之化，落在个体上分别说，每一个体皆完具此理，即皆是一创造之中心，故皆函摄一切。"⑥ 儒家把道德秩序与宇宙秩序的统一发展完善，形成了独特的天人合一、天人合德思想，深刻影响了中华文明及其社会面貌。这些思想观念贯穿在了整个儒家思想的发展过程

---

① （宋）洪兴祖撰：《楚辞补注》，白化文等点校，中华书局2015年版，第113—114页。
② 张宏渊主编：《中国戏曲经典》（第2卷），山东教育出版社2005年版，第108页。
③ ［英］休谟：《自然宗教对话录》，陈修斋、曹棉之译，商务印书馆1962年版，第109页。
④ ［德］恩斯特·卡西尔：《神话思维》，黄龙保、周振选译，中国社会科学出版社1992年版，第129页。
⑤ 张世英：《天人之际——中西哲学的困惑与选择》，人民出版社1995年版，第190页。
⑥ 牟宗三：《心体与性体》（第2册），台北：正中书局1968年版，第58页。

之中。

正是由于伦理秩序与宇宙秩序的合一，儒家善恶报应完全是一种对道德的信仰，相信道德秩序、道德规律，而对巫术、迷信持怀疑甚至蔑视的态度。"儒教也认为巫术在面对**德行**（Tugend）时，是无计可施的。凡是以古典的生活方式过活的人，就不必**畏惧**鬼神；只有踞高位而不德者，才会使鬼神有施力之处。"① 这也就是说，邪不压正，而有的人由于德行差，才会德不胜妖。罗贯中、冯梦龙所著的小说《平妖传》讲述的是乱世妖怪出来作祟，到后面时局一变，都被平定。在儒家思想中，邪恶终将被正义所战胜，即道德的力量是无穷的，是鬼神所敬畏的。

虽然儒家思想中的报应，其着重点并不在于美德的报酬，而在于美德本身，但是并不妨碍其认为道德的人最终会得到上天的眷顾。在儒家思想中，道德的实用性、功用性和理想性是结合在一起的，而不是二元对立的。在道德的信仰中，既有普通民众对道德权威的信仰，即相信道德可以决定命运、改变命运；也有儒家精英阶层对道德本身的相信；更多的可能是二者的结合，即既相信道德的权威，也相信道德本身。这样，儒家既是把美德置于对神的意志服从之中的体系，也是把美德置于人自身的社会秩序要求和良心之中的体系，体现出三个权威，即神的权威、社会的权威和人自己的权威的统一。这就与康德所说的："有两样东西，我们愈经常愈持久地加以思索，它们就愈使心灵充满日新又新、有加无已的景仰和敬畏：在我之上的星空和居我心中的道德法则"② 是相通的。在儒家报应中，神的权威与人的权威有机结合，天理和人情是一致的。

儒家的善恶报应逻辑上必然会带来"道德决定论"，即认为道德可以改变命运、决定命运。"在中国，则神意乃人力所可转，人修德以自求多福，神未有不助人者。神意可由人转移，则专司祭神，测知神意之巫觋之重要性，亦自然减少，不易成一特殊阶级，宗教亦不易有超越而独立之文化地位矣。"③ 这是说神意根据个人的善行恶行而变化，实质上个人自己决定自己的命运。"道德决定论"思想影响非常深远，不仅影响了儒家文化

---

① ［德］马克斯·韦伯：《中国的宗教：儒教与道教》，康乐、简惠美译，广西师范大学出版社2010年版，第217页。
② ［德］康德：《实践理性批判》，韩水法译，商务印书馆2009年版，第177页。
③ 唐君毅：《中国文化之精神价值》，广西师范大学出版社2005年版，第25页。

的基本精神倾向，也深刻影响了普通民众的信仰，把普通民众信仰方面的功利性诉求与道德联系了起来。就如韦伯所认为的："儒教徒单单渴望一种从野蛮的无教养状态下超脱出来的'救赎'。他期望着此世的福、禄、寿与死后的声名不朽，来作为美德的报偿。"① 这是儒家世俗性和功利性的一面，这种世俗性和功利性使得儒家思想能够为广大民众所认同、接受，并且以其作为价值指标和行为指南。普通民众往往对儒家世俗性、功利性的一面进行发挥，使其在民间建立了深厚的群众基础。

正因为道德决定命运，与依靠外力拯救的宗教不同，儒家注重依靠自己的力量来决定和改变命运。儒家思想更强调人的行为，认为不管命运如何，都要积极进取，实现人的使命。即使看到了人生的不可主宰性，如"死生有命，富贵在天"（《论语·颜渊》），但是儒家却并没有因此而走向消极无为，而是秉持积极进取的人生态度，"知其不可而为之"（《论语·宪问》）。龚鹏程认为："孔子及儒家后学言此，是明天人之分的讲法，即：人生有能自我主宰的部分，也有不能由自己控制的部分，如死生富贵，就非自己所能负责，故人只能为自己能负责的部分负责，尽其在我；那无法主宰的部分则听天由命，不须萦怀。"② 因此，儒家面对不能控制的事情抱持达观的态度，面对能够主宰的事情则是积极负责的态度。也正是由于此，与道家的避世、佛教的出世相比，儒家是入世的，秉持积极向上、尽力而为的态度，对人世生活充满热情，对世间事物尽到自己的责任。

道德的信仰在不同的社会阶层中往往存在着不同。对于普通百姓而言，他们更相信道德可以实现报应，即相信遵守道德会得到好报，否则会受到惩罚。这是从对道德畏惧的角度来遵循道德。对于儒家精英知识阶层而言，他们则更相信道德秩序即宇宙秩序，道德是人之所以为人的根本，个人应该实践道德，从而实现自己作为人的使命和价值。"哲学家们认为这些永恒的价值是通过理性而被认知的；一般大众则认为它们是神明启示的。"③ 这两种相信在传统儒家社会中都存在。对百姓而言，更注重道德的后果；对知识精英而言，更注重道德义务。

---

① ［德］马克斯·韦伯：《中国的宗教：儒教与道教》，第304页。
② 龚鹏程：《龚鹏程讲儒》（下），东方出版社2015年版，第267页。
③ ［美］约翰·杜威：《确定性的寻求——关于知行关系的研究》，傅统先译，上海人民出版社2005年版，第198页。

儒家报应思想中归根结底是对道德的信仰。这种信仰可以表现为两个方面，一是相信道德的权威、力量，相信报应一定会根据个人的行为善恶而得到实现；二是相信道德本身是人存在的方式，是应该遵守的，不管报应是否会实现（即使不会实现，依然相信道德秩序是宇宙秩序）。这两种相信，一种是外在的相信权威、权力，一种是内在的相信道德，前者可归为功利论，后者可归为义务论。在儒家发展过程中，体现为既注重维护正统儒学的精神性，同时又对人们世俗的利益需求予以充分的尊重。可以说，儒家报应观是道德义务论与美德论、后果论的有机结合，道德被置于本体的地位，正是在此意义上，儒家报应信仰是一种优质的信仰。

四 优质的信仰

正因为对道德本身的推崇，儒家报应信仰是一种优质的信仰。在这种信仰中，道德是最为根本的东西，即使没有鬼神赏罚，依然应该遵从道德的要求；即使没有回报，依然应该坚持道德；这种信仰注重的是人主动履行对天地的责任，并在其中实现不朽。

儒家报应信仰的优质性首先表现在其并不一定相信鬼神，但是这并不妨碍以道德为安身立命之本。在这种信仰中，即使没有鬼神，没有回报，儒家依然认为应该坚持道德。在儒家文化中，从来没有出现过西方"假如没有上帝，道德如何可能"式的追问。因为在儒家看来，道德甚至是比上天更为基本的东西。"天"一定是具有道德属性的。"天知，神知，我知，子知。何谓无知！"[①]的典故，说明了儒家高度的道德自觉意识。在儒家思想中，神鬼也要服从道德的要求，就像古希腊神话中的神也要遵从必然性的命运一样。正是因为这种坚信，使得儒家思想成为一种非常独特的优质信仰。即使没有报应，儒家依然相信道德是人应该的存在方式；即使没有超越者的存在，在人们的日常生活中仍然可以实现人的终极转化。就如杜

[①] 东汉名臣杨震，曾经举荐王密，王密夜晚拜见杨震时，携带黄金十斤要送给杨震，以"暮夜无知者"为理由，杨震说出了流传千古的"天知，神知，我知，子知。何谓无知！"加以拒绝，成为千古佳话。见（宋）范晔撰，（唐）李贤等注《后汉书》（中），中华书局2005年版，第1188页。

维明所说:"这种看起来似乎是世俗人文性事业的精神价值,存在于其隐含的信念之中,那就是:在日常的人类生存中进行终极性的自我转化,不仅是可能的,而且是切实可行的。"① 在儒教信仰中,超越的神的存在与否并不会影响道德的合法性问题,道德是一种本体性的存在。"唯天下至诚,为能尽其性;能尽其性,则能尽人之性;能尽人之性,则能尽物之性;能尽物之性,则可以赞天地之化育;可以赞天地之化育,则可以与天地参矣。"(《中庸》)在儒家看来,人的本性是道德性的;作为人,必须要把这种道德性实现出来,才能成为人。成人的过程,即实现人作为人的价值和意义的过程,也即获得永恒的过程。

儒家信仰的优质性还表现在与其他许诺有所回报的信仰相比,儒家并不注重个人的回报。儒家文化很少有对人的有形的、具体的回报的许诺。即使其认为"故大德,必得其位,必得其禄,必得其名,必得其寿"(《中庸》),这种论断往往只是相信宇宙间存在着这样的规律,却并不一定希冀这种回报要在自己身上实现。正因为此,儒者认为宗教信仰中的道德并不是真正的道德,就如韦伯所指出的,在儒者看来:"不是对于彼岸之惩罚的恐惧或对于彼岸之果报的期待,而是义务,方为德行的泉源;想要以虔诚来减除罪恶,并不是真正恭顺的表现;以涅槃为理想,不过是将无为理想化。"② 这样看来,儒家信仰是一种非常纯粹的信仰,与康德的义务论非常接近,即为了道德而道德。当然,儒家与康德也有不同,主要表现在,其一,儒家是注重情感的,而在康德那里,把情感从义务中完全排除了;其二,儒家关注行为的后果,正当的行为应该产生好的后果,而在康德那里对后果则是完全置之不理。也正是因为儒家对后果的注重,造成了很多外国学者认为儒家是功利的;我们应该看到,儒家的确注重功利,但却不是个人私利,而是大义大利。

儒家注重的是对他人、社会和天地的责任。"与天地合其德,与日月合其明,与四时合其序,与鬼神合其吉凶"(《周易·乾·文言》),作为天地中非常独特的一分子,人应该承担起对天地的责任。儒家关注的并不是个人的福祉,而是社会的福祉。在儒家思想中,注重"大我",历

---

① [美]杜维明:《东亚价值与多元现代化》,中国社会科学出版社2001年版,第134页。
② [德]马克斯·韦伯:《印度的宗教:印度教与佛教》,康乐、简惠美译,广西师范大学出版社2010年版,第369页。

来有生命意识、宇宙意识，把人看作宇宙中的人，强调人与天地合一的归属感。这种"大我"实际上是把个人与他人、社会、宇宙联系起来，要求个人承担起自己的家庭责任、社会责任、人类责任乃至宇宙责任。"我们在杰出的中国古代思想家那里发现的道德层面和实用层面的质疑模式，既不关注教会的权威，同样也不关注理性的争论，而只关注什么是有用的，什么能增进天下人的福祉。"① 在儒家看来，人生意义是在对社会、天地的贡献中实现的。在这种贡献中，个人"能通过一种自我超越的提升从内部彻底改变他的生活，以至服务于这种道德即服务于人类的福祉或一切有感觉能力的生物的福祉，成为他的难以抵制的关切以及他的支配性的善"②。儒家主张个人境界的提升，毫不犹豫地承担起自己的道德责任，即使得不到个人幸福也是值得的；为了实现大义而牺牲个人利益在儒家思想中是很正常、很光荣的选择。按照内格尔的理论，儒家道德是一种超出分内的分外的美德，"分外的美德由为了他人的利益而作出异常牺牲的行为所表明。这样的行为是值得赞扬的，并且不被认为是不合理的，但人们并没有或者在道德上或者从理性上认为它们是必须的"③。儒家强调为他人、社会的牺牲精神，把分外的美德视为一种荣耀，儒家本质上是美德主义者。因此，我们可以毫不夸张地说，儒家信仰的确是一种优质的信仰。

儒家善恶报应信仰的优质性还表现在其不朽观上。不同于宗教中的灵魂永存观念，儒家思想中的不朽并不是灵魂或者肉体的不朽，而是通过人的行为实现不朽。《左传》记载："'大上有立德，其次有立功，其次有立言。'虽久不废，此之谓不朽。"④ 儒家的不朽是通过个人立德、立功和立言来实现的。在儒家看来，个人的肉体存在虽然是在有限的时间和空间中，但是可以通过立德、立功、立言实现超越有限时空的不朽。这种信仰并不一定相信鬼神的存在，但依然能把道德的生活作为存在方式和理想追求，并在道德的生活中实现对人类乃至宇宙的贡献。胡适在《不朽——我

---

① [英] G. E. R. 劳埃德：《古代世界的现代思考：透视希腊、中国的科学与文化》，钮卫星译，上海科技教育出版社2008年版，第83页。
② [美] 托马斯·内格尔：《本然的观点》，第237页。
③ [美] 托马斯·内格尔：《本然的观点》，第234页。
④ 杨伯峻编著：《春秋左传注》（下），第939页。

的宗教》一文中说:"不朽有种种说法,但是总括看来,只有两种说法是真有区别的。一种是把'不朽'解做灵魂不灭的意思,一种就是《春秋左传》上说的'三不朽'。"① 虽然胡适认为"三不朽说"比"神不灭说"好太多了,不过他认为"三不朽说"存在着缺点,他提出了一种新的"不朽论"——"社会的不朽论",认为:

> 我这个"小我"不是独立存在的,是和无量数"小我"有直接或间接的交互关系的;是和社会的全体和世界的全体都有互为影响的关系的;是和社会世界的过去和未来都有因果关系的。种种从前的因,种种现在无数"小我"和无数他种势力所造成的因,都成了我这个"小我"的一部分。我这个"小我",加上了种种从前的因,又加上了种种现在的因,传递下去,又要造成无数将来的"小我"。这种种过去的"小我",和种种现在的"小我",和种种将来无穷的"小我",一代传一代,一点加一滴;一线相传,连绵不断;一水奔流,滔滔不绝——这便是一个"大我"。"小我"是会消灭的,"大我"是永远不灭的。"小我"是有死的,"大我"是永远不死,永远不朽的。"小我"虽然会死,但是每一个"小我"的一切作为,一切功德罪恶,一切语言行事,无论大小,无论是非,无论善恶,一一都永远留存在那个"大我"之中。那个"大我",便是古往今来一切"小我"的记功碑、彰善祠、罪状判决书、孝子慈孙百世不能改的恶谥法。②

胡适认为,作为个人的"小我"在社会这个"大我"中实现不朽,"小我"与他人、社会有着密切的关联,每个人都是社会的产物,又是社会的组成部分;人类社会通过一代代人不断传承进步。这其实体现出对个人与他人、社会关系的深刻洞察,也体现出强烈的社会责任意识。这种不朽观是对儒家传统不朽观的继承和发展。儒家的不朽是将自己人生的目的及价值实现与他人、社会联系起来,认为对社会做出贡献、成就就是活得有意义、有价值,就可以实现永生。这也是很多优秀人物的不朽观,例如德沃金就是这

---

① 胡适:《中国文化的反省》,华东师范大学出版社2013年版,第184页。
② 胡适:《中国文化的反省》,第187—188页。

么认为的。① 这可以被视为优质的信仰之间的共性，即不管是否有鬼神，是否有报应，都应该为社会、为人类做出自己力所能及的贡献。

这种不朽观与道教的长生不老、佛教的涅槃寂静或西方极乐世界、基督教的末世审判截然不同，它并不关注个人的肉体或灵魂的长生，而是认为在此生此世中可以通过自己的功德实现不朽。这种不朽观完全是现世的，也是可以实现的。在一定意义上，可以说儒家是完全现实性的，不过这也不妨碍儒家也有超越的、宗教性的东西。所以，与一切宗教性的报应论比起来，儒家的报应观是一种非常优质的信仰，这种信仰超越了个人的利益，关注的是整个社会，乃至人类、宇宙的命运。

五 儒家报应思想中的人性论

儒家的善恶报应论认为道德改变命运、决定命运，是与其人性论联系在一起的。儒家秉持人性善的人性观，认为人性本善，恶是可以改变的，即人性可以改变，可以臻于完善。因此，在儒家思想中，并没有永恒的惩罚之类的说法，反而是"浪子回头金不换"，只要知错能改，就是对人性的尊重，也必定能够获得宽恕，可以改变自己的命运。

儒家性善论的代表是孟子。孟子认为人性有四端："恻隐之心，仁之端也；羞恶之心，义之端也；辞让之心，礼之端也；是非之心，智之端也。"（《孟子·公孙丑下》）道德发自人的天性，人人都能实现道德。罗家伦指出，孔子"希望君君臣臣父父子子，各尽其道。君有君应尽的责任，臣有臣当守的本分。父对子的慈爱，非为物质的目的，而系出于本心的慈蔼天性。子的孝父，亦不是为报酬、为名誉，是出于纯真"②。人都具有善的本性，这种本性使得人可以做出道德的行为。从性善论出发，儒家相信人性，相信人都是可以教育好的，因而，在其报应思想中，并不存在万劫不复的惩罚。从其人性论出发，儒家认为，"人皆可以为尧舜"（《孟

---

① 德沃金在其著作中表达的观点，认为人可以通过对社会的贡献而实现永生，可参见［美］罗纳德·M. 德沃金《没有上帝的宗教》，於兴中译，中国民主法制出版社2015年版，第117—118页。

② 罗家伦：《中国人的品格》，第253页。

子·告子下》),朱熹说:"只不迁不贰,是甚力量,便见工夫,佛家所谓'放下屠刀,立地成佛'"(《朱子语类·卷三十》)。这种人性观为道德教化提供了理论上的可能性,也为可以随时弃恶从善、改变命运提供了理论基础。

但是性善论无法解决现实中恶的来源问题,因而,很多思想家不断地对人性问题进行补充和解释。与我国传统中的这个问题相似,西方基督教文明中存在着"如果上帝是全善的,人类的恶从何而来"的问题,西方思想家在对这个问题的探究中发现了人的自由意志。我国对人性本善却出现了恶的思想和行为的探究,也经历了一个长期的过程。荀子提出了性恶论,认为要化性起伪,善是人的社群生活所需要的、所造就的。不过,性恶论在传统社会并不占主流。李翱提出了"性善情恶"说,张载则提出了"天地之性"与"气质之性",二程从天理论出发,认为天理即人理,都是力图解释人性善与现实中恶的缘由的关系,所有这些努力的最大贡献在于把人性论与道德教化结合了起来,认为"性相近,习相远",人性需要教化。注重教化历来是儒家思想的重要内容和主要特色。

正是从人性善出发,儒家善恶报应思想中总是认为幡然悔悟者应该被原谅,并且原有的惩罚也会随之减少或消除。这种对"恶"的态度与西方基督教是不同的。西方基督教认为人是有原罪的,而我国文化中没有这种意识。在我国传统观念中,人性论的预设是人性本善,而人性的善是通过"恶"显现出来的,如《西游记》中西天取经之路上的八十一难是为了考验取经人而设立的,也就是生灾是为了免灾,生灾是为了得道,即经历灾难是得道的必要条件。性善论造成了在儒家思想中没有对恶行的深恶痛绝,而是看到了恶的意义,认为:"恶行进入了德性的结构之中,正像毒药进入了药物的范围一样。审慎的明智聚集和缓解它们,有效地利用它们来反对人生的疾病。"① 恶与善联系了起来,成为人的道德完善的途径和方式,"我们对待和利用邪恶和恶性的恰当办法是:我们应当真诚和激烈地反对邪恶,使它成为我们自身完善的一个手段,也尽力使它成为他人自我完善的一个手段。"② 在儒家思想中,没有善恶截然二元对立的观念,而是

---

① [法]拉罗什福科:《道德箴言录》,第31页。
② [德]弗里德里希·包尔生:《伦理学体系》,第285页。

中庸思想占据主导地位，缺乏对恶的深刻认识；天地的道德本源性决定了恶并不具有本质性，而是非本质性的，任何时候，只要弃恶从善都会得到拯救。

在传统观念中，"生于忧患，死于安乐"（《孟子·告子下》），人总要通过战胜各种困难，包括面对他人的恶行恶果，才能实现人性的完善。"我们若是从历史中排除所有邪恶，我们也就同时排除了善与恶的斗争，失去了人类最崇高和最壮丽的东西：道德英雄主义。"① 当然，这并不是为恶做辩护，无论什么样的条件下，恶都是应该受谴责的。但是由于个人认知、情感、意志方面的能力不同，恶又是在人类社会中难以避免的，对悔过者的宽容是必要的。如果即使悔改也得不到原谅，那么，就会阻碍悔改行为，有可能造成作恶者在作恶的道路上无法回头。在儒家观念中，给予悔改者以机会，让其得到新生，不仅合乎正义，而且也是仁爱精神的体现。因为，道德的目的并不仅仅在于约束人，更在于塑造人、培养人，使人能够过有意义的、值得过的生活，即道德不是仅仅为了惩罚而存在，而是为了成就人和社会而存在。

儒家善恶报应思想中对待恶的态度实在是很仁慈的，认为只要知错就改，就可以获得原谅。"人谁无过，过而能改，善莫大焉"② 可看作"放下屠刀立地成佛"的注解，或者说二者有异曲同工之妙。二者都认为恶行只是因为行为人不知道什么是善、什么是恶；当人知道应该怎么做后会依照善的标准去做。很显然，这种观点混淆了认知与实践的界限，把可能性当作了现实性。因此，在我们的传统信仰中，与基督教地狱的永恒惩罚相比，几乎没有永恒的惩罚；只要改过自新，几乎都可以重新得救。在民间传说故事中，几乎没有永堕地狱不得轮回的鬼。正如伏尔泰所指出的："地狱之说虽有用，但中国人的政府却从不采纳。他们只满足于鼓励人们虔诚敬天和为人正直。"③ 正统文化秉持的是性善论，对恶采取了非常宽容的态度。正因为如此，儒家学说受到过质疑和诟病，美国学者明恩溥认为："儒学关于罪恶的训诫，口气不够坚决和严肃，因为，除了社会生活

---

① ［德］弗里德里希·包尔生：《伦理学体系》，第278页。
② 杨伯峻编著：《春秋左传注》（上），第562页。
③ ［法］伏尔泰：《风俗论：论各民族的精神与风俗以及自查理曼至路易十三的历史》（上），梁守锵译，商务印书馆1994年版，第90页。

中的道德谴责之外，它没有提及对罪恶的惩罚措施。"①的确，在明确的、可操作性的惩罚措施方面，儒家的确做得不够，"儒学就总体而言对罪恶的洞察不够深刻"②。这在一定程度上影响了儒家思想的深刻性。

正是由于人性本善的设定，使得儒家的善恶报应显得简单直接。即使坏人作恶多端，依然可以依靠幡然悔悟在一定程度上避免不好的下场，换来好的结局。这种可更改的结局给人带来了改过自新的机会，但也可能造成道德投机主义，认为即使作恶多端，依然可以回头是岸。在对人性的认识上，儒家没有西方基督教的罪感意识对人性恶的认识那么深刻。人性善的观念认为只是由于个人后天的学习和实践发生差别而造成有的人作恶，这种观念无疑在人性上过于乐观，没有看到人性的无限复杂性。

六 儒家善恶报应思想的特点

儒家善恶报应与其他报应观相比，具有自己的特点。与宗教中的报应观相比，儒家善恶报应更注重道德的本体性，具有纯粹性；同时，又不忽视运用神秘的力量维护道德，体现出祛魅与非祛魅的统一。与民间信仰中的报应观相比，儒家报应更具注重道德的纯粹性、精神性。与义务论相比，儒家善恶报应注重功效，与功利主义相比，儒家报应注重道德动机，具有中庸的特点。

与宗教中的报应观相比，儒家善恶报应更具有道德上的纯粹性。从天人合一的道德本体论出发，儒家报应观类似于一种宇宙秩序，道德处于本体的地位，因而道德具有纯粹性。胡适认为："有些人因为迷信天堂、天国、地狱、末日裁判，方才修德行善，这种修行全是自私自利的，也算不得真正道德。总而言之，灵魂灭不灭的问题，于人生行为上实在没有什么重大影响；既没有实际的影响，简直可说是不成问题了。"③罗家伦认为中国民族思想的特质其中一个是："中国思想少玄学的部分。孔子是敬鬼神

---

① 此为德国传教士、被誉为"19世纪最高深的汉学家"花之安《儒学汇纂》中的观点，转引自［美］明恩溥《中国人的气质》，刘云飞、刘晓旸译，上海三联书店2007年版，第238页。
② 此为花之安《儒学汇纂》中的观点，转引自［美］明恩溥《中国人的气质》，第238页。
③ 胡适：《中国文化的反省》，第185页。

而远之，他的儒家思想里不谈宗教，只谈哲学的真理，伦理的哲学。他不否认宗教，不反对祭祀，祭祀是慎终追远，明德归厚。他所指的天命，也不是天父或神，而是真理。"① 即使是在儒家宗教性的活动中，比如祭祀中，其意涵更多是道德性的，即是为了"慎终追远，民德归厚"（《论语·学而》）。

儒家报应是祛魅与非祛魅的统一。儒家的"祛魅"是把一些迷信的东西从报应中剔除出去，祛除了对不具有道德性的鬼神的信仰。儒家的"非祛魅"是指其并没有消解宇宙的神圣性，认为宇宙秩序是道德的，人的使命在于与天地合其德。"祛魅"祛除了与道德相悖的一些信仰，"非祛魅"则并没有完全消解自然的伦理意义，并没有把自然完全工具化和技术化。祛魅即世俗化，非祛魅意味着神秘性、神圣性，二者的统一即神圣与世俗的结合。正如陈来所指出的："从西周后期的理解来看，'礼'的最重要的特征不是宗教性，而是'圣''俗'结合、'神圣性'与'人文性'结合的体系，是包容某种宗教性、带有某种神圣性的人文文化体系。"② 这种神圣与人文及世俗的结合、祛魅与非祛魅的统一是传统思维的一个重要特征，即对可以把控的就依靠人力好好把控，对不能把控的就归之于天命等神秘的东西。正是这种思维，使得人们在面对善恶颠倒时也依然心怀希望，体现出乐观主义精神。

儒家善恶报应具有精神性特征。儒家中的鬼神观念非常淡薄，毋宁说是一种精神的信仰。在儒家看来，不管鬼神是否存在，不管报应是否实现，人都应该与天地合其德。儒家对鬼神往往持怀疑的态度，"子不语怪力乱神"（《论语·述而》）。鬼神是否存在的确是个无法证实也无法证伪的问题，只不过在儒家看来，不管其是否存在，均不影响人的道德本性。伴随着人类社会发展，逐渐形成的普遍人类精神信仰是对道德的相信，相信人应该有道德，道德可以让人类生活得更美好。儒家信仰就是这样一种精神的信仰，当张载说出"为天地立心，为生民立命，为往圣继绝学，为万世开太平"的时候，儒家道德的精神性和理想性就显露无遗了。道德不仅是人实现目的的工具，而且也是人的存在方式。

---

① 罗家伦：《中国人的品格》，第253页。
② 陈来：《古代宗教与伦理：儒家思想的根源》，第293页。

第四章 儒家的善恶报应思想

儒家善恶报应既强调人的行为动机，也不忽视行为后果，具有中庸的特点。所以，很难说儒家善恶报应是义务论还是后果论，毋宁说是二者的结合。而这种结合无论在理论中还是在实践中都具有重要的价值和意义，因为无论是脱离了后果还是只注重后果都是有失偏颇的，"两种原则，即藐视后果的行为和以结果来评价行为并将其作为行为标准的原则，都是抽象的理解力"①。与功利主义相比，儒家注重道德的动机，不过，它也主张不能离开后果而看待人的行为，体现出综合考量的合理性。只有经得住后果检验的动机和规则才是可靠的，与抽象的义务论观点相比，儒家注重后果，理论基础更为坚实，更贴近人性和社会的需要。按照罗素的观点："中庸之道是一种乏味的学说，我还记得当我年轻时曾用轻蔑和愤慨的态度唾弃它，因为那时我所崇拜的是英雄式的极端。然而真理并非永远是有趣的，而许多事情的得人信仰就为了它的有趣，虽然事实上很少别的证据足为那些事情张目。中庸之道便是一个恰当的例子：它可能是乏味的学说，但在许多方面是真理。"②的确，儒家善恶报应与义务论相比，缺乏道德的纯粹性；与功利论相比，又缺乏对后果的执着，但是这种理论却以对人性的深刻洞察而兼具义务论和功利主义的优点，在人们思想行为养成中发挥了重要的作用。

儒家善恶报应论往往被视为道德功利主义，认为其影响下的行为并不是道德行为。的确，儒家善恶报应论无法避免有些人为了功利的目的而做出符合道德要求的行为，特别是在普通民众中；道德报应论的确有功利的目的。但是我们应该看到，"儒家的功利学说事实上是构建在道德理想主义上，不是一个单纯的功利主义"③。儒家报应论注重通过报应来引导、约束人们遵循道德的要求，养成道德习惯，有利于社会稳定和谐，的确是注重功利、注重后果。只不过，这种注重功利和后果，并不是为了个人，而是为了社会、民族，所以，其是一种建立在道德理性主义基础上的功利主义，是道德理想实践性的表现。儒家善恶报应思想不仅有世俗性和功利

---

① ［德］罗伯特·施佩曼：《道德的基本概念》，沈国琴等译，上海译文出版社 2007 年版，第 48 页。
② ［英］罗素：《幸福之路》，傅雷译，江苏凤凰文艺出版社 2017 年版，第 163 页。
③ ［美］杜维明：《儒学第三期发展的前景问题：大陆讲学、答疑和讨论》，生活·读书·新知三联书店 2013 年版，第 245 页。

性、宗教性的一面，还有纯粹性、精神性的一面。在纯粹儒家思想中，行善并不是为了获得报应，而是为了道德本身，因为道德是人的存在方式，是人的理想目标。可以说，很多儒家学者都是这种思想的杰出代表。例如范仲淹的"先天下之忧而忧，后天下之乐而乐"，顾炎武的"天下兴亡，匹夫有责"，林则徐的"苟利国家生死以，岂因祸福避趋之"，都是儒家精神的典型表现。儒家精神是一种为了国家、社会利益而可以无偿献身的精神，体现出非常高尚的情操和博大的胸怀。

七 儒家善恶报应思想存在的问题

儒家善恶报应思想有其合理性、独特性和优势，但也存在一些问题，主要表现在理论与现实的背离、约束力不够、泛道德化等方面，这些问题不仅影响道德的权威，而且不利于社会的发展进步。

儒家善恶报应的理论与现实之间存在着距离，主要表现为理论无法解释与其相悖的社会现象。在现实中，坏人得到好报、好人却受苦受难的现象屡见不鲜，儒家的报应论无法对这些现象做出合理的解释。儒家思想中，善恶因果规律普遍而必然地发挥着作用，形成了一个可以预期的世界。例如，"在《左传》中，历史是一个道德的、可以预期的世界，是一个社会秩序与礼仪秩序的世界。对这一秩序的违背是可以辨认的，其后果也是可以预见的。成败与蛮力无关，而是取决于道德秩序及其外在呈现出来的礼仪形式在何种程度上被遵循。违背秩序者、对普通民众冷酷无情者、漠视睿智忠告者，都在劫难逃"①。不仅在《左传》中，在几乎所有的儒家经典中，都相信善终究战胜恶，未来可期，善恶报应是一种理想的秩序，体现出道德理想主义。这种道德理想主义与现实存在着冲突，事实上，在现实中行善并不必然得到好报，作恶也没有必然受到惩罚，如何解释就成为儒家学说面临的一个非常大的难题。

面对理论与现实之间的背离，儒家往往是用神秘性来解释，或者解释

---

① [美]宇文所安主编：《剑桥中国文学史》（上），刘倩等译，生活·读书·新知三联书店2013年版，第79页。

为天意难测，或者解释为神秘的命运。其一，儒家用"天意难测"对理论与现实的背离做出解释，即上天是赏善罚恶的，而好人得不到好报可能是有些人们暂时所不知道的原因，诸如"周公恐惧流言日，王莽谦恭未篡时。向使当年身便死，一生真伪复谁知"①。只不过这种解释是或然的，并不具有很强的说服力。其二，儒家还用神秘的命运来解释理论与现实的背离。王充用命运观来解释善恶得不到相应的报应。"凡人受命，在父母施气之时，已得吉凶矣。夫性与命异，或性善而命凶，或性恶而命吉。操行善恶者，性也；祸福吉凶者，命也。或行善而得祸，是性善而命凶；或行恶而得福，是性恶而命吉也。性自有善恶，命自有吉凶。使命吉之人，虽不行善，未必无福；凶命之人，虽勉操行，未必无祸。"②虽然有学者认为王充是偶俗的思想家③，不过，这种用先天之命来解释行善得不到好报、作恶不受惩罚的观点，是对善恶报应的补充，用以消解理论与现实之间的差距。通过这种神秘天意或命运的解释，在一定程度上缓和了理论与现实之间的距离问题。但是，这种解释在理论上无疑是不充分的。因为，归之于先天命运的神秘性，是不符合严格的理论逻辑的。儒家的态度往往是对理论与现实之间的矛盾存而不论，儒家并不注重解释世界，而是让人们适应世界，做一个道德的人。正如韦伯所指出的："在儒教伦理中所完全没有的，是存在于自然与神之间、伦理要求与人类性恶之间、原罪意识与救赎需求之间、此世的行为与彼世的报偿之间、宗教义务与社会—政治的现实之间的任何紧张性。"④ 的确，在传统儒家思想中，很少有矛盾和冲突，这是因为，儒家思想力图抹杀理论与现实之间、理论内部的矛盾，因而，在儒家思想中，很少看到对道德的反思和批评，而是一种非常顺应服从的态度。

儒家善恶报应还存在着约束力不够的问题。虽然它既有宗教性的一面，又有纯粹性、精神性的一面，但是与其他宗教相比，它没有严苛的教规戒律，也没有来世、神仙的诱惑，它主要依靠的是道德教化，缺少了强

---

① 白居易《放言》中的诗句。
② （汉）王充：《论衡校注》，第26页。
③ 龚鹏程的观点，他认为王充未必媚俗，却偶俗，在骨子里将儒学彻底转化了。参看龚鹏程《龚鹏程讲儒》（下），东方出版社2015年版，第267—269页。
④ ［德］马克斯·韦伯：《中国的宗教：儒教与道教》，第312页。

制力和足够的诱惑,并且难免被庸俗化为道德功利论。正如杜维明所指出的:"它的理论本身常常很动人,但它缺乏一种起码的自我控制,以保证它在现实中能够有效地运作而不被歪曲,不被政治化、庸俗化。"① 儒家善恶报应中曾广泛利用道德神话,但是在日益文明的社会中,神话不断地被经验所证伪,几乎毫无立锥之地。虽然在实践中,儒家统治者通过举孝廉等制度,把孝德推崇到、提高到真的可以改变命运的位置。但是,总体来看,儒家报应观的约束力在某些方面没有宗教来得有效,因此,儒家对道教、佛教采取了容忍的态度,认为只要它们不与儒家道德相违背,也可以起到道德教化的作用,对儒家形成补充。

善恶报应理论所带来的道德决定论受到了很多非议,认为完全用道德来解释社会现象和个人际遇,是一种道德泛化主义,造成整个社会科学意识淡漠,不利于社会的发展进步。对社会而言,一味地用道德来解释社会问题,道德泛化会造成社会发展失去动力;对个人而言,人们在这种观念影响下,用道德解释自然和社会生活,缺乏认知世界的好奇心和动因。整个社会在道德决定论的影响下,人们只追求个人修身养性,故步自封,社会没有活力。的确,这是道德决定论面临的一个问题,也是整个传统文化所面临的一个问题。对于这个问题,最好的解决途径是把道德与自然分开,让科学获得自由;道德的问题用道德化解,科学的问题由科学解决。

儒家的报应观既是本体层面的一种宇宙秩序,也是功利层面的后果论,体现出义务论与后果论的统一。对于精英阶层而言,更侧重从宇宙本体、精神和哲学层面去理解和认识报应理论;对于普通民众而言,更关注善恶报应的后果。对后果与动机的并重体现出对人性的深刻洞察。由于儒家善恶报应具有这两个层面的蕴涵,其对于士人阶层具有吸引力,对于民众也具有着约束力,在传统社会中历来具有重要的影响,发挥着重要的作用。

在早期文明中,中西方都是把人的命运、道德等与宇宙联系起来,比如中西方都出现过的星相学,在发展过程中,西方逐渐把道德研究与宇宙分离开来,而日益注重对道德的社会学、生理学、心理学等的研究。我们中国的传统儒家文化,则一直没有把道德与宇宙割裂开来,一直都秉持天

---

① [美]杜维明:《儒学第三期发展的前景问题:大陆讲学、答疑和讨论》,第86页。

人合一的基本理念，为道德提供了本体上的依据。这种对道德的神圣化和神秘化倾向在现代社会依然有着重要的意义，因为若是把人的神圣性完全消解，可能会造成把人完全等同于生物，只看到人的生物性而忽视人的精神性，那么不仅会带来思想上的困惑，更可能带来行为上的无所顾忌，为各种不道德行为寻找理由和借口。不过，这种道德泛化在一定程度上解构了人们认识自然的动力，不利于科学的发展进步。

儒家的报应观通过文人的通俗作品而得到广泛的传播。例如"作善降祥，不善降殃，可见尘世之间已分天堂地狱"[1]，"一念之善，吉神随之；一念之恶，厉鬼随之。知此可以役使鬼神"[2]。通过这些非常浅显易懂的语言在普通民众中种下了善恶报应信念的种子，毫不夸张地说，儒家善恶报应思想深入人心，以至于任何其他学派、宗教的传播和发展都打上了儒家的烙印。并且，儒家思想历来在传统社会中具有正统和主导地位，其理论具有足够的合理性，能够得到人们的认同，成为中华民族的文化基因。任何其他派别的思想，在本质上不得与儒家基本道德观念相抵触，否则就很难获得存在的合法性；任何外来宗教文化的传入都要与儒家道德内核相适应，不得与儒家基本道德观念相抵触，否则就很难在中国社会扎根发芽。

---

[1]（清）王永彬：《围炉夜话》，中华书局2020年版，第38页。
[2]《小窗幽记》，成敏译注，中华书局2016年版，第17页。

第五章 道教的善恶报应思想

作为本土宗教，道教中有丰富的善恶报应思想。道教把善恶报应纳入其长生成仙的逻辑之中，在其独具特色的导引修炼、斋醮祈禳等道术中给道德留出了非常重要的位置。道教中的善恶报应思想受到了儒家的影响，不过，与儒家、佛教和民间信仰中的善恶报应相比，道教的善恶报应思想有着独特的内容和意蕴。

一 道教中善恶报应的内容

道教作为一种宗教，强调通过导引修炼、斋醮祈禳等道术趋善避恶，实现长生成仙的目标，不过，在道术修炼中，道德是一个必要条件，没有道德上的行善去恶，任何修炼都是徒劳的。道教中善恶报应的内容主要是由神对人们的行为进行监督和赏罚，事实上是个人自己的善行或恶行决定了自己的祸福。

在道教的善恶报应系统中，报应的实施者是神。"天地有司过之神，依人所犯轻重，以夺人算。"① "又有三台北斗神君，在人头上，录人罪恶，夺其纪算。"② 道教的神仙众多，谱系比较混乱，不过，在其信仰中，认为有专门的神仙在记录人的善恶罪过，从而做出相应的赏罚。与儒家相比，道教有明确的人格神的观念，并且，人格神是众多的，是有形的。其神仙谱系虽然难免让人产生混乱，但是贯彻其中的一个根本原则，就是神是赏

---

① （清）俞樾撰：《太上感应篇缵义》，黄云尔点校，华东师范大学出版社2012年版，第5页。
② （清）俞樾撰：《太上感应篇缵义》，第7页。

第五章　道教的善恶报应思想

善罚恶的。《抱朴子内篇》中指出：

> 按《易内戒》及《赤松子经》及《河图记命符》皆云："天地有司过之神，随人所犯轻重，以夺其算，算减则人贫耗疾病，屡逢忧患，算尽则人死。诸应夺算者有数百事，不可具论。"又言："身中有三尸。"三尸之为物，虽无形而实魂灵鬼神之属也。欲使人早死，此尸当得作鬼，自放纵游行，享人祭酹。是以每到庚申之日，辄上天白司命，道人所为过失。又月晦之夜，灶神亦上天白人罪状。①

在这里，不仅有司过之神在监视人的行为，而且有人自身中的三尸和家中的灶神也在随时随地监督和记录着人的行为，为对人的赏罚提供依据。与儒家和佛教中的报应相比，道教的神是具体的、形象的，道教创造了很多神，也吸纳了民间的很多神，因此，道教非常亲民，在民间有着广泛的市场。

道教的神仙监督体系非常明白具象，赏罚也非常明确。对于有过错之人，根据其过错大小多少予以惩罚，"大者夺纪。纪者，三百日也。小者夺算。算者，三日也。"②"故吉人语善、视善、行善。一日有三善，三年天必降之福。凶人语恶、视恶、行恶。一日有三恶，天必降之祸。胡不勉而行之？"③ 这种量化的要求具有很强的可操作性。到明清时期，出现了功过格，人们可以对照道教要求记录每天的功过得失。功过格事实上是个人根据宗教要求对自己行为的自我监督，是宗教的他律向个人自律转换的表现。只要人们相信教义，就能自觉按照宗教教条的要求去践履道德要求，体现出信仰的力量，体现出信仰对人们思想观念和行为方式的深刻影响，这也是所有宗教伦理比较成功的原因。道教中对善恶行为的量化记录着眼于一点一滴的行为，具有可操作性，避免了空喊道德口号的道德形式主义，有利于人们日常道德行为的养成。

在道教中，行善不仅可以获得人们的尊重，而且还可以得到天道的尊重和庇护；不仅能够在世间得到福禄，而且还能够成仙。"所谓善人，人

---

① 《抱朴子内篇》，张松辉译注，中华书局2011年版，第206页。
② 《抱朴子内篇》，第206页。
③ （清）俞樾撰：《太上感应篇缵义》，第77页。

皆敬之，天道佑之。福禄随之，众邪远之，神灵卫之，所作必成，神仙可冀。"① 这种道德回报非常慷慨，即依靠个人德行获得世间幸福和永生成仙等，对人的诱惑可谓大哉。道德是成仙成神的必要条件："欲求仙者，要当以忠孝、和顺、仁信为本。若德行不修，而但务方术，皆不得长生也。"② 道教甚至对成仙所必需的善行数量做出了规定："欲求天仙者，当立一千三百善。欲求地仙者，当立三百善。"③对于个人而言，只要行善，就有可能实现长生或成仙成神的目标。道教注重服食方术，不过，仍然认为只凭服食方术不可以成仙，道德是一个不可或缺的条件。"积善事未满，虽服仙药，亦无益也。若不服仙药，并行好事，虽未便得仙，亦可无卒死之祸矣。"④ 与服食方术相较而言，道德处在更基本的位置。

道教中的善恶报应认为个人善恶行为招致了善恶后果，即祸福命运都是由自己的行为决定的。道教早期经典《太平经·急学真法》对善恶如此诠释："夫为善者，乃事合天心，不逆人意，名为善。"⑤ 从"天"中寻找道德的本源，与儒家是相似的。道教认为："善恶之行，人自致之，何所怨咎乎？……汝善得善，恶得恶，如镜之照人，为不知汝之情耶？"⑥ 个人的善恶报应都是由自己的行为所招致的，每个人都要对自己的善恶行为负责。"祸福无门，惟人自召。善恶之报，如影随形。"⑦ 道教通过这种简单明了的表述让人知道祸福是由个人自己所决定的。"我命在我不在天，还丹成金亿万年。"⑧ 这样看来，人的祸福是由上天根据个人善恶行为进行赏罚的，这种赏罚观与儒家的"天道福善祸淫"在本质上是一致的，都是主张个人的行为决定自己的祸福。这也说明了作为传统文化的重要组成部分，儒道存在着很多共同之处。

关于修行与孝之间的矛盾冲突，道教自有其解决方案。道教认为："盖闻身体不伤，谓之终孝，况得仙道，长生久视，天地相毕，过于受全

---

① （清）俞樾撰：《太上感应篇缵义》，第18—20页。
② 《抱朴子内篇》，第103页。
③ （清）俞樾撰：《太上感应篇缵义》，第20页。
④ 《抱朴子内篇》，第104页。
⑤ 《太平经》（上），杨寄林译注，中华书局2013年版，第533页。
⑥ 《太平经》（下），杨寄林译注，中华书局2013年版，第1938页。
⑦ （清）俞樾撰：《太上感应篇缵义》，第4页。
⑧ 《抱朴子内篇》，第519页。

归完,不亦远乎?……先鬼有知,将蒙我荣:或可以翼亮五帝,或可以监御百灵;位可以不求而自致,膳可以咀茹华璃;势可以总摄罗丰,威可以叱咤梁成;诚如其道,罔识其妙,亦无饿之者。"① 葛洪认为,保持身体的完好是孝道之始,道教的长生成仙是对身体的最好保存。这种孝的观点仍然是从儒家的道德观念而来的,《孝经·开宗明义章》说:"身体发肤,受之父母,不敢毁伤,孝之始也。立身行道,扬名于后世,以显父母,孝之终也。"并且,道教认为,祖先的魂灵会因为后人成仙而得到回报,可以辅佐神灵、获得高贵的地位和权势、锦衣玉食等,即"一人得道鸡犬升天"。也就是说,个人的成仙成神将会报答祖先的魂灵,使他们得到丰厚的回报,以另外一种更为永恒、更为高明的方式完成了孝。这体现出报应观上的相关性,即子孙的功绩可以回馈给祖先,与这种相关性相关联的是道教非常有名的"承负观",即善恶报应不仅体现在个人自身,也体现在子孙后代的身上。

二 道教中的承负观念

承负观的思想最早出现在《周易》中,《周易》也被儒家视为经典,因此,承负观念在儒家思想中也有。只不过,儒家更关注道德的纯粹性,并不特别强调道德回报,承负观反而在道教中被发扬光大,被视为道教善恶报应思想中的重要内容。这也说明儒道作为本土教派,有着很多共同的内容,当然,也存在着区别。

《太平经》是道教早期的重要经典,其承负说建立在"积善之家必有余庆,积不善之家必有余殃"(《周易·坤·文言》)的基础之上。"承者为前,负者为后。承者,乃谓先人本承天心而行,小小失之,不自知,用日积久,相聚为多。今后生人反无辜蒙其过谪,连传被其灾,故前为承,后为负也。"② 承负说中报应的主体不是个人,而是家族。前人积德,后人即使行恶,而依然可能得到好的结果。这种观点建基于我国传统社会

---

① 《抱朴子内篇》,第97页。
② 《太平经》(上),第250页。

的家庭（家族）共同体基础之上，带有很深的社会烙印。承负观认为家族是血缘共同体，也是利益共同体、名誉共同体、荣誉共同体，并且可以遗传给后代。这种观点中的报应一方面遵循因果关系，另一方面遵循相关关系。道教报应中的因果关系不是以个人德行为基础，而是以家族德行为基础，即前人种树，后人乘凉，这是一种基于相关关系的因果关系。

《太平经》的承负观能够解释人们在现实中善恶得不到报应的现象，认为好人不得好报、恶人反而得好报是承负了先人的过失或功绩。"凡人之行，或有力行善反常得恶，或有力行恶反得善，因自言为贤者非也。力行善反得恶者，是承负先人之过，流灾前后积，来害此人也；其行恶反得善者，是先人深有积畜大功，来流及此人也。"① 在承负观中，出现好人得不到好报、坏人得到好报的现象是由于祖先的力量，承受了祖先的功德，即使恶人也有可能得到好报；承受了祖先的罪恶，即使行善也有可能受到恶报，这是一种从果到因的思维方式。这种解释不可验证，只能推测，虽然并不科学，经不住逻辑的推理，但是在其理论体系中，却是做出了自圆其说的解释，把善恶得不到报应的问题通过代际之间即祖先子孙之间的责任转移和承担给解决了。在承负观中，善恶报应规律贯彻始终地在发挥作用，只不过报应并不局限于本人，而是扩展到家族中，即祖先子孙身上，从而使得这种报应不可验证，即不可证伪。这样，通过承负观，现实中存在的善恶没有得到相应报应的难题在一定程度上被解决了。

对于现实生活中的善恶得不到相应报应的难题，儒家并没有做出很好的解释。影响最大的是孔颖达在《礼记注疏》中对"司命"的解释："案《援神契》云：'命有三科，有受命以保庆，有遭命以谪暴，有随命以督行。'受命谓年寿也，遭命谓行善而遇凶也，随命谓随其善恶而报之云。"（《礼记注疏·祭法》）孔颖达提出了三命说，三命中只有随命说符合善恶报应规律，受命说不遵循规律，遭命说则与善恶报应理论相悖；他是把善恶得不到报应，甚至是得到相反的报应归因于神秘的"命"，儒家对这种事实没有做出深刻的令人满意的解释。在这个问题上，道教的承负说可以对遭命现象起到较好的解释作用，把因果链条延伸到祖先

---

① 《太平经》（上），第91页。

第五章 道教的善恶报应思想

后代身上,对儒家解释做出了补充,以更加令人信服和更具诱惑力的理论获得了信徒的接受。

虽然如此,承负观仍然受到了很多质疑,例如认为承负观中个人的福祸与现世的善恶行为完全无关,那么个人就难免会把道德置于一个毫不重要的地位,难免会不遵从道德的要求。对于这种质疑,道教做出了自己的回答。首先,在承负观中,个人的行为是关系到子孙的;如果考虑到子孙,会促使个人对自己的行为进行约束。其次,除了承负观这种代际之间的因果报应承担以外,如前所述,还有当世的善恶报应,这是由本人的善恶思想及行为所决定的。最后,道教对承负观也做了很多补充,认为个人是可以改变或部分改变承负的内容的。① 通过这些努力,道教成功地让人们相信道德,不管是为了自己的利益还是为了子孙的幸福,都应该在人世中行善修德。

承负观还面临着取消个人责任的质疑。质疑者认为道教的承负观把报应扩展为家人之间的相关性,取消了个人的责任。与儒家的善恶报应观主张个人承担自己行为的后果、担负自己的责任相比较,承负观表面上好像消解了个人的责任意识。不过,这种质疑无疑是在一种非常片面、表面的视角中看待承负观的。实际上,在承负观中,具有相关性的是自己的子孙后代,而我国传统文化历来重视血缘传承,把家庭或家族视为利益共同体,因而,这种观念本质上并没有取消个人的责任,而是鼓励个人承担起对自己及家庭、家族的责任。承负观是对现世社会中善恶得不到相应报应的一种解释,这种解释的目的是让人们相信善恶终有报,履行道德的要求,为自己和子孙留下福气。本质上,承负观不是取消了个人的责任,而是通过相关性把个人与家庭、家族联系起来,让人承担起更大的责任。道教中的确缺乏儒家的社会责任、文化责任、宇宙责任等责任意识,但是,道教并没有取消个人的责任意识,这一点是毋庸置疑的。

在承负观中,对祖先功绩罪过的承担并不是一种个人完全不可改变的

---

① 卿希泰认为承负观无法对人的善恶行为进行制约的局限与道可以因修而得的理想追求之间有一定矛盾,道教通过自己理论的发展解决了这个问题,《抱朴子内篇》引用《龟甲文》称"我命在我不在天",《太平经》中由神记录人的功过的方法,都比承负来得积极。参看卿希泰主编《中国道教》(第2卷),东方出版中心1994年版,第325—326页。

宿命。在道教看来，虽然背负着祖先的功过得失，个人对自己的命运仍然具有自主权和决定权。《太平经》曰："欲解承负之责，莫如守一。守一久，天将怜之。一者，天之纪纲，万物之本也。"① 这就是说，在道教中，承负并不是个人不可避免的，而是可以改变的，当然，改变是需要条件的，就是需要遵循上天要求的道德规范。"能行大功，万万倍之，先人虽有余殃，不能及此人也。"② 可以看到，在《太平经》的承负观中，个人也不是一味地只能承受先人的功过所带来的后果而完全对自己的幸福无能为力，个人如果能行大善大功德，即使先人的余殃，也不会承受到此人身上；指出了一条摆脱承负的路径：行大善，积大德。这种路径虽然存在着难度，不过，与命定论相比，仍然是可以改变的。这也是传统思想的一个非常显著的特点，即命运归根结底是可以通过个人的努力而改变的。因而，道教中的承负观不是完全被动地承受，而是蕴涵着通过个人行为去改变的思想。

三 以儒家道德为基础的道教报应

作为本土宗教，道教与儒家、儒教有着千丝万缕的联系，道教从来都是以儒家的道德观念作为基础的。虽然在人生态度上存在着差异，不过，道教从早期开始就对儒家道德抱持肯定、维护的态度。道教作为一种宗教，以永生成仙为目标，其永生成仙的条件除了具有道教特色的方术道符等道术方法以外，一个必要条件就是行善，而行善依据的是儒家道德。

道教中的道德要求与儒家几乎无异。"道教的道德信条基本上与儒家伦理相同。后来的道教大都采取忠于宗法等级制度的立场，其道德信条是在儒家伦理的基础上增加一些道教神学色彩，绝不反对纲常名教。"③ 不管是早期的道教经典《太平经》，还是后来出现的道教经典，几乎都把儒家道德作为其主要内容。"太平道所说的道，就是指这个'天道'。谓上天有好善恶恶之心，人应善体天心，力学真道。至于行善的伦理内容，

---

① 《太平经》（上），第221页。
② 《太平经》（上），第91页。
③ 牟钟鉴、张践：《中国宗教通史》（上），第201页。

则大体采用儒家的观点，例如孝悌忠信诚敬仁爱等等。人只有积极行善，才能获得吉祥的符应。若不仁不善，鬼神是不会庇佑你的。"① 这体现出儒家的道德决定论，即道德可以决定命运、改变命运。元朝初期形成的净明道可以说把儒家道德进一步神化，并奉为圭臬。《净明大道说》中说："忠孝，大道之本也。是以君子务本，本立而道生。孝弟也者，其为仁之本与。有不务本而修炼者，若大匠无材，纵巧何成？"② 可以看出，道教中强调的道德与儒家道德几乎没有差别。二者之间的区别在于，儒家更多地把道德视为本体，视为人作为人的自觉担当；而道教更多的是把道德作为修炼的必要条件。《西山隐士玉真刘先生语录内集》中说："净明只是诚心敬意，忠孝只是扶植纲常。"③ 这就几乎看不出道教与儒家在道德上的任何差别了。

众所周知，孝是儒家道德所独具特色的主德，是与其他文明在道德内容上的一个重要区别。道教也非常注重孝德，认为"孝"乃最重要的德行，"天下之事，孝为上第一"④。具有"孝"之美德的人，能够得到上天的庇护。"孝善之人，人亦不侵之也。侵孝善人，天为治之，剧于日前，是为可知。"⑤ 认为"孝"是一种获得皇天肯定和推崇的道德，皇天会惩治那些欺负孝顺善良之人的恶人。并且，与儒家一样，在道教中，"孝"必然会扩展到"忠"，"不但自孝于家，并及内外。为吏皆孝于君，益其忠诚，常在高职，孝于朝廷。……郡县皆慈孝，五谷为丰熟，无中夭之民。天为其调和风雨，使时节。是天上孝善之人，使不逢灾害，人民师化，皆食养。有顺之心，天不逆意也。是善尤善，孝忠尤孝，遂成之，使天下不孝之人相效，为设孝意。"⑥ 可以看出，在道教中，孝父与忠君依然是统一的。上天眷顾忠孝之人，让其成仙成神，比起儒家对忠孝之人的回报，道教这种回报更为实惠，也更具有吸引力。在家国同构的社会结构中，对孝德的重视既符合家庭的利益和人之常情，也符合统治者的利益，因而，对孝德的重视就成为传统文化中非常显著的一个

---

① 龚鹏程：《龚鹏程讲道》，东方出版社2015年版，第11页。
② 《净明忠孝全书》，许蔚校注，中华书局2018年版，第77页。
③ 《净明忠孝全书》，第81页。
④ 《太平经》（下），第1916页。
⑤ 《太平经》（下），第1912页。
⑥ 《太平经》（下），第1913页。

特色。

　　儒家道德观念在传统社会已经深入文化的骨髓，成为一种"文化基因"，道教作为一种本土宗教，其信徒历来受到儒家的熏陶，因而，其道德观难免就是对儒家道德的支持和维护。细究起来，道教之所以以儒家道德为基础，主要在于道教与儒家思想的紧密联系和道教的入世性。道教作为本土宗教，其与儒家和儒教之间本来就有着思想理论上的深刻渊源。道教的哲理来源——被奉为道教开山鼻祖的老子的思想与儒家存在着非常密切的关系，虽然道教主张"清静无为"，但是当老子说出"大道废，有仁义；智慧出，有大伪；六亲不合，有孝慈；国家昏乱，有忠臣"（《道德经·十八章》）的时候，他仍然是以儒家的仁义道德为前提的；与儒家的积极道德主张相比，区别仅仅在于其强调"少私寡欲"，体现出一种对人世的淡泊态度。传统文化中各个学派在发展的过程中，都自觉汲取对方合理的、有用的东西来丰富完善自己的学说，从而形成了各个学派之间交贯融合的现象。道教与儒家根植于共同的文化土壤，血肉相连，就好比一根藤上结的两个瓜。儒家历来注重道德理论的发展，蕴涵博大丰富，因而，其他学派从其中汲取营养是很正常的事。甚至道教中功过格的方法也是由儒家而来，"根据有关记载，自记善恶功过之事始于宋儒"[①]。儒者注重慎独，其采用的自己记录功过用以自省的方式后来被道教广泛推广。这正说明了不同学派、教派之间的相互借鉴、学习和融合。

四　道教中"道"与"术"的关系

　　在我国传统的各个宗教中，道教是"术"内容最多的。当其他宗教都摆脱了巫术内容的时候，道教在"术"的方面还带有原始宗教的痕迹。只不过，与原始宗教中的巫术性内容相比，道教中的"术"是一种道术，与"道"有着密切的关联。

　　关于"术"与"道"，道教和儒家一样，认为道德更为根本。众所周

[①] 卿希泰主编：《中国道教》（第2卷），第357页。

知，道教相信并鼓吹道术的神通，但是不管"术"的神通多么广大，在道教看来，如果没有道德，"术"不仅不灵验，反而还会招来灾祸。就如民间传说中的崂山道士，学会了穿墙术，想用这种道术卖弄的时候，结果撞得皮青脸肿，其学会的道术再也不灵验了。葛洪认为："'家有《三皇文》，辟邪恶鬼、瘟疫气、横殃飞祸。'……道士欲求长生，持此书入山，辟虎狼山精，五毒百邪，皆不敢近人。可以涉江海，却蛟龙，止风波。得其法，可以变化。……又家有《五岳真形图》，能辟兵凶逆，人欲害之者，皆还反受其殃。道士时有得之者，若不能行仁义慈心，而不精不正，即祸至灭家，不可轻也。"① 在葛洪看来，道教经书都神通广大，不仅能辟邪，而且能够辟猛兽毒虫，甚至能够让人变化。不过这么好的宝贝如果落入了没有仁义慈心的人手中，不仅神通全无，而且会给其人其家带来灾难。也就是说，道德在道术的实施中是更为基本的东西，如果无德，道术也不可能行得通，即道德是道术灵验的必要条件。而道德的先决性历来是儒教所强调的，从道德的地位这个意义上看，道教是无限地向儒家靠近了。在道教中，"术"只有通过道德之人才能够发挥作用，有"术"的道德之人可以得"道"。典型的比如道教中的八仙。在道教和民间信仰中，八仙过海得道成仙不仅是因为八仙各有法术，更多的是因为利用道术帮助百姓、惩罚坏人。在利用"术"惩恶扬善的过程中，八仙终于修成正果，"道"和"术"是相辅相成的。

与其他宗教相比，道教之"术"是其特色和优势。道教利用道术为人们禳解疾病和困难，寻求身体的长生不老等，这种道术为解决人们的现实困难、满足人们的需要提供了技术手段，这也是道教在长生不老的神话破灭后依然有信徒的一个重要原因。与佛教、基督教、儒教等注重精神性的宗教相比，道教注重的是有形的东西，比如肉身的长生不老、感官的快乐、疾病的祛除等，道术正是为这种有形的需求服务的，而有形的需求是人性所渴望的。在不得与道德相违背的同时，注重其他技术性手段来满足人们的世俗需要、增进人们的幸福，这是道教的独特之处，也是道教千百年来能够得到人们信仰的一个重要原因。

---

① 《抱朴子内篇》，第613页。

五 与儒家善恶报应思想的不同

道教的善恶报应思想虽然以儒家道德为依据，不过，作为一种宗教信仰，其与儒家报应存在着显著不同。这种不同主要表现在其宗教特征上，即在其神仙的作用和神仙世界的向往之中。

与儒家善恶报应观相比，道教的报应更具有宗教性特征。道教为人们提供了一个神仙世界作为彼岸世界，并且提出了长生不老或成仙成道的观念。与儒教并没有为人们提供彼岸世界相比，道教现世中永生的观念、彼岸世界的奇妙美好对人们构成了很大的诱惑。"孔子学说没有神仙之说，而道教则有之，总之，道教代表神奇幻异的天真世界，这个世界在孔教思想中则付阙如。"① 道教相信存在着洞天福地的神仙世界，这种世界相对于人类世界而言，是另外一个美好的世界，即神仙的洞天福地，在这个世界中，生活环境是十分优越的，人可以得到永生，过着锦衣玉食的快乐生活。这种观念对于普通民众而言，具有非常大的吸引力。因为，对死亡的恐惧是人的生物本能，道教恰恰提供了一种使人摆脱死亡的途径。在道教中，长生成仙的手段有很多种，丹药服食等都可以让人长生不老，虽然成仙的途径有很多，不过，在其发展过程中，逐渐确立了道德在成仙中不可或缺的地位。道教虽然派别众多，但几乎所有教派都把道德作为长生成仙的一个必要条件，即长生成仙是对人的善行的回报。虽然关于长生成仙的理论经常受到怀疑，往往被证伪，不过，道教在传统社会中却从来都是不能忽视的存在，并且，道教通过其通俗易懂的各种经书、与民间信仰的结合等方式对普通民众进行了传播和教化，在民间的影响可以说是根深蒂固。

与儒教更注重人的道德精神性相比，道教既通过成仙得道给予人们以诱惑，又通过神仙鬼神的赏罚对人们予以威胁，这种双管齐下的功效自然比较显著。儒家报应观本质上仍然是一种现世的报应理论，其强调的是人的道德精神，高则高矣，难免曲高和寡。儒家对人的身心安置注重的是道

---

① 林语堂：《吾国与吾民》，第103页。

德性，而忽略了人的本能和欲望；作为传统文化重要组成部分的道教，则以与儒教不同的方式解决了人的身体的存在问题和人的命运问题，不仅作为儒教的补充，而且作为一种独立的宗教对普通民众具有巨大的吸引力。葛兆光认为："道教是宗教，它用以束缚人行为的工具是鬼神，而诱惑人遵循它的规范的方法是许愿未来幸福，前者利用了人们心理上的恐惧，后者吻合了人们本能的欲望，所以，它的钳制力与诱惑力就大得多。"① 宗教对信仰者的行为约束和思想控制的能力毋庸置疑，这既是宗教能够在道德方面发挥重要作用的原因，也是宗教道德受到质疑的原因。因为，在宗教机制中，人们遵守道德往往只是为了达到自己的利益、实现个人的幸福。虽然如此，我们还是应该客观地看到宗教在促进人们养成道德习惯中的重要作用，即道教具有"宣扬修道成仙，扩大伦理道德的功能"②。

虽然都注重道德在报应中的作用，但是道教与儒家在所追求的人的最终目标上，存在着显著的区别：道教之追求在于成仙成道；儒家之追求在于世间，在于人成其为人。"中国儒、道哲学的中心关怀和根本宗旨是什么呢？简而言之，是教人如何做人。儒家历来津津乐道如何成为君子、贤人、圣人，道家热衷于追求成为神人、至人、真人。"③ 无论是君子、贤人、圣人，还是神人、至人、真人，都是道德上完备的人，不过儒家更注重为社会做出巨大贡献的人，道家侧重个人之修仙得道，即儒家强调的是人的社会性，道教追求的是人的个人性。"道教是中国人民的游戏姿态，而孔教为工作姿态。这使你明白每一个中国人当他成功发达而得意的时候，都是孔教徒，失败的时候则都是道教徒。道家的自然主义是副镇痛剂，所以抚慰创伤了的中国人之灵魂者。"④ 从道德境界的角度看，儒家当然更为纯粹，把人的实现与他人、社会联系在一起；道教则是把道德置于工具性的位置，视其为获得长生成仙的手段。

总体来看，道教在汲取儒家戒律及理论学说的基础上，形成了自己的戒律和长生成仙的内容和手段等，保存着对永生的渴望和追求。因此，与儒家相比，道教不仅有祈福禳解的现实安慰，而且有理想空间和神仙世

---

① 葛兆光：《道教与中国文化》，上海人民出版社1987年版，第242页。
② 乐爱国：《中国道教伦理思想史稿》，齐鲁书社2010年版，第544页。
③ 方立天：《中国佛教哲学要义》（上），中国人民大学出版社2012年版，第481页。
④ 林语堂：《吾国与吾民》，第103页。

界，给予人们以永生成仙的精神安慰；这是道教之所以成为道教的一个重要原因，也是道教具有其独特吸引力的一个重要原因。

六 与佛教善恶报应的区别

道教在发展过程中，吸收了佛教戒律、教义中的一些内容来充实完善自己，以获得更多的合理性和认可。作为本土宗教，道教中的善恶报应深深打上了传统文化的烙印，具有很强的入世性，注重人的感官欲望的满足，与佛教相比，存在着非常明显的区别。

与佛教相比，道教报应具有很强的入世性，注重享乐。印度佛教否定人世生活的意义，即使中国化的佛教也认为存在彼岸世界，而对人间世界持否定的态度，认为人的善行最终会让人去往极乐世界、净土世界等。道教的善恶报应则是为了个人或家庭的福祸，为了长生不老、成仙成道。事实上，不管是道家还是道教都具有很强的入世现实性[1]，只不过面对春秋战国时期动荡不安的残酷现实，道家走向了清静无为以及对现实的逃避。道家或道教的离世倾向，并不是真正远离世间，而只是一种身心修行上的对清净环境的需要，也就是说，道教并不是真正摒弃世间生活，其对长生不老的希冀恰恰是其对世俗生活的留恋和肯定。"道家底养生思想，进一步便成为神仙信仰。神仙是不死的人，求神仙便是求生命无限的延长。"[2]道教所追求的神仙世界，是对世俗世界的重构，是重建一个美好的、理想的人世生活，而不是对人世生活的解构。

与其他宗教相比，道教是最贴近人的自然本性的宗教。儒家是限制欲望，佛教是反对欲望，道教则是满足欲望。儒家强调节欲，主张"存天理去人欲"（《朱子语类》卷一百十七）；佛教则主张通过与欲望对立的方式进行修行，比如苦行禁欲等。"如果说儒家学说对于潜藏在人的意识深层的欲望力量更多地采取在社会理想上的升华、转化的方法，佛教更多地采

---

[1] 葛兆光认为道家早期具有很强的入世现实性，从道者对法则的理解和强调，对于阴谋、用兵和治民的热衷，就可以明白。参看葛兆光《七世纪前中国的知识、思想与信仰世界：中国思想史 第一卷》，复旦大学出版社1998年版，第216页注释①。

[2] 许地山：《道教史》，商务印书馆2015年版，第103页。

用在内心中的压抑、消灭的方法的话,那么,道教则更多地采用一种迎合的方法,使它在虚幻中满足,在宣泄中平息……"① 儒家对人的感性欲望加以升华和转化,佛教对人的感性欲望加以压制,道教则对人的感性欲望加以满足。在道教的神仙世界中,肉体永生,永远过着锦衣玉食、幸福快乐的生活,这也是行善应得的,这种理论对人具有巨大的诱惑力。正如葛兆光所言:"道教既不禁欲,又能长生,既能得人间富贵,还能成仙了道,既快活,又高雅,真是妙不可言!当然,人们在俗世中如有不得意,也可以到道教中来,既可享享清福,做做神仙梦,又可以借此为'终南捷径'。这中间,该有多大的诱惑力。"② 从本质上看,神仙世界只不过是理想化了的世俗世界,这也就说明了道教为什么一直都有信众的原因,因为它充分体现和尊重人的感性欲望,又给人指出了永远享受的途径。葛兆光指出:"这种宗教的教旨就是让人享乐,而且永远地享乐的,对于世俗人们来说,它既是人生缺憾的心理补偿,又是实际生活中应付日常困难的具体工具,因此,它有着颇大的诱惑力。"③ 与佛教相比,道教的善恶报应注重人的自然本性、现实幸福,对民众具有较大的吸引力。

道教的善恶报应尊重人的自然性,也尊重人的社会性。与佛教相比,道教更具有世俗性,更具有社会性;与儒家相比,道教更具有宗教性和个人性。道教的善恶报应处于佛教报应与儒家报应之间,道教对人的自然性和社会性的把握是宗教中较为恰当的,因而,虽然在教义教理中存在着很多问题,依然能够得到信徒的普遍认可。

七 与民间信仰中善恶报应的关系

道教与民间信仰关系密切,相互影响。在其发展过程中,道教历来注重从民间信仰中汲取有用的东西。道教把民间信仰中的崇拜对象吸纳到自己的神仙谱系中,同时其神仙信仰、斋醮祈禳等也成为民间信仰的重要内容,对民间信仰产生了重要的影响。在一定程度上可以说,道教信仰和民

---

① 葛兆光:《道教与中国文化》,第302页。
② 葛兆光:《道教与中国文化》,第174页。
③ 葛兆光:《道教与中国文化》,第167—168页。

间信仰相互吸收、相互交融在一起，相互影响，甚至有时候难分彼此。

道教吸收了民间信仰中的一些内容，把民间信仰的一些崇拜对象纳入自己的神仙谱系之中。比如八仙、关帝、妈祖等，这些原来都是民间所推崇的对象，后来被道教进一步神化、理论化，成为道教中的神。这说明了道教的民间化和世俗化，表现出其与民间信仰之间的紧密关系，"八仙信仰的形成正是道教自宋代以后逐渐趋于民间化与世俗化在神祀上的表现，同时也意味着道教神仙思想从出世向入世转化的完成"①。这些神仙人物既是民间信仰的重要内容，也是道教的内容，往往很难对道教与民间信仰所信奉的神进行区分，二者在某些方面难分彼此、相互交融地存在着。

道教善恶报应既关注人的永生成仙问题，也关注世俗的利益，与民间信仰结合在一起，具有深远而广泛的影响。"明清时代，以道教教团为代表的正统道教两大派虽从停滞渐趋衰落，但道教多神崇拜、内丹炼养及立善积功等宗教观念进一步深入民间，和儒佛二教通俗之说混融在一起，与民间传统的宗教、迷信观念融合，束缚着比职业僧道不知多出多少倍的广大人民群众，在社会生活中有相当广泛、深刻的影响……"② 道教虽然宣扬清净的生活方式，但是同时也关注世间的一切。即使是神仙，也并不是永远躲在神仙洞府里修炼，而是有着人世的关怀。道教中的功能神，如财神、门神、路神、灶神都关注人世，并且几乎家家户户都信奉门神和灶神，所有这些神作为功能神，不仅具有专门的职责，也具有道德性，履行对人们的善恶行为进行监督和赏罚的职能。财神、关帝、灶神等信仰逐渐成为全民所认知的象征符号，关帝、妈祖等神祇本身就是忠义、救苦救难的道德象征。即使民众不相信神仙的存在，也依然知道我国传统文化中的这些神祇所代表的象征意义。就如《西游记》中的孙悟空，即使都知道是文人创造出来的虚构人物，但是这些神话人物和神仙人物已经成为中国传统文化的重要组成部分，成为无数代人的集体记忆，而这种记忆不仅能够让道教及民间信仰流传下去，而且能够不断加强文化上的共同体意识，促进共同体的形成和巩固。

虽然在道教向民间传播的过程中，民间信仰往往在一定程度上把道教

---

① 任继愈主编：《中国道教史》（上），中国社会科学出版社2001年版，第532页。
② 任继愈主编：《中国道教史》（下），中国社会科学出版社2001年版，第868页。

庸俗化、迷信化，但是通过民间信仰，道教中的一些观念以更为通俗的形式得到了发扬光大。"道教把民间俗神集中到自己的信仰中来，使其成为道教神仙体系的一个组成部分；反过来，道教又利用自己的优势使这些经过道教化的神灵返回到民间，更深更广地影响着民间的神灵祭祀活动。……这些道教法术与民间巫术结合起来，使得道教借助民俗而普及，这是民间风俗与道教相联系的重要环节。"① 正是通过与民间信仰的互相结合、互相成就，道教信仰日益深入人心，使得即使其永生成仙的理论被证伪，依然以其导引服食、斋醮祈禳等内容，作为文化基因在传统社会中发挥着重要的影响。

作为宗教的道教中的善恶报应与民间信仰中的善恶报应不仅相互联系、相互影响，也存在着重要的区别。与民间善恶报应相比，道教中的善恶报应更具有宗教性、理论性和系统性，这是由其宗教性特点决定的。道教中的善恶报应由道教经典进行理论论述，蕴涵着逻辑性和伦理意蕴；相比较而言，民间善恶报应信仰则比较庞杂、简单化，思想理论更为幼稚，带有更显著的功利性要求。二者相辅相成、相互补充，共同在传统社会中对人们的道德或信仰发挥着重要影响。

八　道教善恶报应的特点

没有自己特色的报应理论是不可能长久的，会被其他宗教和报应观所蚕食或鲸吞，逐渐失去存在的空间和市场。道教中的善恶报应在形成之初，与儒家报应有着紧密的关联，在后来的发展中，道教报应又汲取了佛教报应的一些内容，形成了独具特色的报应理论，其特点主要表现在综合性、功利性、层次性和注重生命的保存等方面。

道教报应观具有综合性的特点。道教教义内容庞杂，把凡是可以拿来用的、有道理的东西都综合在一起。虽然这种综合有造成大杂烩的危险，可能会造成理论混乱、逻辑不通。不过，道教就是在不断综合中发展的。道教所追求的长生或成仙在现实中很容易被证伪，因为无论是秦始皇还是

---

① 卿希泰、唐大潮：《道教史》，江苏人民出版社2006年版，第428页。

汉武帝，还有唐朝的几个皇帝，如唐穆宗、唐武宗、唐宣宗等人，都曾经对炼丹服食等追求长生不老的方术和道教抱持非常大的热情，并且付出了行动，但都以失败告终。如果皇帝以举国之力都没有实现长生不老，那么，对于普通百姓来说，更是水中月、镜中花，只是一场幻梦而已。吊诡的是，虽然长生不老的神话往往是以破灭收场，但是道教信仰从来没有在民众中破产，依然以其神仙理论、养生学说而具有非常大的市场。究其原因，在于道教具有综合性的特点，其往往被视为"杂家"，道教中不仅汲取了古代方术、民间信仰的内容，也汲取了儒家的价值观念、佛教的一些理论，并加以改头换面，成为道教的组成部分，就好比一个百宝箱，任何一个人都有可能从其教义中找到自己所需要的东西。道教的善恶报应也是如此，具有综合性，报应内容既可以是世俗的功名利禄，也可以是永生成仙等。其核心教义——成仙说满足了人们对身体安放的情感需要，其主要手段——丹药符箓能够为人们解难祈福，满足了人们现实的利益需要。并且，道教在后来的发展中，也注意到肉体不能长存的问题，后来发展到全真道，就放弃了肉体不死的信念，追求真性解脱和阳神升天；认为肉体只是一副"臭皮囊"，这其实是吸收了佛教的思想，与其涅槃思想相近。并且，各个教派在发展的过程中，不断修正不合理的内容，汲取其他教派的合理因素，对自己教派的教义进行发展完善。正因为如此，道教一直拥有信众的支持，道教中的善恶报应也因而生生不息。

道教的报应观具有层次性的特点，能够满足人的多种需要。道教就像一个大拼盘、大杂烩，其报应内容既可以是世俗的金钱、长寿、名誉、法术，也可以是成仙成道，能够满足不同人的各种层次的需要。一般认为，道教有"士大夫道教"与"世俗道教"之分[1]，"遇上等人说性理，遇平等人说因果"[2]。对上层知识阶层主要谈知识性的东西，对下层信徒则主要谈因果报应。正因为道教包罗万象，其不同的内容可以满足不同层次的需要。"和佛教以生为苦、以死为乐刚好相反，道教是以生为乐、以长寿为大乐、以不死成仙为极乐的。这就吻合了人们的第一层发自本能的需要——生存；和佛教实行禁欲苦行刚好相反，道教主张人要活得舒服，活得自在，

---

[1] 此种区分很多学者都表达过，可参见葛兆光《道教与中国文化》，第250页。
[2] 此语道教典籍中多处皆有，如《太上感应篇图说·流通善书说》《文昌帝君蕉窗十则》等书中都有。

活得快快乐乐的。这就吻合了人们的第二层需要——享乐；既能生存，又能享乐，还需要高雅脱俗，不堕俗尘，这种日子就是神仙日子。这就吻合了人们的第三层需要——精神满足……"① 当然，这些不同层次需要的满足都是要以人的德行和修炼为基础的，任何修炼都不能与道德相违背。道教正是以这种能够满足人的不同层次的需要而得到了广泛的认可和接受。

道教善恶报应具有现实的功用性特点。道教以儒家道德作为成仙成道的基础，同时又保存了自己的导引修炼、斋醮祈禳的技术和方式，具有很强的功用性。道教与民间信仰关系最为密切，包含了很多修身、禳解灾祸之术，而"术"是最具实用性的，能够满足人们的现实需要。与其他宗教相比，道教的善恶报应不仅依靠祈祷和修行，而且也依靠道术，如前所述，道术能够灵验的前提是不得与道德相违背，道德是道术能够得以施行的前提。

道教善恶报应具有保存生命的特点。汤一介认为："其他宗教大都要解释'人死后如何'的问题，而道教所要求解决的却是'人如何不死'（长生不死）……"② 其实，任何一种宗教信仰都力图以各种方式抵抗死亡，好生恶死是人的天性，任何一种宗教都以其特有的方式试图解决人的永恒问题。与其他宗教强调彼岸世界不同，道教以长生或成神成仙的方式来对抗死亡。在长生中是以永远的世俗生活来获得永恒；在成仙成神中是以永恒的神仙生活来获得与天地同寿。不管是世俗的永恒还是神圣的永恒，都是追求一种永生的幸福。如果说西方的西西弗斯神话是对人世徒劳的感叹，到了我国道教信仰中，就成了"西西弗斯的幸福"，即人世生活是非常有乐趣的，自有世间的天伦之乐、琴棋书画之乐、自然景观之乐等。人世处处有乐趣，神仙更是无烦恼。这样，在道教信仰中，就实现了对死亡的抵抗，给人一幅永生的图景：或者长生不老地过着世间生活；或者在神仙境界过一种高于人世、类似人世的生活。虽然，长生不老的神话经常破灭，但仍然是人们孜孜以求的一种梦想。在这个意义上，道教对人的肉体生命的关注符合人们内心深处对生命永存的渴望，更能够得到人们情感上的认同，并且其有一套养生的理论，因而，千百年来，总能得到信徒的拥护。

道教善恶报应思想在传统社会产生了深远的影响，不过，其报应论也

---

① 葛兆光：《道教与中国文化》，第172页。
② 汤一介：《早期道教史》，中国人民大学出版社2016年版，第75页。

存在着一定的问题。道教中的人性论总体来看是等级论，认为一部分人先天具有仙风道骨，有可能成仙；而另一部人则即使见到了神仙，依然没有成仙的资质。与此同时，道教也存在着道德决定命运的观点，认为："性善之人，天所佑也。子孙生辄以善日，下无禁忌，复直月建、日月星光明之时。用是生者，何忧不寿乎？是为善行所致也。"① 认为做善事是长生成仙的充分条件。这样在其成仙的等级论和成仙条件中就出现了一个问题：没有成仙资质的人按照教义行善会不会成仙？就如汤一介所指出的："葛洪的《抱朴子》在'是否任何人都有可能成仙'这个问题上似乎有些矛盾，他一方面认为任何人都可以通过修炼服食而'成仙'，另一方面又认为'仙人有种'、'仙人秉异气'。这种矛盾可能是葛洪思想中实际存在的。从增加宗教的神秘性和超越性方面说，它要求'仙人有种'、'仙人秉异气'，不是人人都有可能成仙；从扩大其社会影响和争取信徒方面说，又得主张'天下悠悠，皆可长生'。"② 的确，道教既主张通过善行成仙，又强调先天的禀赋，这样在得道成仙这个终极目标问题上就出现了问题，即行善的人并不一定会实现终极目标，也就是说，行善是否能够得道成仙是不确定的。行善与长生成仙之间只是或然性或偶然性的关系。当然，这种矛盾不仅在道教中存在，在儒教和佛教中也存在。

道教善恶报应以长生成仙为目标，以承负观为其主要内容，以导引修炼、斋醮祈禳等为方法和手段，具有鲜明的特点。作为我国的本土宗教，道教的善恶报应观念体现了宗教性与世俗性的结合，既能够满足人们感官的需要、世俗利益的需要，又为人们永生成仙的精神需求提供了实现途径；道教善恶报应既注重道德，又强调道术，以可操作的手段满足人们的现实要求，因而，其能够满足不同类群人们不同层次的需要。道教是传统文化的产物，其在民间的广泛传播及与民间信仰的血肉联系使得其善恶报应思想深刻影响了传统社会。道教的善恶报应观念符合人们的情感、感官和精神需要，以满足人们的世俗需要和生命保存而得到了人们的认可和接受，使得对道德的相信或崇拜日益深入人心，即人们对道德的相信或信仰通过道教而得到了进一步的强化和发展。

---

① 《太平经》（下），第1941页。
② 汤一介：《早期道教史》，第117页。

第六章 佛教的善恶报应思想

佛教作为一种外来宗教，在其传播过程中，因其异质性而遇到过以儒家为主流的传统文化的阻碍。面对阻碍，佛教传播者的态度是重新诠释佛教，因而，佛教的传播过程其实也是中国化的过程。因果报应是佛教中的重要内容，在中国的传播过程中，因果报应演变为以善恶报应为主，并且因其轮回观使得善恶报应内容更为精致丰富，对我国传统社会产生了重要的影响。

一 佛教中善恶报应的内容

印度佛教强调因果，其因果观主要体现在缘起说中，是在普遍联系中理解事物的存在，这种因果观并不等同于善恶报应。在传入我国之后，这种因果论往往局限于佛教学者的研究，在民间得到认可的则是中国化的善恶报应论。

佛教在传入之初，受到了以儒家为正统的传统文化的抵制，早期佛教学者对佛教内容进行了创造性诠释和修改，使其与正统儒家思想不相抵触，因而，在传入早期就已经出现了与儒家善恶报应观相类似的佛教报应论。我国早期佛教作品《牟子理惑论》认为："有道虽死，神归福堂。为恶既死，神当其殃"[1]，"怀善者应之以祚，挟恶者报之以殃。未有种稻而得麦，施祸而获福者也"[2]。这种道德上的报应论与我国传统的善恶报应几

---

[1] 《弘明集》（上），刘立夫、魏建中、胡勇译注，中华书局2013年版，第31页。
[2] 《弘明集》（上），第39页。

乎是一致的，认为善恶有报就如自然规律一般，是自己的行为种下的结果。《牟子理惑论》中的死后报应，认为死后有个灵魂来承担报应，体现出生死的二元时空观念，而生死的二元时空是我国以儒家为主流的传统文化所持有的。中国佛教早期思想中，认为报应是以个人为单位，而不是以家庭或家族为单位，"父作不善，子不代受；子作不善，父亦不受。善自获福，恶自受殃"①。但是这种以个人为主体的报应并没有坚持到底，因为，中国传统社会是以家庭为共同体甚至统一体的，把个人与家庭成员区分开来的报应注定不会得到广泛的认可、支持。后来，这种以个人为单位的报应逐渐被传统以家庭或家族为单位的报应所取代，"佛教传入内地后，善恶因果报应的教义得到广泛传播。孙绰的《喻道论》根据中国史书记载和传说，发挥所谓祖先有罪，殃及子孙，或现世善恶，现世受报的思想"②。晋代佛教学者孙绰的报应观类似于传统报应观念上的承负观，体现出报应上的代际相承性。

我国佛教在吸收传统善恶报应思想的基础上，发展出了崭新的善恶报应观。佛教中"两重三世因果"理论被东晋高僧慧远发展为"两重三世因果报应论"。慧远在吸纳了印度佛教中的轮回观念和传统思想中的因果报应观念后，创立了"三报论"，形成了中国化的因果报应论。这种报应论逐渐成为在中国传统社会特别是民间影响非常大的报应理论。慧远的"三报论"认为："业有三报，一曰现报，二曰生报，三曰后报。现报者，善恶始于此身，即此身受。生报者，来生便受。后报者，或经二生、三生、百生、千生，然后乃受。"③ 在这种报应论中，把报应分为三种，一种是报应在现世，另一种是来世，还有一种把报应延伸到了来世之后的二生、三生乃至百生、千生。这种报应论认为："世或有积善而殃集，或有凶邪而致庆，此皆现业未就，而前行始应。"④ 对世上有人行善却遭殃，有人作恶却得到好的结果做出了解释，认为这都是由其前世的"业"造就，是前世的"因"在此世的"果"。也许中国地处温带地区的四季轮回容易让人产生生命可能也是轮回的观念，"五行理论认为，自然界是循环往复的，在

---

① 《弘明集》（下），第906页。
② 任继愈主编：《中国佛教史》（第2卷），中国社会科学出版社1985年版，第552页。
③ 《弘明集》（上），第355页。
④ 《弘明集》（上），第357页。

第六章　佛教的善恶报应思想

其中气的各种相依次兴旺"①。就如东汉民谣所说："发如韭，剪复生；头如鸡，割复鸣。"认为草木是一岁一枯荣，人可能也是一生一世地循环往复。佛教传入中国后，其轮回观经过加工修改后，大放异彩，成为独具特色的中国轮回报应观，拥有很多信众。

慧远的三报论主张自己承当起报应的责任，个人所得的福祸报应与其业行相对应，所以个人是自作自受。这种报应论与承负说存在着较大的区别，在儒道两教中，都是主张由其子孙承负福祸报应，体现出行为与责任承担上的相关性。三报论则强调自己所思所行是报应的依据，受报者是本人或者转世后的本人，强调自我承担，具有劝善弃恶的教化功能。"慧远的报应论因其圆通性和变通能力，诱导人们既安于现状，又勤修善业，从化世导俗的佛教伦理的社会功能上说，其教化之功实不可没。就连慧远的论敌戴逵也看到，所谓'积善积恶之谈，盖是劝教之言耳'。"②这种报应论在时空上克服了生死二元时空的局限，把善恶报应扩展到无穷尽的前生后世，满足了人们对世间生活的留恋及自我改变的愿望。与儒道两家的报应论相比，理论上更为精致，以前世、现世、来世的无限循环而不可证伪，在现实中对普通百姓产生了极大的吸引力和道德教化作用。

慧远的三报论是在中国传统因果报应观基础上结合了佛教的轮回观，把报应的时空扩展到了无限的轮回转世。"慧远力图把中国固有的宗教伦理思想包容于他的佛教学说之中，而其结果，总是从形式上获得胜利，在内容上却屈从于中国的文化传统。这也正是慧远促进佛教作为一种宗教在中国得到独立发展地位的主要原因。"③的确，佛教的传播过程其实是向儒家道德屈从的过程，佛教的报应论也是在吸收了传统善恶报应的基本内核的基础上形成的一种更为精致、更为烦琐复杂的、对普罗大众更加具有吸引力的报应论。

佛教的报应理论对事件的诠释独具特色，认为现世中个人的种种遭遇，都具有前世的因缘。如果现在受苦，那是因为前世作孽；如果现世享福，那是因为前世积德。"佛教徒诠释事件，实在有创意，例如，被杀是

---

① ［美］梅维恒主编：《哥伦比亚中国文学史》（上），马小悟等译，新星出版社2016年版，第86页。
② 王月清：《中国佛教伦理》，南京大学出版社1999年版，第41页。
③ 任继愈主编：《中国佛教史》（第2卷），第655页。

因上辈子亏欠对方；夫妻不合因上辈子有仇。"① 这种解释对民众的影响非常大，在民间比较盛行，认为现在的贫穷者、不如意者、受伤害者是曾经或当下道德上有问题的人，现在的受苦是其应得的报应，因而，应该逆来顺受，坦然接受这种报应。这种观点让人安心接受现实，不管是幸福还是苦难，有利于维护统治秩序和社会稳定。但是我们应该看到，这种解释存在着问题，即解释是倒果为因的：它把现世的种种际遇作为推导前世之善恶行为的依据，即以现世之"果"来推导出前世之"因"，这在逻辑上是完全颠倒了原因和结果。不过，在民众朴素的观念中，却往往相信或运用这种颠倒了的因果关系来解释现实事件。

佛教报应为人们留有获得改变的希望。人们相信虽然现在不可改变，却可以改变未来，即人们可以通过现世的行为改变将来的结果。"佛教以业报解释人生所有成败得失，比其他宗教聪明的是，将报应时间机动调整为'缘份到了、因缘成熟'才得结果，但没人确知其时间点；例如，恶人今世没受罚，后世总会受罚，逃避不了。"② 佛教的报应说既无法证实，又无法证伪。其把因果扩展到不可知、不可见的未来，虽然不可证实，却给予人们很多的心理安慰，满足了人们的情感需求，因而，这种报应论在民间得到了传播和认可，深入人心。

二 佛教报应的儒家道德化

佛教的传入和发展，一直受到占据统治地位的儒家的批判和抵制。特别是在其传入初期，因为其与儒家内容的抵触，往往被视为异端。基于这种状况，为了获得存在和发展的合法性，佛教学者对佛教义理做出了创造性的解释，而这种解释几乎都是对儒家主流道德的屈从。"中国封建社会的深厚的伦理关系网络、强大的道德观念，既是抵制佛教流传的核心力量，也是融化佛教信仰的消融剂。"③ 佛教中的善恶报应与我国传统善恶报应虽然存在着不同，但是其报应是以儒家道德为依据的。

---

① 林基兴：《在信仰之外——从科学角度谈信念》，台北：独立作家2016年版，第121页。
② 林基兴：《在信仰之外——从科学角度谈信念》，第124页。
③ 方立天：《中国佛教》，中国人民大学出版社2012年版，第43页。

第六章 佛教的善恶报应思想

佛教在中国东汉传入之初，饱受质疑。儒家注重"身体发肤，受之父母，不敢毁伤"（《孝经·开宗明义章》），佛教出家人则要剃头剃发，这被儒家攻击为不合孝道。最早把佛教教义与儒家道德联系起来的是牟子。《牟子理惑论》的解释是："沙门捐家财、弃妻子、不听音、不视色，可谓让之至也，何违圣语不合孝乎？豫让吞炭漆身，聂政皮面自刑，伯姬蹈火，高行截容，君子为勇而有义，不闻讥其自毁没也。沙门剃除须发，而比之于四人，不已远乎？"① 牟子通过豫让、聂政等获得正统文化认可的人物毁容报仇的行为，来论证佛教徒的剃除须发并不能算是不孝；出家摒弃财富和享受，是一种高尚的行为。《牟子理惑论》把佛教教规诠释为与儒家道德并不相悖，甚至在本质上是相同的，为佛教的传播争取合法性。

晋代孙绰更进一步把佛教与儒家道德等同起来。《喻道论》中认为："周礼即佛，佛即周礼，盖外内名之耳。"② 针对佛教有违孝道的攻击，孙绰认为："父隆则子贵，子贵则父尊。故孝之为贵，贵能自身行道，永光厥亲。若匍匐怀袖，日御三牲；而不能令万物尊己，举世我赖；以之养亲，其荣近矣。"③ 在他看来，如果把"孝"理解为是在父母身边赡养侍奉，这只是很浅近的理解；能够做出非常大的功绩或体现出非常高的德行从而扬名天下才是一种更高的孝道。在佛教学者看来，佛教主张出家修行可通过传教修道而光宗耀祖，还可为祖先祈福，是一种更大的孝行。现代新儒家杜维明也持类似的观点，比如他认为舜虽然在某些方面与父亲关系搞得不好，但是，其表现的是一种更高的孝道，"是基于一种层次更高的道德，即圣王的道德，而圣王是通过一种令人敬畏的人性的证见而光宗耀祖的"④。这种对"孝"的理解上的相似性，一方面在无形中提升了佛教的地位，强调佛教的价值；另一方面认同儒家的孝德，是对儒家孝道的屈从。而这种对儒家道德的屈从，既有利于佛教的传播，也有利于道德的教化。"这种孝亲观的形成，既增加了中土佛教'弘道济世'、'敦风化俗'的大乘伦理理想的可行性，又赋予了中土传统伦理以信仰力量，强化了中

---

① 《弘明集》（上），第23页。
② 《弘明集》（上），第176页。
③ 《弘明集》（上），第178页。
④ ［美］杜维明：《中庸：论儒学的宗教性》，第54页。

土纲常名教'扶世助化'的功能。"① 这是一个对佛教、儒家双方都有利的选择和举措，使得佛教不会受到儒家的排斥，儒家也进一步巩固了其地位和影响。

孙绰更多是运用儒家的一些故事来说明佛教的道理，比如"故毫厘之功，锱铢之衅，报应之期，不可得而差矣。历观古今祸福之证，皆有由缘，载籍昭然，岂可掩哉。……若夫魏颗从治而致结草之报，子都受信而受骢骥之锡；齐襄委罪，故有坠车之祸；晋惠弃礼，固有弊韩之困：斯皆死者报生之验也"②。这里面提到的典故都是儒家经典中的，被佛教学者拿来论证善恶报应。从中可以看出，佛教在早期传播过程中，是用儒家的一些东西来对自己的理论进行解释的，这是出于传播的需要，为了让自己的理论更有说服力。

从三国时期的牟子到东晋时期的孙绰，体现着佛教的中国化过程。如果说牟子时期还是为争取佛教的生存地位而对儒家思想进行妥协和屈从，那么到了东晋时期，孙绰则极力说明佛教之博大精深，这表明佛教在向儒家道德屈服的过程中，佛教学者也在不断强调佛教的独特价值。这个过程是中国佛教不断成熟的过程，也是与印度佛教不断脱离的过程。

在佛教传播的过程中，信众也不断地把佛教之祈福功效与传统儒家道德义务结合起来。例如北魏时期是佛教造像急剧增加的时期，造佛像不仅是官方行为，有经济实力的民众也加入造像中来，希望得到弥勒的保佑，庇护自己和家人健康、幸福，使祖先亡灵早日解脱以及为皇帝祈福等，忠孝的内容都有所体现。任继愈先生主编的《中国佛教史》中，认为这种现象说明：

（一）中国封建社会的君主专制主义很强大，忠君的道德观念渗透到一切宗教信仰之中，不少造像题记都提到为皇帝祈福，有的还有："愿国祚永隆，三宝弥显"；（二）家族血缘关系很强，孝亲祭祖的伦理观念也与佛教信仰相结合，不少造像的直接目的都是为父母祖先祈福；（三）许多佛教信徒是凡佛、菩萨都信，对佛经上所说的它

---

① 赖永海、王月清：《宗教与道德劝善》，第197页。
② 《弘明集》（上），第170页。

第六章 佛教的善恶报应思想

们之间的区别并不理会,因此造弥勒而发愿往生西方弥陀净土者有之,造释迦像而愿生往弥勒佛前者也有之。①

可以看出,很多信众其实对于佛教的一些基本知识和派别知之甚少,其只是为了祈福而信仰;并且,人们往往是把佛教与儒家道德结合起来,带有强烈的世俗功利性目的,这是佛教中国化的体现。

中国自己独创的佛教派别——禅宗,其经典《坛经》直接把儒家道德奉为圭臬。《坛经·疑问品》中说:"恩则孝养父母,义则上下相怜,让则尊卑和睦,忍则众恶无喧。"② 在《坛经》中,可以看到大量的儒家道德内容,深受儒家文化熏陶的中国佛教人士,其思考和认知问题的价值观念仍然深受传统儒家的影响,儒家道德已经成为一种文化基因般的存在,任何其他学派、教派的人士都很难完全摆脱这种基因,而不免受到这种基因的影响。可以说,中国佛教尊奉儒家道德,这是从骨子里而来的一种认同,也体现出中国佛教学者的一种文化自觉。

中国佛教学者对外来佛教的改造和重建是自觉的。其一,佛教要想在儒教和道教正统的环境下生存下来,必须要对其与儒家思想明显相悖的内容加以重新诠释或改造。其二,佛经翻译者和传播者除了一小部分是外域人以外,绝大部分都是知识阶层,而知识阶层接受的都是儒家文化,大部分翻译者和传播者的知识背景是儒家的,这就决定了他们与儒家思想有着天然的联系。其三,重建过程受到传播者个人认知和情感倾向的影响,传播者选取佛教中自己认可的部分进行诠释、传播,从而使得中国的佛教经典与印度的佛经有着很大的不同,形成的是中国化的佛教。

中国传统文化根深蒂固、不可动摇,其不仅从来没有被外来的宗教所取代,而且是外来宗教能够传入发展的前提。"中国固有的传统文化根基浓厚并且富于包容精神,其结果是吸收外来文化和同化外来文化同时并存,外来文化的进入丰富了中国文化,却并不丧失中国文化特有的本色。一切外来宗教一旦进入中国,便开始了中国化的进程,中国化的程度越高,它在中国的影响便越大。"③ 佛教之所以在我国能够得以传播发展,正

---

① 任继愈主编:《中国佛教史》(第3卷),中国社会科学出版社1988年版,第605页。
② 《金刚经 心经 坛经》,陈秋平、尚荣译注,中华书局2016年版,第234页。
③ 牟钟鉴、张践:《中国宗教通史》(下),中国社会科学出版社2007年版,第920页。

因为其是中国化了的佛教，受到中国传统文化的影响，其内容与印度佛教相比已经有了非常大的差别。"在儒家正统思想的长期宣传、教育、熏陶下形成的中国传统思想文化和潜在的民族心理意识，具有对外来思想转化的力量。"① 这种转化不仅在于儒家思想的正统地位和影响，也在于其内在的合理性得到了人们的认可。如果儒家思想没有合理性，当一种新的合理思想出现时，很可能会被人们轻易抛弃；历史上，曾经有无数的仁人志士，以自己的行动践行儒家道德，为其增添了荣光；直到今天，人们理性地审视儒家思想，仍然能够从中看到人类的智慧之光和精神之光。儒家思想能够经历千百年的传播和发展，并不是偶然的，也并不仅仅只凭借统治者的支持，而是因为其有着内在的价值和意义。

三 佛教修行方式的道德化

佛教善恶报应与我国传统善恶报应的不同在于佛教还有一整套的修行方式。佛教作为宗教，需要特定的修行方式来与世俗区分开；否则，宗教的独特性就丧失殆尽了。在佛教中，修行与行善是并重的，或者说是两种必备的救赎方式。虽然，在佛教因果报应中，行善也是修行，不过，佛教还有自己独特的修行方式。与印度佛教的修行方式不同，中国佛教把修行和道德联系了起来，形成了具有中国特色的佛教修行方式。

佛教在我国的传播中，修行方式、目的都发生了非常大的变化。印度佛教对世间生活持否定态度，认为世俗生活充满欲念，而佛教修行就是要祛除各种欲念；强调出世修行，和世俗生活划清界限；修行的目的或者是涅槃寂静或者是西方极乐世界、净土世界等非世俗世界。而佛教在中国的传播和发展中，修行方式不仅包括出家、秉持佛教教规，也包括行善，行善本身就是一种修行；修行的目的也不仅仅是超越人世，而往往是获得更好的人世生活。

在我国传统社会中，佛教受到儒家的影响，或者说必须融和儒家道德才能获得自己的合法地位，在这种情况下，佛教修行并不仅仅依靠遵守佛

---

① 方立天：《中国佛教》，第45页。

第六章　佛教的善恶报应思想

教戒律，而更多地要依靠道德。当佛教提出"诸恶莫作，诸善奉行，自净其意，是诸佛教"① 时，佛教注重的就不仅仅是出世修行，而且包含了对俗世的关切；不仅仅是个人的洁身自好，也有对世间俗人的怜悯和救助。道德成为最主要的修行内容，成为实现救赎的必要条件。"佛教在这种对信仰者的许诺中就已经脱离了信仰的纯粹个人性，而参与了社会秩序的整顿、社会道德的维护、伦理规范的重建。"② 在我国传统社会中，佛教的入世性日益显著，发展到后来出现了人间佛教。佛教中对我国民众最有影响的并不是涅槃寂静，而是轮回观，并且把轮回观与传统善恶报应思想结合起来，形成一种善恶决定的因果轮回观。

并且，在修行上，中国佛教注重自力与他力的结合。"中国禅宗重视自力，净土宗强调他力，然约自宋代以来，禅净双修，自力与他力的结合，日益成为中国佛教的主流。这是中国佛教史上的重大现象，也是中国佛教发展的历史必然。"③ 自力与他力的结合不仅让人对神圣力量有依赖感，而且强调依靠自己的努力获得救赎，体现出救赎上的综合思维方式，对人们具有很强的吸引力。他力让人们看到了得救的希望，自力让这种希望具有可实现性，他力与自力的结合让人获得信心，相信凭借努力可以得到神的眷顾，从而实现永恒的幸福。

佛教中复杂抽象的哲学思辨并没有在中国得到广泛传播，在唐代佛教繁盛时期法相唯识之说注重思辨，哲学味道浓厚，此后，佛教就逐渐转向修行，佛学逐渐退隐，学佛成为时尚。与印度宗教的修行相比，中国佛教中往往是较为简易的宗教派别更容易得到民众的认同和接受。"与印度佛教修行讲繁琐仪式，解脱重历劫苦修不同，中土佛性思想在修行方法上多主简便易行。"④ 禅宗、净土宗等易行道曾经一度非常流行，禅宗和净土宗也成为我国影响最大的教派。"禅宗和净土宗的久远流传是与它们的教义和修行方法的简易分不开的。所以，简易性也成为中国佛教区别于印度佛教的重要特色。"⑤ 即使现在，很多佛教徒依然以口诵佛号

---

① 《法苑珠林》卷48，《中华大藏经》（汉文部分）（第71册），中华书局1994年版，第942页。
② 葛兆光：《七世纪前中国的知识、思想与信仰世界：中国思想史 第一卷》，第523页。
③ 方立天：《中国佛教》，第217页。
④ 赖永海：《中国佛性论》，江苏人民出版社2010年版，第283页。
⑤ 方立天：《中国佛教》，第41页。

作为修行的重要手段。这种简易方法与传统善恶报应信仰仍然是相关的。在传统信仰中，人们认为，只要做好事，就一定会得到冥冥之中的好报。不管是达官贵人，还是大字不识一个的村夫愚妇，都可以通过行善得到好的回报。禅宗为中国佛教所独创，因其简易，不仅民间接受，知识分子也颇为热衷。"此宗之简易，对知识分子乃竟有另一种吸引力，因为具有一切理论知识之后的浑化境界，与完全无理论知识的素朴境界是有其类似性的。因此文士哲人亦酷喜谈禅。"① 简易性成为中国化佛教的一个特色。

　　简易方法虽然简单易行，容易得到人们情感上的认同。但是太过于简易的理论和方法往往因其简易而失去吸引力和说服力。正如贵族的生活是烦琐的、仪式化的，平民的生活则是简易的，人们往往对贵族的仪式化生活感兴趣，而很少对一穷二白的生活感兴趣。这是因为在仪式背后体现了人类文明的发展程度，蕴涵着丰富的意义。太过于简易的修行方法虽然能够得到一时盛行，却难以具有非常长久的生命力。即使以简易著称的禅宗，其明白如话的语言中隐含机锋，简单之中蕴涵深刻，高深莫测，乃至成为智慧游戏和深刻的人生感悟，因此，禅宗不仅在历史上曾经显赫一时，直到今天依然有生命力。

　　中国佛教往往注重理论复杂性与修行简易性的结合，这种结合对人们有着很强的吸引力。如果理论太简单，很容易被证伪，那么这种教义很难获得人们的信服。理论复杂，高深莫测，在似懂非懂之间，让人心向往之；而修行又不至于困难得让人们无从下手，而是有着非常简易的方法，这种宗教信仰无疑对人们有着吸引力。正如好的画作妙在处于像与不像之间，吸引人的宗教理论妙在懂与不懂之间。一种理论若是全都被人轻易领悟，这种理论就失去了玄奥之处；若是让人完全不知所云，那么，这种理论也难以产生吸引力。佛经中既有难懂的"有""无"的抽象思辨，又有彼岸生活和修行方法的描述，为人们提供了享受永恒幸福的愿景。这种形而上与形而下的结合不仅吸引了知识分子，而且能够吸引普通民众。

　　小乘佛教从来没有在中国社会得到过广泛的传播，究其原因，在于小

---

① 龚鹏程：《龚鹏程讲佛》，东方出版社2015年版，第9页。

乘佛教认为世间生活皆苦，生老病死都是苦，其目的在于摆脱人世生活，达到涅槃寂静。这种观点在我国传统社会是很难有市场的，因为古代中国地处温带，自然环境比较适合生存生活，并且除了历史上的战乱时期，大多数朝代阶级矛盾并不十分尖锐，百姓基本上能够安居乐业。并且贪生怕死是人的本能，道教长生不死的追求才符合人们的理想，所以，小乘佛教的涅槃观对人们没有什么吸引力。

佛教的净土宗提供了一种便捷快速的救赎方法，即口诵佛号即可得救。这与印度教有相同的地方，韦伯曾经说过，在印度教中，"地狱则是可以逃脱的，即使是罪大恶极之人——只要在临死时通过纯粹仪式性且最为便捷的办法，亦即念诵一定的咒文（即便是无意识地，或经由他人，甚或是敌人）"①。在我国民间，也有人信奉这种便捷的救赎方法。但是在后来的发展中，净土宗也认为，获得救赎不仅要靠相信、靠口诵，更要靠自己的实际行动，即要依靠善行。如果没有善心、善行，即使口诵再多的佛号也是没有用的。佛教特定的修行方式是重要的，而善行则更为根本。善行就是修行，口诵佛号之类则是形式；如果没有善行作为依托，口诵佛号之类的只是一种表面功夫，并不能成为得到救赎的充要条件。

四　佛教报应的世俗化

由于佛教的传入是以对儒家思想的妥协为前提的，因而中国化的佛教报应具有世俗化的倾向。在佛教报应中，目的往往不是达到涅槃寂静，而是世俗中自己及子孙的福寿康宁以及轮回后的幸福。与印度佛教相比，中国佛教报应论带有浓厚的世俗色彩。

佛教报应的世俗性首先体现在其关注世俗生活。在佛教中，不仅有对未来世界的美好描述，也有对菩萨解救人们当世苦难的描述。"世有危难，称名自归，菩萨观其音声，即得解脱也。"② 因而，在民间，观世音菩萨的

---

① ［德］马克斯·韦伯：《印度的宗教：印度教与佛教》，第154—155页。
② 此为僧肇《注维摩诘经》卷一《佛国品第一》中引用的鸠摩罗什的解释，参见（后秦）僧肇等撰《注维摩诘经》，于德隆点校，线装书局2016年版，第19页。

形象深入人心，成为救苦救难大慈大悲的象征。中国佛教这种对人世幸福的关注与印度佛教否定人世、注重彼岸的观念截然不同，是佛教适应中国世情民意的表现。在中国传统文化中，历来注重人世生活，在一定意义上，宗教是为世俗生活服务的，而不是世俗生活为宗教服务。中国佛教中还出现了对现世生活的充分肯定，例如"春有百花秋有月，夏有凉风冬有雪；若无闲事挂心头，便是人间好时节"①。禅宗关注现世生活，几乎没有任何彼岸意识。近现代以来，太虚大师提出的"人生佛教"，印顺法师在此基础上提出了"人间佛教"，赵朴初、星云法师等都推崇人间佛教，人间佛教主张积极乐观地处世、慈悲做人，佛法在人间完成。《坛经·般若品》中说："佛法在世间，不离世间觉；离世觅菩提，恰如求兔角。"② 人间佛教其实是对慧能创立的禅宗精神的继承和发展。佛教对人世生活的重视受到了儒家文化的深刻影响，"儒家学说的这种人本意识和入世精神，对中国古代各种文化形态都产生了深刻的影响。唐宋以来乃至近现代出现的'人间佛教'在相当程度上可以说是在这种文化氛围中形成的"③。中国佛教是在中国的文化土壤中形成和发展起来的，认为个人尊崇佛教教义的教导，行善修行就能够在世间获得佛、菩萨的庇佑，世间幸福与彼岸幸福并不是对立的，而是可以兼得的。

　　佛教报应的世俗化还表现在修行方式和修行目的的世俗化上。在修行方式上，神的力量逐渐退隐，人依靠自己得救的观念日渐凸显。修行方式绝不局限于佛教教义规定的戒定慧、出家诵经，也包括人在世间的一切思想和行为；人可以依靠自己的德行在世俗社会中修行圆满。在修行目的上，不仅仅是个人拯救，而且包含为家庭、社会、国家祈福和造福，体现出宗教信仰上的群体意识、社会意识，而这种意识不是局限于宗教共同体，而是世俗共同体的。正如葛兆光所指出的："在佛教人间救赎的基本思路中，依靠神异力量'他力救赎'的取向在中国盛行一段之后渐渐消解，转为依靠自身的宗教信仰与道德行为的'自力救赎'取向，仅仅围绕着个人的拯救的宗教行为渐渐退居次要地位，而为着家庭、家族、社会、国家的宗教行为成了公众宗教活动的主流，依赖于个人宗教信仰的人生解

---

①　此为宋朝无门慧开禅师所作的禅诗。
②　《金刚经 心经 坛经》，第220页。
③　赖永海、王月清：《宗教与道德劝善》，第75页。

脱的思想,在中国很快转变成一种依赖社会认同的'道德拯救'思想,这是一个相当重要的转向。"① 的确,这种道德转向使得佛教打上了中国化的烙印,体现出传统文化对外来文化的巨大而深刻的影响,甚至能够在本质上改变外来文化的面貌。在以儒家为主流的传统文化中,历来重视依靠个人的德行实现修身、齐家、治国、平天下的目标,个人实现与更广阔的为了家庭、家族、国家乃至天下的目标是一致的,在这种一致性中,获得了终极的意义;中国化的佛教报应论受到了儒家文化的深刻影响,把救赎重点日益放在依靠个人德行上面,救赎的目标也不仅仅是个人得救,而是与家庭、国家乃至社会一起得救,这无疑具有非常明显的世俗性特征。

最后,佛教报应论的世俗化体现在其人性论中。在人性论上,佛教与儒家的人性论思想越来越靠近。儒家认为人性本善,因而,人人都可以依靠自己的努力实现与天地合其德的目标。佛教认为:"一切众生悉有佛性。"② 这种人性论与佛性论的统一使得佛性不再是高高在上的一种超越性,而是与人性联系在一起。"这一教义也使出世间世间化了,彼岸世界此岸化了,'佛'亦被众生化普及化了,它促使佛教愈益深入世俗社会。"③ 佛教的人性和佛性观说明其日益与人们的世俗需要联系起来,具有了世俗性。中国佛教起点上的众生平等为人们进行修行提供了动力和希望,有利于佛教的普及和推广。同时,众生平等的观念也使得佛教具有了更多的人世关切和现实利益关怀,即佛教是为众生服务的,是为了让众生获得世间的幸福以及永久的幸福。

与印度佛教对世俗的否定不同,中国佛教对世俗生活持肯定态度。佛教信徒往往希冀的是在人道中的永恒轮回或者到达西方极乐世界。无论是轮回还是去往另外一个世界,本质上都是对永生的渴望。轮回是一种人世生活的循环,在这种循环中,人得到了永恒。无论是佛教的极乐世界、净土世界,还是基督教的天堂,抑或是道教的神仙世界,都不是与人类世界存在本质区别的世界,而只是美化版的人类世界,人们希望在美好的世界中得到永生。因而,在佛教信仰中体现出对人世的眷恋观念,也体现出对

---

① 葛兆光:《七世纪前中国的知识、思想与信仰世界:中国思想史 第一卷》,第523—524页。
② 《大般涅槃经》卷六《如来性品第四之三》,《中华大藏经》(汉文部分)第14册,中华书局1985年版,第64页。
③ 任继愈主编:《中国佛教史》(第3卷),第188页。

美好世界的向往，而这两者本质上是统一的，即都是对世俗生活的热爱；这与印度佛教对世俗生活的否定是完全背道而驰的。这也说明在我国传统社会中形成和流行的佛教已经是中国化的宗教，带有很强的世俗性。

五 佛教善恶报应的特点

佛教中国化的过程是一个长期的过程，这中间经历了佛经翻译、对儒家道德的融合、建立符合民众需要的中国化佛教等历史阶段。佛教善恶报应论是佛教中国化的重要成果，与儒家、道教中的善恶报应论相比，佛教报应论更具有宗教性，主要表现为强烈的彼岸意识、更强的约束力、理论玄奥更不容易被证伪等。

佛教善恶报应论的道德内容趋同于儒家道德，佛教学者如高僧康僧会甚至认为："虽儒典之格言，即佛教之明训。"① 这就出现了一个问题：即如果佛教要求与儒家教化相同，是否还需要一个佛教？对这个问题的回答是肯定的，这是因为即使道德要求上与儒家相近，与儒家、道教相比，佛教善恶报应论仍具有独立的价值和意义。作为一种宗教，佛教善恶报应为人们提供了彼岸观念，能够通过道德报应满足人们永恒的情感需求。康僧会说："周孔所言，略示近迹，至于释教，则备极幽微，故行恶则有地狱长苦，修善则有天宫永乐，举兹以明劝沮，不亦大哉？"② 这其实是说出了佛教相较于儒家的区别，也是佛教的独特之处，即佛教认为儒家只是侧重眼前，没有另外的世界可以或吸引诱惑或威慑人们；而佛教不仅提供了长苦的地狱作为威慑，也提供了永乐的天宫作为吸引。与儒家相比，佛教更具有超越性，关于彼岸世界有着种种奇思妙想，并且有其玄奥的哲学理论作为依托，因而，佛教能够满足人们对于灵魂不灭的心理和情感需求，历来有着自己的信徒。

早期的佛教学者一直为佛教的合法地位而苦苦论证，当佛教得到传播发展之后，佛教学者就开始了佛教优越性的论证。南北朝时期明僧绍所作

---

① （梁）释慧皎撰：《高僧传》，汤用彤校注，汤一玄整理，中华书局1992年版，第17页。
② （梁）释慧皎撰：《高僧传》，第17页。

的《正二教论》中指出:"则夫学镜生灵,中天设教,观象测变,存而不论,经世之深,孔老之极也;为于未有,尽照穷缘,殊生共理,练伪归真,神功之正,佛教之弘也。"① 认为儒家是经世教化之理,而佛教则是宇宙之理;两相比较,儒家依然是真理,不过佛教更为宏大精深,因为其探究的不仅是人世道理,更是宇宙之理。这就比早期佛教学者前进了一步,不仅在佛教与儒家道德的相同性上论证佛教的合理性,而且认为佛教教理更为精微深远,弥补了儒家的不足。这种优越性和独特性的论证表现了佛教学者的自觉意识。的确,佛教在一定程度上是对儒家的补充,比如佛教中的转世轮回和因果报应思想经过中国化后,符合人们的认知和情感需要,因而,佛教虽然在历史上遭受到几次较大的"灭佛"事件,但仍然能够存在和发展。

与我国本土宗教如道教相比较,佛教报应论的宗教性更强,不仅表现在其时空观上的无限性,也表现在对人的行为具有更强的约束力上。佛教中不仅包括因行为的道德性而得到相应的报应,还有戒律在约束着人们的行为。佛教中对人们行为善恶的约束力量是双重的,即强制的力量和信仰的力量。强制主要是通过戒律来实现的,佛教修行有着远比道教更为严格的戒律要求。道教在发展过程中,也借鉴了佛教戒律,形成了自己的戒律,不过,在约束的强度和广度上要弱于佛教。戒律作为一种具有神秘性和超越意义的行为规范,其作用是多重的。在信仰中,戒律既是通向最终救赎的手段,也是被认同的生活方式。在佛教信仰中,戒律不仅是外在的强制,更是内心认同基础上的一种自觉遵循;不仅能够约束人的行为,而且能够改造人的思想。佛教对人的约束力不仅表现在清规戒律上,也表现在信仰上;与强制的力量相比较,信仰的力量对于信仰者而言是无穷的。信仰是出自人们内心对教义的认同和自觉遵从,而强制作用是基于信仰的基础之上的。强制与信仰的结合,使得佛教中的报应论比起道教、儒家而言,具有更强的约束力。

与道教、儒家相比,佛教报应观更为深奥烦琐,并且往往建立在哲学思辨的基础上,其提出的西方极乐世界、净土世界等时空观也无法被证伪。佛教既有深奥晦涩的教义,又有通俗的关于佛、菩萨、弥勒等信仰的

---

① 《弘明集》(上),第403页。

形象和内容。前者以独特的思辨哲学对知识分子具有吸引力和挑战，后者则以佛、菩萨等拯救世人的形象对普通民众形成了巨大的吸引力。"人们敬仰高高在上的诸佛，但心理上更为亲近的是能为之解决困难、满足现实需要、提升现实生活质量的菩萨。"① 因而，佛教以抽象玄奥的理论作为支撑，以救赎者的形象存在，以简单易行的拯救途径出现在大众面前，对人们渴望生活幸福、灵魂永恒的需求进行了安慰，因而，千百年来，一直能够得到信徒的信仰。

在人生态度上，儒家是看重人生，道教是看淡人生，佛教是看透人生，因而，儒家是入世的，佛教是出世的，道教是离世的。对于传统社会中的一般人而言，首先是儒家的，有着积极的人生态度和行动；如果人生理想得不到实现，往往趋向道教；对人生绝望，则皈依佛教。儒释道为不同的人生处境提供了安慰和解决路径，所以，儒释道在中国很少出现对抗，而是和平相处，共同发挥作用。不管是哪种宗教，都注重道德的决定性作用，所不同者表现在：在儒家看来，道德是本体性的存在，并不求回报；而在佛道二教中，教义教理为行善的人提供了另外一个美好的世界，道德往往是被视为实现终极目标的工具。佛教与道教的区别在于道教注重此生此身、追求长生不死或成仙，往往容易被证伪；佛教则提供了非常玄奥的教义理论和神秘超越的极乐世界、净土世界等，不容易被证伪。正因为三教各有特色，从不同方面满足了人们的需要，因而，在中国传统社会中，三教都能够存在和发展，都有各自的知识阶层和信众。并且，三教在信仰上并不是截然对立的，并不像西方基督教那样排斥其他宗教，如圣经十诫中所说"除了我以外，你不可有别的神"；在传统社会中，不少人既信儒家学说，又相信佛教义理，例如宋代包括苏轼、李清照等传统儒家文人都自称居士。在民间，很多人不仅祭祀祖先，也尊奉关帝、灶神等传统信仰中的神，还去寺庙拜佛烧香，这都反映出三教之间的相互融合，民众对三教并没有泾渭分明、非此即彼地看待，反而是各取所需。

---

① 方立天：《中国佛教》，第461页。

第六章　佛教的善恶报应思想

六　佛教与民间信仰中的善恶报应

佛教在民间有比较大的市场，因为佛教提供了玄奥的理论及不可证伪的彼岸世界。道教的长生不死很容易被证伪，神仙的洞天福地也比较容易被证伪。与道教相比，佛教神秘难懂的理论和西方极乐世界、净土世界等不容易被证伪，为人们提供了一个死后可往生的理想世界。正因为如此，佛教在中国获得了比较多的民众的信仰。

作为一种理论化、系统化的信仰，佛教中的报应与民间的善恶报应存在着显著的区别，主要体现在以下四个方面。其一，佛教中的报应是有等级的，虽然佛教中也出现过"一切众生悉有佛性"的观点，但是在一些佛经中则有等级观念，往往认为有些人无论怎么修行，其上限只能是阿罗汉，有的人修行的上限则是菩萨，这是已经注定了的，这种观念类似于基督教的选民观念。而我国民间信仰则没有这样的等级限制，在民间信仰中，认为只要德行足够伟大，不管是普通人还是伟人，都可以感天动地。例如孟姜女可以哭倒长城，窦娥也可以使得六月飞雪，这种没有等级观念的报应观客观上更有利于普通民众的接受和认可。

其二，佛教报应中，因果关系是唯一的联系。佛教注重因缘，认为万事万物都是有条件的存在，慧远的三世两重报应论认为，报应主体都是个人，认为是个人前世的行为造就了现世状况，现世的行为将影响来世。而在我国民间信仰中，不仅存在因果关系，而且存在相关关系，即认为报应主体既可以是个人，也可以是家庭、家族，"积善之家必有余庆，积不善之家必有余殃"，这种报应与传统社会的结构相适应，把报应主体扩大到了家庭或家族，从而使得在这种报应中，个人不仅增强了责任感，而且增强了对家庭或家族共同体的认同；由于家国同构，把这种认同扩大到民族、国家，有利于共同体意识及共同体的形成和巩固。

其三，佛教中的报应是不可改变的，即因果关系是不可改变的。在佛教理论中，因果关系是一旦形成就不可改变的，必须要承受因果的不可改变的后果。而在我国民间信仰中，因果关系并不意味着是确定的、必然的，即使命定的也可以通过人的行为得以改变。人们倾向于认为，人的命运可以通过人的道德行为得以改变,这是儒家思想中道德改变命运的观念在民间信仰中的表现。这种可以改变的因果关系给予人们以希望,让人们知错就改的行为获得了相应的报偿,有利于吸引人们弃恶从善。

其四,佛教报应的归宿是摆脱轮回,达到涅槃寂静或去往极乐世界。佛教是否认现世的,虽然在中国化的佛教中,对现世的态度已经有所改观,但是在佛教教义中,仍然对另外一个世界持以积极的肯定态度。而在我国民间信仰中,推崇的是轮回的生生不息,对现世生活报以热爱的态度,人们希望能够永远过着快乐的人间生活。这体现出两种不同的人生态度,佛教的往往比较消极,而我国民间信仰则是积极的。

虽然在本质上,佛教的报应观与传统民间信仰的报应观存在着区别,不过,在逐渐中国化的过程中,佛教与民间宗教又有着千丝万缕的联系。这种联系首先表现在佛教对民间信仰及价值观的屈从和妥协上,佛教为了传播和发展,取得民众的认可,根据民间的价值观念对自己的教义教规进行了修正,使其更符合我国民众的价值和情感。其修正内容主要体现为对世俗生活的肯定,宣扬生生不息的人世轮回。在中国化的佛教中,三世轮回观念在民众中得到了广泛的传播和认可,体现出对现世的肯定和热爱,这与印度佛教是截然不同的。中国传统文化的根深蒂固、不可动摇,使得其不仅从来没有被外来的宗教所取代,而是成为外来宗教能够传入发展的前提。

其次,佛教的三世两重报应观深刻影响了民间信仰,使得民间信仰中的生前报应和死后报应扩展到来世,其轮回观受到了民间的接受和欢迎。这样就把民间信仰中的阳间、阴间的两重世界扩展到了三世,使得其因果关系更圆融、更精致,当然也更不容易证伪。并且,佛教以其高深的哲学思辨获得了一部分知识分子的青睐。有部分学者甚至认为佛教征服了中国,如林语堂就认为:"佛教一面以哲学,一面以宗教两种性质征服了中国。它的哲学的性质所以适应于学者,它的宗教的性质,所以适应于民间。"[①] 的确,佛教的哲学思辨对于学者有吸引力,其宗教理论对于普通民众有诱惑力。学者许理和的著作《佛教征服中国:佛教在中国中古早期的

---

① 林语堂:《吾国与吾民》,第109页。

第六章 佛教的善恶报应思想

传播与适应》一书的题目更给人一种佛教征服中国的感觉。①

但是，如果细究起来，并不是佛教征服了中国，而是佛教被传统文化所改造，成为适应中国传统文化土壤的中国化佛教。并且在佛教中国化的过程中，注重思辨的部分内容越来越式微，就如我国历史上曾经出现的唯识宗很快式微，而完全中国化的禅宗则流传了下来。按照葛兆光的观点，并不是佛教征服了中国，而是中国转化了佛教，使其成为中国化的宗教②，这种观点现在也几乎成为学术界的共识。正如汤一介所指出的："特别是禅宗的出现，它破坏了佛教作为一种宗教某些方面的特性，不仅不必拜佛、念经、坐禅，而且可以呵佛骂祖。禅宗认为，在日常生活中也可以实现成佛的理想，'挑水砍柴，无非妙道'。因此，从禅宗的思想路数只要向前一步，'事父事君'也可以成圣成贤，这样中国传统文化就可以完全取代佛教……"③ 佛教的传播发展过程其实就是中国化的过程，以至于现在中国佛教与印度佛教相比存在着非常大的区别。

在佛教善恶报应论中，存在着内在的悖论。它认为世界处在接连不断的因果联系之链条中，个人现世所受之苦是前世所作之恶的必然之果，这种因果观要求人们安于现状。这事实上取消了人们的能动性，因为无论怎样做，今世的福祸都是由前世所决定的，是不可改变的；人在现世命运中是完全被动的，这是一种宿命论观点。与此同时，佛教认为，现世的善恶行为决定着死后或来世的命运，这就赋予了人以能动性，认为人可以决定自己将来的命运，体现出对宿命论的反动。之所以出现这种悖论，与佛教的人性设定有关，在佛教看来，人性是可善可恶的，甚至可以一念成佛。但是这种随时可变的人性会造成另一种困惑：即在这种人的本性的阴晴转变中，轮回转世的同一性在哪里？如果人的本性变了，身体变了，时空也

---

① 许理和的观点其实也是认为中国佛教与印度佛教有所不同，认为佛教传入是不断与中国文化相适应的过程，可参看［荷］许理和《佛教征服中国：佛教在中国中古早期的传播与适应》，李四龙、裴勇等译，江苏人民出版社2017年第2版。例如第404页中说："佛教渗入士大夫的生活和思想，实际是从公元4世纪出现了杰出的中国法师后才开始的。换言之，当时僧人阶层的领袖已是纯粹的中国文人，他们能用修改过的、可被普遍理解和接受的观点护教和弘法。"

② 葛兆光考察了前人关于佛教对中国文化的影响，认为在佛教教团与世俗政权、佛教戒律与社会道德伦理、佛教精神与民族立场三方面，佛教都发生了立场挪移，到了7世纪，佛教思想已经相当汉化了。参看葛兆光《七世纪前中国的知识、思想与信仰世界：中国思想史 第一卷》，第566—594页。

③ 汤一介：《佛教与中国文化》（增订本），中国人民大学出版社2016年版，第208页。

变了，那怎么证明人的前世、现世与来世之间的同一性？即怎么证明是同一个人？这是轮回观面临的一个很大的困难。

在中国，宗教意义上的佛教与印度佛教已经有很大的差异，文化意义上的佛学则融会了传统文化中儒道的内容。无论是信仰意义上，还是文化意义上，佛教或佛学都已经是中国化的佛教或佛学。而无论是中国化的佛教还是中国化的佛学，都把道德置于非常重要的地位。道德不仅是一种依靠自力掌握自己死后或来世幸福的手段，而且也是一种人生智慧，是佛性和人性的一种本质性要求。因而，在佛教或佛学中，道德不仅仅是一种手段，而且也是人之为人的存在方式，从而使其在一定程度上具有了本体的意义。

在我国传统社会的发展中，对道德的相信通过佛教信仰进一步确立和传播。在佛教中，道德与神秘而美好的彼岸世界联系起来，遵守戒律道德是为了获得通往极乐世界的门票。虽然，与儒家相比，这种道德观带有一定的功利性，不过，在佛教中，为道德提供了神秘的本源和令人诱惑的彼岸世界，外来佛教在中国的传播，并没有削弱传统的善恶报应理论，反而为其提供了超验的、神秘的宗教外衣。在佛教的影响下，人们对道德的相信进一步得到了确认；通过佛教的传播，善恶报应观念更加深入人心。

第七章 民间的善恶报应信仰

善恶报应是中国人的普遍信念或信仰。在长期的历史过程中，不管是在大传统还是小传统中，善恶报应都作为一种公理性的东西而被人们所相信；无论是上层统治阶级、文人精英还是下层百姓都普遍存在着对善恶报应的相信或信仰；无论是在正统的儒家典籍中、文人的著述中，还是在民间传说中，善恶报应往往作为主题或基本的预设而存在。即使在现代社会，善恶报应仍然根深蒂固地影响着人们的价值观念和思维方式，有着很大的市场和空间。为什么这种信仰有着如此强大的生命力？这种信仰怎样深刻影响了传统社会的面貌、人们的生活方式和思维方式？这种信仰的价值何在？对这些问题的探究不仅具有理论意义，而且具有重要的现实价值。

一 民间善恶报应信仰的内容

民间的善恶报应信仰主要是指对善恶思想和行为会得到相应的奖励或惩罚的坚信，认为报应冥冥之中由天地鬼神等神秘力量来安排并且会得到实现。在这种信仰中，人们认为，奖励或惩罚是由神秘力量来主宰的，具有超自然性，作恶迟早会受到惩罚，做好事也迟早会得到回报。善恶报应信仰本质上是一种道德上的因果律，即根据个人动机和行为的道德与否而得到相应的奖励或惩罚。这也是人类文明中一种朴素的关于人类行为的因果关系的认识。善恶报应有点类似于自然法，在这种信仰中，人们相信道德规律背后的神秘力量能够确保善恶终有报，即人们常说的"人在做，天在看""不是不报，时候未到"，时候一到，赏罚就会实施。

基于道德的传统善恶报应思想研究

因果报应观念在我国传统社会由来已久，早期的因果观念往往简单直接，是一种互酬式的或结草衔环式的报应论。① 结草衔环是历史上有名的报应故事，这两个故事都是由于人做出了有利于他人或鸟的行为，由他人的父亲和鸟来直接予以回报。早期的因果报应故事主要是有恩报恩、有仇报仇的对应关系，并且可以延伸到通过鬼、精灵来报，带有神秘主义气息，这是传统报应观念的雏形。在早期报应中，行为者本人因做了善事而得到当事人的鬼魂或其血亲鬼魂的报恩，是直接对应的一种报恩方式。这种报应体现出简单对应的特点，即"投桃报李"，是一种互酬式的报应论。这种互酬式的报应与最初的宗教信仰形态是一致的。在最初的信仰中，人们认为有神存在，就如原始信仰一般，人们认为向上天献祭，上天就会保佑。这种信仰已经得到了考古学的证明，现出土的殷商时代的考古资料已经证明，殷商时代祭祀是非常重要的集体活动。当时的人神关系，乃是互酬式的，人向神献祭，神福佑人。《左传·成公五年》记载赵婴梦天使告诉他："祭余，余福女！"② 这种互酬式的神人关系不仅早期存在，在后来的发展中也一直存在，比如祭祀先人有让先人福佑后人的意思，不过，祭祀的含义非常丰富，还有情感上的慎终追远等。同样，皇帝的祭天地既希望天地福佑，也有感恩的意思。在后来的发展中，人们往往认为德行比祭祀祈祷更为重要。在善恶报应信仰中，虽然崇拜祭祀的对象发生了变化，但是对道德的崇拜是不变的。

除了这种相互之间的投桃报李式的报应外，还有一种普遍的善恶因果律。"天下无私爱也，无私憎也，为善者有福，为不善者有祸。"（《管子·枢言》）"惟上帝不常，作善降之百祥，作不善降之百殃。"（《尚书·伊训》）即鬼神不会固定福佑某人，而是要根据人的行为善恶来决定是给予福还是祸。这就把互酬式报应发展到了善恶报应式的，善恶报应模式是一种纯粹依靠道德的报应，"换言之，人不再能用饮食祭祀来贿赂神了，一

---

① 结草衔环是中国古代非常有名的报应故事。结草典故是指魏颗把自己父亲的小妾改嫁而不是殉葬，后来在战场上他得到小妾死去的父亲结草绊倒敌人的帮助并从而获得了胜利。结草典故见《左传·宣公十五年》。衔环故事是指东汉杨震之父杨宝曾经救过一只黄雀，黄雀赠以白环四枚，"令君子孙洁白，位登三事，当如此环矣"。可参见（宋）范晔撰，（唐）李贤等注《后汉书》（中），第1187页，卷五十四《杨震列传四十四》首段注释。

② 杨伯峻编著：《春秋左传注》（下），第703页。

第七章　民间的善恶报应信仰

切要看自己，神只是道德的裁判者"①。在善恶报应信仰中，行善与报应是联系在一起的，人努力行善，上天一定会赐福。"虔诚行善的概念和神圣赐福的概念不可分割地交织在一起。"② 在传统善恶报应信仰中，天是公正的裁决者、执行者，因而，个人应该把自己的行为与上天的旨意结合在一起，通过自己的努力得到上天的赐福。

在民间的善恶报应信仰中，信仰者相信报应是凡俗行为与神圣之间的信息和能量交换。神圣者能够获得人的行为和思想的信息，并且根据其善恶给予相应的赏罚，这种交换是双重的、双向的，既是信息上的，也是能量上的；既是从人到神的，也是从神到人的。正是通过这种积极的交换，凡俗与神圣联系在一起，神圣对凡俗予以指引和回馈，凡俗以自己的行为来获得神圣的肯定或否定，从而影响自己的世俗生活。在这种思想中，神圣与世俗之间没有不可逾越的鸿沟，这也是对传统儒家"天人合一"思想的通俗理解。这种思想与西方基督教思想是截然不同的，在那里，神圣与世俗有着泾渭分明的界限。在我国传统文化中，神圣与世俗之间是互通的，普通的人也能够因自己的德行功绩而成神成圣。

善恶报应是我们民族的一种集体意识或共同意识，历来是我国传统信仰中重要内容。自从"天道福善祸淫"观念以来，天道赏善罚恶的观念就一直根深蒂固地成为中华民族的根本信念或信仰。有人认为报应观是佛教传入后才有的，这种观点只是对传统文化的片面理解或无知。报应观念是我国传统文化在起源之时就产生的一种思想，龚鹏程认为："我们说的因果报应，善有善报、恶有恶报，从刘义庆《幽冥录》以来，不知有多少文学作品在阐释这个道理。这是佛教的因果观吗？答：术语是，但理论不是。"③ 的确，我们传统中的善恶报应思想具有民族性。我们说这个民族性，并不是为了强调而强调，而是其确实是中国传统文化中非常有特色的内容。善恶报应思想在我们传统思想中很早就产生了，佛教传入只是让我们把这种报应扩展到了前生后世，丰富了报应的时空，而报应的道德因果律的基本内核是我们的传统自己产生和创造的。

善恶报应思想在很多人类文明中都出现过。《理想国》认为："不管怎

---

① 龚鹏程：《龚鹏程讲道》，第 9 页。
② ［德］弗里德里希·包尔生：《伦理学体系》，第 342 页。
③ 龚鹏程：《有文化的文学课》，中华书局 2015 年版，第 34 页。

么说，愿大家相信我如下的忠言：灵魂是不死的，它能忍受一切恶和善。让我们永远坚持走向上的路，追求正义和智慧。这样我们才可以得到我们自己的和神的爱，无论是今世活在这里还是在我们死后（象竞赛胜利者领取奖品那样）得到报酬的时候。"① 在柏拉图看来，赏罚是由神来进行的，这种赏罚或者是在今世，或者是在我们死后，并且，柏拉图的《理想国》中也有类似我们传统中的轮回观，认为善人会得到好的轮回。这说明各个文明之间的相通性、人性的相通性，也说明了对人类行为、人际关系规律性的追寻是每个文明都注重的；善恶报应体现出人类朴素的道德认知和情感，是很多文明都具有或曾经具有的一种普遍性的向往和信仰。在漫长的文明发展史中，虽然世界上几乎所有文明在其早期都有善恶报应的思想，但是善恶报应在中国传统文明中地位的重要性和影响的深刻性是任何其他文明中难以望其项背的。正如胡适所指出的："古代的宗教有三个主要成分：一是一个鉴临下民而赏善罚恶的天，一是无数能作威福的鬼神，一是天鬼与人之间有感应的关系，故福可求而祸可避，敬有益而暴有灾（用《墨子·非命上》的语意）。这个民间宗教，势力最大，决不是几个自然主义的哲学家所能完全扫灭。"② 胡适所说的民间宗教其含义正是指的善恶报应信仰，善恶报应信仰可以说是一种融合了儒家、道教、佛教、民间信仰形成的一种以善恶报应为基本信念的信仰，这种信仰既与其他宗教信仰有着联系，又有着相对的独立性。

　　传统善恶报应信仰的内容在大小传统中存在着区别。就儒家为主流的大传统而言，善恶报应主要是作为宇宙的一种规律秩序，强调了道德的本体性地位；而在民间小传统之中，受泛灵论的影响，善恶报应具有了超自然的力量，与迷信交织在一起，往往带有功利性。但是无论是大传统还是小传统，其信仰的内核是基本一致的，即都相信善恶终有报，报应的依据在于人的思想行为道德与否。"曾子曰：'人而好善，福虽未至，祸其远矣；人而不好善，祸虽未至，福其远矣。'"③ 可以不夸张地说，在中国传统社会中，善

---

① ［古希腊］柏拉图：《理想国》，第 426 页。
② 胡适：《中国中古思想史二种》，北京师范大学出版社 2014 年版，第 149 页。
③ （魏）徐干撰：《中论解诂》，孙启治解诂，中华书局 2014 年版，第 59 页。据传为曾参所说，同样的话语在其他多处文本中可见，例如《广弘明集》卷十中说："人之好善，福虽未至，去祸远矣；人之为恶，祸虽未至，去福远矣。"

恶报应信仰已经成为既在一定程度上与其他宗教信仰有联系，又独立于其他宗教信仰的一种以善恶报应为主要内容、融合了传统鬼神观念的信仰；这种信仰被普通民众所信奉。

传统善恶报应信仰事实上是把个人的命运既交给了个人，又交给了神，体现出二元的特征，不过，传统善恶报应却不是二元论的，而是二元统一的。在善恶报应信仰中，人通过自己的思想和行为得到神的眷顾或者惩罚，体现出个人努力与神的赏赐意识的结合，即自力与他力的结合。在这种结合中，为个人掌握自己的命运提供了前提，而神的赏善罚恶又为人们的生活带来了保障和希望。这种信仰与儒家报应思想相比，明确强调鬼神进行赏罚，具有更强的宗教性意味；与宗教报应论相比，善恶报应信仰把道德视为鬼神赏罚的依据，带有更强的人文性。

二 鬼神的道德化

民间善恶报应信仰中的鬼神具有道德性的典型特征。报应最终是由鬼神来掌控的，鬼神的首要品质就是道德性。如前所述，报应信仰刚开始主要是互酬式的，后来善恶报应模式逐渐占据了主流和正统，这个过程也是鬼神道德化的过程。

"神"是民间信仰中的崇拜对象，"神"一般是具有特殊能力的，并且往往是长生不老的。"神"与"圣"往往是联系在一起的。"圣"是儒家的道德和学问典范，例如孔子在后世被尊奉为"孔圣人"，即是把人的神化、圣化。无论是神还是圣，都具有很高的道德性。神不可能是道德败坏的人，否则他就不是神，而是魔。当然神也难免有点小缺点，发点小脾气。就像希腊神话中的众神，也争风吃醋，也打架，也有与凡人相似甚至相同的喜怒哀乐。圣人则是人的思想行为方面的标杆，是最完美的人，并且因其完美和对世人的贡献而被崇奉。文庙是为孔子建立的丰碑，也是道德教化的重要场所和方式。对"神""圣"的崇拜说明中国文化中对能力和道德的重视，并且注重二者的结合，即德才兼备；同时也说明，道德是一个人成神成圣的必要条件。一个社会的崇拜对象反映出社会的价值导向，崇拜对象的存在和被尊崇，又借助社会的力量通过各种途径对人们的价值观念产生影响，有助于道德教化。

在民间善恶报应信仰中，人们普遍认为，个人受到的报应并不仅仅在于对鬼神的态度，更在于其是否履行了道德的要求。"对于鬼神及其功能的信仰，是中国平民大众惟一一份极具效力的大宪章（Magna Charta）。不过，鬼神也监视着所有种类的契约。他们拒绝保证强制性或非道德的契约。"① 在善恶报应信仰中，道德往往被视为比鬼神更为根本的存在。只有符合道德的鬼神才能够具有存在的合法性，如果鬼神的行为不符合道德，鬼神不庇佑道德的人和行为，那么，这种违反道德的鬼神就会受到更高一级鬼神的处罚，甚至会失去作为鬼神的合法性。

民间善恶报应信仰在神学秩序与伦理秩序之间建立了可理解的关联，为伦理秩序找到了神秘的、神圣的源头。善恶报应信仰在大传统中往往是无神论，在小传统中则主要是泛神论，当然这种区分不是绝对的。在以儒家为正统的大传统中，往往认为天地有正气，由上天来对人们的行为进行裁决赏罚，而"天"的含义之丰富，很难说其是人格神，而更多的是一种宇宙秩序、伦理秩序。因此，在大传统中，可以说是一种无神论的善恶报应信仰。而在小传统的善恶报应中，则不仅有神仙，而且有鬼怪，甚至也有动物崇拜等，虽然崇拜对象繁多，不过，贯彻始终的一个信念就是邪不压正，坏的鬼怪往往会受到天谴。即使是民间道法道术，也不能与道德相违背，否则不仅道术会不灵验，而且会受到惩罚，即正邪不两立、邪不压正。不管是无神论，还是有神论，都是把道德放在首位，认为道德是天地鬼神的属性，甚至是比神更为根本的属性，即道德的不一定能成神，但是神一定是道德的，否则神的合理性就是值得怀疑的。因此，道德威望与宗教威望就联系在一起，宗教借助道德获得合理性，道德借助宗教获得约束力，二者相辅相成。

借助于宗教的力量，善恶报应信仰对人们思想和行为的约束力就具有了双重性质，一重是神的力量，一重是人的力量。在善恶报应信仰中，鬼神对人的奖惩是超越时空的，"举头三尺有神明""天网恢恢疏而不漏""神目如电"，这种时时刻刻的监督是无处可逃的，其奖惩也是公正无私、不会遗漏的。同时，在善恶报应信仰中，人们因为信仰也产生了自我约

---

① ［德］马克斯·韦伯：《中国的宗教：儒教与道教》，第236页。

束、自我教化，即只有遵照道德要求，才能够得到鬼神的眷顾；并且，善恶报应也的确符合人们朴素的认知和情感，更容易获得人们的认同。与人的监督和奖惩相比较，神的奖惩更具有权威和有效性，而人依靠信仰的自我约束则更具有主动性、自觉性；神的力量与人的力量的结合使得善恶报应信仰对人的思想和行为的引导和约束卓有成效。"这是神令道德吸引人的地方，因为畏惧能够在爱和鼓励不能或还不能提供支持的地方提供支持。"① 特别是在民间信仰中，神学道德与世俗道德从来没有分道扬镳，而是紧密联系在一起。

传统善恶报应信仰是神学与伦理学的完美结合。在其中，既有义理之天的神学的支撑、鬼神的奖惩，又有合乎理性和感性的道德内容。在这种信仰中，我们无法明确区分它们各自的领域，因为，神学主要是建立在道德基础上的，以道德为导向，为伦理学提供了神学来源、神学监督和奖惩；伦理学则以神学为来源、依据和最终归宿。即使这种信仰中的世界是道德统治的世界，本质上似乎排除了神学的力量，但是其最终的执法者和归宿都离不开超验的神学；对神学的需要在理论和情感上都存在着理由。也正是因为这个原因，在我国传统信仰中，历来存在造神运动和道德神话。

三 造神运动与道德神话

民间善恶报应信仰是神学与伦理学的结合，这种结合决定了善恶报应思想观念中有宗教性的一面，即有造神运动和道德神话，也有道德的一面，即造神运动和道德神话都与道德密切相关。也就是说，造神运动和道德神话是善恶报应思想下的产物，反过来又强化了善恶报应信仰。

在早期的造神运动中，往往是功能神居多，功能神是对人们生活有益的，即具有道德意义。例如门神、灶神等，都是家家户户必要的神，门神往往被认为是家庭的保护神，可以保护家庭不受那些游魂野鬼的侵入；灶神掌管家庭的灶火饮食。善恶报应信仰下的造神运动，往往是把道德上具

---

① ［加］约翰·M.瑞斯特：《真正的伦理学——重审道德之基础》，向玉乔等译，中国人民大学出版社2012年版，第297页。

有特别重大意义的人，即做了重大善行、功绩的人死后封神。"生当作人杰，死亦为鬼雄"① 就是这种观念的一种体现，在人们朴素的观念中，认为特别有才华、能力、功绩等的人死后也应该是特殊的，比如被封神，或者成为特别有能力的鬼等。的确，在传统文化中，很多神是由人而来的，比如民间的关帝、妈祖等。关帝是关羽因其忠义而被死后封神；妈祖是一个渔家姑娘，因为热心于海上救难，死后被封神。很多地方还有各地的地方神，往往也是当地德行非常高尚的人死后被封神。就如休谟所指出的："凡俗人的神是如此不高于人类创造物，以致当人们感染到对任何英雄或公共恩人的强烈的崇敬或感激情感时，最自然的事情莫过于把他变成一个神，并以这种方式不断从人类中招募来填满天堂。古代世界的神大多数应当曾经是人，他们被**尊封为神**是由于人民的钦敬和爱戴。"② 在我国传统社会，造神运动必须要得到官方的认可，得不到官方承认的往往被视为淫祠邪祀，会被取缔。造神运动体现了传统文化的价值导向，即特别有道德、有能力、有功绩的人有可能死后成神，永远得到世人的供奉，鼓励人们向这些神学习。在民间善恶报应信仰中，人通向神的道路从来没有被封闭，这也是我国传统文化的一个非常显著的特点。

造神运动既是对道德特别高尚、能力特别卓越的人的尊重和承认，同时也是希望能够得到这些神的庇护，因而造神运动往往与功效有关，即神要保佑人们，否则就会失去存在的合理性。所以，善恶报应信仰中的神并不是一成不变的，而是具有变动性。"在中国，真实和虚构之间完全没有任何分界线。对于一位西方人来说，原因和结果是互相关联的。而一个中国人向一只不存在的猴子求雨，他的大脑中究竟存在着什么样的因果关系，我们不得而知。"③ 这其实说出了中国式造神运动的特点，神的确是由人造出来的，从而作为崇拜的对象。崇拜的本质在于被崇拜者有力量，可以满足信仰者的要求。如果偶像明显地不能满足人们的需要，这种偶像往往会被抛弃，即不灵的神往往逐渐失去其信众，新的神灵被创造出来。例如龙王曾经是一种普遍的信仰，随着气象知识的科学化、技术的进步和水利设施的完善，龙王信仰在现代社会几乎不存在了，曾经遍布大地的龙王

---

① 引自宋代李清照的诗《夏日绝句》。
② [英]休谟：《宗教的自然史》，曾晓平译，商务印书馆2014年版，第34页。
③ [美]明恩溥：《中国人的气质》，第229页。

庙消失殆尽就是最好的证明。

在传统文化中,曾经出现过很多道德神话,比如典型的、脍炙人口的二十四孝中的神话,舜"孝感动天"、王祥"卧冰求鲤"、"孟宗哭竹"等故事都是带有神话色彩的。民间传说中与道德有关的大大小小的神话传说更是不胜枚举,比如孟姜女哭倒长城、六月飞雪因窦娥等。人们相信道德的力量是无穷的,道德可以创造奇迹。我国民间善恶报应信仰中有很多超验的东西,虽然超验的东西在严格的认知论上是被否定的,但是,超验的内容在信仰中却是必不可少的。"虽然理性时代憎恶那些超验传统,这传统却是时代理想真实而必要的基础。"① 超验内容体现出时代的需要,在我国传统社会中,建立在超验基础上的造神运动和道德神话既体现出人们的理想,又是"神道设教",对人们的思想和行为起到引导作用,让人们意识到遵循道德的重要性,树立起对道德的相信或信仰。造神运动与道德神话的价值引领作用主要是通过官方的认可,引导民众崇拜和效仿。

随着社会的发展进步,道德神话在现实中还是被无情地解构了。因为,伴随着人们认知的进步,人们朴素的经验越来越意识到道德并不能违反自然规律。在传统信仰中,善恶报应的道德神话采取了两种转换途径,一种是把神话弱化,另一种是把神话道德形而上学化。第一种是把道德神话看作一种弱神话,而不是一种强神话。把神话弱化意味着善恶报应并没有达到做善事立马可以心想事成的程度,而是把做善事的后果扩展到更广阔的时空,扩展到不可验证的未来,使人们相信报应不一定在现世,也有可能在阴间或来世实现。当然这里就出现了一个疑问:为什么道德报应并不即时兑现,而要延展到不可预期的未来?在民间信仰中,对这个问题的回答可以归之于神秘莫测的天机、神意。这种回答一方面作为一种解答回应了问题,另一方面却也造成了对善恶报应本身的怀疑,即善恶报应既然并不能在现世中实现,而死后或来世根本不可知,因而,报应的有无就成为虚无缥缈的、令人怀疑的。把神话道德形而上学化,即用抽象的方法把善恶报应视为宇宙秩序,这也是儒家采用的方法。形而上学化的方法把道

---

① [英]迈克尔·波兰尼:《科学、信仰与社会》,王靖华译,南京大学出版社 2020 年第 2 版,第 78 页。

德提升到本体的地位，使得遵行道德成为人成其为人的一种必要方式；这种方法淡化了善恶报应的宗教性，把道德提升为一种类似黑格尔所说的高贵意识①，提升为一种人应该达到的精神境界。在提升人的精神境界的同时，善恶报应信仰的逻辑脉络并没有忽视人的世俗利益，把人的道德与世俗幸福联系了起来，体现出功利性和世俗性。

四　民间善恶报应信仰的功利性和世俗性

在看待善恶报应信仰的问题上，必须要摒弃把信仰简单化的谬见。民间善恶报应信仰与其他宗教不同，虽然也有死后来生之类的回报，但是其报应观更注重现实的回报、人世的快乐，把物质利益、需要等世俗的东西纳入信仰之中，具有很强的功利性和世俗性，体现出对人性的深刻洞察。

普通民众的善恶报应信仰带有功利性，在很大程度上行善的目的是得到好的酬报，避免受到惩罚。外国学者曾经有过非常形象的描述："中国人对中国神祇的一切崇拜，不是一种仪式性的惯例，就不过是一桩交易——有多少需求就付出多少崇拜。当'老天爷'被说成是一个人并得到崇敬的时候，这种千篇一律的表现就成了一个最为明确的例证，可以说明什么是真正的崇拜。当你问一个中国人，为什么要定期地给这个'人'烧香磕头，他的回答就是：'因为我们吃穿都靠他呀。'即便这个中国人对是否真的有老天爷都将信将疑，这也并不妨碍他去参加膜拜仪式。"②"有多少需求就付出多少崇拜"这的确是非常精辟的一个判断，希望得到庇护的心理使得人们去进行祭拜，并且按照神的喜好来规范和约束自己的行为。

当然，"吃穿都靠他"也可以看作感恩意义上的，就如同基督教的"感谢主赐予食物"一般，体现出对神的感恩。纯粹功利性的信仰只会导致工具性，缺乏神圣性；善恶报应信仰因为其信仰的是道德，就包含了工具性和神圣性两层含义，既有道德本体上的信仰，又有道德功利方面的信仰。在善恶报应信仰中，人努力行善，上天一定会赐福，即个人可以通过自己的善

---

① 黑格尔的高贵意识指的是普遍性和特殊性同一的意识，即"国家权力和财富都与自己同一的意识，乃是高贵的意识"。参看［德］黑格尔《精神现象学》（下），第57—58页。
② ［美］明恩溥：《中国人的气质》，第231页。

第七章　民间的善恶报应信仰

行获得回报。天地鬼神是公正的裁决者、执行者，因而，个人必须把自己的行为与天地鬼神的旨意结合在一起，通过自己的努力得到神的赐福。

普通民众的善恶报应信仰还带有强烈的世俗性。人们相信善恶报应，遵循道德的规定，并不一定是为了得到另外一个世界的救赎，而往往是为了世俗的幸福。"中国的实用理性使人们较少去空想地追求精神的'天国'；从幻想成仙到求神拜佛，都只是为了现实地保持或追求世间的幸福和快乐。"[①] 在善恶报应信仰中，人们行善往往就是为了得到金钱、厚禄、长寿、子孙满堂等种种世俗的回报，这是俗世中人性的表现和反映，而不是宗教中人们的渴望。人性喜欢锦衣玉食，没人天生喜欢风餐露宿、受穷受苦；喜欢财富、高官厚禄等物质名誉的东西，这些喜恶都是人性的自然流露，善恶报应信仰在这方面满足了人的自然人性。佛教那种苦行苦修、涅槃寂静对人性的束缚和对抗在我国传统社会中从来没有占据过主流；人们对佛教的信仰有很多祈福的成分，期望轮回转世后有更好的生活，而未必是追求西方极乐世界、净土世界等另一个世界的生活。因而，中国民间善恶报应信仰的侧重点在世间，是一种世俗中的信仰。在善恶报应信仰中，世俗领域与宗教领域的分界从来不是十分清晰的，善恶报应信仰在世俗的意义上满足了人们的愿望。

在其他宗教中，往往都出现过与现世的紧张关系。比如基督教的天堂理论，与现世是相对的；并且基督教教会权威曾经与世俗政治权威争夺权力，出现过神圣与世俗之间的紧张。又如印度早期佛教主张出世，导致了宗教与现世之间的二元对立关系。这种紧张在我国民间善恶报应信仰中从未出现过。这是因为，中国民间善恶报应信仰并没有建立彼岸世界和彼岸意识让人们去向往，也没有建立严格的宗教性组织与世俗权力争权夺利，而是以世俗中的道德作为导向，作为赏罚的依据，来获取现世的幸福以及死后或来世的幸福。这种信仰并没有把来世与现实对立起来，而是把现世中的行为与幸福及来世幸福连接了起来，并且侧重的是人世生活。多数人的善恶报应信仰中，满足于尘世间的生活并且乐此不疲。"中国人爱好此生命，爱好此尘世，无意舍弃此现实的生命而追求渺茫的天堂。"[②] 人们希

---

① 李泽厚：《中国古代思想史论》，生活·读书·新知三联书店2008年版，第325页。
② 林语堂：《吾国与吾民》，第93页。

冀世间生活的生生不息,希望自己能够不断轮回到人世生活中,体现出对人世生活的无限热爱,具有现世主义情怀。"二十年后又是一条好汉"这句俗语体现出生命上的轮回信仰,这种信仰往往不会悲观绝望,但也不是很珍惜今世的生命,这其中既有盲目的乐观,又有心灵的慰藉。这与西方基督教信仰存在着显著区别:西方基督教是沉重的肉身,中国信仰中是人身之珍贵。《平妖传》《白蛇传》等小说中都讲人身是比动物更高级的存在,更有可能修道成仙,动物如狐狸、蛇等都希望通过多年的修行能够修得人身,然后再成神成仙,获得永生。人世生活甚至可以说是值得永久追求和向往的,连天上的神仙都羡慕人间繁华和有情世界,于是就有了织女下凡到人间之类的故事。《西游记》中神仙或其奴仆、坐骑下凡的故事更是比比皆是,并且下凡往往是称王做妖,说凡间生活比天界的清苦生活好多了。所有这些故事都无意中诉说了一个相同的主题,即尘世生活之弥足珍贵、值得向往。

　　传统文化中各个学派、教派之间的共同之处在于其都注重人世,注重人的幸福。"中国传统思想文化本质上是一种关于'人'的学问,其重要的特点之一就是具有强烈的关注现世社会和人生的人文精神。中国众多的思想或学派,具体观点虽然各异,但从根本上说,其出发点与归宿,大都是'人',其思想的核心,也大都是'人'的问题,重视现世现生成为各家的共同特点,只是在对人的价值取向上和在人的实现途径等问题上所持的见解各有不同而已。"① 事实上,在正统思想中,之所以能够容忍佛教、道教、民间信仰等,是因为佛教、道教、民间信仰等被视为儒家思想的补充。伏尔泰认为:"中国容忍这些教派以供平民之用,就像给他们一些粗糙的食物来养活他们一样,而与平民隔绝的官员士绅则享用精细的食品,似乎平民百姓不配有一种合乎理性的宗教似的。"② 在伏尔泰看来,儒教是精细的食物,适合官员士绅,而平民百姓适合佛教、道教等粗糙的食物。伏尔泰确实精准地看到了我国传统社会中官方对待不同宗教的不同态度及原因。在我国传统社会中,官方最推崇儒家学说,但是同时容许佛道和民间信仰等的存在,是因为这些信仰具有不同于儒家道德纯粹性的地方,即

---

① 洪修平:《中国佛教与佛学》,南京大学出版社2016年版,第290—291页。
② [法]伏尔泰:《风俗论:论各民族的精神与风俗以及自查理曼至路易十三的历史》(上),第256页。

有功利性、世俗性的一面，能够满足不同层次人们的需要。

五　信仰的程度

民间善恶报应信仰与基督教、佛教、伊斯兰教等宗教相比，并不是一种严格意义上的宗教，只是具有宗教性。在信仰的程度上，善恶报应的信仰者并不像宗教信徒那样绝对相信，而是具有不坚定性的特点，更像是一种信念。

民间善恶报应信仰在内容、组织形式等方面与宗教存在着很大的不同。宗教一般有明确的教义、神职人员和教会组织，并通过这些教义和机构等加强对教徒思想和行为的引导和规范。民间善恶报应信仰的理论根源于无神论的儒家和民间鬼神信仰的结合，除了有基本的因果报应原则外，并没有明确的成文的教义、教规、专职人员和宗教组织等对人们的思想和行为进行明晰、统一和强化，因而，传统善恶报应对于很多人来说的确只是一种带有宗教性的信仰。相对正规宗教信仰而言，民间善恶报应思想并不是一种强度非常大的信仰，而是一种相对较弱的信仰。民间善恶报应信仰者与一般宗教教徒的信仰程度有所区别，传统信仰更像是一种信念，不太可能出现非常狂热的信徒（因为根本没有严格的戒律可遵循）；在信仰程度上，假如用0—1来衡量信念强度，传统善恶报应信仰的信徒分布大概处于0—1之间，而处于两端的不相信和极度相信，即处于0、1状态的人往往是少数，还有相当多的人处于大部分时间相信、偶尔怀疑的状态；只不过即使怀疑，他们对于道德的信念还是基本上存在的。

中国人的信仰并不像基督教、佛教等宗教那样绝对相信教义，而往往体现出"信则有，不信则无"的特点。这种信仰与其他宗教信仰相比，无疑是一种非常灵活的信仰。"信则有，不信则无"这种信仰对于西方人来说是完全不能理解的。罗家伦曾经指出，中国人容易接受思想，但是，"容易得，也就容易失；容易接受思想，也就容易把它丢掉"[①]。在信仰上也是，历史上，中国人很少出现宗教信仰的殉道者。中国人的民间信仰都

---

① 罗家伦：《中国人的品格》，第48页。

是受主流价值观、官方引导的，凡是被官方禁止的宗教都很难流传下来；往往是如果官方取缔了，普通民众也就不再信仰了。与基督教、犹太教等宗教信仰相比，善恶报应信仰显得并不够坚定。基督教、伊斯兰教等的忠实教徒对其宗教都是没有任何怀疑和犹豫的信仰；基督教教义不是让教徒怀疑的，而是让人确证的。而民间善恶报应信仰常常有着各种犹豫和怀疑，对"天"的质问和怀疑常常会出现。

在传统社会中，善恶报应信仰一般是一种软决定论、弱决定论，并不是硬决定论或强决定论。普通民众对善恶报应的实现与否往往并不抱持完全肯定态度，而经常抱持或然的态度。在善恶报应信仰中，报应既有真理性的一面，也有或然性、偶然性的一面。这种观点虽然看似矛盾，却是现实中实际存在的。真理性的一面是指善恶终会得到报应，这个规律是客观的规律，是由神来保障实现的。或然性、偶然性的一面是指善恶报应会以什么样的方式、在什么时间地点、由什么人来实现都是偶然的，或者说是由上天决定的，所谓"阎王叫人三更死，谁敢留人到五更"。而上天的旨意是人力所猜测不到的。对人而言，这种必然性都是通过偶然性、或然性来实现的。并且，人们根据经验，往往得出善恶报应不一定会百分之百实现的结论。因而，民间善恶报应信仰并不是一种非常严格的信仰，而往往只是信仰上的一种倾向性。虽然如此，在人们的信念中，善恶有报的可能性是非常大的，在现世没有实现的有可能在来世实现，这种推测和想象使得人们更趋向于相信这一理论。信仰者思考问题往往是沿着报应理论的逻辑和思维方式，诠释事件往往也是从善恶报应的模式去进行，例如对于善恶并没有得到报应的事件，往往是认为"不是不报，时辰未到"，这种信仰模式是一种循环论证，促成了人们信仰上的自我暗示、自我确证。

并且，这种信仰更多是一种对于美德的相信和向往，来自人们对正义的热爱和希冀。正如斯密指出的，如果在现世中无法阻止非正义的力量，人们宁愿相信造物主能够出手帮助人们实现正义，并且在来世给予人们以相应的报偿，他认为这种信念，"不仅是由于我们的弱点，不仅是出于人类天性的希望和担心，而且也是出于人类天性中最高尚和最真诚的本性，出于对美德的热爱，对罪恶和非正义的憎恶"①。在很多情况下，与其说人

---

① ［英］亚当·斯密：《道德情操论》，第208页。

们相信善恶报应一定会实现,毋宁说人们希望善恶报应会实现;与其说人们相信美德的回馈,毋宁说人们热爱美德。在此意义上,善恶报应更多的是一种信念;而作为信念,善恶报应其实就获得了信仰上的坚定性,即使善恶报应得不到实现,依然是人们的企盼和追求。也就是说,无论善恶报应在现实世界中是否为真,它在人们的信念中都是真的。正是这种基于道德的相信,使得善恶报应在本质上与迷信区别了开来。

六 民间善恶报应信仰与迷信

一般而言,只要谈到善恶报应,很多学者的第一反应就是迷信,认为报应是一种非常肤浅的、庸俗的信仰,没有认知上的依据,是非常荒诞不经的。的确,民间善恶报应信仰往往与迷信交织在一起,不过,二者在本质上存在着很大的不同。

迷信与民间善恶报应信仰的最大区别在于其基石不同。善恶报应信仰的基石在道德,人们是通过行为的道德与否得到报应的,而迷信则是以神秘力量为基石,缺少对道德的内在敬畏和尊重。世界上各种文化中都存在着迷信,迷信往往相信荒谬的东西,并且带有赤裸裸的功利性。迷信相信的是强权和利益,如果利益或权力不存在了,那么对其的相信也会随之瓦解。"迷信者在畏惧诸神的同时又逃到诸神那里寻求帮助;他们对诸神既奉承又辱骂,既祈祷又责备。"[①] 而善恶报应信仰虽然也强调神的有效性,但是其强调的是神的赏善罚恶的有效性,其崇拜对象必须是道德的。与善恶报应相比,迷信是一种赤裸裸的功利性的信仰;而善恶报应信仰归根到底是建立在道德基础上的。

民间善恶报应信仰与迷信既存在着区别,也存在着联系。迷信相信一些与科学知识、生活常识相悖的东西,如巫术等。如果感冒发烧不去求助医生,而是去烧香拜佛,或是请神婆巫师,这就是迷信。善恶报应在这方面不同于迷信,它相信的是道德,而不是与科学、常识相悖的知识。不

---

① [古罗马] 普鲁塔克:《哲思与信仰:〈道德论集〉选译》,罗勇译,中国社会科学出版社 2018 年版,第 52 页。

过，有些善恶报应信仰者也并不完全排除巫术，而是认为在不与道德相悖的情况下，巫术也是可以利用的。依靠自己的德行获得拯救的同时，也可以利用法术之类的技术性措施来多管齐下，可能会收到更好的效果。如家里有病人，在找医生医治的同时，多做善事积累功德祛病或者祈祷神明保佑，多管齐下，如此将可能有效的手段都用上应该更能发挥作用，这是我国传统综合性思维的表现。不过，若是相信善恶报应的人认为行善的人生病不用求助医生，凭借德行会自行好转，这也近似于迷信。

从整体上来看，在善恶报应信仰的影响下，我国民间信仰中迷信的成分逐渐减少，日益增多的是对道德的信仰。"通往道德世界的路径之一就是使人们不再相信荒谬之事，而科学和理性则是实现这一目的的最佳方法。"① 逻辑上，善恶报应信仰能够排除迷信荒谬之事，为人们开辟一条后果与善恶行为之间必然联结的道路，其中的因果律完全对迷信关上了大门。这也能够解释我们传统社会中从来没有出现过其他文明中巫术曾经占有重要地位的情形，也没有出现过欧洲中世纪那种对女巫的迫害行动。我们的信仰中，认为邪不压正，巫术能够有效的一个前提是不得与道德相违背，道德是比巫术更为根本的东西。

巫术从来不在我们传统社会中占据重要地位，在历史上大多数时期，其对社会和人们生活的影响是非常小的，小到在日常生活中几乎可以忽略不计。巫术依靠的是"术"，而不是"道"。人们想到巫术、用到巫术往往是在正常手段不管用的情况下的一种姑且试之的投机。如巫术治病，人们往往抱着一种姑且试试看、万一碰巧能治好的心理，一般是在医学无能为力情况下的一种无奈之举。纵观我国整个传统历史，巫术在其中所起的作用非常有限；特别是到了现代社会，巫术几乎失去了市场。巫术在我国不发达的状况与我们很早就产生了宇宙秩序与道德秩序的统一有关，与善恶报应思想有关。在传统思想中，任何与"道"相悖的"术"都是不可信的，是邪术。传统善恶报应信仰从来没有摆脱宇宙论、神学的影响，但是却比较成功地摆脱了巫术的干扰。

发展到现代社会，民间善恶报应信仰中迷信的东西已经不多了，报应

---

① ［美］迈克尔·舍默：《道德之弧：科学和理性如何将人类引向真理、公正与自由》，序第6页。

信仰更多的是一种情感和信念上的安慰，具有维护社会秩序和共同体归属感的功能和作用。在善恶报应信仰者看来，做道德的行为终究会有好的回报；即使暂时没有好的回报，也可能在不远的将来会有，或者回报在自己的亲人身上；并且做本来应该做的事情让人问心无愧、心安理得、心情愉悦，这本身就是回报。善恶报应信仰还能让人在不确定的生活中得到一种确定感，获得作为共同体成员的归属感。尼古拉斯·韦德指出："但对今天的许多人来说，宗教的个人联系和正面效应至少与社会联系和惩罚效应一样重要。宗教中的冷酷一面，如假设疾病是上天对过去罪行的惩罚一说，已经不再成立。信仰现在更多用于安慰而不是恐吓：仪式用于控制不可预计的力量，祷告者希望脱离疾病和危险，成为道德群体一分子的个人满足感。"① 这种对现在宗教功能的看法也适合于善恶报应，在现代社会中，民间善恶报应信仰中原有的迷信成分几乎消失殆尽，而它也日益成为人们的归属感、满足感、确定感等方面的情感安慰和信念支撑。

七　民间善恶报应信仰的作用

在我国传统社会中，善恶报应信仰不仅具有引导和约束人们的行为、维护社会秩序的功能，而且具有满足人们精神性的需要，如公正感、永恒感等的需要的功能，也就是说，善恶报应信仰既有宗教性的功能，又具有世俗的功用。善恶报应信仰给予人们以现实利益的许诺，也给予人们以情感和心灵慰藉，有利于人们安居乐业，促进社会稳定和发展。

善恶报应信仰能够有效约束和引导人们的思想和行为，维护社会秩序和稳定。在善恶报应信仰中，人们相信遵从社会的道德要求，就能得到好报；否则就会受到惩罚。个人利益与道德紧密联系在一起。人们相信上天一定会实现奖惩，"天网恢恢疏而不漏"，只不过"天机不可泄露"，上天的赏罚究竟以怎样的方式、在什么时候和地点实现不是人力所能左右的。人们相信，惩罚如达摩克利斯之剑，不知道什么时候就会

---

① ［美］尼古拉斯·韦德：《信仰的本能：人类宗教进化史》，陈华译，电子工业出版社2017年版，第58页。

降临到作恶者的头上。这种神学与道德的结合使得道德具有了强大的权威，不仅有社会的权威，也有神的权威，这种双重权威对人们的思想和行为起到了引导和约束作用，使得人们倾向于遵守社会道德。道德是维护社会有序发展的规范，对道德的遵守有利于人际关系和谐，有利于社会的稳定。

善恶报应信仰中充满了道德温情，有利于塑造积极乐观的人生态度。在善恶报应信仰中，世界是一个道德的世界、有温度的世界；让人远离不确定的恐惧，而是相信道德，相信秩序。在善恶报应信仰中，我们相信主宰我们的"天"对人类温情脉脉，世界是有感情、有秩序、公正的。"天地无私""鬼神无私"，天地鬼神在执行审判权、监督权和执行权时都是公正无私的。公正无私绝不意味着无情，公正恰恰意味着对行善的人的有情有义。因为，公正既是对遵从道德的人的尊重和奖赏，也是对不遵从道德的人的惩罚和教育。人人都根据自己的行为得到相应的赏罚，这种秩序既是公正的，也是有情的，即合情合理。在善恶报应信仰中，道德构成了合法性所依赖的背景。

乐观的人生态度为善恶报应信仰逻辑所蕴含。在传统观念中，人们认为上天有好生之德，宇宙秩序即道德秩序，只要行善就可以得救，即使作恶者也可以通过幡然悔悟而得到重新拯救的机会，这种信仰带来的必然是人们世界观和人生观上的乐观态度。不像西方基督教中曾经出现过的"选民"观念，只有被上帝选中的人才能得救；在善恶报应信仰中，人人都可以依靠自己的行为拯救自己。在善恶报应信仰中，人的命运观既不是宿命论，也不是命运无常论，而是一种可以掌控的命运观。"命运是我们半个行动的主宰，但是它留下其余一半或者几乎一半归我们支配。"① 马基雅维里的这句话用来形容善恶报应中的命运观非常合适，所有文明中的命运观总是带有神秘性的，善恶报应信仰中的命运观也不例外，不过，善恶报应中的命运观为个人自己掌握自己的命运留下了足够的空间，"发达虽命定，亦由肯做功夫；福寿虽天生，还是多积阴德"②。如果没有因果律，人的命运是由神定的，人无论做什么也不能改变命运，这种宿命论会让人消极失

---

① ［意］尼科洛·马基雅维里：《君主论》，潘汉典译，商务印书馆1985年版，第117页。
② （清）王永彬：《围炉夜话》，第53页。

第七章　民间的善恶报应信仰

望，不做现实的努力；如果人的命运是无常的，只有偶然性，那么会让人产生对未来不确定性的无力感、恐惧，让人无所适从，造就生活的盲目感。善恶报应因果律的存在让人获得命运上的确定感，感到有希望和信心，即使不知道明天的风往哪个方向吹，却可以为自己的心灵导航，相信"老天自有安排"、"一切都是最好的安排"、付出总有回报，能够使人积极乐观地去生活。

民间善恶报应信仰能够满足人们永恒的灵魂安放问题，给予人们以宗教性的精神的和情感的安慰。民间善恶报应信仰在某些方面的确起到了宗教的作用，它不仅能够满足人们趋利避害的需要，而且能够给人们以永恒的可能性，使人摆脱对死亡的恐惧。善恶报应信仰不仅给予人们以现实利益的许诺，也给予人们以来世的情感慰藉。善恶报应信仰虽然未必能够在现实中降低人们生活的不确定性或风险，但在想象中，这种观念的确降低了风险和不确定性。因为，在想象中，人们认为自己的所有行为终究会得到相应的回报，未来是可预期的，是可以依靠自己的行为掌控的。这样，善恶报应信仰就能够给人们一种依赖感和安全感，在一定程度上满足了人们的情感需要。

善恶报应信仰在我国传统社会深入人心的一个重要原因在于其既简单明了，又符合人们的心理期望，满足人们心理需求。就如葛兆光指出的："信仰者之所以需要信仰，总是有着生活上的需要；宗教如果需要支持多数信仰者的生活和信心，那么它就必须有简约的、易于理解的若干教理，毕竟多数人的知识并不足以理解那些深奥和复杂的道理，却易于接受那些省略了论证过程的教条和比喻。"① 善恶报应正是如此，简单易懂，符合人们朴素的认知和情感，给予人们未来的期许和希望。这也是善恶报应信仰在民间信仰中历来占据最重要地位的一个重要原因，它能够轻松地为人们所理解、所接受，并得到人们的拥护和支持。

民间善恶报应信仰既有积极的一面，即促进人们的道德认知和道德行为，维护社会秩序的一面，又有消极的一面。消极的一面主要表现为善恶报应信仰容易让人们安于现状、逆来顺受，缺乏道德反思和积极行动。在

---

① 葛兆光：《七世纪至十九世纪中国的知识、思想与信仰：中国思想史 第二卷》，复旦大学出版社2000年版，第138页。

善恶报应信仰中，人们现实中的一切往往被视为自己前世或家庭成员的行为之"报"，是由前面德行所决定的一种必然结果，是无法改变的，是必须要承担的；人们能做的就是安分守己、积善累德，改变自己未来的或子孙后代的命运。这种信仰让人们安于现状、服从命运，而不是反思或反抗，有利于社会秩序的维护和统治阶层的统治。不过，这种逆来顺受、俯首帖耳并不利于个人和社会的道德进步；在不公正的社会秩序里，也不利于社会的变革和进步。这也是这种思想和信仰在传统社会得到统治阶层支持和宣扬的重要原因。

只要科学无法穷尽一切认知，宗教就有存在的空间；只要有偶然性存在，宗教就有可能存在。宗教不是一种实证性的知识，而是一种信仰，它存在的原因既可能是认知的、理性的，也可能是情感和精神方面的。善恶报应信仰在我国传统社会中的确承担了很多宗教的功能，它提供给人们以对未来的希望，满足了人们永生的精神和情感需求；而且它在现世为人们提供了价值观念、生活方式，提供了获得暂时及永恒利益的途径和方式，因而，这种信仰才能够根深蒂固、生生不息地存在于人们的观念之中。在我国传统社会中，民间善恶报应信仰更像是心理学—宗教学—哲学的综合体，其中既有心理上的、情感上的需要，也有宗教性的东西，还有一些简单而深刻的哲学性思考以及思维方式上的原因。

八 民间善恶报应信仰的思维方式

在我国传统社会中，民间善恶报应信仰往往采用经验方式来看待问题，这种认知方式在面对实践与理论脱节的情况时，往往是采取倒果为因的思维方式和道德的思维方式，存在思维方式的锁定问题。

倒果为因的思维方式是一种按照善恶报应规律由结果来推原因的思维方式。在这种思维方式中，如果看到有人得到不好的结果，就推断他前面一定有作恶；某人得到好的结果，就推断其前面一定有行善。如某人运气很好，在一场天灾人祸中幸免于难，传统民间信仰往往认为这是其积了阴德，或者是有祖宗、神灵等之类神秘的力量在暗中保护，或者是其命中注定，即民间所说的"命大"。这种倒果为因的思维方式，陷入了循环论证

第七章　民间的善恶报应信仰

的误区，以善恶报应作为推论原因，又以善恶报应作为结果，并且往往都是孤证，这种孤证是由一人经历或讲述的，本身也存在着问题；即使偶然有几个相似事例，按照科学的观点看，可能也只是巧合，难以推导出普遍性，这些事例对于善恶报应信仰来说，既不能证实，当然也不能证伪；不能证实也不能证伪的东西往往是不存在的，但信仰恰恰深陷其中不能自拔。这有点类似于原始思维，"任何事情，即使是稍微有点儿不平常的事情，都立刻被认为是这种或那种神秘力量的表现。……看得见的世界和看不见的世界是统一的，在任何时刻里，看得见的世界的事件都取决于看不见的力量"①。只不过，我们的传统思维认为神秘力量、看不见的力量是道德规律，对神秘性做了道德的解释。"这种思维的结果不难理解：据报道，一群孩子看完一部关于纳粹的电影之后说，'犹太人肯定做了坏事情，否则他们不会得到那样的惩罚'。"② 这种思维方式认为每个人遭受的都是他应得的，遭受苦难，就是前面作恶的惩罚。也就是说，这种思维方式几乎是不承认偶然性的，认为偶然后面都有必然，追根究底，这是一种原始思维方式，绝不承认有碰巧之事。不过，这种思维方式和解释方法客观上为善恶报应提供了论证，维护了人们的道德信仰。

这种倒果为因的思维方式也面临着质疑。如果事件既没有被证实，也没有被证伪，而是需要不断地用无法证实也无法证伪的理由来解释，并且即使是类似事件，也可以存在着截然相反的解释，这必然会带来怀疑。例如在民间信仰中，如果一个好人意外身亡，就解释为他或者前世造孽，或者另外的神仙或地狱空间亟须他去任职等，这种或然性的解释几乎可以应用到任何一个事件中。能够包治百病的药往往是吹牛的，能够用来对任何事件进行或然性解释的理论也是虚幻的，在或然性解释中善恶报应的真实性受到或强或弱的怀疑。这种质疑既可能来自内部的反思，也可能来自外部的质疑，无论是反思还是质疑都会使得这种解释苍白无力，会让人产生困惑、疑虑甚至是反对，无疑削弱了善恶报应信仰的可信度。

并且，由"果"推"因"的思维方式把现存的事物和现象合法化、合理化，鼓励人们安于现状，客观上不利于思想的解放和社会的发展进步。

---

① ［法］列维·布留尔：《原始思维》，丁由译，商务印书馆2009年版，第480页。
② ［美］埃尔菲·艾恩：《奖励的惩罚》，第17页。

这种思维方式可以用来解释世界上的一切事情：如果有人受苦，是应得的；有人享福，也是应得的。进而，这种思维方式把一切现存事物和现象合法化，凡是现存的都是有合理性依据的，都是不应该改变的。这种思维方式使人在面对苦难的时候难免逆来顺受，缺乏改变的意识；面对别人的苦难，也认为其是咎由自取，无法产生真正的同情和帮助行为。在这种信仰盛行的社会，即使社会秩序非常不公正、不合理，人们也会以为一切都是因为自己前世或今世做了坏事而得到惩罚，因而，社会是无法获得自我改变的推动力量的，这样的社会往往是死水一潭，无法进步。虽然传统社会也提出过屈原、窦娥式的对上天的发问，这种发问与其说意味着怀疑，不如说意味着对善恶报应秩序的相信，相信善恶报应秩序是比上天更为根本的、更为基础性的存在。倒果为因地对世间事物、事件的解释使得思想和理论很难有自我进步、自我发展的动力和空间。这种思维方式很难出现自我怀疑的力量，封闭性的、循环性的解释模式导致伦理思想未能随着社会的进步而发展，虽在一定时期有利于维护社会的稳定平衡，但是一旦这种解释和伦理思想受到了冲击和怀疑，就面临着信仰危机；并且故步自封、僵化的伦理思想并不利于文明的发展进步。

民间善恶报应信仰还采用了道德的思维方式。这种思维方式把所有问题的原因都归结到道德上来。"信仰已然成为我的所有可信的东西，它虽不源于知性，但却源于伦理态度。"① 在道德思维方式中，人们不仅用道德来解释人与人之间的行为，也用道德来解释自然界，并且赋予自然以伦理意义。这种道德思维方式的实质是道德的泛化，即把所有的原因都归结为道德上的。道德泛化不可避免地带来认知和行为上的一系列问题，在人与自然的关系上，把所有问题都归结为道德理由，不利于人类对自然规律的认知，妨碍了科学的产生和发展；在人与人的社会关系上，把所有问题都归结为道德原因，没有看到社会关系和问题具有复杂性，并不是用道德都可以解释和解决的。这种思维方式是对人际关系和社会关系的简单化、单一化，现实中难以协调人们之间的经济关系、政治关系等复杂社会关系，不利于社会的发展和进步。

民间善恶报应信仰中存在着思维方式的锁定问题。思维方式锁定使得

---

① ［德］费希特：《人的使命》，张珍麟译，光明日报出版社 2010 年版，第 103 页。

第七章　民间的善恶报应信仰

一旦认定善恶报应信仰，即使出现对这种信仰的怀疑甚至反证，也未必能够动摇它。"假定你有两个人，其中的一个在必须决定要采取哪一种途径时，想到了报应，而另一个人则没有。譬如，一个人可能会倾向于把在他身上发生的一切都当作奖励或惩罚，而另一个人则不会这样去想。"① 在思维锁定中，人们看待问题都脱离不了善恶报应的因果律，总是下意识地用其来解释事实，并且这种解释反过来又强化了对善恶报应的信仰，这种锁定在论证上主要表现为循环论证，即用理论来解释现实，又用经过解释的现实来论证理论。其实在现实生活中，我们可以轻易发现在善恶报应必然性的理论与偶然性的现实之间的矛盾，即善恶报应并没有在社会生活中得到充分的经验证明。面对现实与理论之间的不一致，善恶报应信仰者并不是反思报应的真实性，而是用强大的解释力进行了解释。所以，在一定程度上，每个善恶报应信仰者都有自己的神学，这种神学既体现在对鬼神的信仰上，也体现为一种信仰的诠释学。特别是在有了不可见、更不可验证的前生后世观念之后，对两个完全不同的事件可以都用因果报应来解释：对现世已实现的报应，可以用报应来解释；对现世未实现的因果律，可以用来世或转世的报应来解释。当然，这种解释已经是超验的，解释者自己或周围的人都看不到了，是根据自己的信仰推测出这种报应会在未来得到实现。虽然，这种解释与真正的科学认知是相悖的，但是，信仰不同于科学；信仰者不是用科学方法来思维的。信仰者有着自己的理论逻辑和思维方式，用信仰来解释现实中的事件并进而用该事件作为信仰的证明，可以说，在一定意义上每个信仰者都是自己的神学家。

民间善恶报应信仰的解释模式巩固着其信仰。善恶报应信仰的解释功能非常强大，特别是佛教轮回观被引入之后，前世及来世的不可见性使得对报应的实现与否变成无法证伪的事情。现实生活中存在着大量与善恶报应相悖的事例。对这些事例人们自有自圆其说的诠释方法。夏志清指出：

> 但是假如这个人行了善而仍困厄不幸，报应的理论还是说得通，因为我们可以在下列解释中择一种：一是他曾蓄有邪念，不管那邪念

---

① ［英］维特根斯坦：《维特根斯坦论伦理学与哲学》，江怡译，浙江大学出版社2011年版，第116页。

怎么短暂；二是他自己虽然有德行，但他的父亲、祖父或其他祖先曾做过缺德的事情，再不然就是他自己在前世积下了罪孽。当然，可以用种种的办法来消减自己的灾难，例如以儒教的方式继续做好人，或是按佛教或道教的规定做功德。他也可以用下面这个想法自慰：即使他不能活到看见他的仇人和欺压他的人受惩罚，那些人在地狱、在来世也一定会受折磨。报应的理论因此总无一失：不论一个人的善行是否得到报偿，说话人如能编出一则巧妙的故事，把那人的今生今世与他的过去和来世连在一起，羯磨总能自圆其说。①

这种解释在现代社会中仍然存在，龚鹏程也认为："所谓善则得命，恶则失命，是'积善之家必有余庆'（《易·坤·文言》）式的因果推衍，在后世的小说里和佛教缘业说、轮回说合流，为人世之道提供一种保证，当这种因果的保证和天命不佑善人的情况冲突时，即以三世因缘果报轮回弥缝之。"②虽然这种解释犯了循环论证的错误，但是不可否认的是，佛教传入后，民间善恶报应信仰的解释扩展到虚无缥缈的前世和来世，时空无限延展，解释力更为强大。

九　民间善恶报应信仰中的问题及回应

民间善恶报应信仰也存在着难以克服的问题，主要表现为理论与现实之间的巨大差距。现实中行善的人却往往得不到好报，作恶的人却享受荣华富贵。虽然善恶报应信仰者做出了循环论证的解释，不过这种理论与现实之间的张力往往导致人们对善恶报应、对道德及其权威产生怀疑。

针对理论与现实之间存在巨大差距的质疑，信仰者认为，报应不是不报，而是具有模糊性。模糊性是宗教一个非常重要的特点，涂尔干曾经指出："罗伯逊·史密斯对宗教科学的最大贡献之一，就是他指出了神圣观

---

① 夏志清：《中国古典小说》，胡益民等译，江苏文艺出版社2008年版，第28页。
② 龚鹏程：《中国小说史论》，北京大学出版社2008年版，第108页。

第七章　民间的善恶报应信仰

念的模糊性。"① 在传统信仰中，报应也具有模糊性。在人们的信仰中，报应一定会实现，但是，究竟由谁来报应，怎么报应，报应的时间、地点、程度都是模糊的。在信仰者看来，这种模糊性并不是其不可信的证据，恰恰相反，这种模糊性是神意神秘性的体现。如果报应像机械装置那样精确，那么神圣者的神秘性就荡然无存了，神圣者的存在也就成为一种可有可无的存在。"信仰确乎说出了感官所没有说出的东西，但绝不是和它们所见到的相反。它是超乎其上，而不是与之相反。"② 在信仰者眼中，善恶报应规律高于现实、高于感官所看到的东西；现实背后是善恶报应规律在永恒地起作用。只不过，这种规律在现实中的表现并不一定为所有人所能够认识、理解和接受。

虽然有怀疑，但是怀疑并没有妨碍信仰。在善恶报应信仰中，"在道德确定性的范围内存在着怀疑的空间，正如在热忱的信仰那里有怀疑的余地一样"③。传统信仰依然能够长盛不衰的原因主要包括以下几点。一是在传统文化中占据主导地位的儒家文化的认可，从《周易》到《春秋繁露》等经典中，都对善恶报应的伦理秩序予以了肯定和赞同，这使得虽然民间善恶报应信仰掺杂了很多迷信的、幼稚的东西，把这种信仰机械化和简单化了，但是作为一种伦理秩序和宇宙秩序，其正统性地位是毋庸置疑的。二是善恶报应信仰中禀赋的正当性，其在形而上学方面有神圣色彩的宇宙秩序的支撑。这种正当性是难以证伪的，获得了人们的认可和接受。三是其符合人们的理性和情感，不仅符合人们朴素的因果律的道德认知逻辑，也符合人们的情感需要。"在历史上，我们可以看到许多民众对神的抱怨乃至诅咒，但这只是他们信仰行为的一面，一般这些抱怨不会导致对神灵信仰的放弃，人民不会拒绝宗教的安慰功能。"④ 比起其他宗教的禁欲主义、神秘主义，"上帝的选民"之类的预定论、恩宠论、因信得救论等，民间善恶报应信仰把得救的途径放在了个人自己的思想和行为中，无疑，更具合理性。并且，善恶报应在现实中具有维护人伦秩序和社会稳定的重

---

① ［法］爱弥尔·涂尔干：《宗教生活的基本形式》，渠东、汲喆译，商务印书馆2011年版，第561页。
② ［法］布莱士·帕斯卡尔：《思想录》，第139—140页。
③ ［美］彼得·伯格、［荷］安东·泽德瓦尔德：《疑之颂：如何信而不狂》，曹义昆译，商务印书馆2013年版，第134页。
④ 陈来：《古代宗教与伦理：儒家思想的根源》，第240页。

要作用。因此，不管是在政治意识形态上，还是文化观念上、宗教性上、认知和功能上，善恶报应信仰都有存在和发展的正当性。在整个传统文化中，善恶报应信仰具有重要的位置，特别是在民间，其更是以超越的死后或来世观、报应的确定性等得到了普通民众的认可和尊崇。

促成信仰的动机因人而异，在有些人是单一的，在有些人是多元的。善恶报应之所以能够得到大多数人的认可和信任，就在于这种理论不仅在理论上是合理的，而且能够给予人们以幸福的许诺。虽然没有人仅仅因为一种信仰许诺使人幸福或成就美德便轻易地相信，但是如果一种信仰能够使人通过成就美德的方式获得幸福，那即使不能成为一种宗教性的信仰，也足以成为一种理想信念。因而，虽然面临着理论与现实背离的质疑，善恶报应信仰在我国传统社会仍然是一种基本的信仰。作为信仰，信的依然信着，不信的依然不信，怀疑的依然怀疑。信仰是非常奇妙的事情，信仰者相信的理由的多样性远远超过了正常的认知方式。

中国人的信仰与西方人有所不同，我国的信仰特别是民间信仰不是自始至终"信谁"，而是"信什么"。这就与西方基督教不同，基督教首先强调的是"信谁"，"宗教'信仰'确实自始至终是'信谁'，而绝非单纯'信什么'，这是两个截然不同的事情"①。基督教信仰上帝，主张要听从上帝的旨意。而传统信仰相信的是道德，道德是最权威的，是比任何鬼神更为根本的东西，即使鬼神也要遵守，鬼神犯错也得根据秩序予以改正。这种信仰模式是建基于道德基础之上的，道德具有至高无上的地位，所以传统善恶报应信仰也可以称为"道德的信仰"。

从来源上看，民间善恶报应信仰受到儒家报应、道教报应和佛教报应等的深刻影响。如果说儒家中的善恶报应是道德的宗教，把道德置于本体的地位，道教、佛教中的善恶报应是宗教的道德，把道德置于工具性地位，那么，民间善恶报应信仰则是介于两者之间的一种半宗教半道德的信仰。在这种信仰中，道德既有鬼神的加持，又有自身的意义；遵循道德，既是听从鬼神，又是为了功利的目的，也是朴素的善良意志。善恶报应作为一种朴素的信仰，与鬼神信仰结合起来，实现了伦理与神学的结合，而这种结合加强了人们对道德的相信。而不管是相信应该遵循道德，还是相

---

① [德] 马克思·舍勒:《同情感与他者》，第137页。

第七章 民间的善恶报应信仰

信遵循道德会得到好的回馈,都加强了人们对道德或道德权威的相信,使得道德信仰日益深入人心。基于道德的报应正是儒家的观点,因而,我们可以说,在我国传统文化中出现的报应观念归根结底都是基于儒家学说之上的,三教合流,并不是平等意义上的合并,而是向儒家思想的靠近:其他报应思想的主旨都是对儒家报应的认同或屈从,在这个前提下,保留了各自的特色。民间善恶报应信仰是与儒家报应、佛教报应、道教报应既存在着联系,又具有区别的这样一种信仰;它渗透到民族的文化骨髓,成为一种类似文化基因式的稳定因素。

不管是道教,还是佛教,抑或是民间信仰,在我国传统社会都有一席之地。"道教哲学为中国思想之浪漫派,孔教则为中国思想之经典派。"① 道教相信神仙,追求长生不老,体现出天真烂漫的观念。儒家是积极入世的态度,道家是离世的态度,佛教是避世的态度,一个人得意时可以信奉儒家,失意时可以信奉道教,绝望时可以信奉佛教。三教为处于不同境地的人们提供了慰藉。"唐朝以后,我国宗教之发展,更走向通俗化与混杂化,佛教与儒道差异的论争,竟逐渐被一种表面化、浅俗化的三教混融运动所替代。"② 中国人的信仰是综合,而不是对立。正因为信仰上的综合性,而非排他性,所以,我国历史上从来没有出现过西方那种宗教战争,虽然历史上曾经有过灭佛事件,但那毋宁说是政治上的,而不是宗教之争。一个普通人,可以既是佛教徒,又是道教徒,本质上还是儒家信徒,这是司空见惯的现象。在人们看来,逢佛就拜,逢庙叩头,儒释道总有一个灵的就好。事实上,正统思想之所以能够容忍佛教、道教和民间信仰等,是因为佛教、道教和民间信仰被视为儒家思想的一种补充。儒家为主流的思想中,往往认为儒家思想最为正统,儒家道德依靠自力,佛教、道教和民间信仰等需要借助外力;儒家思想对君子有效,释道和民间信仰则可以用来约束自觉性差的平民百姓。可以说,释道及民间信仰在传统社会都有其存在的理由,都在某些方面对儒家起到了补充作用。

善恶报应思想和信仰在我国传统社会的影响是如此巨大,以至于任何对善恶报应的否定都是无法理解传统社会的,也无法理解我国社会的现在

---

① 林语堂:《吾国与吾民》,第103页。
② 龚鹏程:《龚鹏程讲道》,第363页。

甚至未来；善恶报应思想的合理蕴涵如此丰富，以至于不能对善恶报应做出回应的理论是无法在其成员的最深刻的思想和情感需要中奠定根基的。虽然带有神秘色彩甚至迷信味道，不过，善恶报应信仰绝不可能在一夜之间瓦解，因为其凝结着千百年来无数代人的智慧。虽然对善恶报应有很多质疑，但是不可否认，作为一种普遍的规律预设，已经深入人心，几乎被视为公理性的存在。我们应该知道，善恶报应思想和信仰之所以能够在很多道德理论之中留存和发展起来，是因为这种思想和信仰符合人们的理性和情感需要，它是人类选择的结果，人类在漫长的文明史中，没有发现比其更好的东西。善恶报应思想和信仰不仅在儒家经典、道教和佛教典籍中出现，而且在文学作品中呈现，成为文学创作的主题，并且以其生动情节而脍炙人口，把对道德的相信更深入地推广普及。

第八章　文学作品中的善恶报应思想

——以《三言》为例

善恶报应思想不仅在经典和宗教信仰中体现，而且也体现在文学叙事中。在文学叙事中，善恶报应思想不是抽象的、空洞的、呆板的，而是具象的、生动的、活泼的。文学作品把善恶报应思想通过具体事例给实现了出来，并且通过不同情境中的报应叙事对善恶报应思想进行了丰富和发展。也就是说，通过文学叙事，善恶报应思想活生生地展现在人们面前，它不仅存在于圣人之言中，是一种宇宙规律，而且也存在于人们的日常生活中。我国古代文学作品承担着"文以载道"的重任，不仅在经典中向人们宣扬和传达义理，而且通过小说戏曲等通俗形式对普通民众进行思想和道德启蒙。由于社会历史条件的限制，只有知识分子才能深入学习和研究儒家经典，而佛教、道教则利用很多宗教故事和传说吸引了很多普通民众，在这种情况下，儒家知识分子高度的责任担当意识使得很多人自觉创作小说、戏曲等对传统儒家道德进行通俗化、普及化。这其中，很多小说作品都是通过善恶报应叙事来对人们进行道德教化，并且以儒家道德为圭臬，典型的如《三言》中的故事叙事。本书以《三言》为例，分析善恶报应思想在文学作品的体现、发展及影响。之所以选取《三言》，是因为《三言》叙事贯彻了道德劝惩的目的，其道德叙事非常成功，其中的很多故事广为流传，具有非常大的影响力。《三言》以生动的故事形式把善恶报应思想表现出来，使得善恶报应思想进一步通俗化，得到了极大的普及和发展，使得善恶报应观念日益深入人心。

《三言》即《喻世明言》《警世通言》和《醒世恒言》，是明代文人冯梦龙编著的话本小说，以深刻的思想性和精彩的文学性而成为话本小说的杰出代表。其主旨在于以通俗的故事叙事进行教化人心、劝善弃恶、辅佐经史大义。其叙事大多以善恶报应为主题，讲述善人得到好报、坏人得到惩罚，从而实现道德教化的目的，这体现了知识分子的文化自觉和担当意识。《三言》中的故事大多以善恶报应作为逻辑脉络，有着花好月圆式的大团圆结局，其伦理叙事内容及其写作宗旨与童话高度相像，在一定意义上可以说，《三言》是世俗中的童话，是讲给成年人的童话故事。

一　童话般的叙事伦理

童话是讲给儿童的故事，对儿童的心灵发展具有重要作用。各个民族、国家都有自己的童话，其中的佼佼者往往成为世界性的。一般认为，童话往往具有几个特征，如"童话一般以男主人公或女主人公的胜利结尾，并且保证'从此以后他们过着幸福的生活'"①，"善与恶在童话中无处不在，两者之间泾渭分明"②，等等，而这些特征《三言》也恰恰都具有。《三言》叙事伦理的童话性既体现在故事情节上与童话具有相同的善恶报应逻辑，也体现在叙事中的道德教化，还体现在伦理叙事所依靠的神秘力量上。总之，两者具有相同的创作动机、主题、幸福观、神秘性、敬畏感、时空观和逻辑脉络等；只不过童话主要用来教育儿童，《三言》则主要是对成年人进行道德教化。

《三言》小说与童话有着相同的创作动机，即都是为了以通俗易懂的叙事方式进行道德教育。童话创作是为了以最能够为儿童所接受的故事形式对儿童进行道德教育，如《格林童话》创作的初衷就是为了国民教育，教育儿童：

> 格林童话的故事着力宣扬"善有善报，恶有恶报"，"善良必将战胜邪恶，好人终将有好报"的思想观念，赞美勇敢、机智、勤劳、诚实、不怕困难等品质，表现出了古代德意志人的智慧、理性和丰富的人生经验，表现出了他们的喜怒哀乐、风俗民情和宗教信仰。这些童

---

① ［美］阿瑟·阿萨·伯格：《通俗文化、媒介和日常生活中的叙事》，姚媛译，南京大学出版社2006年第2版，第74页。
② ［美］阿瑟·阿萨·伯格：《通俗文化、媒介和日常生活中的叙事》，第76页。

第八章 文学作品中的善恶报应思想

话讲述了人们在现实生活中未能实现的梦,它所体现的道德准则符合千百万善良的人们"心中的道德律",它又充满浪漫的诗意,令人惊异的想象和夸张,许多篇并含有深刻的哲理,这诸多元素的参与与融合造就了格林童话恒久不衰的魅力。①

《三言》也是通过丰富多样的故事来展现和引导世俗生活和风土人情,其处理人际关系的伦常规范、人情冷暖和人生价值理想观等,为人们的思想和行为提供了符合社会价值观的导向。

在相同动机的基础之上,《三言》故事与童话具有相同的主题,即善恶报应终究会实现。童话往往是王子公主经过一番磨难,从此过上了幸福的生活。同样,《三言》中的大多数故事都宣扬"善有善报,恶有恶报",并且以好人得到好报、坏人受到惩罚为大团圆结局,这种情节演化逻辑和结局都是童话式的。《喻世明言》第九卷《裴晋公义还原配》开头即讲述了在民间广为流传的"裴度还带"的故事,说他少年时贫困,相士说他命当饿死,后来他在游香山寺时,捡到宝带,归还原主。相士再次看到他时大为惊奇,说他的骨法已变,不再是饿死之相。后来裴度果然位至宰相,寿至耄耋。② 这种故事架构在《三言》中比比皆是。《三言》中的恶人也可以通过及时的改过自新而得到救赎,如《警世通言》第二十五卷《桂员外途穷忏悔》的故事中,桂员外忘恩负义,导致走投无路,而因忏悔就得救了,就如佛教所说的"放下屠刀,立地成佛",这种结局也如童话般的简单直接、天真浪漫。

童话以情节千奇百怪取胜,《三言》中的情节设计也同样跌宕起伏、波涛汹涌,因为作为故事,必须要生动多样,才能获得读者的认可。《三言》中的善恶报应故事,即好人得奖赏、坏人受惩罚的故事多种多样,囊括了几乎所有的报应类型。这些报应都是以人的德行作为报应的依据,只不过报应的方式林林总总,令人称奇。报应有阴德之报,有神仙之报,有人与人之间互报,有动物之报,有死后及轮回报应等。《三言》中的叙事伦理让人们相信善恶终有报,报应不爽。故事中由谁来报,怎样来报,环

---

① [德] 格林兄弟:《格林童话》,潘子立译,商务印书馆2015年版,潘子立写的中译本序。
② (明) 冯梦龙编著:《喻世明言》,傅成校点,上海古籍出版社1998年版,第108—109页。

环相扣,情节发展演变更像是设计巧妙的游戏,如《警世通言》第十三卷《三现身包龙图断冤》中被害死的冤鬼,他向其丫鬟现身,请丫鬟去包公那里为自己申冤,还留了个谜语来揭示凶手:"诗句藏谜谁解明,包公一断鬼神惊。寄声暗室亏心者,莫道天公鉴不清。"① 虽然谜语难猜,不过最终真相大白,善恶得报。这种跌宕起伏、扣人心弦的设计跟童话非常类似。《三言》中的很多报应,特别是动物报应、阴间和轮回报应不同于写实主义小说,而更像是浪漫主义童话。报应的实现千奇百怪,这一方面说明了"报应不爽",另一方面说明了"天机巧妙",岂是人力可以猜测得到的;人能做的就是顺应"天道",安分守己做个好人。

  《三言》中的幸福观跟童话相类,都是一种物质的、感官的幸福。童话往往以主人公心想事成结尾,《三言》也是以恶人受到惩罚、好人过着幸福的生活结束,例如才子佳人终成眷属之类。这正如孩童的理想,要的是开心快乐,并没有深奥的人生问题的思考。因而,《三言》中的幸福往往是"主人公在被命运折磨够了以后,在一场金玉良缘中,在神圣的荣耀中,得到了应得的酬报。……解围之神取代了形而上的慰藉"②。在《三言》叙事中,幸福是简单的,也是必然的,只要按照要求去做就一定能获得幸福。这不是现实主义的态度,而是天真烂漫的童话逻辑。这种对结局的相信带来了乐观积极的态度。"神话反映按照超我的要求行动的理想的人物,而童话描述的是使本我的欲望得到恰当的满足成为可能的一种自我的整合。这就解释了为什么神话往往悲观,而童话一般都很乐观。"③ 这种乐观往往建立在简单的感官幸福之上。童话往往都是以圆满结局,《三言》中的叙事也大多是花好月圆式的结尾;童话中没有悲剧,《三言》也都是正剧,是教育人的,引导人的,而不是让人陷入两难,陷入对人生意义和价值的或痛苦或深刻的思考中。这与童话相类,因为儿童的世界很少有悲剧,在单纯的思想中,总以为天遂人愿,一切都会根据自己的行为得到相应的赏罚。纵观《三言》叙事,其对幸福的理解满足于功名、利禄、高官等有形的利益,对人性的把握方面没有深重的罪感,也没有深刻的反思,即没有形而上的慰藉,而更多关注感官快乐的满足。因而,我们说它更像

---

① (明)冯梦龙编著:《警世通言》,秋谷校点,上海古籍出版社1998年版,第149页。
② [德]尼采:《悲剧的诞生》,杨恒达译,译林出版社2009年版,第104页。
③ [美]阿瑟·阿萨·伯格:《通俗文化、媒介和日常生活中的叙事》,第76页。

第八章 文学作品中的善恶报应思想

是童话。

《三言》叙事中有着与童话同样的神秘性和敬畏感。童话往往通过神秘力量来实现赏善罚恶的结局,这种神秘力量是合乎道德的;敬畏这种神秘力量,听从它的号令,人们才能实现自己的愿望。"一切民族当中都有一个永恒的特点:借畏神为手段来在儿童心中培育虔敬。"① 《三言》的叙事中处处存在着神秘力量,这种神秘力量主要是天道,《醒世恒言》第三十四卷《一文钱小隙造奇冤》中说:"古语道:'善有善报,恶有恶报。不是不报,时辰未到。'那天公算子,一个个记得明白。古往今来,曾放过那个?"② 体现出传统天道思想对文学创作的影响。《三言》中的宇宙秩序和道德秩序是合一的,由主宰万物的天道神仙来对人们的行为进行监督和赏罚,即相信冥冥之中自有上天来进行善恶报应。这也是对传统儒家善恶报应思想的继承和发扬。

敬畏感是童话中神秘性的逻辑必然。童话故事中往往要求主人公严格遵守规则,通俗地说,就是教育儿童要听话服从。换言之,童话结局完美实现的必要条件是对规则的遵守,童话主人公相信好的巫婆或者精灵告诉自己应该做的事情,对被要求做的事情要严格依照去做;否则,就会遭遇失败的恶果。所以,对规则的遵守和敬畏是对童话中神秘性的尊重和行为体现。《三言》中也处处存在着敬畏,如《警世通言》第五卷《吕大郎还金完骨肉》中说:"世间惟有天工巧,善恶分明不可欺。"③ 《喻世明言》第三十一卷《闹阴司司马貌断狱》中类似的言语:"劝人莫作亏心事,祸福昭然人自迎。"④ 都表现出对善恶因果律即道德的敬畏,相信报应不爽,当然,报应的依据在于人自己的行为。敬畏感是人们对自身与世界关系的一种深刻把握,虽然这种深刻性无论是在童话中还是在《三言》中都是以一种简单性的服从表现出来的,但是我们不能否认其背后的深刻蕴涵。敬畏实质上是认识到了人的行为背后世界的无限广大和神秘。"只有敬畏才使我们意识到我们的自我和世界的充实与深度,才使我们清楚,世界和我们的生活具有一种取之不尽的价值财富。敬畏感的每一步都**能够**向我们展

---

① [意] 维柯:《新科学》,朱光潜译,人民文学出版社1986年版,第225页。
② (明) 冯梦龙编著:《醒世恒言》,阳羡生校点,上海古籍出版社1998年版,第634页。
③ (明) 冯梦龙编著:《警世通言》,第52页。
④ (明) 冯梦龙编著:《喻世明言》,第382页。

示出新颖的、青春般的、闻所未闻、见所未见的事物。"① 敬畏是对人的存在的深刻理解,它使我们意识到自己所在的空间和时间的有限性,我们应该并且能够与无限的、神秘的东西进行信息和能量交换,通过我们的行为进行回应,从而让我们能够与无限的空间和时间进行联结。这其实体现出对人的存在及其与世界关系的深刻认知。

《三言》中的神秘性还体现在其时空观也像是童话世界,而不像现实世界。童话中时空是超验的,时间一般是静止的、永恒的,主人公也往往是不会死的;存在着神秘空间,在那个空间中有能够帮助主人公达到目的的神秘东西。《三言》中的时空也是超验的。《三言》中不仅有人世空间,而且有阴间、神仙空间等超验空间;时间上则是有现世,有来世,体现出循环观。虽然在《三言》中主人公是会死的,但是通过轮回的方式获得了永生,这也类似于童话。通过转世轮回的方式实现永恒,本质上是一种静止的时空观。这种时空观不像现实主义的,更像是理想主义的;不像现实世界,更像是童话世界。

《三言》故事的多样性叙事背后有一个贯彻始终的逻辑脉络,即好人终究会得到好报,恶人终究会受到惩罚,而稍具现实经验的人都会知道,这种精准的报应在现实中是看不到的,只是一种理想境界。因而,在这个意义上,《三言》实在是一种童话,它表现了理想的情形而非现实的写真。夏志清认为:"与我们希望看到善人胜利顺遂的基本欲望一致,西方的童话在结尾时总是奖赏善良惩罚凶暴;而在大量的中国故事中,苦乐果报也以同样干脆利落的手法分配。"②《三言》几乎所有故事的结局都是以报应的实现来完成的,这样一种理想型的善恶报应与现实生活有着很大的距离,这不是现实主义的,而是理想主义的,因而,这种故事更像是讲述给成年人的童话。胡兰成指出,中国人看戏,"观众也明明知道自己在看戏,演员与观众都是像小孩的认真地在游戏"③。人生之戏总是以报应实现,这不仅是有趣的,也是有意义的,符合人们的情感需要和理性标准。很明显,《三言》中童话般的故事在现实生活中并不一定常见,但是其善恶因果律的情节逻辑和大团圆结局符合人们朴素的愿望和追求,体现了人们亘

---

① [德] 马克思·舍勒:《同情感与他者》,第 273 页。
② 夏志清:《中国古典小说》,第 28 页。
③ 胡兰成:《中国文学史话》,中国长安出版社 2013 年版,第 139 页。

古不变的童话情结。这种报应鼓励人们自己决定自己的命运，让人们确立起积极进取的生活态度，是一种充满希望、令人乐观的信仰。虽然《三言》叙事是把无限复杂的社会生活给简单化了，不过，其中的报应故事体现出对人性与利益关系的深刻洞察，把人放在世俗利益及冲突中来认识和处理人与人的关系，其立场和视角都是世俗性的，是世俗中的童话，体现出一种深刻的简单。

二 叙事的世俗性

童话往往简单，虽然情节曲折，但是人物思想和喜好等都比较单纯，往往脸谱化和符号化，除了善良的人物和邪恶的人物的区分以外，我们很难区分人物的其他不同，这种叙事只能对儿童有吸引力和影响力，对成年人而言无疑是太简单、太肤浅了，难以激起情感和思想上的共鸣。《三言》作为讲给成年人的故事，不仅在时空观上有着显著的世俗性，而且关注人的世俗利益，肯定人的现世生活的终极意义，其叙事伦理更为复杂和深刻，体现出显著的世俗性。

《三言》的世俗性首先表现为时空观上的世俗性。童话故事一般是超脱于具体的时间和空间之外的，即与现实相隔，而《三言》中的叙事时间和空间都是与读者没有隔离的。为了增强教育效果，其以真实不妄的姿态来说服和感染民众，它的叙事时间和地点都是现实中确实存在的，它的叙事时间精确到朝代，地点往往是江南某县，主人公大多是普通的民众，而不像古希腊悲剧中主人公都是英雄。虽然如此，"这些短篇小说却将惩恶扬善视为严肃重大之事。其主人公大多出身卑微，但他们面临的道德问题却毫不琐碎平凡"[①]。《三言》的叙事逻辑强调普通民众能够通过自己的善行决定自己的命运，这样，拉近了故事与读者的距离，让读者身临其境、感同身受，更容易受到叙事的感染和教化。

《三言》叙事关注的是人们利益的满足，这是其世俗性的本质体现。

---

① [美]孙康宜主编：《剑桥中国文学史》（下），刘倩等译，生活·读书·新知三联书店2013年版，第146页。

与童话中得到简单的感官快乐相比较,《三言》中的报应内容更具有世俗性。童话中的主人公往往实现了自己的愿望,如金钱、得救等,然后过着幸福的生活;《三言》中的报应内容不仅包括金钱和物质利益,也包括官位、子孙的高官厚禄等,反映出人性对利益的需要。《三言》报应故事中也有得道升仙的,但是这种带有道教色彩的升仙故事只有寥寥几个,大多数报应内容都是世俗的利益。这种叙事体现出对人性的深刻把握,即普通民众最关注的还是自己的利益,许以世俗的利益无疑更能得人心。

《三言》的世俗性还表现在对现世的肯定态度上,认为现世具有终极意义和价值。"人类的最强烈趋向并非去摧毁经验性世界,而是将其转化为神话性世界,在现实生活中重获伊甸园,并一劳永逸地实现神话性现实与经验性现实之间的同步性。"① 此世即天堂,所以民间有俗语,"上有天堂下有苏杭",人间的一些地方堪比天堂,对于普通人来说,俗世中的快乐就是人们永恒的追求和企盼。这与西方思想存在着显著区别,西方观念中往往对现世加以否定,"我们对人类的有限性和偶然性的焦虑,致使我们设计出更高级的不变的实在,这就是上帝、形式、道德法则,或世界自身。我们不是运用我们的概念创造去应对我们所面对的不确定的现实(realities),而是设计出一个远离我们的完美存在的王国,让我们逃避不确定的现实"②。而《三言》及其体现出的传统思想,并不是要逃避不确定的现实,把所有美好的希望都寄托在另外一个国度,而是认为拯救就在现世,就在现在,当下即可获得幸福;如果当下永恒那就是完满;如果当下不能永恒,希望以一种轮回的方式实现永恒。

《三言》中的报应体现了相关性的特征,即报应不仅是针对自身的,也可能延及子孙;即使此世报应没有实现,也会在阴间或者轮回后得到实现。这很明显是世俗的、成年人的思维方式;只有在成年人的世界中,在世俗的世界中,人们才会割舍不下功名利禄、子孙后代。而在童话世界中,报应基本上都是对行为人本身的;在《三言》的世俗报应观中,人与人是相关的,家庭可以作为统一体来共同承受报应的奖赏或惩罚,当然,这种相关性与传统社会的构成是密切相关的。在传统社会中,自从商周以

---

① [美]罗伯特·斯科尔斯、詹姆斯·费伦、罗伯特·凯洛格:《叙事的本质》,于雷译,南京大学出版社2015年版,第141页。

② [美]托德·莱肯:《造就道德——伦理学理论的实用主义重构》,第2页。

第八章　文学作品中的善恶报应思想

来一直到明清时代，都是以一家一户为基本单位的小农经济，家庭不仅是血缘共同体，也是经济统一体、名誉统一体，"一人得道，鸡犬升天"就是这种家庭利益统一体的生动体现；这决定了传统报应思想中往往是以家庭或者家族作为报应的主体。

《三言》中的叙事虽然关注世俗利益，不过，其并没有把神秘性和神圣性排除出去，因为其表现的善恶报应往往需要借助神秘的力量来实现。《三言》叙事中存在着大量的鬼神报应，其确信"神目如电"，冥冥之中自有鬼神公正地执行报应因果律。"在世俗与神圣之间，并不存在那种截然分明的分界，把自然范畴和超自然范围分割开。对如实展现在我们眼前的、我们生活其中的世界的体会，还有对神圣的探求，并不构成两种彼此分岔的或对立的接近，而是可以彼此相会的或彼此混合的行为。"①《三言》中，既有世俗世界，又有时时刻刻关注世俗世界的神灵世界；神灵世界对世俗世界的思想和行为进行着裁决，并不时进行干预。虽然不是所有人都能够随时进入那个超自然世界，但是神灵会通过梦境、神谕等方式偶尔向人们展示神的旨意。这种叙事与现实主义小说存在显著区别，所以，可以说其是世俗化的童话故事。

《三言》中善恶报应的叙事伦理中有没有宗教的存在，这个问题与传统儒家是否宗教是密切关联的。一般认为，儒家与佛教、基督教不同，儒家带有宗教性，而不是一般意义上的宗教，牟宗三称之为"道德的宗教"②，唐君毅称之为"人文宗教"③，杜维明认为具有宗教性。《三言》作为士人、文人创作的作品，其用意在于辅佐经典教化民众，因而其是大小传统的结合，注重道德与利益的结合，而这种结合的实现往往既带有宗教性，又有强烈的世俗性，即宗教力量的存在往往是为世俗利益服务的。《三言》叙事总是让人们相信人间的道德秩序是由上天制定和监督实现的，神秘而神圣的"天"的监督和执行对普通民众往往具有普遍的威慑作用。这样，《三言》乃至整个传统文化中，都没有出现过宗教与世俗的截然对立，而是相辅相成。

---

① ［法］让－皮埃尔·韦尔南：《神话与政治之间》，余中先译，生活·读书·新知三联书店2005年第2版，第191页。
② 牟宗三：《心体与性体》（第1册），第6页。
③ 唐君毅：《中国文化之精神价值》，第39页。

《三言》中善恶报应叙事是把宗教的信仰与人世的热情、世俗的需求紧密结合在一起,是对人性欲望的尊重和满足,而不是压制。与其他宗教如基督教向往天堂、佛教追求涅槃寂静、道教追求成仙不同,《三言》追求世间的幸福。在《三言》中,做好人的报应是得到子孙、高官和利禄,以及来世的高官厚禄等;从其叙事中处处可以看到对世间生活的满足。如胡兰成所说:"中国文明的人世是人与神同在,即在这里是永生,是归宿,但西洋的社会则无可归宿,凡是人所为的都不能算数,所以托尔斯泰晚年要离家出走,到神那里去。"① 世俗化导致人们乐天知命,安分守己,虽然《三言》不像古希腊悲剧那样痛苦深刻,却更具人世的温暖,对普通民众更有吸引力。"有限的社会而涵无限的风景,这是人世。"② 对这样的人世我们不仅能够从中获得满足感,而且希望其能够永恒地存在下去。

作为讲给成年人的童话,《三言》比童话故事更为曲折复杂,其中既有宗教的立锥之地,又有哲学的举步向前;否则,其就会因粗俗浅陋而丧失生命力。《三言》中的叙事其实是伦理教化的过程,其不仅通过故事主题、情节等来对人们进行善恶有报的教化,而且还通过叙事视角、叙事语言进行道德教化。

三 叙事中的教化

《三言》叙事中处处体现着道德教化的目的。其不仅通过善恶报应的故事情节设计,而且通过叙事视角、叙事道理以及叙事语言等宣扬应该做善事,做善事是上天的要求,会得到上天的赏赐,做善事利己利人,做善事和个人的现世幸福以及来世幸福是高度正相关的。

《三言》中很多故事情节都是善恶报应的体现。比如《裴晋公义还原配》《吕大郎还金完骨肉》等,在故事情节设计中,虽然经过离奇曲折的演变,最终结局都是善人得到好报、恶人受到惩罚。这种情节设计的目的是让人们相信善恶报应在现实中的存在和实现,让人们相信冥冥之中鬼神

---

① 胡兰成:《中国文学史话》,第9页。
② 胡兰成:《中国文学史话》,第4页。

第八章 文学作品中的善恶报应思想

不可欺,做善事的人终究会得到人世的幸福以及子孙、来世的幸福等。通过情节设计让人们意识到做善事对人对己都有好处,作恶终究会害人害己。

《三言》是以全知者的视角在进行叙事,全知即权威,代表着公共理性,即其叙事是以权威的叙事者视角进行的。整个《三言》小说都认为天理赏善罚恶,公正无私。《喻世明言》第二卷《陈御史巧勘金钗案》中说:"世事翻腾似转轮,眼前凶吉未为真。请看久久分明应,天道何曾负善人?"①《喻世明言》第二十六卷《沈小官一鸟害七命》中说:"湛湛青天不可欺,未曾举意早先知。劝君莫作亏心事,古往今来放过谁?"②还说:"积善逢善,积恶逢恶。仔细思量,天地不错。"③这些叙事语言以一位具有权威性的全知者的视角把这些道德秩序传授给读者,使读者相信这就是宇宙真理,是必须遵循的;遵循会得到好处,违反就会受到惩罚。

《三言》的叙事中往往有很大的篇幅来讲道理,这种讲道理往往是以世俗的利益作为基本的出发点,不过,其主张在追求个人利益的过程中要符合天理,看到他者的存在。在其叙事伦理中,自利与利人、天理与人欲、道德与幸福是高度正相关的。《喻世明言》第二卷《陈御史巧勘金钗案》前面的引子中讲述了一个名叫金孝的卖油郎捡到一包银子喜冲冲拿回家给老娘,结果,被老娘教育了一顿:

> 我儿,常言道:"贫富皆由命。"你若命该享用,不生在挑油担的人家来了。依我看来,这银子虽非是你设心谋得来的,也不是你辛苦挣来的,只怕无功受禄,反受其殃。这银子,不知是本地人的,远方客人的,又不知是自家的,或是借贷来的,一时间失脱了,抓寻不见,这一场烦恼非小,连性命都失图了,也不可知。曾闻古人裴度还带积德,你今日原到拾银之处,看有甚人来寻,便引来还他原物,也是一番阴德,皇天必不负你。④

---

① (明)冯梦龙编著:《喻世明言》,第30页。
② (明)冯梦龙编著:《喻世明言》,第326页。
③ (明)冯梦龙编著:《喻世明言》,第326页。
④ (明)冯梦龙编著:《喻世明言》,第30页。

这段话可以被看作道德教育的成功典范。首先，强调了天理，天理就是道德秩序，在这种具体情境中就是不义之财不可取，只有辛苦所得才心安。其次，换位思考，从他人角度设身处地考虑丢银子的人的处境，体现出尊重他者及普遍的同情意识。最后，从自己的角度看，积了阴德，皇天必不会辜负。这样，天理和人欲就通过个人的行为联系在了一起，如果按照天理去做，不仅不会损害他人利益，而且自己也会因此积德而得到相应的好报。这真的是既利人又利己，胜过一番大道理。虽然其叙事伦理处处为行为人考虑，从行为人的角度来诠释道德行为对行为者的意义，但是它也强调了天理，也站在他者的角度上，所以，其虽然带有浓厚的功利性，但绝不是功利主义的，其不仅符合义务论的观点，也符合功利性的目标，可以说是二者的完美结合。

《三言》还通过叙事中的语言以潜移默化的方式进行道德教育。如《醒世恒言》第十卷《刘小官雌雄兄弟》有个情节，行路人借宿怕打搅他人，主人说："谁人是顶着房子走的？"①这一方面体现出站在他人立场上为他人着想的朴素意识，另一方面也体现出一种设身处地联想到人人都会遇到需要帮助情况的普遍意识。这种意识体现了《三言》的思想高度，因为这种说教手段既是合目的性的，又是合价值性的；不仅符合现代的伦理理论，而且也符合人们朴素的互助情感，这种说教内容绝不会招致反对和反感，而是能够得到普遍的认同。

《三言》的叙事伦理贯彻始终，不管是平民，还是官员，以及全知视角的权威叙述者的伦理态度都是一致的，都是以儒家道德规范作为贯彻上下始终的价值观。如《喻世明言》第二十六卷《沈小官一鸟害七命》中对两个兄弟为了领赏而把父亲杀死的恶行，知府说："有这等事！真乃逆天之事，世间有这等恶人！口不欲说，耳不欲闻，笔不欲书，就一顿打死他倒干净，此恨怎的消得！"②在《三言》中，百姓跟官方的价值观念在本质上是一致的，并且官员的道德观念往往更为纯粹，而这种纯粹性正是儒家士人重义价值观的体现。在重义的同时，儒家思想对普通百姓的物质利益给予了高度重视，这是儒家道德观的高明之处：其之所以能够世俗化和普

---

① （明）冯梦龙编著：《醒世恒言》，第163页。
② （明）冯梦龙编著：《喻世明言》，第326页。

遍化的内在根源就在于其充分尊重人性的物质欲望和精神需求,把人情和天理结合起来。《三言》叙事以儒家道德为价值主导,又以通俗的说教方式、神秘的报应规律来实现儒家道德的民间化和宗教化,使儒家道德深入人心。这种叙事同时给予读者一种隐形的压力和积极的引导,即应该毫不怀疑地、满腔热情地接受这种道德规范,这当然有利于道德教化,虽然不一定有利于道德理论的进步。

四 善恶报应与命运观

"命"是传统文化中的一个重要概念,也是民间信仰中的重要内容。《三言》的善恶报应叙事在相当大的程度上同时也是对"命"的解读。如果叙事没有涉及命运,就很难对读者、听众或观众产生巨大影响。在其叙事中,对于命运和报应的关系,其遵循的是儒家观念,认为命运是可以改变的。

在《三言》中,命运观与报应观并不是矛盾的,而是统一在人的德行上。传统思想认为每个人都有自己的命运,即先天八字、面相等决定了一个人的命运。而报应观又认为个人的善恶行为决定了个人得到的报偿。这样,就出现了先天的命运观与善恶报应观的矛盾:到底个人命运由谁来决定?是先天的神秘因素,还是后天个人自己的行为?对这个问题的回答,《三言》继承和发展了传统儒家命运观,即认为命运是随着善恶行为而改变的。"康诰曰:'惟命不于常。'道善则得之,不善则失之矣。"(《大学》)这种可以根据个人德行而改变的命运观是《三言》命运观的基石。《喻世明言》第九卷《裴晋公义还原配》中说:"道是面相不如心相。假如上等贵相之人,也有做下亏心事,损了阴德,反不得好结果。又有犯着恶相的,却因心地端正,肯积阴功,反祸为福。此世人定胜天,非相法之不灵也。"[①] 就是说善行恶行比面相更重要,行善可以改变不好的先天之相,作恶也可以改变本来好的面相,"面相不如心相准,为人须是积阴功。

[①] (明)冯梦龙编著:《喻世明言》,第108页。

假饶方寸难移相,饿殍焉能享万钟?"① 我们可以看到,《三言》叙事认为人是有先天命运的,不过这种命运可以因人的行为而改变,所以先天的神秘性虽然与生俱来,却并不是一成不变的,这与古希腊无法改变的命运明显不同。在《三言》的命运观念中,神秘的先天决定和后天改变并不是二元对立的,而统一在人的自觉行为中,因而,《三言》中的命运观既带有先天神秘性,又是可以改变的。虽然命运观具有神秘主义成分,但更像是现实主义的;其不承认命运上的必然性,而强调人的行为的重要性。这无疑是鼓励和劝说人们自己决定自己的命运,具有非常积极的现实教育意义。"随着时间的流逝,我们自己的行为塑造了我们的命运。"② 在命运观上,需要依靠的是自己的努力,而不是虚无缥缈的东西。这种命运观类似于童话故事的命运观,认为只要行善积德,一定会有回报,不仅能够培养人们的乐观生活态度,而且具有道德教化意义。这种命运观克服了命定论和无常论中人对自己命运无法改变的局限性,宣扬命运由自己决定,体现出强烈的人本意识和乐观态度,具有积极的伦理意义和社会价值。

《三言》的报应叙事中,既有佛教的轮回观,又有道教的成仙观,轮回或成仙的依据都在于个人的德行,而德行的标准是儒家的道德观。三教合一的标准是以遵从儒家的道德价值观为基础的,在传统士人的眼中,佛道两教可以用来辅佐儒家。冯梦龙在《醒世恒言》的《叙》中说:"崇儒之代,不废二教,亦谓导愚适俗,或有藉焉。以二教为儒之辅可也,以《明言》、《通言》、《恒言》为六经国史之辅,不亦可乎?"③《三言》中,依据儒家道德标准作为报应的依据,这也是传统社会一个非常重要的特点,即儒家思想历来占据正统,这里面有深刻的社会、文化背景。儒家思想和道德观念适应了传统社会的以家庭为单位的生产方式和社会模式,其不仅仅具有工具性的作用,其精神追求符合人类文明的发展方向,具有价值性目的。

---

① (明)冯梦龙编著:《喻世明言》,第109页。
② [德]罗伯特·施佩曼:《道德的基本概念》,第77页。
③ (明)冯梦龙编著:《醒世恒言》,《叙》。

五 价值和影响

《三言》在中国文学史上的地位是无法否认的,其思想方面的价值则可能被低估了。胡士莹认为:"冯梦龙是通俗小说(拟话本小说)和民歌的功臣,他用他的思想性较高、艺术性也较强的《三言》,为拟话本的繁兴打开了局面。"① 可以说,《三言》是话本小说的巅峰之作,其不仅实现了编著者用以辅佐经典的实用目标,而且也具有思想性和艺术价值。

《三言》的思想性主要体现在其通过善恶报应的情节、叙事中的伦理以及故事发展上的逻辑脉络来帮助我们理解人性,从而更好地影响人性、塑造人性。"事实上很多叙事之有价值,不是纯粹是作为叙事,而是由于它们的妙语、它们的文体、它们的思想内容或它们的心理洞察力:在大多数叙事中,有的远不仅仅是叙事!"② 在《三言》的叙事中,全知视角对人的心理活动的生动描写,使得每个人与他者相遇,也与自己相遇。其思想性并不在于程式化的情节之中,而更多的在于其说理的透彻之中,在于其设身处地的同情之中,在于其对人性和社会价值观念的深刻把握中。如努斯鲍姆所说:"小说阅读并不能提供给我们关于社会正义的全部故事,但是它能够成为一座同时通向正义图景和实践这幅图景的桥梁。"③《三言》正是力图通过文字的力量来架构起个人与他者、个人与社会之间伦常规范的认知和实践的桥梁。

《三言》的艺术性在于其做到了雅俗共赏、妇孺皆知。它把文人隽永的文笔和朴素普遍的人性情感相结合,把很自然、很真切的情感用优雅通俗的语言表达出来,既有优美的文采,又能够妇孺皆懂,既是明白如话的,又不是粗俗不堪的。《三言》的叙事情节往往是意料之外的,即可以猜得到结局,但猜不到过程,其精妙构思、奇思妙想的曲折情节对读者或

---

① 胡士莹:《话本小说概论》(下),商务印书馆2011年版,第507页。
② [美]杰拉德·普林斯:《叙事学:叙事的形式与功能》,徐强译,中国人民大学出版社2013年版,第157页。
③ [美]玛莎·努斯鲍姆:《诗性正义——文学想象与公共生活》,丁晓东译,北京大学出版社2010年版,第26页。

听众具有很大的吸引力。其叙事讲理如行云流水,情节跌宕起伏,情理之中的结局、意料之外的情节,体现出雅与俗的完美结合、文与质之间的有机统一,的确是让人赞叹的,这也是其能够广泛流传、"洛阳纸贵"的一个重要原因。"小说带来快乐的能力。小说的道德教化和审美愉悦密切相关。"①《三言》的确做到了把道德教化寓于审美愉悦中,让人在快乐中潜移默化地接受和巩固主流道德价值观。

故事讲述是古往今来人类文化所注重的一种非常重要的道德教育方式。生活就是由一个个故事组成的,爱听故事、爱看故事是人类的天性。如儿童爱听童话故事,成年人也爱听爱看成年人的故事。普通人对八卦的热爱是对故事的热爱的一种表现。"我们生活于各种持续着的故事之中,这是我们能够讲述它们或做出任何可以被当做活动或联系一个实践的事情的条件。"② 生活的本质和意义隐含在一个个故事(叙事)中,故事不仅能够娱乐,而且能够促进站在他者的立场相互了解沟通,帮助我们思考和探索生命、人类、宇宙秩序及相互关系和意义,"也正是叙事使我们所有人得以学习"③,故事因其形象性而对人们具有的影响作用是显而易见的。如人们往往更倾向于帮助熟悉的人而不是陌生人,就是因为熟人对我们而言更具有具象性和情感性。"在我们把握伦理真理的渴望中,对具体事情的知觉对他来说在权威上优先于对它们加以总结的一般规则和定义"④,也就是说,具象的故事比起抽象的道理更能够打动人,更能起到教育的作用。

《三言》通过叙事对人们的思想和行为产生重要影响,体现出审美与教化的统一。冯梦龙作为文人,其文字表达功底是毋庸置疑的,他通过形象的描述来影响人们的情感,"并对双方——不管他是给予赞美的一方,还是给以抨击的一方——均予以浓墨重彩的描绘,从而激发我们的认可或谴责,以及随之而来的尊敬或愤慨之情"⑤。关于《三言》之类小说的感染

---

① [美] 玛莎·努斯鲍姆:《诗性正义——文学想象与公共生活》,第58页。
② [美] 约瑟夫·劳斯:《涉入科学——如何从哲学上理解科学实践》,戴建平译,苏州大学出版社2010年版,第147页。
③ [加] D. 简·科兰迪宁、F. 迈克尔·康纳利:《叙事探究 质的研究中的经验和故事》,张园译,北京大学出版社2008年版,第10页。
④ [美] 玛莎·C. 纳斯鲍姆:《善的脆弱性:古希腊悲剧与哲学中的运气与伦理》(修订版),第594页。
⑤ [英] 弗兰西斯·哈奇森:《道德哲学体系》(上),第85页。

第八章　文学作品中的善恶报应思想

力,《喻世明言》的《叙》中有过描写:"可喜可愕,可悲可涕,可歌可舞;再欲捉刀,再欲下拜,再欲决胆,再欲捐金。怯者勇,淫者贞,薄者敦,顽钝者汗下。虽日诵《孝经》、《论语》,其感人未必如是之捷且深也。"① 与直接的说教经典相比,冯梦龙认为小说更可以激发人们的道德情感,从而对人起到道德教化作用。人类很早就发现了文学作品对于人的心灵的塑造作用,"它伸展同情,扩充想象,增加对于人情物理的深广真确的认识"②。现在科技发展已经为这种作用寻找到了科学依据。"对我们这些文字共和国的公民来说最为激动人心的是,现在有越来越多的证据表明读写能力与道德之间,以及最为独特的阅读小说与采纳他人视角之间存在正相关。……仿佛是那个虚构的故事使得读者和听者的大脑同步,使得某种形式的心灵感应和道德性的换位思考成为可能。"③ 叙事的魅力在于激发同情感,实现对他人的关注,从而更好地促进伦理道德教化。

为了达到更好的教育效果,在《三言》中,叙事、审美和教育三者合为一体,增强了叙事的感染力和说服力,告诉读者故事不一定是"真"的,但一定是"善"的。《三言》叙事中贯彻始终的目的是确立正统的道德规范和相应的信仰模式,是宣扬善恶有报的道德信仰。在《三言》的创作中,故事是为道德教化提供支撑的,道德逻辑决定了故事的演化,善恶报应规律塑造了故事结局。《三言》的伦理叙事模式不仅对道德价值观起到了宣传教育的功能,而且从深层次方面看,它是通过对道德规范的认知和确认来影响人们的世界观和行为方式。自始至终其叙事都是对正统道德规范的全力维护和论证,为此,不惜改变故事的本来面目,叙事的意义大于叙事的真实性。因而,在《三言》中找不到与善恶有报相违背、相抵触的故事,找不到纯粹偶然的命运,因为其目的不是让读者反思,而是让读者相信道德。在《三言》叙事中,自有希望在人间,人要乐观、努力、道德地生活在整个世界上,强调此世的价值和道德意义,认为可以在此世中实现永恒,从而有利于促进达观向上的积极人生观,有利于社会秩序的稳定和谐。

---

① (明)冯梦龙编著:《喻世明言》,《叙》。
② 朱光潜:《文艺心理学》,安徽教育出版社1996年版,第127页。
③ [美]迈克尔·舍默:《道德之弧:科学和理性如何将人类引向真理、公正与自由》,第18—19页。

因而,《三言》中的文本动力和读者动力是一致的。"文本动力是内在的过程,通过这一过程,叙事从开头、经由中间向终点移动,而读者的动力则表现为读者对与这些文本动力相应的认知、情感、伦理道德以及审美的反应。文本动力与读者动力之间的桥梁由三类叙事判断所形成,分别是解释的、伦理的、审美的判断。"①《三言》中的伦理叙事并不是让读者再次编码,产生各种不同的反应,而是明确表达其意思,希望把一种没有歧义的价值观以明白无误的方式传达出来。这样,在《三言》的文本阅读中,很难出现"一千个读者心中会有一千个哈姆雷特"的情况,文本的最大追求在于让读者接受其认知、情感、伦理道德和审美,读者动力等于文本动力。这样,文本的教育功能得以高效率的实现,文本对人的心灵和行为的塑造和影响功能也得以完成。因此我们说,《三言》这种伦理叙事更像是讲给成年人的童话故事,是对成年人的教化。

《三言》是话本小说的巅峰之作,不仅实现了编著者用以辅佐经典的实用目标,而且也具有较高的思想性和艺术价值。《三言》作为成功的叙事小说,其理想性和世俗性的完美结合、虚构性和真实性的平衡,使得其不仅具有较高的思想、文学价值,而且也具有很强的教化功能,可以说,很好地实现了编纂者的初衷,达到了以前因后果为劝惩的目的,也体现出文人的责任担当意识。

但是,我们不可否认,过度追求教化目的的《三言》压抑了自己的思想高度和文学高度。其一,童话中很多雷同情节、猜得到结尾的叙事往往让成年读者产生厌倦,与此类似,《三言》中的叙事结局往往也是情理之中、意料之中的,太过于程式化、模式化的情节设计和理想化的结局无疑削弱了作品的思想性。《三言》忽视了无限复杂的社会生活中可能出现的道德冲突和两难处境,这也是其思想性不足、艺术性很难达到顶峰的一个重要原因。现实生活中存在着大量的好人不得好报、恶人不得恶报的事例,而在《三言》叙事中,则没有对这种现实做出描述或解释,《三言》体现出作为成年人的童话所具有的理想性特征,而这种理想性缺乏对现实的深刻展示或揭示,影响到其艺术价值和思想价值。正如夏志清所评价

---

① [美]戴维·赫尔曼、詹姆斯·费伦、彼得·拉维诺维奇:《叙事理论:核心概念与批评性辨析》,谭君强等译,北京师范大学出版社2016年版,第6页。

的:"中国小说,跟欧洲中世纪的那些圣徒传一样,认为生活中蕴藏着无穷的奇迹。以我们深邃的眼光看来,这些奇迹,尤其是当它们的描写仅仅为了证明虔诚相信佛、道和儒家德行的神效时,常常显得索然寡味。"① 雷同的善恶报应故事情节往往让人产生审美疲劳,猜得到结局的故事往往让人思想困乏。阅读《三言》与阅读《格林童话》之类的童话故事往往会有同样的感觉,就是看到题目就能猜到结尾,阅读一定数量的故事后,往往没有耐心再把后面的故事看完。

其二,因为要达到以善恶报应劝惩的道德目的,《三言》对故事情节的注重压抑或放松了对主人公的描写,使得好人和坏人几乎都千人一面,人物只是为故事情节服务的,因而在人物塑造上不够丰满、深刻,这一定程度上削弱了其艺术性。"我们读这类果报小说,总感到美中不足,人物性格铁板一块,很少发展变化,与复杂的人性有较大距离,这固然有短篇小说篇幅的限制,更重要的原因是作者必须将笔下的人物分出个善恶,并给予相应的报应,达到劝善惩恶的目的。"② 这是典型的为了达到教化目的而理想化情节及人物,使得作品在思想和艺术高度上难免有所欠缺。因而,《三言》是话本小说的佼佼者和代表,但仍然不能称之为伟大的作品。究其原因,在于文学作品中报应不爽的必然性、力图实现立竿见影的道德教化的宗旨决定了其缺乏对现实生活的深刻把握,影响到其思想价值和艺术价值。这也是传统文化中很多文学作品的一个通病,不过,这种叙事却被普通民众所喜爱,起到了非常重要的道德普及和教育作用。

文学作品中的叙事把经典中抽象的善恶报应理论以生动形象的故事展现在人们面前,通过各种各样的故事把善恶报应理论予以情境化,通过叙事对善恶报应思想进行了丰富和发展。在文学叙事中,善恶报应思想不仅是一种思想理论,更是与人们生活息息相关的一种生活规律和指南。文学叙事中的善恶报应思想具有很强的世俗性,报应内容既包括物质的名誉的利益,又有死后来世的内容,因而,它不仅安顿了人的肉身,也对人们渴望永恒的精神需求给予了回应。善恶报应叙事满足了人们对人的行为与后果之间因果规律和秩序的渴望,符合人们的情感和理性需要,体现出天理

---

① 夏志清:《中国古典小说》,第22页。
② 傅承洲:《明清文人话本研究》,人民文学出版社2009年版,第191—192页。

人情的结合，因而能够深入人心。

  《三言》体现了诗性正义，它的故事大多是以善恶得到相应的报应作为结局的，其叙事不是求真的，而是求善的，强调审美与教化的统一。虽然报应结局的模式化和程式化影响了其思想性和艺术性的成就，但是不可否认其在道德劝惩方面的重要作用，也体现出文人在传道方面的自觉意识。《三言》叙事既是传统善恶报应思想的继承和发扬，同时又通过小说这种普通民众喜闻乐见的方式把善恶报应思想做了进一步的传播普及，在普通民众中起到了道德教化的重要作用，让善恶报应的观念深入人心。《三言》是传统思想的产物，对传统思想文化起着传播发扬的作用。在历史上，它曾经产生了巨大的影响，其中很多人物故事如杜十娘、苏三、白娘子等或经改编后成为传统曲目，或改编为影视剧，在现代社会仍然脍炙人口。其在历史上的成功不仅为我们今天的道德教化提供了素材和经验，而且为我们今天审美与教化的结合提供启发，激励我们去开发和创造适合当今时代特点的道德教化途径、方式和优秀作品。

  在传统社会中，善恶报应思想不仅被知识分子通过文学创作的形式发展、传播和推广普及，而且通过故事记录的方式来表现大小传统融会中的善恶报应思想、信念。善恶报应思想不仅在经典中、信仰中、文学作品中，而且也活生生地存在于人们的生活中，构成了人们日常生活叙事的基本脉络。

第九章　大小传统融会下的善恶报应思想

——以《阅微草堂笔记》为例

《阅微草堂笔记》是清代鸿儒纪昀所做的笔记小说，共五本，分别是《滦阳消夏录》《如是我闻》《槐西杂志》《姑妄听之》《滦阳续录》，是纪昀在闲暇时断断续续完成的，一经刊印，即取得了非常广大的影响。纪昀作为《四库全书》的总纂官，其学问和文章名满天下。在做正统学问之际，其笔记体的小说《阅微草堂笔记》记录了其本人及亲朋好友、仆人等周围人的所见、所听、所闻，里面有大量的鬼狐精怪故事和奇闻奇见。可以说，《阅微草堂笔记》是我国传统信仰的大全，体现了大传统与小传统融会下的民间信仰的全貌。之所以这么说，一方面是由于纪昀是士人的代表，进士出身，历任詹事府左春坊左庶子、福建学政、翰林院侍读、贵州都匀知府、《四库全书》总纂官、翰林院侍读学士、詹事府詹事、兵部侍郎、内阁学士、都察院左都御史、礼部尚书、兵部尚书、协办大学士、太子少保等官职，是典型的士人；另一方面是由于其经历和游历非常广，其有心有才做此记录，囊括了民间信仰的种种类型，无出其右者。虽然纪昀标榜叙事不可随意装点，但是其在加工这些道听途说的故事时难免站在上层文人的立场，因此，可以说其小说比较全面地反映了大小传统融会下的民间信仰。

《阅微草堂笔记》故事中占比重最大的是鬼神伦理故事，贯彻始终的思想是善恶报应。纪昀自题的诗二首中的这句诗——"前因后果验无差，琐记搜罗鬼一车"[①]，可以被看作其笔记主题的最好概括。其在《滦阳消夏

[①]（清）纪昀：《阅微草堂笔记》（上），韩希明译注，中华书局2014年版，第9页。

录》中说:"小说稗官,知无关于著述;街谈巷议,或有益于劝惩。"①《阅微草堂笔记》盛时彦所作原序中指出:"《滦阳消夏录》等五书,俶傥奇谲,无所不载,洸洋恣肆,无所不言,而大旨要归于醇正,欲使人知所劝惩。"② 可以看作其笔记的写作目的。他仍然是秉承传统儒家"文以载道"的宗旨,希望自己的著述能够劝诫人心。

一 善恶报应的道德叙事

纪昀以丰富的人生阅历和高超的才学对其所闻所见进行了记录,可以说,《阅微草堂笔记》囊括了几乎所有的报应类型。报应的对象类型有:本人、亲属特别是子孙或轮回后的本人,涵盖了所有的相关性。在由谁来报方面,包括:受害人本人(或本人的鬼魂)、子女、轮回后的本人或神秘力量(神鬼狐精等),千奇百怪。《阅微草堂笔记》中报应的方式真的是五花八门,故事的多样性背后贯穿始终的主旨是善恶终究会得到报应。《如是我闻二》中说:"天道乘除,不能尽测。善恶之报,有时应,有时不应,有时即应,有时缓应,亦有时示以巧应。"③ 但是,不管什么样的回应,天道总会给人一个公道。《阅微草堂笔记》中大量的报应故事千奇百怪,的确可以称得上是传统善恶报应信仰的大全。

善恶报应的叙事伦理主要是通过情节和叙事来实现的。《阅微草堂笔记》中的很多故事情节虽然离奇曲折,结果都是善有善报,恶有恶报。如《滦阳消夏录一》记载的一个故事:"献县吏王某,工刀笔,善巧取人财。然每有所积,必有一意外事耗去。……后发狂疾暴卒,竟无棺以殓。"④ 是讲一个姓王的县吏虽然爱通过其权力夺人钱财,但是这种不义之财接着就会被出现的意外事情给花掉,最后落得急病暴亡,却连买棺材的钱都没有,也就是现世报应。这种善恶有报的故事在《阅微草堂笔记》中比比皆

---

① (清)纪昀:《阅微草堂笔记》(上),第10页。
② (清)纪昀:《阅微草堂笔记》(上),第2页。
③ (清)纪昀:《阅微草堂笔记》(中),韩希明译注,中华书局2014年版,第510页。
④ (清)纪昀:《阅微草堂笔记》(上),第36页。

第九章 大小传统融会下的善恶报应思想

是。"然则种种害人之术,适以自害而已矣。"① 善报的内容,不仅是金钱、寿命、子孙等,而且也包括气场的光芒,即正气凛然,这是连鬼神都敬畏的一种气场。《滦阳消夏录一》记载,一举人家里,书房被狐精所占,狐精经常扔瓦片击人,唯独有一仆妇,不害怕狐,狐也不击她,有人问狐精原因,"狐曰:'彼虽下役,乃真孝妇也。鬼神见之犹敛避,况我曹乎!'"② 鬼神狐精都不敢害善人,也就是说,真有操行的人,鬼神也敬畏,道德是实实在在有权威的、有力量的。

《阅微草堂笔记》不仅在情节上表现善恶报应,而且在其叙事中处处体现其劝善弃恶的写作目的。"信忠孝节义,感天地动鬼神矣!"③ 这既是感叹,又是结论,是通过权威叙述者的角度把其价值观灌入读者心中。《阅微草堂笔记》以朴实自然的叙事来说明勿以善小而不为,勿以恶小而为之,例如《滦阳消夏录一》记载:"余一侍姬,平生未尝出詈语。自云亲见其祖母善詈,后了无疾病,忽舌烂至喉,饮食言语皆不能,宛转数日而死。"④ 讲述的是一个普通侍姬生平没说过骂人的话,她说曾亲见其祖母爱骂人,最后烂舌无法说话饮食,痛苦而死。这个故事跟民间所流传的爱骂人的、造谣的人,舌头会烂掉的传说是一致的,通过这种小事的叙述让人们相信一切都会有报应。《哥伦比亚中国文学史》对纪昀的评价非常中肯:"特别是纪昀(1724—1805)的《阅微草堂笔记》,其特点在于努力使超自然变得可以理解,并使之遵循某些明显的规则。纪昀在此所追寻的原则是超越所有道德的,而他的许多小说具有道德目的。"⑤ 纪昀实际上是把道德因果律作为宇宙真理,对很多事情都做了道德的解释,以达到道德教化的目的。

《阅微草堂笔记》中不仅通过情节和叙事来劝善,也通过鬼神之口劝善。《如是我闻四》中说:"忏悔须及未死时,死后无着力处矣。"⑥《槐西杂志一》曰:"沉沦之鬼,其力犹可以济物,人奈何谢不能乎?"⑦ 其实这

---

① (清)纪昀:《阅微草堂笔记》(上),第 280 页。
② (清)纪昀:《阅微草堂笔记》(上),第 13 页。
③ (清)纪昀:《阅微草堂笔记》(中),第 730 页。
④ (清)纪昀:《阅微草堂笔记》(上),第 58 页。
⑤ [美]梅维恒:《哥伦比亚中国文学史》(上),第 142 页。
⑥ (清)纪昀:《阅微草堂笔记》(中),第 655 页。
⑦ (清)纪昀:《阅微草堂笔记》(中),第 799 页。

两个故事一个说做了鬼就没办法自我拯救了，另外一个说的是鬼可以靠自己的善行善念得救，这里出现了相悖的叙事，其意旨却是相同的：即劝人及时行善。这是很有意思的现象：两个完全不同的描述，为了完全一样的目标，即叙事是为教化服务的，这也是中国文化很有意思的一个方面。

《阅微草堂笔记》强调了恶有恶报的必要性和重要性。一般伦理往往对惩罚存在着争议，认为伦理的本质并不在于惩罚，惩罚只是万不得已的一种措施。我们传统思想中也有对这个问题的争论，即究竟应该"以德报怨"还是"以直报怨"？①《阅微草堂笔记》中对这个问题也有讨论。《如是我闻三》中记载了这样一个故事：

> 余某者，老于幕府，司刑名四十余年，后卧病濒危，灯前月下，恍惚似有鬼为厉者。余某慨然曰："吾存心忠厚，誓不敢妄杀一人，此鬼胡为乎来耶？"夜梦数人浴血立，曰："君知刻酷之积怨，不知忠厚亦能积怨也。夫茕茕屏弱，惨被人戕，就死之时，楚毒万状；孤魂饮泣，衔恨九泉，惟望强暴就诛，一申积愤。而君但见生者之可悯，不见死者之可悲，刀笔舞文，曲相开脱。遂使凶残漏网，白骨沉冤。……不是之思，而栩栩以纵恶为阴功。彼枉死者，不仇君而仇谁乎？"②

这个故事的意图是告诉人们恶有恶报有其必要性，对坏人的宽容并不一定是美德。在很多情况下，对恶人的宽容是对受害者的残忍，就如寓言"农夫和蛇"的故事，过度的慈悲是一种愚蠢。其实，整个传统思想在大是大非上，都强调了善恶有报；在无足轻重的小事上，可以宽容、宽恕。在整个伦理秩序和社会治理中，惩罚不仅是必要的，而且是重要的，它体现着公正的德性诉求。所以在《阅微草堂笔记》中，纪昀认为作恶的人得到相应的惩罚是应该的，执法者应该维护这种惩罚秩序，而不是破坏；即使心存怜悯，这种怜悯应该是普遍的，不能仅仅是对施害者的怜悯，更应该对无辜的受害者怜悯。这种观点比起无原则一味地宽恕更合乎人情、合乎物理，因为公正是比仁慈更为基本的德性，有公正，才有秩序，仅有仁

---

① "以德报怨"还是"以直报怨"是《论语·宪问》中提出的一个命题，这个问题实质上是宽恕还是正义的问题，孔子的观点是"以德报德"，其实表达了因个人的德行而予以回报的思想。

② （清）纪昀：《阅微草堂笔记》（中），第573—574页。

第九章　大小传统融会下的善恶报应思想

慈，那可能会带来混乱；建立在公正基础上的仁慈才是有价值的，否则就只能成为社会的奢侈品。

《阅微草堂笔记》中的善恶报应思想借用了上天赏罚这件神秘的外衣，是基于对人性的深刻认知，目的是更好地约束、引导、塑造人性。在传统儒家占主导的文化中，天是个能够主宰和赏罚的超越存在。人性喜欢利益，所以要奖赏，而人又是贪婪的，妄想不劳而获，所以对自私自利的人性要加以约束，必要时要惩罚；无论是奖赏还是惩罚，都是为了让人们遵守道德秩序和社会秩序，把人塑造为有德性的人。纪昀乃至整个传统文化都深刻地践行了"神道设教"的理论："仅有思想还不够，为了使思想能够真正被接受，必须把它变成神话。"[①] 为了更好地实现这个目的，借用宗教性的力量，就是一条有效的路径，这样，道德在这个报应系统中不仅有了内在根据，而且有天然的基础，即宗教性、神秘性的一面。

《阅微草堂笔记》中记载了大量善恶有报的故事，但是绝不能因此而得出其是后果主义、功利主义的结论，因为其贯彻始终的是更强调人的动机。在我们文化的大传统中，更注重道德动机，纪昀继承了这个传统，他认为"《春秋》诛心"[②]，强调人的行为动机，《滦阳消夏录三》中说："鬼神之责人，一二行事之失，犹可以善抵；至罪在心术，则为阴律所不容。"[③] 这就是强调了动机的重要性，即鬼神之赏罚是要看人的动机的。《滦阳消夏录一》记载了一个和尚和士人的故事，士人请求和尚施法念咒让他进入其他女性的闺房，和尚施法让士人进入了其妻子的房间，和尚说："此一念，司命已录之。虽无大谴，恐于禄籍有妨耳。"[④] 因为这个不良的念头，后来这个士人果真困顿失意，生活潦倒。这也就是民间所说的"举头三尺有神灵"，神不可欺。《阅微草堂笔记》中，神目如电，不仅能看到人的善行和恶行，也能洞察人的善意和恶意，这些都被阴间的业镜所照出。《阅微草堂笔记》秉承了传统儒家的观点，主张做个正人君子，要有好的思想、好的德行和好的行为，要表里如一地履行道德的要求。

关于动机与后果的关系，是根据动机还是后果来判断一个人的行为，

---

① ［美］保罗·费耶阿本德：《知识、科学与相对主义》，第66页。
② （清）纪昀：《阅微草堂笔记》（上），第48页。
③ （清）纪昀：《阅微草堂笔记》（上），第149页。
④ （清）纪昀：《阅微草堂笔记》（上），第62页。

《阅微草堂笔记》的态度很鲜明,其注重动机,认为任何微小的念头都能被鬼神所觉察。不过,纪昀也看到了动机与后果之间的距离,认为实现出来的行为和没有实现出来的是有区别的,并且动机亦可以更改,"此真一念转移,立分祸福矣"①。《阅微草堂笔记》中的观点是鬼神不可欺,人做有道德的事情是因为这是上天规定我们做的,人们应该听从上天的指示去做善事,而不应该心怀鬼胎。而善恶有报是宇宙秩序,上天定不会辜负善人,即儒家所说的:"天视自我民视,天听自我民听。"(《尚书·泰誓中》)至于回报,虽然不是人们行善的最初动因,但却是行善所得到的奖赏;善恶因果律的存在,符合天意,也符合人意。

二 大小传统的融会

传统儒家思想中,从孔子开始开创了"不语怪力乱神"的传统,为何作为一代大儒纪昀的《阅微草堂笔记》中却记载了大量的怪力乱神?这个问题的答案与大小传统有关。在大传统中,一般不谈怪力乱神,而在小传统中往往盛行着怪力乱神,民间处处有鬼神精怪的传说故事。对怪力乱神怎么解释就成为上层士人劝惩时必须要面对的问题,对这个问题的涉及体现了大小传统的交融。

《阅微草堂笔记》全面反映了传统社会善恶报应信仰的真实状况。纪昀认为自己所著是原生态的故事,力图保存故事的真实性。他认为自己的著书不比当时的有些文人,而是忠实于故事本身的,"《聊斋志异》盛行一时,然才子之笔,非著书者之笔也。……小说既述见闻,即属叙事,不比戏场关目,随意装点"②。他认为《聊斋志异》是才子写的,是浮夸虚构,而自己的小说叙事是记述所见所闻,绝不敢随意编造。如果说小说中的善恶报应叙事侧重的是善与美的结合,那么,纪昀《阅微草堂笔记》侧重的是善与真的结合。在他看来,他的叙事是对事件的真实记录,在人们生活中处处可见善恶报应,因而,善恶报应是人们生活中的重要因果律,具有

---

① (清)纪昀:《阅微草堂笔记》(下),韩希明译注,中华书局2014年版,第1259页。
② 这是纪昀门人盛时彦所作的跋中提到纪昀所说的内容,参见(清)纪昀《阅微草堂笔记》(下),第1475页。

第九章 大小传统融会下的善恶报应思想

本体上的依据。纪昀的目的在于通过叙事的真实性来强化其所宣扬的道德观念的真实性。但是，不可否认的是，著述者都是戴着有色眼镜的，即使他尽力避免个人主观色彩，也难免在叙事取舍和整理加工时带上自己的价值观。如台静农所认为的，很多学者，诸如曹丕、干宝等的著作"或创造神异以炫灵奇，或由于传说而信其实有，总之，并非以创作态度为之，自不能以我们今日眼光当作小说看，因他们都是忠实于其思想、信仰而写作"①。这段话用来形容《阅微草堂笔记》也非常合适，纪昀在《阅微草堂笔记》中的记录是忠实于其思想和信仰的，反映出大传统视域下的大小传统的融会。

纪昀反对文人小说随意装点，标榜自己所记力求真实，但是，仍然有不少学者认为《阅微草堂笔记》中的很多故事是纪昀编造出来的。鲁迅指出："《阅微草堂笔记》就完全模仿六朝，尚志黜华，叙述简古，力避唐人的做法。其材料大抵自造，多借狐鬼的话，以攻击社会。据我看来，他自己是不信狐鬼的，不过他以为对于一般愚民，却不得不以神道设教。"② 神道设教是纪昀的一个目标，但是说他攻击社会就不恰当了，在笔者看来，其实在《阅微草堂笔记》中，纪昀攻击的是"道学家"，目的是更好地道德劝惩、维护社会秩序。但是，我们不能否认，其中绝大部分如其所说是其所见所闻之记录。这是因为，在此之前的唐代传奇、明代小说中我们可以见到类似的故事，在此之后的民间依然有与其叙事相类的故事流传。所以说其是传统信仰的大全并不是过分之谈。由于纪昀材料的广博，再加上其过人的才华，使得其叙事无论是在文字表达上，还是在思想性上都高人一等，正如鲁迅先生所评价的："惟纪昀本长文笔，多见秘书，又襟怀夷旷，故凡测鬼神之情状，发人间之幽微，托狐鬼以抒己见者，隽思妙语，时足解颐；间杂考辨，亦有灼见。叙述复雍容淡雅，天趣盎然，故后来无人能夺其席，固非仅借位高望重以传者矣。"③

纪昀作为一代大儒，强调叙事的真实性，其自述《阅微草堂笔记》中的所有故事都来自其所见所闻，不过，他难免也会对一些听来的故事持怀疑态度，认为是讲述者编的。他自己力图保持所见所闻故事的原貌，不

---

① 台静农：《中国文学史》（上），上海古籍出版社2012年版，第268页。
② 鲁迅：《中国小说史略》，中华书局2014年版，第301—302页。
③ 鲁迅：《中国小说史略》，第189页。

过,他仍然理性地意识到这不太可能。他在《滦阳续录六》中说:"嗟乎!所见异词,所闻异词,所传闻异词,鲁史且然,况稗官小说。他人记吾家之事,其异同吾知之,他人不能知也。然则吾记他人家之事,据其所闻,辄为叙述,或虚或实或漏,他人得而知之,吾亦不得知也。……惟不失忠厚之意,稍存劝惩之旨……"① 纪昀意识到了叙事的局限性,即任何叙事都有误差甚至谬误,何况传来传去的故事。虽然如此,其仍然力图通过叙事对读者进行教化。他这种纪实性的写作与另一部广为流传的白话小说《三言》存在着不同,冯梦龙在《警世通言》的《叙》中主张,编书不一定求真:"人不必有其事,事不必丽其人。其真者,可以补金匮石室之遗;而赝者,亦必有一番激扬劝诱、悲歌感慨之意。事真而理不赝,即事赝而理亦真。"② 不管文章真假,只要能够辅佐经史就是好的。《阅微草堂笔记》与《三言》的风格截然相反,一个力图纪实,一个极力渲染,一个求真,一个求善,但是其宗旨却殊途同归,都是以善恶报应为主题,达到劝惩的目的。这体现了传统的"文以载道"思想,在文章叙事中,善为目的;即使故事假,道理却是真的,这仍然是一个好故事、真故事,真与善是统一的。黄东阳指出,在《阅微草堂笔记》中:"其善恶的分判乃根植于社会礼教的价值,排除了佛道两教因信仰改变命运的可能性,用此理论解释了所有灵异事件发生的原因,甚至将看似突发或偶然事件,也囊括在这体系之内,务使所有的事件,皆有着道德性的诠释及意义。"③ 在纪昀的解释中,道德具有至高无上的地位,其著述是为了有益于劝惩。在传统文化中,著书者都力图通过"立言"实现不朽,纪昀也是把自己的价值理想和生命寄托在作品中。如钱穆所说:"将生命、感情以及有时代性的内在生命力和外在生命力四者配合起来才成为文学的。"④ 这是《阅微草堂笔记》在当时社会中能够广为传播的重要原因,也是其在现代社会依然有强大生命力和学术、宗教、历史和社会研究价值的原因。

《阅微草堂笔记》是当时社会群体意识的表现。虽然在大传统中对神

---

① (清)纪昀:《阅微草堂笔记》(下),第1731页。
② (明)冯梦龙编著:《警世通言》,《叙》第1页。
③ 黄东阳:《世俗的神圣——古典小说中的宗教及文化论述》,台北:学生书店2011年版,第263—264页。
④ 钱穆:《中国文学史》,叶龙记录整理,天地出版社2015年版,第150—151页。

第九章　大小传统融会下的善恶报应思想

鬼精怪往往忽略不谈，谈的是"以德配天"、天人合一、仁义礼智信、天理人性等，但是并不是说大传统就否认了神鬼的存在，而是认为妖不胜德，最重要的是以德行的树立实现作为人的责任和使命。至于民间，鬼神精怪的故事历来流传，其体现出对人、外部世界及其二者关系的认识，也影响了人们的价值观、信仰和行为方式。黄东阳对《阅微草堂笔记》曾作出如此评价："在清初甚具智识基础的社会氛围下，对于历代所深好各类鬼狐妖魅的记闻却仍极度兴盛，不仅市井小民深信事件的真实性，智识阶级亦多诉诸于文字予以记录，甚至在文末系以一己的评骘，或为新闻的真实背书，此现象看似与时代思潮相悖，却又必然深孚当时所共同承认的集体意识。"[1] 这正说明了大小传统在此方面的合流融会，说明鬼狐精怪信仰在民间乃至士大夫中都有着广大的市场，成为一种民族的群体意识。

《阅微草堂笔记》中的善恶报应是以儒家道德为标准的，这也体现出《阅微草堂笔记》作者的身份特色及其文化自觉意识。例如在《阅微草堂笔记》中孝被夸大到神化的地步。在《阅微草堂笔记》中有很多故事是记载孝顺得到好的报应，不孝得到坏的结果。"然匹妇一哭，遽达天听，亦足见孝弟之通神明矣。"[2] 这也是传统儒家思想的体现，"孝居百行之先"[3]。儒家思想中家国一体，对父母是孝，对君主是忠，这种忠孝的道德维持着封建社会的根基。传统文化历来以儒家文化思想为正统，儒家注重道德，反对"怪力乱神"。所以儒家如果是宗教的话，应该算是"人文宗教""道德的宗教"，这在很多方面都有所体现。司马迁《史记》的《滑稽列传》中记载了"河伯娶妇"的故事，西门豹以其人之道还治其人之身的方法，惩罚了祝巫，破除了迷信。在儒家信仰中，天道是道德性的，而淫祠邪教与天道背道而驰，因而它们不可能是正当合理的，应该被取缔。的确，史书、小说中确实能看到不少地方官员对淫祠的摧毁。就如《西游记》第四十七回《圣僧夜阻通天水　金木垂慈救小童》中，灵感大王虽然为村子施甘雨，但是，"只因好吃童男女，不是昭彰正直神"[4]，孙悟空一

---

[1] 黄东阳:《世俗的神圣——古典小说中的宗教及文化论述》，第236页。
[2] (清) 纪昀:《阅微草堂笔记》(中)，第1088页。
[3] (清) 王永彬:《围炉夜话》，第54页。
[4] (明) 吴承恩:《西游记》(上) (李卓吾 评本)，陈先行、包于飞校点，上海古籍出版社1994年版，第634页。

行人一听到要吃童男女,就认定必是妖魔鬼怪。好的神仙、正当的信仰是保佑人的,让人行善的,而不是无缘无故让人牺牲生命的。

《阅微草堂笔记》在"道"与"术"的关系上,始终坚持邪不压正、术不压道的立场。作为志怪小说,《阅微草堂笔记》记载了奇门法术、扶乩、死后轮回等民间流传的一些信仰和法术,有的灵验,有的不灵验,对这些法术,《阅微草堂笔记》承认其作为"术"的功能和神奇,但是贯穿其小说始终不变的立场是邪不压正,术不压道。《滦阳续录二》记载,一个术士被请去作法,术士说:"吾能驱邪魅,不能驱冤魄也。"①《滦阳续录一》中也记载:"妖不胜德,古之训也。德之不修,与妖乎何尤?"② 就是说,大传统中认为法术的使用或灵验的前提是这个法术必须与道德相合,而不是相悖。《阅微草堂笔记》善恶报应的伦理叙事实际上否定了民间残存的一些淫祠邪教之类的东西,认为"术"的发挥要以"德"为前提,"伦理的意义取代和接替了巫术的意义"③。《阅微草堂笔记》中,无论什么样的巫术、法术都不能与道德相违背,如若相违背,法术、巫术都不会灵验。

《阅微草堂笔记》中,也没有完全否认法术、巫术之类的"术"的工具性作用。只不过认为法术能够得以实施的前提是不能违背道德,在此前提下,法术可以起到其作用,特别是对那些不能讲理也不适用法律的人而言,法术往往能够起到特别的功效。《姑妄听之四》中说:

> 摄魂小术,本非正法。然法无邪正,惟人所用,如同一戈矛,用以杀掠则劫盗,用以征讨则王师耳。术无大小,亦惟人所用,如不龟手之药,可以洴澼絖,亦可以大败越师耳。道士所谓善用其术欤!至嚚顽悍妇,情理不能喻,法令不能禁,而道士能以术制之。④

这是强调了法术对待某些讲理讲不通、法律又管不着的人是非常实用的。在《阅微草堂笔记》的故事中,一般认为法术的执行者若是不道德,

---

① (清)纪昀:《阅微草堂笔记》(下),第 1562 页。
② (清)纪昀:《阅微草堂笔记》(下),第 1519 页。
③ [德]恩斯特·卡西尔:《人论:人类文化哲学导引》,第 171 页。
④ (清)纪昀:《阅微草堂笔记》(下),第 1416 页。

第九章 大小传统融会下的善恶报应思想

如受贿贪财之类，法术就不会灵验；若是法术的针对者是有德行的好人，法术也不会灵验。"盖所持之法虽正，而法以贿行，故魅亦不畏，神将亦不满也。"① 民间存在的对巫术之类的信仰在大传统的影响下而日益具有道德决定论的倾向。

在我国传统文化中，大小传统的分野从来没有像西方那样显著。这是因为，我国传统社会中，上下阶层流动的渠道一直是存在的，在不断的改朝换代中，皇帝及其身边的开国大臣往往出身下层，并且"学而优则仕"，上层社会又通过科举考试等方式吸纳下层的人才，因而，大传统一方面对小传统中有违大传统的内容进行禁止、改造，使其符合大传统的要求，另一方面，大传统对小传统中根深蒂固的、与大传统并不相悖的内容进行了吸收、引导，使得传统思想不仅具有高大上的一面，又有合乎普通人情感欲望的一面，即既符合天理，又合乎人情。如前所述，纪昀《阅微草堂笔记》的善恶报应思想基于德性主义，而不是功利主义，但是，纪昀又深谙"君子喻于义，小人喻于利"（《论语·里仁》），所以其强调的是善恶终有报，通过报应的后果来劝导人们从善弃恶。在纪昀的叙事中体现出作为士大夫的文人的自觉意识，其对下层人民的自发意识进行了理论加工，使得自觉意识与自发意识有机结合起来；士大夫的自觉意识对民众的自发意识起到了思想和理论上的引领作用。《阅微草堂笔记》中的报应理论实际上是把董仲舒创立的天人相应（天谴论）由君主扩展到了民间的每一人身上，把个人思想行为与神仙鬼怪联系起来，是官方信仰的民间化、世俗化。

善恶报应作为传统思想中大小传统都重视的一种信仰和传统，其在大传统和小传统中的差别并没有想象中那么大，本质上都是相信善恶因果律，只不过大传统更强调义务论，小传统则更多的是从功利主义的角度出发。大致说来，善恶报应得到了大小传统的一致认同。"一种传统要变得成熟起来，只有在其信奉者面对并找到一条理性道路，通过或绕过那些有着根本差异的和不一致的立场之冲突后才有可能，这些立场提出了不能相比和不可翻译问题。"② 《阅微草堂笔记》重新诠释了民间的善恶报应，使

---

① （清）纪昀：《阅微草堂笔记》（下），第1395页。
② ［美］阿拉斯戴尔·麦金太尔：《谁之正义？何种合理性？》，第429页。

巫术性的"术"屈从于"道",大小传统中的差异就被统一、调和到道德的根基之上。

三 可改变的命运

"命"是传统文化的一个重要主题。《阅微草堂笔记》也对这个问题进行了不少论述。与古希腊无可逃避、不可改变的命运观不同,《阅微草堂笔记》中的命运是可以改变的,这种改变以个人的德行为依据,是传统儒家思想的产物。

普通百姓更关注的是个人的"命。"《阅微草堂笔记》中的命运观通过具体生动的事例表现出来,对人们起到教化作用。《槐西杂志二》记载了一个故事,说的是大户人家的姬妾问一个能走无常的巫婆命中有无儿子的问题:

> 一姬又问:"有子无子,是必前定,祈一检问。如冥籍不注,吾不更作痴梦矣。"曰:"此不必检,但常作有子事,虽注无子,亦改注有子;若常作无子事,虽注有子,亦改注无子也。"①

这是传统观念对命运观的一种经典解读,也是影响非常深远的解读,认为命运是可以依个人行为而改变的。即使不好的命运,通过积善累德也能够改变;即使命中注定的好命,作恶多端也会受到惩罚。这种解读无论是在达官贵人中还是在平民百姓中都很有市场。这种命运观把个人的命运交到个人自己手中,实质上体现为"道德改变命运",体现出命运上的乐观态度。

在《阅微草堂笔记》中,道德改变命运的内容非常广泛,不仅包括有子无子,还包括寿命、官禄等。《滦阳续录四》记载了一个巡抚遇到一个扶乩者,问寿几何。其回复说,一般人的可知,他这种高官的却不可知,因为:"若封疆重镇,操生杀予夺之权,一政善,则千百万人受其福,寿

---

① (清)纪昀:《阅微草堂笔记》(中),第902页。

第九章 大小传统融会下的善恶报应思想

可以增;一政不善,则千百万人受其祸,寿亦可以减。此即司命之神不能预为注定。"① 这是指出了高职位者行为的影响较普通百姓更为远大,甚至可以说千百万人的性命都在高官的手上,强调位居高位者应该具有更强的责任意识。这体现出传统思想中责任大小与职位高低是正相关的,即权力越大,责任越重,每个人处在不同的社会职位中,都要承担起自己相应的责任。这是儒家思想的表现,也是对儒家思想的继承和发展,以具体生动的叙事对儒家责任观进行了诠释。建基于报应观之上的命运观否定了偶然性,认为人的命运要用必然性(因果关系)来解释。这种解释模式与民间的解释模式是相通的,如果有人被雷击死,一般民间信仰中的解释是:如果该人是坏人,那么这就是上天的惩罚;如果是好人,则解释为可能是前世作恶的惩罚。《阅微草堂笔记》叙事中,决定命运的最基本的因素在于道德,即人的命运必然与自己的德行相关。

《阅微草堂笔记》对现实中人的贫富贵贱不同的命运进行了解释,认为既有本命的因素,即很难改变的部分,也有可以改变的内容。对现实中人与人的不同职位、财产等利益的差别,对于行善的人的回报差别问题,《阅微草堂笔记》中都有精辟的说明:

> 昔有遇冥吏者,问:"命皆前定,然乎?"曰:"然。……"问:"定数可移乎?"曰:"可。大善则移,大恶则移。"问:"孰定之?孰移之?"曰:"其人自定自移,鬼神无权也。"问:"果报何以有验有不验?"曰:"人世善恶论一生,祸福亦论一生。冥司则善恶兼前生,祸福兼后生,故若或爽也。"问:"果报何以不同?"曰:"此皆各因其本命。以人事譬之,同一迁官,尚书迁一级则宰相,典史迁一级,不过主簿耳。同一镌秩,有加级者抵,无加级,则竟镌矣。故事同而报或异也。"问:"何不使人先知?"曰:"势不可也。先知之,则人事息,诸葛武侯为多事,唐六臣为知命矣。"问:"何以又使人偶知?"曰:"不偶示之,则恃无鬼神而人心肆,暧昧难知之处,将无不为矣。"②

---

① (清)纪昀:《阅微草堂笔记》(下),第1632页。
② (清)纪昀:《阅微草堂笔记》(上),第136—137页。

这不仅解释了人的命运可改变的情形，解释了人的命之所以不同的原因，也解释了报应是否应验、报应大小不同的原因。人处在前世、今生、来世的循环中，善恶大小是一个长期的过程，有冥司记录来决定其今生的命，所以命是预定的东西，这种预定的本命是由自己的前世决定的；而今生可以通过自己的善行或恶行对命运进行改变。也就是说，《阅微草堂笔记》认为人的命是由前世注定的，但是这种必然性可以通过自己的行为改变，只不过改变的程度在其本命基础上由其善行或恶行大小来定，即命运的改变是在一定范围之内的。这也就是通常民间所说的"三分天注定，七分靠打拼"。报应信仰并没有完全否定神秘性，《阅微草堂笔记》中的命运观不是机械的直线性的决定论，而是多重决定论，即前世德行决定本命，今世根据善恶大小改变命运，命运究竟是怎样的，谁也无法预料，唯一能够做的就是好好行善。虽然没有"上帝之手"操纵人的命运，却有"神目如电"监督着人的所思所做，这样，这种命运观就为神秘性留下了空间，也为宗教信仰留下了空间，"对精怪的信念总是民间宗教的基础"①。"神秘主义和宗教是互为因果的，而且无限地相互作用下去。"② 因而，我们可以说，传统善恶报应信仰具有宗教性。对于上层知识阶层来说，主要侧重在哲学价值观方面，而对于下层普通民众来说，则表现为一种带有浓重宗教性色彩的信仰。

《阅微草堂笔记》中的命运观有宿命的一面，但是绝对不是宿命论。"祸福有命，死生有数，虽圣贤不能与造物争。"③ 这是强调命运祸福自有注定的一面，让人安于命运，体现出一种达观的人生态度，但是，《阅微草堂笔记》还主张人定胜天，鼓励人们改变命运。《姑妄听之四》中说："精诚之至，哀感三灵，虽有命数，亦不能不为之挽回。人定胜天，此亦其一。事虽异闻，即谓之常理可也。"④ 这一方面反映出多样性的命运观及其诠释，另一方面，隐藏在故事背后的依然是主流的儒家命运思想，即在命运上有宿命论的一面，劝导人们对于物质利益、功名利禄等身外之物不

---

① [法] 亨利·柏格森：《道德与宗教的两个来源》，王作虹、成穷译，贵州人民出版社2007年第2版，第115页。
② [法] 亨利·柏格森：《道德与宗教的两个来源》，第147页。
③ （清）纪昀：《阅微草堂笔记》（上），第257页。
④ （清）纪昀：《阅微草堂笔记》（下），第1457页。

第九章　大小传统融会下的善恶报应思想

要看得过重,应淡然处之;也有可以改变的一面,人既要乐天知命,更要努力进取,积极实现自己最好的命运,特别是关系到国计民生的紧要关头。上层知识阶层认为要遵循张载提出的:"为天地立心,为生民立命,为往圣继绝学,为万世开太平";对普通民众而言,则要做到顾炎武所说的"国家兴亡,匹夫有责",不同的表达方式,同样的进取精神和责任意识。所以,《阅微草堂笔记》中的命运观绝不是宿命论,让人们被动地接受自己的命运,也不是命运无常论,而是蕴涵着积极进取的、事在人为的精神和自觉自信。

《阅微草堂笔记》中的命运观既有必然性的一面,又有可以依靠人力改变的空间,比起无法改变的命运观,这种命运观的积极作用非常显著。如果人的命运是无论做什么都不可改变的,那么现实世界中的人就失去了努力的动力,富命怎么折腾都是富,穷命无论怎么做也是穷,就会使人要么陷入享乐主义之中,要么陷入听天由命或绝望之中。而传统信仰中的命运可改变论则把主动权交到了人的手中,鼓励人们通过自己的努力改变命运,这样,就给予人们以希望和方向。比起无法改变的宿命观,这种可改变的命运观符合人们的心理需求,更有利于人们建立积极乐观的人生态度。

《阅微草堂笔记》在记录各种故事的同时,随时随地表明作者的观点,即儒家士大夫的观点,因为任何一个叙事者都无法完全跳离自己立场,就如没有一个人能够抓着自己的头发离开大地一样。《滦阳消夏录一》记载:

> 制府李公卫未达时,尝同一道士渡江。……李公又拜曰:"领师此训,吾终身安命矣。"道士曰:"是不尽然。一身之穷达,当安命,不安命则奔竞排轧,无所不至。不知李林甫、秦桧,即不倾陷善类,亦作宰相,徒自增罪案耳。至国计民生之利害,则不可言命。天地之生才,朝廷之设官,所以补救气数也。身握事权,束手而委命,天地何必生此才,朝廷何必设此官乎?……"[1]

虽然是由道士之口说出,表达的却是儒家积极进取的价值观,认为无

---

[1] (清)纪昀:《阅微草堂笔记》(上),第23—24页。

关紧要的东西,自然要安命,但是关系到国计民生,则不能安命,而是要尽力补救,担当起作为人的责任。从"知其不可而为之"(《论语·宪问》)到"鞠躬尽瘁,死而后已。至于成败利钝,非臣之明所能逆睹也"(《后出师表》),这都是儒家在命运观上的积极态度。对个人利益而言,可以安命;对关系到国计民生的事情,则不可以安命,而是应该积极进取,"鞠躬尽瘁,死而后已",也就是"谋事在人,成事在天",但是不管结果如何,都要尽力而为。

总体来看,《阅微草堂笔记》中的命运观一方面有宿命的一面,让人不要执着于过多的欲望,灵魂不要有太多纷扰;另一方面又强调"道德改变命运",鼓励人们按照道德要求行为,与人为善,获得生活的幸福和心灵的安宁。这种命运观既有利于个人的物质生活幸福和精神满足,也有利于整个社会秩序的有序和稳定;既有利于人们在逆境中保持良好心境,又有利于在顺境中积极进取,奋发有为;既鼓励平民百姓过道德的生活,又主张才能卓越的士人担负起海晏河清的责任。这也可以看出,传统儒家的报应观贯穿于《阅微草堂笔记》中,并因其深刻影响了传统社会。

四 传统信仰的大全

《阅微草堂笔记》中的叙事几乎囊括了传统社会的所有信仰类型,是传统信仰的大全。这是由于纪昀确实力图如实记载其所见所闻,《阅微草堂笔记》中记叙的一些传说故事,现在民间还有一模一样或类似的故事在流传;并且由于其所处的地位,能够游历天下,接触不同地区不同身份的人,当然,更由于其自身就是满腹经纶的勤奋著述者,因而,其搜集记录整理的故事之多之奇,实在是无有出其右者。其来源于本人、同僚、仆人,以及自己亲朋好友的或亲身经历或道听途说的故事几乎反映了传统社会大小传统中的所有信仰类型。

从《阅微草堂笔记》中我们可以看到传统信仰的大全,可以让我们更好地去了解、分析传统信仰。传统信仰不是求真,而是求善,是为了让人相信德行的力量,即让人知道如何生活,如何对待他人。相信善恶报应就是相信积善累德既利人,又利己,可以让人过上幸福的生活,甚至在死后或轮回后都有福报。传统信仰中的轮回理论是根据自己行为善恶的性质和数量大小多少来决定的，鬼神只不过是进行了裁定，确保报应秩序依照德行进行。这样一种信仰无疑具有积极作用：人世循环观念给人以一种心灵的慰藉，鼓励积极进取的人生态度，让人安享此世的快乐，绝不会陷入禁欲主义、反人道主义、悲观主义；其道德至上观念也不会让人走向纵欲主义；其此世意义的永恒性，也不会让人陷入人生虚无主义。这种信仰的局限性在于其对道德的肯定导致不可能有"重估一切价值"的自我怀疑、自我进步的动力和空间，千百年来伦理思想没有大的改变，不过，这种情况虽然不鼓励变革创新，却有利于社会的稳定平衡。

关于儒释道三教的关系，《阅微草堂笔记》中的观点是正统的三教合一观点，即儒家为主、释道为辅，三教存在着本质上的共性，即都是劝善的。当然，三教也存在着区别，否则就是一个教了。在纪昀看来，其区别主要体现在三教的举措上，儒家注重的是为生民立命，最为根本；佛、道则有道术、因果等"术"的教义和方法，能够快捷地对普通民众产生影响。《滦阳消夏录四》指出，儒释道三教：

> 至教人为善，则无异；于物有济，亦无异。其归宿则略同，天固不能不并存也。然儒为生民立命，而操其本于身；释道皆自为之学，而以余力及于物。故以明人道者为主，明神道者则辅之，亦不能专以释道治天下。此其不一而一，一而不一者也。盖儒如五谷，一日不食则饥，数日则必死；释道如药饵，死生得失之关，喜怒哀乐之感，用以解释冤怼、消除怫郁，较儒家为最捷；其祸福因果之说，用以悚动下愚，亦较儒家为易入。特中病则止，不可专服常服，致偏胜为患耳。①

纪昀认为三教都是教人为善的，只不过儒家注重人道，释道两教借助神道；强调儒家之说如人之五谷食物，必不可少，释道为药物，虽药效快，亦不可常服，必须要以儒家为正统，释道为辅助。

《阅微草堂笔记》认为佛道两教可以辅佐儒家，这也是传统正统观念

---

① （清）纪昀：《阅微草堂笔记》（上），第266—267页。

的体现。传统儒家观念往往认为虽然人性本善，但是人性却存在着等级，如韩愈的"性三品论"，认为人性分为上中下三个等级，"性之品有上中下三。上焉者，善焉而已矣；中焉者，可导而上下也；下焉者，恶焉而已矣"①。在他看来，品性上等之人，天生好善、一学就会；中等之人可善可恶，可以通过教育使其为善；下等之人必须要通过强制手段让其不要作恶，即"上之性，就学而愈明；下之性，畏威而寡罪；是故上者可教，而下者可制也"②。针对不同人的天性和学习能力，要有不同的教化手段。《滦阳消夏录二》说："盖天下上智少而凡民多，故圣人之刑赏，为中人以下设教。佛氏之因果，亦为中人以下说法。儒释之宗旨虽殊，至其教人为善，则意归一辙。……而不知佛氏所谓善恶，与儒无异；所谓善恶之报，亦与儒无异也。"③纪昀还说："帝王以刑赏劝人善，圣人以褒贬劝人善；刑赏有所不及，褒贬有所弗恤者，则佛以因果劝人善。其事殊，其意同也。"④认为儒家经典道理可为上智之人所理解和接受，中人以下则需要神道设教，要靠鬼神的力量。这一方面反映了传统的人性等级论，对不同的人要实行不同的教化措施，另一方面，表达了三教关系，即儒教为正宗，释道二教为辅助。

释道两教是以儒家道德为基础的，包括其成佛解脱和修道成仙都不能违背道德的要求；道德是成佛成仙必要的前提条件和重要途径。"知笃志事亲，胜信心礼佛。"⑤《槐西杂志一》中说："道家言祈禳，佛家言忏悔，儒家则言修德以胜妖。二氏治其末，儒者治其本也。"⑥《姑妄听之三》记载了一个故事，有个法术高强的道士被众人请求传道给他们，道士说："必积功累德，而后列名于仙籍，仙骨以生；仙骨既成，真灵自尔感通，仙缘乃凑。此在尔辈之自度，仙家安有度人法乎？"又书十六字曰："内绝世缘，外积阴骘；无怪无奇，是真秘密。"⑦这是把道家修炼的方法与儒家

---

① （唐）韩愈撰：《韩昌黎文集校注》，马其昶校注，马茂元整理，上海古籍出版社1986年版，第20页。
② （唐）韩愈撰：《韩昌黎文集校注》，第22页。
③ （清）纪昀：《阅微草堂笔记》（上），第134页。
④ （清）纪昀：《阅微草堂笔记》（中），第636页。
⑤ （清）纪昀：《阅微草堂笔记》（下），第1282页。
⑥ （清）纪昀：《阅微草堂笔记》（中），第760页。
⑦ （清）纪昀：《阅微草堂笔记》（下），第1314—1315页。

第九章　大小传统融会下的善恶报应思想

道德结合在一起了，认为道术只是"术"的问题，而"道"才是应该追求的，而这个"道"，即成仙的秘密就是要累积功德，而功德仍然是以儒家道德为基础的，即成仙的首要条件是道德，这就把民间一些认为炼丹服药、念咒用符就是道教，依此就可以成仙的观点给否定了。在纪昀看来，道释两教都不可能只靠相信神或佛就得救，必须要依靠个人的道德行为。这仍然体现出道德本体主义的大传统观点，即天人合一，人的德行应该要与天的旨意相符。

纪昀有时也会对鬼神产生疑问，反映出士大夫阶层的理性思考。《如是我闻一》中说："人死者，魂隶冥籍矣。然地球圆九万里，径三万里，国土不可以数计，其人当百倍中土，鬼亦当百倍中土。何游冥司者，所见皆中土之鬼，无一徼外之鬼耶？其在在各有阎罗王耶？"①《槐西杂志三》亦曰："然则一家一灶神耳，又不识天下人家，如恒河沙数，天下灶神，亦当如恒河沙数？此恒河沙数之灶神，何人为之？何人命之？神不太多耶？人家迁徙不常，兴废亦不常，灶神之闲旷者何所归？灶神之新增者何自来？日日铨除移改，神不又太烦耶？此诚不可以理解。"②从这些疑惑的提出可以看出，到了清代，随着地理知识的丰富，知识分子的视野已经不再局限于本民族，而是在时空上都有了无限广大的意识，从而产生了对民间描述中鬼神的样貌、数量的怀疑和思考，反映出士人阶层的理性自觉意识。

虽然有疑惑，但纪昀以或许未有此事，或许是人力所不可知的原因作了解释。他对一些人讲述的梦中的故事有时亦持怀疑态度，认为："且天下之人，如恒河沙数，鬼神何独示梦于此人？此人一生得失，亦必不一，何独示梦于此事？且事不可泄，何必示之？既示之矣，而又隐以不可知之象，疑以不可解之语，是鬼神日日造谜语，不已劳乎？"③他认为："此类由于记录者欲神其说，不必实有是事。"④他认为这种记录是随意装点，未必有其事。《三言》等小说中经常有这样的梦中神人启示以及暧昧难懂的谜语，纪昀对这种叙事持怀疑态度。他认为："天地之大，何所不有；幽

---

① （清）纪昀：《阅微草堂笔记》（中），第 410 页。
② （清）纪昀：《阅微草堂笔记》（中），第 937 页。
③ （清）纪昀：《阅微草堂笔记》（下），第 1602—1603 页。
④ （清）纪昀：《阅微草堂笔记》（下），第 1603 页。

明之理，莫得而穷。"① 这体现出纪昀朴素的理性认知，即世界上总有未知的东西，对未知的东西，纪昀的态度是存而不论，"鬼神之故，有可知有不可知，存而不论可矣"②。不过，在他看来，神乎其神的叙事如果是为了神道设教，那当然是有道理的。因而实际上，《阅微草堂笔记》对很多怪异事情做了道德的推断。也就是说，纪昀短暂的理性怀疑并没有动摇他的儒家信仰，虽然有很多不解之处，他仍然认为福善祸淫这个宇宙秩序是存在的。"报施之理，鬼神弗能夺也。"③ 这样看来，《阅微草堂笔记》中记载了大量的怪力乱神，虽然内容上与原始儒家"子不语怪力乱神"相悖，但是其精神要旨是一以贯之的，即都是让人们相信道德、履行道德。

五　叙事模式

《阅微草堂笔记》中的叙事是为了实现劝惩的目的，它对民间故事做了逻辑上的梳理，使故事情节符合善恶报应的规律。这种逻辑梳理并不是按照事件发展的本来逻辑，而是按照善恶报应规律进行的，其中运用的是倒果为因、相关性的思维方式，在论证上往往陷入循环论证。

《阅微草堂笔记》中的思维方式往往是倒果为因，这也是传统民间信仰中一种常用的思维。《阅微草堂笔记》中的叙事否认偶然性，把结果归因于善恶报应的必然性。从祸福的后果出发，根据善恶报应规律，肯定能倒推出善恶的源头。《姑妄听之二》中说："然则世之供车骑受刲煮者，必有前因焉，人不知耳。此辈之狡黠攘窃者，亦必有后果焉，人不思耳。"④ 认为任何事情的发生都是有原因的，当然，有的事情的原因可能暂时或永久地不被人所知，"此必有其故，今不得知矣"⑤。纪昀在《阅微草堂笔记》中认为偶然性背后是各种因素的必然结果，特别是与道德相关的原因的必然结果。《滦阳续录二》中记载了一个故事，有一个退居乡里的官员，

---

① （清）纪昀：《阅微草堂笔记》（中），第409页。
② （清）纪昀：《阅微草堂笔记》（中），第500页。
③ （清）纪昀：《阅微草堂笔记》（中），第860页。
④ （清）纪昀：《阅微草堂笔记》（下），第1225页。
⑤ （清）纪昀：《阅微草堂笔记》（上），第163页。

第九章 大小传统融会下的善恶报应思想

唯一的苦恼是没有儿子，终于于晚年有了个儿子，不料这个儿子生痘病情危急。他听说有个道士能算未来之事，亲自去问。道士说，这个儿子还有许多事没做呢，哪能就死了。后来果然病愈。但是后来这个儿子骄纵挥霍，竟然败了家，流离乞讨，断了香火。乡里人推测："此翁无咎无誉，未应遽有此儿。惟萧然寒士，作令不过十年，而宦橐逾数万。毋乃致富之道有不可知者在乎？"① 这种推测就是从这个官员晚年得的儿子挥霍败家的不好结局推断出其前面获得的是不义之财，债主化作他儿子来讨债的。这是典型的从后果推断德行，而这种推断在故事中找不到真凭实据，只是加上了一个道士模棱两可的话语。这个故事完全否认了偶然性的存在，认为只要有不好的结局，必然有违背道德的行为。这种思维方式可以解释一切事实，只要结局是好的，就是行善的结果；结局是坏的，就是作恶的结果。这种思维方式是用善恶报应作为前提来对事件作出解释，再得出善恶报应的结论，前提和结论是一致的，实际上是一种循环论证。虽然在科学思维看来，这种推理是完全不符合逻辑的，但是这种推理在善恶报应的信仰模式下，依然获得了广泛的认可。"所有发生的事情都有其严格的必然性，对于这种信念，尽管人们认识得并不十分清楚，但却是可以感觉到的，而古人如此坚持的命运观，以及伊斯兰教的宿命论，甚至还有对预兆的一直无法根除的信仰，都是建立在这一信念之上的。这是因为连极小的偶然的事情，也是必然地要发生的，而一切事情也可以说是相互协调的，因此一切都在一切之中回响着。"② 《阅微草堂笔记》中采取的是道德必然性即任何后果都用行为的道德性与否做出推测和解释。

《阅微草堂笔记》乃至整个传统信仰，把能理解的、能控制的事物归于人，不能理解的、不能控制的归于神，不过这种不能理解的、不能控制的却是可以用人的行为方式去解释的。"此事巧于相值，天也；所以致有此事，则人也。"③ 在这种解释系统里，如果六月飞雪，那肯定就是有冤情。我们可以看出，善恶报应信仰从来不是跟实践相分离的，而是跟社会关系和行为紧密联系在一起，即使自然界的奇异现象也用人的行为去解释。这种思维方式一方面抹杀了科学产生的可能性和必要性，另一方面对

---

① （清）纪昀：《阅微草堂笔记》（下），第1545页。
② ［德］叔本华：《伦理学的两个基本问题》，第88页。
③ （清）纪昀：《阅微草堂笔记》（下），第1649页。

人的行为提出了自省的要求,让人负担起海晏河清的责任,负担起对天地的责任,体现出一种非常深刻而广阔的责任意识,这仍然沿袭了传统"天人关系"思想,特别是董仲舒的"天人感应"观念。

在《阅微草堂笔记》中,虽然纪昀有时候面对奇异的事情也会无法解释,会"存而不论",这体现出一个知识分子的理性思考,但是,其基于劝惩的目的,对事件的前因后果几乎都做了道德性的解释。在这种思维和叙事模式中,任何事件的发生都是必然的,即使其提到了可能是偶然性、碰巧之事,最后他仍然归之为报应必然性。《槐西杂志一》记载了一个故事,一个恶少装扮成鬼的模样奸污了姑嫂二人,跳墙逃走的时候看到墙外一鬼,被吓得从墙上头朝下掉落而昏迷。

> 墙外一鬼屹然立,则社公祠中土偶也。父老谓社公有灵,议至晓报赛。一少年哑然曰:"某甲恒五鼓出担粪,吾戏报神祠鬼卒置路侧,使骇走,以博一笑;不虞遇此伪鬼,误为真鬼惊踣也。社公何灵哉!"中一老叟曰:"某甲日日担粪,尔何他日不戏之而此日戏之也?戏之术亦多矣,尔何忽抱此土偶也?土偶何地不可置,尔何独置此家墙外也?此其间神实凭之,尔自不知耳。"①

恶少看到的鬼实际上是社公祠中的土偶,恶少做贼心虚,误以为是鬼。虽有一个少年认为是自己开玩笑把土偶抱来放在路边碰巧吓晕了恶少,但是老年人仍然坚持认为这个少年是受了神的支使,才把土偶抱来对恶少进行惩罚。这种说辞把碰巧之事解释为鬼神借助人手来实现惩罚,是典型的不承认偶然性、把所有的偶然性归结为报应的必然性的思维方式。《阅微草堂笔记》中这样的推理很多,都是把神秘的事情归为鬼神的旨意,鬼神主宰了报应,当然,往往是借助了人手,即使人在其中并不知情。这也是一种比较古老的思维方式,认为凡事之发生都是必然的,不承认有碰巧之事;碰巧之事乃是鬼神的安排,不是偶然的,而是特意的;天机巧妙,岂是人力所能测。

《阅微草堂笔记》中很多善恶报应叙事采用的都是相关性思维,即家

---

① (清)纪昀:《阅微草堂笔记》(中),第731—732页。

第九章 大小传统融会下的善恶报应思想

庭成员之间互相承担因果。在一定意义上，家庭成员之间是一个共同体，父债子还、承受祖荫被认为是天经地义的事情，这种相关性是传统社会经济、社会和文化的反映。《阅微草堂笔记》中记载了很多子孙报仇或还债的故事，有的当事人甚至不知情，但是冥冥之中仍然完成了报应。《阅微草堂笔记》中也记载了不少友人之间的相互报答，这是传统社会对友情重视的体现，朋友是五伦中的一种，所以，这仍然体现了传统报应的相关性思维方式。这样，善恶报应思想不局限在行为者本人，从而使得报应无限复杂，故事无限多样，一方面使得故事不会呆板机械，而是生动多彩，使叙事具有吸引力；另一方面，强调了人与人之间的相关性存在，是对人的社会性本质的认知和尊重。

《阅微草堂笔记》中记载了大量的报应故事，千奇百怪，不过，其中有些故事则在思想性和艺术性方面都令人存疑。如《滦阳消夏录二》中记载：

> 甲与乙为友，甲居下口，乙居泊镇，相距三十里。乙妻以事过甲家，甲醉以酒而留之宿。乙心知之，不能言也，反致谢焉。甲妻渡河覆舟，随急流至乙门前，为人所拯。乙识而扶归，亦醉以酒而留之宿。甲心知之，不能言也，亦反致谢焉。①

这个故事讲述了甲污乙妻子，其妻子后来也被乙污的故事。在这个故事中，甲先污人妻子，应该受到惩罚，惩罚的方式是其妻子被乙所污，问题在于：甲的妻子何罪之有？为什么还是被乙所污呢？这种报应的相关性与现代社会的人权观念是相抵牾的，即每个人对自己的行为承担后果，惩罚应该在行为人本身，而不应该延及他人。但是，在传统社会中，这种相关性有其存在的空间，因为传统社会作为男权社会，妻子往往被看作男人的财产，算命术中往往称其为妻财，就是这个道理；所以报应到妻子身上，在当时人看来恰恰就是一种很对等的报应。当然，这种污人妻子、妻子也被人污的报应在我们现代人看来，太直截了当、太机械以至于粗陋不堪，有违道德报应的真谛；并且，这种报应故事即使被解释为惊人的巧

---

① （清）纪昀：《阅微草堂笔记》（上），第138页。

合，也难免让人生出斧凿之感。

这种机械的报应在现实生活中往往很难看到，所以《阅微草堂笔记》中记载了大量非常巧妙的报应，也是报应思想不断发展成熟的表现。我们传统的报应刚开始是"结草衔环"式的，这是一种情节非常简单的报应，最多是两世一重的报应，即现世报，或死后报。佛教传入后，由于轮回观念的渗透，因果报应就发展成为三世报应。三世报应使得报应无限复杂，超出了人的所见所闻，使得这种理论既无法证实，更无法证伪。《阅微草堂笔记》对很多事件做了善恶报应的解释，使这些事件成为善恶报应理论或信仰的重要经验支撑，其目的仍然是对人们进行道德教化。所有叙事的解释模式都是带有叙事者的价值观和意图的，都是为了一定意义而存在的。

《阅微草堂笔记》反映了大小传统融会下的传统善恶报应思想及信仰的全貌。儒家知识分子特别是士大夫并没有对小传统置之不理，而是对流传其中的故事、传说进行了有利于道德教化的解读，从中可以看出，知识分子阶层在促进儒家思想传播、正统地位维护等方面的自觉担当意识。《阅微草堂笔记》叙事体现出大传统对小传统的引导，因其儒家士大夫的权威地位而客观上有利于小传统对叙事的尊重、认可和接受。在其叙事中，可以看出，善恶报应思想及信仰是人们对人际关系和行为规律探寻中发现的最合乎理性的一条规律，其不仅客观上具有可能性和合理性，而且符合人们的情感需要和精神满足。这种信仰一方面通过人们的恐惧、无知和希望、祈求，另一方面通过统治阶级的宣传、教化和制度（奖罚措施）等被强化，上层的要求和下层的需要在最为基本的因果关系中得到了协调统一，能够实现劝惩的初衷。《阅微草堂笔记》体现了大小传统的融合交会、互相影响，大传统引导规范着小传统，祛除了其中迷信荒谬的内容，使其符合儒家的道德要求和价值观，同时又吸纳了其合乎世情人欲的一面，充满着世俗的温情。在大力宣扬道德的神圣功能的同时，《阅微草堂笔记》中也留有信仰的神秘性，保存了对神仙鬼怪的信仰，从而使得大小传统的融会既可以起到教化的作用，又能够给人们的心灵以慰藉。

纪昀虽然偶尔也对鬼神的存在、对事情发生的道德因果律产生怀疑，反映出知识分子阶层的理性思考。但是，出于劝惩的目的，他在大多数叙事中以客观的、权威的叙事者身份出现，把原因归为因果报应冥冥之中在

第九章　大小传统融会下的善恶报应思想

起作用。虽然有理性的疑虑，他仍在《阅微草堂笔记》的叙事中对传统的信仰模式和诠释方法进行了理论化和系统化，并获得了相当的成功。纪昀在叙事过程中对故事进行了意义重建，因为任何叙事难免带有叙事者的价值倾向；叙事过程本身就是个意义构建的过程，出于士大夫的自觉，纪昀对事件做出了符合儒家正统观念的解释。因而，其叙事虽然讲述了大量"怪力乱神"之事，但是其对这些故事大都做了道德上的因果推断，其道德教育的作用是不言而喻的，纪昀的《阅微草堂笔记》正是通过这种叙事达到了其劝惩的目的，体现出诗性正义。

第十章　善恶报应思想影响下的诗性正义

善恶报应思想在文学作品中的体现就是一种诗性正义,即通过文学作品体现正义、实现正义,有助于道德教化。古往今来的很多文学作品都体现出诗性正义的功能,我国的传统文学作品尤为显著。可以毫不夸张地说,我国很多文学作品都深深地打上了善恶报应的烙印,承担着道德教化的重要功能。艺术和生活总是不断地相互模仿、相互促进;善恶报应的文学叙事是对生活的提炼和表达,反映了人们的理想和信念,体现在文学作品中的善恶报应又不断强化和巩固着人们的善恶报应观念或信念。

一　传统文化中的诗性正义

诗性正义的含义主要包括两个方面,一是指文学作品内容中体现的正义,主要是正确的价值理念,如善恶报应在文学作品中的体现就是一种诗性正义;二是指文学作品要有助于人们对正义的认识和理解,有助于实现社会正义。这两个方面的内容中,前者主要是指内容上的正义,后者主要是指功能作用上的正义;内容和功能上的正义是联系在一起的,而不是隔离的,内容上的正义有助于实现功能上的正义,即具有正确价值观的文学作品才有助于人们正确认识和理解正义,有助于社会正义的实现。

诗性正义无论是在我国还是在西方都由来已久。在我国传统文化思想的早期,就把审美与道德联系了起来,认为好的文学艺术作品应该尽善尽美,即既是善的,又是美的。《论语·八佾》记载:"子谓《韶》:'尽美矣,又尽善也。'谓《武》:'尽美矣,未尽善也。'"孔子还说:"《诗》三百,一言以蔽之。曰:思无邪。"(《论语·为政》)孔子的观点可以说是

第十章　善恶报应思想影响下的诗性正义

传统观点的代表和典范。文学作品中的审美与道德是密切相关的，即认为好的作品必须要有正确的价值导向，艺术之美与道德之善必须相得益彰，而不能分离。并且，在传统思想中，把文章提升到了与天地同生的地位和高度，认为文章负有非常重要的责任。"文之为德也大矣，与天地并生者何哉？"① 特别是经典，具有非常重要的作用，"经也者，恒久之至道，不刊之鸿教也。故象天地，效鬼神，参物序，制人纪，洞性灵之奥区，极文章之骨髓者也"②。认为经典是通过效仿天地之理而制定人伦纲纪，洞悉人类灵魂之奥秘，才达到了文章之根本。也就是说，文章典籍具有参照天地物理、教化人伦秩序的功能。正因为把文章看得如此重要，所以，文章必须要担负起维护社会秩序、进行道德教化的职责。

文学创作中有两个传统，一种是为艺术而艺术的观念，认为艺术并不为任何外在的目的服务；另一种是肯定艺术与生活、道德的密切关联。我国艺术与道德的关系主要以第二种观点为主。我国传统文化要求审美离不开道德，审美与道德的完美结合才能成就好的文艺作品。"伟大的艺术绝非不道德的艺术。我们虽然在沉醉的一刻不会考虑到道德因素，但在那一刻来临之前，道德感的确起一种决定作用。如果道德感没有首先在某种程度上得到满足或至少未受干扰，审美快感的一刻就永远不会来临。"③ 我国传统文学作品总是力图自觉承担起这种道德责任，并且为了更好地承担这种责任，其审美要求不能降低，否则，对读者和观众的吸引力就会大受影响。传统文学作品主要是通过优美的辞藻、跌宕起伏的情节设计，力图使道德教化不露斧凿之痕。

西方思想传统中也有诗性正义的要求。柏拉图在《理想国》中对诗人百般抨击，就在于他认为好人得好报、坏人受惩罚才是正义，古希腊诗人创作的悲剧都是人因对正义的背离，而陷入一种毫无道理、毫无根据的混乱。柏拉图认为，诗人的作用，"在于激励、培育和加强心灵的低贱部分毁坏理性部分"④，而这是城邦所不能容忍的，所以，诗人应该被逐出城

---

① （南朝）刘勰：《文心雕龙注释》，周振甫注，人民文学出版社1981年版，第1页。
② （南朝）刘勰：《文心雕龙注释》，第18页。
③ 朱光潜：《悲剧心理学——各种悲剧快感理论的批判研究》，张隆溪译，江苏文艺出版社2009年版，第19页。
④ ［古希腊］柏拉图：《理想国》，第404页。

邦。在他看来，诗歌应该体现出对正义和美德的维护，而不是相反。《理想国》中认为诗人叙事中把神当作邪恶产生的原因，是对神的亵渎、对善恶因果规律的违背，不利于理想国家的建立。柏拉图主张要对文学作品进行审查，要拒绝不好的文学作品，用好的文学作品去塑造人们的心灵。《理想国》主张："我们首先要审查故事的编者，接受他们编得好的故事，而拒绝那些编得坏的故事。我们鼓励母亲和保姆给孩子们讲那些已经审定的故事，用这些故事铸造他们的心灵，比用手去塑造他们的身体还要仔细。"① 在人类文明史上，柏拉图最早提出对公开出版物进行审查的思想。古罗马的贺拉斯也有审美与道德教化相结合的观点："一首诗仅仅具有美是不够的，还必须有魅力，必须能按作者愿望左右读者的心灵。你自己先要笑，才能引起别人脸上的笑，同样，你自己得哭，才能在别人脸上引起哭的反应。"② 对文学作品的要求，不仅是审美的，还有价值观方面的，要能够教育人、感染人。古希腊之后的很多学者和思想家都看到了文学作品对道德教化的重要作用，努斯鲍姆认为："小说的道德教化和审美愉悦密切相关。"③ 文学作品不仅能够给人们带来快乐、审美，而且能够起到道德教化的作用。

努斯鲍姆认为，诗性正义是指文学性的理解有助于拓展人们的认知边界和经验边界，能够促进人们以明智的旁观者的视角理解他人，特别是弱者，以促进社会公平，即认为文学作品可以帮助实现社会正义：

> 由于文学性的理解有助于消除那些支撑群体仇恨的僵化形象，因此它促进了通向社会公平的思想习惯。……但是，通过挑选这些文学体验——在这些文学体验中，我们首先借助被边缘化或被压迫群体中的个体成员的眼睛去看世界，然后以旁观者的身份对看到的东西进行反思，这样我们就同情地认同了这些个体成员——而拓展我们的文学性的理解也非常有价值。④

---

① ［古希腊］柏拉图：《理想国》，第71页。
② ［古罗马］贺拉斯：《诗艺》，杨周翰译，人民文学出版社1962年版，第131页。
③ ［美］玛莎·努斯鲍姆：《诗性正义——文学想象和公共生活》，第58页。
④ ［美］玛莎·努斯鲍姆：《诗性正义——文学想象和公共生活》，第134页。

第十章 善恶报应思想影响下的诗性正义

在努斯鲍姆看来，文学性的描述能够让我们以明智的旁观者的身份去关注其他人，特别是弱者，让我们通过他人的视角拓展我们的经验认知，使得我们能够以更全面、更客观、更理性、更人性的态度去看待他人，有助于实现社会正义。

我国传统文学作品大都具有诗性正义的蕴涵。很多文学作品特别是通俗小说、戏曲故事等都是以善有善报、恶有恶报、正义终得到彰显为结局的。之所以推崇这种结局，一方面是因为人们相信这种结局是应该的、理所当然的，符合人们朴素道德因果律的认知和情感；另一方面，中国文化传统一开始就定下了千古文章的基调，即"文以载道"，从"文以载道"的目的出发，这种诗性正义有利于读者相信道德。也就是说，在我国传统文化中，文学作品不仅要体现正义，而且要有助于教化人心、匡扶正义。

为了体现和实现诗性正义，我国传统文学作品的创作往往是对现实生活事件进行重新编码，重新诠释事件、塑造事件，让这种编码和诠释对人们的认知和行为起到净化作用。朱自清指出："三传特别注重《春秋》的劝惩作用；征实与否，倒在其次。……《春秋》里记灾，表示天罚；记鬼，表示恩仇，也还是劝惩的意思。"[1] 我国传统小说的演化也是遵循了这一主旨。胡适指出："元朝的梁山泊强盗渐渐变成了'仁义'的英雄。……到了后来，梁山泊渐渐变成了'替天行道救生民'的忠义堂了！"[2] 文学之"真"要让位于道德之"善"；比起真实性，道德性更为重要。我国传统文学作品中诗性正义的体现和实现，一种方法是对事件进行重新编码，甚至是改变情节及结局。"虚构并不是一种拟像。它是一种安排。因果的安排"[3]，这种因果安排是对故事重新编排，使其符合道德规律，起到道德教化的作用。另一种方法是通过结果重新发现事件。文学叙事中往往是根据因果报应规律从结果去倒推，认为凡是不好的结果肯定是由不好的德行造成的，好的结果则是由好的德行造就的。这种由果到因的倒推法虽然难逃循环论证的质疑，却在文学叙事中被当作一条普遍的原则，"即通过事件结果的连贯去重新发现事件，并让这种发现起到净化作用"[4]，通过事件的结果去诠释

---

[1] 朱自清：《诗言志辨 经典常谈》，商务印书馆2011年版，第221页。
[2] 胡适：《中国旧小说考证》，商务印书馆2014年版，第33页。
[3] ［法］雅克·朗西埃：《文学的政治》，张新木译，南京大学出版社2014年版，第220页。
[4] ［法］雅克·朗西埃：《文学的政治》，第236页。

事件的因果报应,为道德教化提供素材。本质上,叙事并不是对现实的简单机械的摹写,而是一种基于叙事者价值观念基础上的重构,即"对经验世界的再现与对观念世界的例释"①;任何叙事都带有叙事者的主观意图,没有叙事者主观意图的叙事是不可想象的。

我国传统社会中流传下来的叙事大都体现了诗学公正,并且力图让人们相信这不仅是诗学中的正义,也是现实中的事实,书本中的故事是现实的摹写和刻画,而不是与事实疏离的。在诗性正义的叙事中,文本和文本之外的现实没有隔绝,现实应该像文本那样演绎。当然,这体现了看待现实的天真态度。之所以这样做,是为了让叙事能够得到人们的认可和接受,更好地承担道德教化的重要任务。

二 诗性正义中的命运观

诗性正义中的命运观是传统命运观的表现和改造。传统文化认为人是有命运的,是人天生的一种或好或差的运气;朝代也是有运的,过了那个运,朝代往往就被新的朝代所代替。道德可以改变命运,大德对命运的改变大,小德对命运的改变小。

传统文化中各个学派都对命运有自己的观点。儒家的命运观比较复杂,总体来看,认为存在着神秘的命运,但是命运可以通过人的道德行为得以改变,实质上是道德决定命运论。墨家是命运论的坚决反对者,他认为有命论会造成人们任性而为,不努力去做对社会有益的事情,因此他认为"执有命者不仁"②。墨子认为:"是故古之圣王发宪出令,设以为赏罚以劝贤。是以入则孝慈于亲戚,出则弟长于乡里,坐处有度,出入有节,男女有辨。是故使治官府则不盗窃,守城则不崩叛,君有难则死,出亡则送。此上之所赏,而百姓之所誉也。执有命者之言曰:'上之所赏,命固且赏,非贤故赏也。上之所罚,命固且罚,不暴故罚也。'"③ 从实用主义态度出发,墨子认为有命论把所有的赏罚都看作命中注定的,不管个人做了什么都改

---

① [美]罗伯特·斯科尔斯、詹姆斯·费伦、罗伯特·凯洛格:《叙事的本质》,第144页。
② (清)孙诒让:《墨子闲诂》,孙启治点校,中华书局2017年版,第264页。
③ (清)孙诒让:《墨子闲诂》,第269—270页。

第十章 善恶报应思想影响下的诗性正义

变不了自己的命,从而消解了个人努力的意义,也消解了君主赏罚的意义,会导致人们恣意妄为,不遵从道德的要求,于国于民都有害无益。"故命上不利于天,中不利于鬼,下不利于人。"① 墨子的观点与儒家的道德决定论是相通的,从功利主义出发,墨家认为人是没有命运的,人所受到的赏罚都是由自己的行为所决定的。这体现出一种由个人自己决定命运的态度,在命运观上,比儒家更进了一步,把命运的神秘性完全消解了。

在传统文化中,诗性正义中的命运观主要体现了传统儒家、墨家的命运观,并且加上了佛教、道教的一些神秘的内容。在诗性正义中,往往认为个人可以依靠自己的行为改变命运。所有的文学作品几乎都体现了善有善报、恶有恶报的道德规律。"中国人用很强的道德感代替了宗教狂热。他们认为人必须自己救自己,不能依靠鬼神。他们所说的'命',相对说来更接近基督教的天意,而不是希腊人的命运,它更多地是铁面无私的判官,而不是反复无常的女神。他们深信善有善报,恶有恶报,善恶报应不在今生,而在来世。好人遭逢不幸,也被认为是前世作了孽,应当受谴责的总是遭难者自己,而不是命运。"② 在诗性正义中,善恶报应既可能在今世实现,如若今世没有实现,则可能在死后或来世实现。在这种命运观下,人们为了得到自己的幸福,必然要首先完善自己的德行。

我国诗性正义中个人对自己命运负责的观点与古希腊悲剧中的命运观明显不同,古希腊悲剧中的命运是不可改变的。在古希腊悲剧命运观中,"我们的命运乃是外在于我们的一股强大力量所造成的结果。此外,这些概念还表达了这样的意思:我们注定的命运是不可避免的;命运不仅会直接降临于我们而不管我们的意愿或选择如何,而且也(至少在很大程度上)逃离了我们的干预。我们无法控制它"③。这种命运观深刻地揭示了人面对外界的不确定感和无力感,启示人们对种种不可掌控的境遇进行反思。古希腊最著名的命运悲剧是《俄狄浦斯》,剧中有杀父娶母的情节,俄狄浦斯力图摆脱其会杀父娶母的神谕,做出了种种努力,包括逃离父母去往外邦,但是种种努力之后,并没有摆脱命运,神谕仍然实现了。在悲

---

① (清)孙诒让:《墨子闲诂》,第272页。
② 朱光潜:《悲剧心理学——各种悲剧快感理论的批判研究》,第192页。
③ [荷]约斯·德·穆尔:《命运的驯化——悲剧重生于技术精神》,麦永雄译,广西师范大学出版社2014年版,第23页。

剧中，偶然性成就了必然性的命运，个人无论怎样努力，最终都无法摆脱命运，而是成就命运。悲剧中的神谕，使人似懂非懂、不明就里，直到结果来临才水落石出，人们才恍然大悟，才知道神不我欺，冥冥之中注定的命运是无法改变的。古希腊的命运是盲目的、不可改变的，揭示了人在自然和社会中的不自由状态，体现出对神和规律的敬畏。在我们传统的诗性正义中，事实上并不存在不可以改变的命运，由于善恶有报，人可以依靠自己积极行善来争取好的命运，因而，必然性与自由之间并不存在不可缓解的紧张，或者说命运的必然性并不是一种注定无法改变的必然性。与不可改变的命运观相比，这种可改变的命运观无疑更充满了脉脉温情，体现出对人的自主性的尊重，也体现出人在命运面前的一种乐观态度，让人相信道德的权威和力量。

诗性正义中的命运观与古希腊悲剧命运观不同，不仅表现在命运能否改变上，还体现在命运的主体上。西方悲剧是高高在上的，普通人不可能成为悲剧的主角，只有英雄才有令人感叹不已的命运，普通人的命运在英雄的掌控之下，体现出英雄主义。"无论悲剧有好的还是不好的结局，传统主义者坚持认为，它们的主要行动者必须身份高贵。不可能存在一种表现普通生活的悲剧，就好像不可能有一出关于皇帝的闹剧一样。"① 而在我国传统文化的诗性正义中，普通人不仅有命运，而且其命运也可以依据自己的德行而得到改变。在我国传统文学中，比如古典白话小说《三言》中，往往以普通人作为主角，来增强教育功效。这体现出两种不同的理念，即古希腊是英雄崇拜，认为只有英雄才是值得歌颂的；而在中国传统文化中，虽然在早期，比如在董仲舒那里，上天的感应主要是针对君王的，不过在后来的发展中，特别是在民间的发展中，上天的奖惩不仅仅是针对君主，而是针对所有人。这说明中国传统文化中具有人格平等的潜在倾向。从性善论出发，任何人都具有道德的可能性，并且，出于道德教化的目的向人们宣扬普通人也应该与天地合其德就具有特别重要的意义。正是在此意义上，我国传统善恶报应的主体是所有人，诗性正义的主体也是所有人。诗性正义中的命运观对普通人更具吸引力，一方面这种命运观把普通人

---

① ［英］特里·伊格尔顿：《甜蜜的暴力——悲剧的观念》，方杰、方宸译，南京大学出版社2007年版，第92页。

也作为命运的主角,激发了他们的认同感意识;另一方面,普通人的命运根据自己的德行可以改变,激发了他们的行为自主性和积极性。

中国传统文化中的命运观比较复杂,其中既有希腊式的不可改变或很难改变的先天命运,也有可以改变、能够改变的后天命运。不过从总体来看,在善恶报应的思维模式中,传统经典文献和文学作品倾向于认为道德可以改变命运,甚至决定命运。"在对待命运的态度上这种差异,能在很大程度上说明各民族在宗教、哲学和艺术这类不同文化形式以及达到的成就水平上的差异。它也可以解释为什么某个民族有悲剧或者没有悲剧。"①道德决定论必然会造成善恶各得到相应的、应得的报应,所以,就很难出现古希腊式的命运悲剧,而更多的是正剧。

三 诗性正义下的正剧及悲剧的缺席

在诗性正义中,善恶报应是一种类似公理性的存在。报应观带来的是人们对道德的信任,即相信道德的权威,认为道德可以改变命运。如果善恶报应得到实现,那是正剧;善恶因果律得不到实现,才可能会有悲剧。善恶报应观念下的诗性正义必然带来正剧,而不可能是悲剧。

在我国传统文学叙事中,诗性正义占据绝对地位,既造就了无数的正剧,又造成了悲剧的缺乏。诗性正义中,善有善恶,恶有恶报,好人和坏人各得其所,在这种指导思想下的文学作品是正剧,有着道德教化的功能和作用。"倘若善人征服了恶徒,高贵者挫败了卑贱者,那就永远不会出现悲剧现象。这时,道德的掌声排斥了悲剧性印象。这是毫无疑问的。"② 在诗性正义中,个人根据自己的行为得到相应的报偿,绝对不会出现做善事得到坏的结果,作恶得到好的结果这种背离善恶因果律的情况,也不会出现个人命运无法依靠个人行为决定的情况,即不会出现悲剧。"希腊的悲剧是描绘没办法逃避的命运,因为人完全无知,对

---

① 朱光潜:《悲剧心理学——各种悲剧快感理论的批判研究》,第187页。
② [德]马克思·舍勒:《哲学人类学》,罗梯伦等译,北京师范大学出版社2014年版,第106页。

命运的折磨束手无策。一般人说中国没有悲剧，确实，没有希腊那种悲剧。"①

中国传统文化中没有悲剧，这几乎成为很多学者的定论。即使最接近悲剧的《窦娥冤》《红楼梦》等著作，作者仍然为其找到了神秘的原因或根据，使其悲剧意蕴在一定程度上消解了。《窦娥冤》中通过六月飞雪、亢旱三年已经向世人昭示了窦娥之冤，并且还通过窦父当官归来为其昭雪冤情，以一种死后补偿的方式实现了诗性正义。《红楼梦》是传统文学作品中最接近悲剧的，不过，虽然男女主人公贾宝玉、林黛玉一个抱病而亡，一个出家，有情人未成眷属，但是其蕴涵的却是对世俗生活的否定，作者认为世俗生活只不过是一场空，表明其受到了佛教文化的影响。在诗性正义文学原则的指引下，善恶报应得到了充分的展示和诠释，成就的是无数以"文以载道"为宗旨的正剧。

很多思想家都支持诗性正义和正剧。柏拉图是悲剧的反对者，他认为诗人都是败坏城邦秩序的人，应该被驱逐出去。柏拉图是主张善恶报应的，他甚至认为死后人的灵魂会根据自己活着时的行为而受到相应的报偿。在有的学者看来："命运这个概念本身就有害于宇宙的道德秩序，使人丧失自由和责任。"② 古希腊哲学家并不希望有这样的命运，这反映出人类比较普遍的一种情感和认知，因为这种命运既无益于人类社会的秩序，又无益于人的道德责任。在悲剧中，主人公是英雄，虽然有高尚的德行、卓越的才能，但是命中注定其得到的是不可避免的灾难和痛苦。这种悲剧道路其实与从苏格拉底开始就致力于德福统一的道路是背道而驰的。德福不统一甚至相悖虽然深刻地反映和揭示了社会现实，但难以获得人们价值观念上的认同和情感上的接受。

但是，我们不能否认，在揭示必然与自由之间的张力方面，悲剧比诗性正义更为深刻。在必然性面前，人是如傀儡一般完成神赋予的命运，还是能够以自己的自由行动创造自己的命运？这是个缠绕在任何一个民族文化中的重要问题。"命运与自由之间的冲突反映了秘索斯（mythos）与逻

---

① ［美］杜维明：《体知儒学：儒家当代价值的九次对话》，浙江大学出版社2012年版，第135页。
② 朱光潜：《悲剧心理学——各种悲剧快感理论的批判研究》，第91页。

第十章　善恶报应思想影响下的诗性正义

各斯（logos）之间强大的张力。"① 古希腊悲剧命运观是一种不以人的意志为转移的神秘力量在操纵着人的命运。学者们一般都认为，如果神秘性没有了，逻辑性占据了主导地位，那么，命运悲剧也就不存在了。我国传统文化中，这种自由与必然之间的张力几乎很少见到，因而很难产生命运悲剧。传统文化中，"命"是个很重要的内容，只不过这种"命"虽然有神秘性的一面，但这种神秘性往往只是作为背景存在，事实上，个人的行为可以改变甚至决定自己的命运。这种命运观与古希腊悲剧中的命运观截然不同。古希腊悲剧中的命运无论怎样都是不可改变的，英雄人物的奋力抗争，最后恰恰成就了其不想接受、想要对抗的命运。与古希腊悲剧相比，我国传统正剧看到了人的命运与道德之间的关联，或者说在命运与道德之间架构了桥梁，认为道德可以改变命运，甚至决定命运，肩负着教化功能，不过，正剧只看到了报应的必然性，而忽视了偶然性因素的作用，没有看到人在社会生活、自然环境中的不确定性，把人与社会、人与人的无限复杂的关系给简单化了，因而，对生活的揭示往往不够深刻。

诗性正义缺乏悲剧中那种受苦受难所蕴涵的伦理意义。在古希腊悲剧中，只有英雄才有不可改变的命运，承担命运显示出人的强大的精神力量。"有些自视甚高的人使不幸成为一种荣耀，他们想说服别人和自己相信：只有他们才是配得上命运折磨的。"② 命运不仅是折磨人的，更是塑造人的，成就人的德性的完成。"痛苦是惩罚，但对接受这一惩罚的人来说，它也是医治心灵疾病的良药，这些心灵疾病是由幸运和自以为是的僵硬引起的。在有关俄狄浦斯的悲剧中表现了这样的思想。而且，当纯洁的人承受那种不应他承受的不幸时，他通过平静地忍受磨难，表现了人类对待自然事物变迁的一种最庄严最崇高的力量和独立性。"③ 面对痛苦和磨难，体现出人性之美，这种美不是对痛苦的逆来顺受，而是尽力而为之后的豁达与从容；体现出一种明知不可而为之的主动性和积极性，还体现出对不可抗拒规律的抗争和面对结果的淡定。诗性正义的善恶终有报带给人们的是生活的确定性，悲剧展示给人们的是生活的多样性和

---

① [荷]约斯·德·穆尔：《命运的驯化——悲剧重生于技术精神》，第6页。
② [法]拉罗什福科：《道德箴言录》，第11页。
③ [德]弗里德里希·包尔生：《伦理学体系》，第350—351页。

道德的多样性。悲剧并不妄图把生活简单化,而是展现生活的无限复杂、选择的无限复杂以及人在社会中的无奈和无力。正是因为这种复杂多样的揭露和诠释,使得悲剧在对生活的解释上比诗性正义更为深刻。并且,悲剧的伦理意义还在于提醒人们反思公正,认识到公正的匮乏和对公正的诉求;悲剧从反面让人们意识到道德规律和道德秩序的可贵。

我国之所以没出现古希腊式的悲剧,是因为我国传统思想和文学创作都以表现和传达福善祸淫的道德规律为责任,因而,道德与幸福相背离的悲剧就没有产生的可能。我们的文化是自然力量和超自然力量的人化,即道德化。正因为天道赏善罚恶的观念太强大了,以至于"文以载道"中"载"的都是道德教化,毫无道德必然性、逻辑性的悲剧在传统文化中就没有立足之地了。正如雅斯贝尔斯所指出的:"在人们成功地取得对宇宙协调一致的解释,并在实际生活中与之保持一致的地方,那种悲剧观点就不可能发生。这在很大程度上就是古代中国,特别是佛教之前的中国所出现的情形。在这种文明里,所有的痛苦、不幸和罪恶都只是暂时的、毫无必要出现的扰乱。"① 在雅斯贝尔斯看来,在中国文明里,"对过去的依恋意识将人与一切事物的古典原则联结在一起。这里人们所追求的并非任何历史运动,而是秩序井然、德行美懿的永恒实在的不断更新与重建"②。的确,对道德理想和道德秩序的追求和强调使得希腊式的悲剧在我国传统文化中没有产生的土壤。

中国之所以没有悲剧,还因为在人性善恶这一问题上,中国传统思想与西方存在着不同。在人性论上,传统思想与康德的人性观念比较接近,都认为人的欲望造成了人的恶行,人在本性上是有向善可能的,即人性善。"在中国哲学以性善论为主流的人生观照底下,悲剧是无所存身的。"③ 传统文化上的人性善观念必然会把人类的作恶归结为无知、错误或习惯,而不是归结为自由与必然之间的冲突。伯林认为:"人类所有的弱点、失误、愚蠢、腐化、不幸,所有的冲突以及所有的邪恶和悲剧,都要归咎于无知和错误。如果人们预先知道,他们就不会犯错;如果他们不犯错,他们就能够——而且作为理性的人,他们就愿意——通过最有效的方法来追

---

① [德] 卡尔·雅斯贝尔斯:《悲剧的超越》,亦春译,工人出版社1988年版,第13页。
② [德] 卡尔·雅斯贝尔斯:《悲剧的超越》,第14页。
③ 龚鹏程:《这不是文学概论》,江西教育出版社2015年版,第167页。

求他们真正利益的满足。这些基于理性之上的活动永远不会互相冲突;因为在人或这个世界的本质里没有什么使悲剧变得不可避免的东西。罪、恶、痛苦都只是因为盲目产生的失调的形式。"[1] 他的这种观点与希腊悲剧是不同的,与我国传统文化的观点反而类似,都是把冲突、邪恶和悲剧归结为人类的无知和错误。在传统文化中,冲突只是出于人的主观无知或错误,而完全排除了外部客观因素,因而,传统报应思想中并没有永恒的原罪观念,而是认为由于人的无知、贪欲、嫉妒等才产生了恶行,这种恶行一旦悔改,其所受到的惩罚虽然依然可能会进行,但是通过惩罚抵消罪过,得到了净化,即所谓"放下屠刀立地成佛",人的命运是可以改变的。在人性善的理论体系影响下,善有善报,恶有恶报,没有悲剧产生的条件。

悲剧中有些东西是藏而不露的,需要人们去体会和感悟;正剧则不同,正剧是要把所有想要传达的价值观念直接呈现给观众、读者。在我国传统文学作品中,道德的内容渗透在几乎所有著述之中,文学艺术作品承担着道德教育的功能,它必须要简单明了地把道德道理展示给读者、听众和观众,而不能藏而不露、遮遮掩掩。这种做法可能起到两种效果,一种是通过文学艺术形式潜移默化地对人们进行了道德教育;另一种,就是其中蕴含的说教太多了,导致人们的逆反心理,影响教化效果。即便这种充斥着道德教化的文学作品有着局限性和不足,我们也应该看到,在传统社会中,由于普通民众接受的文化教育普遍不高,存在着大量的文盲、半文盲,通俗的文学艺术形式如小说、戏曲等往往是民众接受主流价值观的重要途径,因而,以通俗易懂、简单直接的形式对人们进行道德教化不仅是必要的,也是重要的。纵观传统文化史,小说、戏曲等在道德教化方面发挥了不可估量的作用。

四 诗性正义的渊源

在整个人类文明史上,诗性正义都是很重要的内容。在我国,由于把文字神圣化,诗性正义从古至今都是公理性的存在。在我国传统文化中,

---

[1] [英]以赛亚·伯林:《现实感》,潘荣荣、林茂译,译林出版社2004年版,第197页。

诗性正义具有久远而权威的思想渊源、文化渊源和文学理论渊源。

我国传统思想中历来就有善恶报应思想，道德与个人命运乃至国家命运紧密结合。《尚书·皋陶谟》中说："天命有德，五服五章哉；天讨有罪，五刑五用哉。"从"积善之家必有余庆，积不善之家必有余殃"（《周易·坤·文言》）到"天道无亲，常与善人"（《道德经·七十九章》），"天"在传统思想中都具有非常重要的地位，它既包括自然之天，也包括义理之天、奖罚之天。"天"虽然不一定具有人格神的特征，却是个能赏善罚恶的主体，具有鲜明的道德性，是善恶报应的终极裁决者和实施者。正是有了超越性的"天"的存在，报应思想就具有了宗教性、神秘性和必然性的特征。传统叙事往往依靠诠释把所有的事件、命运都归结为报应。早期报应论的因果关系在时空上都较为简单，只是现世或子孙。佛教传入之后，善恶报应与轮回观结合起来，把报应的因果链条推向无限，演化得精致烦琐，在一种前世、现世、来世的无限时空中进行因果报应，使得因果无限复杂，既无法证实，又无法证伪。《喻世明言》第三十一卷《闹阴司司马貌断狱》中说："世间屈事万千千，欲觅长梯问老天。休怪老天公道少，生生世世宿因缘。"① 这里既有传统文化的"老天"，又有生生世世的"因缘"，既有传统文化的，又加入了佛教的轮回观，体现出一种三教融合后的报应信仰观。

诗性正义的文化根源在于传统思想文化中的乐观主义精神。关于传统文化中的乐观性，李泽厚称之为"乐感文化"，"中国传统的乐感文化把上帝、不朽（永恒）建筑在此际人生中"②。古典小说中的大团圆结局体现出来的乐观主义态度根源于传统文化，而这种态度又反过来促进和强化了普通民众乐观的生活态度。乐观主义态度具有本体论、认识论和价值论三个方面的根源。本体论上源于天人观，认为天人合一，天道眷顾人，在本体上人具有不同于其他所有生物的特殊性。认识论方面则与人们的时空观相关，传统观念中往往认为生命轮回、生生不息，这种循环观有利于形成人们的乐观态度，因为生命、生活是可以不断地重来的，没有什么可担心的。整个传统文化并不太注重形而上的探究，而是把所有精力都集中到人

---

① （明）冯梦龙编著：《喻世明言》，第370页。
② 李泽厚：《历史本体论·己卯五说》，第109页。

第十章　善恶报应思想影响下的诗性正义

的世俗生活中，以世俗生活的满足和快乐为目的。就如李泽厚所指出的："'天行健''人性善'容易漠视人世苦难和心灵罪恶，沉沦在大团圆的世俗，从诗文到哲学，中国都缺乏那种对极端畏惧、极端神圣和罪恶感的深度探索。"①

善恶有报的叙事还与中国人的民族气质相关。中华民族既是很世俗的，又是很天真的；既是很功利的，又注重精神追求。总体来看，中华民族的气质是一种天真的世俗、深刻的简单。如辜鸿铭所指出的："真正的中国人拥有孩童般纯真的心灵，又拥有成人成熟的头脑。因此，中国人的精神是一种青春常驻的精神，是一种不朽的民族精神。"②林语堂也认为："中华民族受了孔子教化的洗礼，虽经过了很长很长的时期，这个民族的生命好像倒并未达到成熟衰老的年龄，而享受着绵长的童年生活。"③儿童的生活在于天天不知疲倦地游戏和活动，我们中国人的儿童化特征体现在对于现世生活的乐此不疲。现世的吃喝玩乐和劳作、柴米油盐酱醋实在是太充实，充实到这种生活能够永远循环轮回最好了。在中国人看来，人世生活既不是悲观的，也不是无常的，自有神眷顾人类；生活是"东边日出西边雨，道是无晴却有晴"④，人生是"天生我材必有用，千金散尽还复来"⑤，总怀有天生的乐观态度，是以一种童真的、少年般的态度对待世俗的生活。

诗性正义的文学理论渊源在于传统的"文以载道"思想。在传统文学理论中，文学作品就是用来记载、传播儒家之道的。"温柔敦厚，诗教也"（《礼记·经解》），"诗以正言，义之用也"（《前汉书·艺文志》），都强调文字特别是诗歌的教化功能。我国传统文化不仅注重诗教，也注重乐教。《荀子·乐论》中说："凡奸声感人而逆气应之，逆气成象而乱生焉；正声感人而顺气应之；顺气成象而治生焉。唱和有应，善恶相象，故君子慎其所去就也。"⑥在这种宗旨的指导下，传统文学作品的创作是道德导向的，善有善报、恶有恶报这种诗性正义就是理所当然、势在必行的。

---

① 李泽厚：《历史本体论·己卯五说》，第118页。
② 辜鸿铭：《中国人的精神》，第19页。
③ 林语堂：《吾国与吾民》，第38页。
④ 引自唐代刘禹锡的诗歌《竹枝词》。
⑤ 引自唐代李白的诗《将进酒》。
⑥ （清）王先谦撰：《荀子集解》（下），第451页。

"文以载道"说由周敦颐第一次明确提出，但是这种思想实际上早就诞生了。"载道是周秦儒家和唐代古文家旧有的意念，虽然他们没有鲜明的标出'载道'二字。"① 的确，"文以载道"的影响巨大，能够流传下来的作品往往都是遵循这个宗旨的。无论是天地宇宙、人事道理都寓于故事之中，为了道理甚至可以修改、加工、美化历史（故事），更不要说小说了。比如《西厢记》的原型最早在唐代出现，那时叫《会真记》，其结局是张生无故拒绝莺莺，后来各自男婚女嫁，男女主人公就再也没关系了，人们就觉得这个结果无法接受。郑振铎指出："这不能算是悲剧，实是'怪剧'。"② 后来《西厢记》让两个人"有情人终成眷属"，满足了人们喜好团圆的心愿。然而这是童话，是理想，而不是现实。现实是冷冰冰的、无情的、平淡的、复杂的、深刻的，并不一定事遂人愿，而经过加工后的小说则是有温度的、梦幻的、理想化的、美梦终会成真的。现实中有悲剧，有喜剧，有正剧，更多的可能是郑振铎所说的"怪剧"，生活的发展往往毫无逻辑可言。而传统叙事则以正剧为主，遵循善恶有报的逻辑脉络。所以钱穆认为中国的文学"多数是走向团圆之路，所以无史诗，无神话，无悲剧"③。

正是由于遵循叙事的"文以载道"传统，因而，我国的文章并不追求真实，而是追求道德教化。很多学者都已经明确指出来了，如章学诚认为："凡演义之书，如《列国志》、《东西汉》、《说唐》及《南北宋》多纪实事，《西游》、《金瓶》之类全凭虚构，皆无伤也。惟《三国演义》则七分实事三分虚构……故演义之属虽无当于著述之伦，然流俗耳目渐染实有益于劝惩。"④ 虚构是被允许的，甚至是必要的，只要这种虚构有益于劝惩。浦安迪指出："西方的史诗原则上是虚构艺术，只与历史传说有些微弱的关联。而中国的史文对'虚构'与'实事'却从来就没有过严格的分界线。……从中国文化的叙事审美角度来看，'实'与'虚'并非简单地处于对立状态，二者常有互补的部分。"⑤ 虚构的目的往往主要是道德教

---

① 罗根泽：《中国文学批评史》（下），商务印书馆2015年版，第737页。
② 郑振铎：《插图本中国文学史》（下），中华书局2016年版，第591页。
③ 钱穆：《中国文学史》，第16页。
④ 章学诚：《丙辰札记》，《丛书集成续编》（第90册），上海书店1994年版，第988页。
⑤ ［美］浦安迪：《中国叙事学》，北京大学出版社1996年版，第31页。

第十章　善恶报应思想影响下的诗性正义

化，这是写作宗旨上的求善，而不是求真；在传统文化中，善即美。"文以载道"影响了小说的情节内容和结构模式，也影响了审美倾向。古典小说叙事高度模式化，主要是以善恶报应为逻辑脉络，其结局高度程式化，即好人得到好报，坏人得到惩罚。这种高度模式化和程式化得到了审美上的认同。"当小说评点者开始把文本的形式美（文）与作者的伦理观相提并论时，高度模式化和规范化的结构很快就被当成了小说美学的重要因素。"[①] 程式美不仅在小说中有所表现，在戏曲中表现得更为明显，对我国传统的审美观产生了重要影响。

诗性正义的文学叙事体现了大小传统的结合，即既注重大传统中对道德的义务性，又强调对普通民众的工具性价值。"正统叙事形象地描绘了走向一种适宜的儒家生活会得到什么样的报偿，或者，与此相反，不能那样生活将会失去什么，并且积极地激励着读者去企盼那对于德行的回报。"[②]"文章千古事"[③]，文学叙事发挥了对普通民众教化的功能；之所以如此，在于它抓住了普通民众的心理，其道德叙事不仅合理，而且合情，即它是以尊重和满足人们的世俗情感和利益为前提的。诗性正义叙事体现了上层思想和民间思想的有机结合。

从"文以载道"的宗旨出发，我国传统文学创造和评价思想注重文字的实用性和应用性。钱穆对中国文学的如下评价是非常中肯的，他认为："中国的艺术是欣赏与应用不分，应用品与艺术品合一，亦即文学与人生合一。……故中国历史与文学始终是应用的。"[④] 文学的艺术性是为其道德教化服务的，即美要服务于善，服从于善。这仍然是对传统文学功能的继承和发扬，"自从《史记》面世以后，其书有道德思想融入作品中，却并不损害其文学价值，即如我国的屈原、杜甫等大家，亦是把道德思想融入其文学作品中。在文学中可以将道德与人生合一，讲公的人生，有其最高的人生境界"[⑤]。传统文学是审美与道德的统一，审美是为道德服务的。

在这三个根源中，善恶报应的思想根源是最为关键和主要的。正因为

---

① ［美］艾梅兰：《竞争的话语：明清小说中的正统性、本真性及所生成之意义》，罗琳译，江苏人民出版社2005年版，第6页。
② ［美］艾梅兰：《竞争的话语：明清小说中的正统性、本真性及所生成之意义》，第12页。
③ 引自唐代杜甫的诗《偶题》。
④ 钱穆：《中国文学史》，第81页。
⑤ 钱穆：《中国文学史》，第76—77页。

人们相信善恶报应，才更可能形成积极乐观的民族文化气质；而文学理论根源所要承载的"道"，是包括善恶报应思想在内的儒家道德价值观，"表达的是中国文化自神话开始就已经编辑的善恶报应的民族基因"①。在这个意义上可以说，善恶报应思想深刻影响了诗性正义的内容、逻辑和目的，换言之，善恶报应思想深刻影响了文学作品的创作，而这种文学创作又反过来对善恶报应思想进行了广泛的传播、发展和巩固。

五 诗性正义的影响

诗性正义把道德教化内容融入文本叙事中，对人们的认知进行引导和约束，让人们认识道德的权威，把道德与理性、情感、审美等结合起来，利用真善美相辅相成的作用，帮助人们树立对道德的正确认知，促使人们做出道德行为，有利于道德教化。

诗性正义能够引导人们对道德的认知，起到道德教化的作用。叙事中对道德及善恶报应的规律予以确认和肯定，而且强调善恶有报的功效，使读者或听众获得道德启蒙和道德教育。诗性正义贯穿了道德的公正原理，主张人人都可以通过自己的行为决定自己的命运；诗性正义使得人们在叙事中认识和领悟道德行为的价值、道德的权威，认识到恶行将受惩罚，领悟到道德成就幸福。叙事在道德教化方面具有其特色和优势，好的叙事以其故事情节对人们进行强烈的吸引，以丰满的人物形象、情境化的场景让人们身临其境、感同身受。《诗经·大序》中说："故正得失，动天地，感鬼神，莫近于诗。先王以是经夫妇，成孝敬，厚人伦，美教化，移风俗。"② 这说明在我国文明的早期，人们就已经看到了文学作品对人的教化作用。古希腊文明也认识到这一点，亚里士多德认为："能引起惊异的事会给人快感，可资证明的是，人们在讲故事时总爱添油加醋，目的就是为了取悦于人。"③ 到了现代社会，越来越多的学者都指出，文学艺术在净化社会成员行为和心灵、促进人的社会化方面具有重要作用。麦金太尔曾经

---

① 樊浩：《"后山河时代"的精神家园》，《东南大学学报》（哲学社会科学版）2020年第1期。
② （宋）朱熹集传：《诗经》，上海古籍出版社2013年版，第1页。
③ ［古希腊］亚里士多德：《诗学》，陈中梅译注，商务印书馆1996年版，第169页。

第十章 善恶报应思想影响下的诗性正义

指出，在所有文化中，"讲故事在美德教育中具有关键作用"[①]，在人们的认知中，对具体事情的知觉优先于抽象的普遍理论，叙事以生动有趣的情节潜移默化地对人们的认知产生影响，在道德教化中发挥着重要作用。

诗性正义中的叙事是把很多高深的道德知识解码为通俗的善恶报应，以通俗易懂的方式对普通民众进行道德教化。叙事教化与单纯道德说教相比具有很大的优越性。道德说教往往存在着几个问题：一是说教往往过于单调和独断，无法做到让人们很好地理解道德及要求；二是由于说服力和感染力不够，人们对道德规范并不一定认同；三是如果没有强制力做保障，仅仅依靠说教无法避免有些人为了个人利益宁愿做个不道德的人。诗性正义的叙事是以通俗易懂的叙事方式把道德规范简单明了地、情境化地展示出来，并且把道德与利益结合起来，要想获得利益就要遵守道德的要求。诗性正义的作品也许对无限复杂的现实的反映并不够深刻，不过对人性的揭露却是深刻的。善恶终有报的主题和情节中，处处是对人性的深刻洞察，没有人不喜欢高官厚禄等外在利益，而这种外在利益如果是通过个人德行得到的，不仅符合社会道德的需要，而且符合人们朴素的认知和情感。诗性正义的作品中对人性与利益的看法无疑是深刻的。与诗性正义对行善的人的报偿、对作恶的人的惩罚相比较，那些空洞的道德说教就往往显得苍白无力。诗性正义的叙事能够开启人们的理智，让人们意识到应该道德地为人处世，培养人们的道德感；通过叙事，力图教育和引导人们善良仁慈、力行美德。

文学作品欣赏中存在着共情现象，诗性正义的叙事过程同时也是文本作者与读者、观众或听众之间信息和情感交流的过程。在叙事中，读者、观众或听众体会、感受着作者的情感；认同作者情感的过程也是认同作者的道德价值观的过程，同时对自己朴素的道德情感进行了巩固和强化。在读者、观众或听众之间也存在着共情现象，当道德情感与他人共享时，所获得的是双重乃至多重的认同感、愉快感，强化了人们的道德认知和情感。并且故事创作是一个不断完善的过程，很多故事都是通过文人和说书人的不断改编而完善的，如《三言》中的很多故事都是冯梦龙根据文言小说而改编的，这个改编过程既是作者的创作过程，也是体现时代价值和人

[①] [美]阿拉斯戴尔·麦金太尔：《追寻美德：道德理论研究》，第274页。

们接受力的一种作者、评者、读者、听众间的互动。"金圣叹声称，晚明的小说阅读体验，不仅仅像是在聆听一位天才作者的声音，更像是在一个亲密小圈子中聆听作者、评者、编者的所有声音。心有共鸣的读者被邀请加入这一合奏，贡献自己的点滴所长，无论是撰写评论还是续作。"① 叙事激发读者与故事人物的情感、理性、认知上的呼应，让读者不仅能够感动，而且能够跟剧中人物、叙事者分享共同的道德观念和价值观，为读者认识和理解现实中的道德规范和主流价值观提供了有效的途径和素材。这个过程是主体道德认知、道德情感之间的相互交流、相互影响、相互塑造的过程。道德认知影响道德情感，道德情感深化了道德认知。共同的或相似的道德情感不仅能够加强作者、读者、听众、观众之间的彼此认同，而且能够强化共同的道德认知，促进道德行为的产生。

诗性正义是把叙事美学与道德教化结合在一起，让道德说服在叙事中展开，从而多管齐下，在审美欣赏的同时让人们感受道德教育。诗性正义的叙事情节和结局往往给予人们以更多的愉悦感和审美感受。诗性正义中的叙事遵循善恶因果律，让行善的人得到好报、让作恶的人终究得到惩罚，这种结局往往是花好月圆、大快人心，给予人们情感上的愉悦，同时通过曲折的情节让人们感受到艺术之美。试想，一个穷凶极恶的人作恶多端，看到他终于受到惩罚，读者或观众会获得一种正义伸张的满足感；一个行善的人历经千辛万苦，终于得到好的回报，读者或观众会得到如释重负的满足和欣慰。情感与认知是相互促进的，情感上的愉悦会让人们增加对道德上的善恶报应的认同。文本与读者之间存在道德信息的交流，作品把其中贯彻的价值观念传递给读者或观众，如果这种价值观念是符合人们朴素的道德直觉的，那么，这种传递丰富、强化了读者或听众原有的道德意识和观念。其中故事情节的曲折动人，是叙事娱乐性的一面；其中的伦理教化和道德观念，是叙事教育性的一面。通过情节演化，既动之以情，又晓之以理，在情理交融中起到教化的作用。这样，叙事不仅具有实用的社会教育的功能，而且也给人以审美的享受。"从本质上说，艺术代表了一个非凡的整体，它同时激发了我们知识、情绪、情感、意志和生命的能

---

① ［美］孙康宜主编：《剑桥中国文学史》（下），第138页。

第十章 善恶报应思想影响下的诗性正义

量。"① 人们接受文学作品的过程既是艺术审美的过程,也是道德感染和教化的过程。"基于这些原因,相比于一次雄辩的布道,一部伟大的悲剧往往更能感动观众;相比于一场精彩的道德科学演说,一部伟大的小说或一首伟大的交响乐常能以更强烈的道德期望激励我们;相比于统计图表、数学公式或者一连串无懈可击的推演论证,一份绘画或雕塑杰作,帕特农神庙或一座伟大的教堂,更能在创造性的精神领域有效地鼓舞我们。"② 千百年来我国传统文明历史已经证明了诗性正义的有效性,文学艺术在成员的心灵净化和社会化方面发挥了重要作用。

传统诗性正义叙事不仅把道德与审美联系了起来,也把历史叙事与道德叙事结合了起来。在我国传统文化中,文本中的诗性正义并不是要提醒人们公正在文本之外的现实中的匮乏,恰恰相反,诗性正义的叙事乃是要人们相信这种叙事是对现实的摹写,是故事的记录,而不是虚构。诗性正义中的叙事往往是小人物的故事,与平民百姓的生活贴近,即与广大读者、听众联系密切,包括生活场景、人物心理和行为等,这种贴近拉近了文本和读者的距离,让其产生感同身受的亲近感,认同叙事内容,并在潜移默化中接受其价值观念。我国传统文化中,几乎所有的叙事都有虚构的成分,并且把虚构当作真实,叙事营造的真实性是为了增强其所要表达的道理的真实性。"有的故事,原本没有果报内容,'三言'进行再创作时便作了增补。"③ 比如杜十娘的故事在其刚开始时并没有果报的内容,在《三言》中则被改头换面具有了善恶报应的结局。我国传统文化中的经典、话本小说、传奇等都以一种真实的历史、事迹、故事的面貌出现。现实和叙事相互影响,"事件和修道、修道者的经验、他们自我表演的模式、其他人对他们的接受,已经经过了文本的塑造和集体的构建,生活和艺术总是不断地互相模仿"④。我国诗性正义的叙事力图让读者或观众、听众走入叙事,同时又让人物、场景、情节等走入现实。叙事力图将读者或观众与叙

---

① [美]皮蒂里姆·A. 索罗金:《爱之道与爱之力:道德转变的类型、因素与技术》,陈雪飞译,上海三联书店 2011 年版,第 355 页。
② [美]皮蒂里姆·A. 索罗金:《爱之道与爱之力:道德转变的类型、因素与技术》,第 356 页。
③ 傅成洲:《明清文人话本研究》,第 188 页。
④ [美]康儒博:《修仙:古代中国的修行与社会记忆》,顾漩译,江苏人民出版社 2019 年版,第 255 页。

事世界之间的距离拉近,让这个世界表现出足够的现实可靠性。道德之善与叙事之真、艺术之美联系在一起,真善美在叙事中得到了统一,这种统一有利于发挥三者相互辅助的作用,共同强化道德教化的成效。"真、善、美是三种相互关联的至上价值,这些价值和能量中的每一种都可以转化成另一种,而且有助于促进另外两种的创造性成长。这就解释了为什么真正的艺术可以而且已经服务于高尚的利他和认识真理的目的。"① 在诗性正义传统中,"真"是为了"善","美"也是为了"善",虚构的事实也是为了"善",历史叙事和道德叙事是统一的,真善美也是统一的。

诗性正义促进和影响人们的道德认知和道德行为,起着巨大的道德教化作用。但是,不可否认,其也存在着一些问题,这些问题影响了诗性正义的深刻性和影响力。首先,诗性正义与现实存在着距离。在诗性正义中,道德都是可靠的,报应终究会实现,这种完美的理想与现实之间存在着距离,即使人们都期盼善恶得到相应的报应,现实却不会按照人们的期望进行。在中国传统善恶报应思想的影响下,几乎所有的剧本都是按照福善祸淫规律上演的,虽然能够满足人们的心理和情感期盼,但是对于社会生活的模仿、表现却是远远不够的。诗性正义下的文学作品对社会、世界复杂性的叙事不够深刻,因为在世界上,并不是所有的事情发展都会按照善恶报应的因果律进行;诗性正义无疑是把社会和世界给理想化了、简单化了。在文学作品中,道德的人终究会得到好报,这其实是在文学叙事中完全排除了偶然性因素;而现实生活是无限复杂的,充满着各种不确定性,即使在一个公正的社会中,也难以实现德行与幸福的完全统一。正如纳斯鲍姆所指出的:"古希腊人不仅认识到运气的影响这一事实,而且认识到了它的价值。"② 诗性正义忽略了运气、偶然性的因素,是一种完全理想化的形态,虽然有助于道德教化,但是对现实的诠释无疑是不够深刻的,而深刻性的缺乏在一定程度上使得其教化和影响力大打折扣。悲剧对生活的揭示在一定程度上远远超过了正剧,因为悲剧中有复杂的关系和情感,有不依赖于人的意志的情节和结局,所以,其背后所体现的深刻性超

---

① [美]皮蒂里姆·A. 索罗金:《爱之道与爱之力:道德转变的类型、因素与技术》,第355页。
② [美]玛莎·C. 纳斯鲍姆:《善的脆弱性:古希腊悲剧与哲学中的运气与伦理》(修订版),第28页。

第十章 善恶报应思想影响下的诗性正义

过了喜剧、正剧。"期望一部戏剧惩恶扬善，这也许令人痛心地不谙世事。毕竟，悲剧必须是对生活的模仿，表现为其全部的道德多样性。"① 诗性正义忽略了运气、不确定性，因而无法深刻地解释人类道德行为与客观世界之间的关系。特别是当诗性正义成为一种模式时，往往容易僵化，无法有效地影响人们的思想和行为，反而与其初衷背道而驰。现实的无限复杂性、深刻性、不确定性造成了人们行为与后果之间的偶然性联系，不是所有的行为都按照动机和行动的善恶报应逻辑发展。如果诗性正义能够对不确定性进行深刻的揭示和解释，那么，就能够提高其理论和思想深度，达到更好的道德教化效果。

其次，诗性正义是让人们在一种愉悦的情感中接受其价值观，不过，仅仅是愉快的情感对人们的思想和价值观念的冲击和影响力并不一定足够强大。悲剧是通过巨大的情感冲击和心灵震撼，来促使人们进行反思，不管是顿悟还是渐悟，都是通过诸如恐惧、怜悯、敬畏等情感来促使人们思考。"因为只有悲剧才能通过怜悯和恐惧并在怜悯和恐惧中向我们提供启示。"② 怜悯和恐惧也是人们生活中难以避免的情感，并且其对人们的思想和价值观往往具有更强的冲击力。而在诗性正义中，行善的人得到好报、作恶的人受到惩罚，很少有强烈的情感冲击，难以达到对人的心灵深处的震撼。并且，诗性正义遵循善恶报应的逻辑脉络，往往缺乏强烈的对立和冲突。按照麦金太尔所说："对立与冲突在人类生活中具有核心地位。"③ 对立和冲突对人们的认知和情感的冲击是巨大的，通过冲突，我们才能了解我们自身，"正是通过冲突，并且有时惟有通过冲突，我们才懂得了我们的目的和目标是什么"④。这就如老子所说："大道废，有仁义；智慧出，有大伪；六亲不和，有孝慈；国家昏乱，有忠臣。"（《道德经·十八章》）对立和冲突让我们更好地了解善与恶，认识和反思人类行为，实现"认识你自己"的神谕。诗性正义是严格遵循道德逻辑的，而这种遵循使得其对生活复杂性的揭示不够，缺乏对立和冲突带来的强烈的情感冲击，与悲剧

---

① ［英］特里·伊格尔顿：《甜蜜的暴力——悲剧的观念》，第142页。
② ［美］玛莎·C. 纳斯鲍姆：《善的脆弱性：古希腊悲剧与哲学中的运气与伦理》（修订版），第621页。
③ ［美］阿拉斯戴尔·麦金太尔：《追寻美德：道德理论研究》，第207页。
④ ［美］阿拉斯戴尔·麦金太尔：《追寻美德：道德理论研究》，第207页。

比起来，无疑对于人性和社会的表现和揭示过于单纯和乐观，削弱了其深刻性和影响力。

在我国传统社会中，善恶报应是文学叙事中的一个重要主题和基本逻辑脉络。善恶报应在文学作品中的体现是诗性正义的表现。为了体现和实现诗性正义，文学创作往往对现实事件进行重新编码，注重真、善与美的结合。在诗性正义中，人物命运是能够根据自己的善恶行为而得到改变的，这就导致我国传统文化中正剧的流行和悲剧的缺乏。善恶报应思想下的诗性正义不仅深刻影响了传统文学作品的面貌，而且引导了人们的道德认知和行为，对整个文化、民族的精神气质产生了重要影响。

古往今来，任何一种文化中都产生了大量的故事，古希腊的《荷马史诗》，中古时期阿拉伯地区的《一千零一夜》，文艺复兴时期意大利的《十日谈》等，近现代以来，故事更是通过电影、电视、小说以及新闻报道等形式广为传播，"人不仅在他的小说中而且在他的行为与实践中，本质上都是一种讲故事的动物"[①]。人类通过自己的行为不断创造着故事，又通过对这些故事的各种形式的讲述进行沟通、交流、学习、娱乐和教育，使人们在好的故事中体会到他者的存在，激发人们的同情感和道德反思能力。好的故事的创造与传播不仅促进了人类生活的丰富多彩，也有利于社会的文明进步。

诗性正义是我国传统文学创造的宗旨。诗性正义虽然在揭示现实社会和人性的深刻性方面有所欠缺，但是，诗性正义不仅把善恶报应在文学作品中体现了出来，而且把叙事与道德、道德与审美结合起来，通过通俗易懂的方式，以曲折生动的情节对人们进行了潜移默化的道德启蒙、教化，有助于人们树立正确的道德认知、培养道德情感，有助于人们相信道德。在善恶报应的道德教化要求中形成的诗性正义，反过来又巩固和强化了人们对道德的信任，二者是相辅相成的关系。诗性正义的文学作品有利于培养人们共同的价值观念、道德情感，促进共同的道德行为方式，从而有利于共同体意识的形成、发展和巩固。

[①] ［美］阿拉斯戴尔·麦金太尔：《追寻美德：道德理论研究》，第274页。

第十一章　传统善恶报应信仰与共同体

共同体意识是指社会成员彼此之间的认同，承认彼此属于同一个共同体的观念、意识，并为维护和发展这个共同体而共同努力、共同奋斗的行为表现。一个社会所共有的价值观及信念、信仰是这个社会独特的文化基因，这种基因不仅通过习俗、惯例、文化等影响着这个社会的行为方式和精神气质，而且深刻影响着社会成员的心理倾向和认知方式；是一个社会区别于其他社会的独特性所在，也是这个社会产生社会认同和共识，能够共同生活和发展下去的内在力量。

任何一种宗教，其信徒都因共同的信仰而产生共同体意识。这种共同体意识可能是淡薄的，也可能是强烈的，这与信仰本身的内容及制度管理有关。例如基督教教义宣扬所有信教者都是兄弟姐妹，是排他性的一神教，这种信仰就会让人产生比较强烈的信仰共同体意识。而印度佛教注重个人修行，其信仰共同体意识并不像基督教那样强烈。我国传统的善恶报应信仰，不是排他性的信仰，其本身在塑造共同体意识方面并不像基督教那样强烈，也不像印度佛教那么淡薄。与其他宗教文化相比，善恶报应信仰所形成的信仰共同体意识与情感共同体、家庭共同体、国家共同体是联系在一起的，而不是相对立或相疏离，具有自己的特色和优势。

一　传统善恶报应信仰对信仰共同体和情感共同体的造就

传统善恶报应信仰是指在我国传统社会中人们相信善恶终会得到报应的一种宗教性信仰。这种信仰既体现在道教、佛教和民间信仰中，也体现在儒家思想中，也就是说，这种信仰涵括和体现了儒、释、道以及民间信仰中的善恶报应观，是一种非常广泛的信仰。善恶报应信仰是传统社会三教合流在信仰者身上的体现。传统善恶报应信仰有利于造就信仰共同体、情感共同体，促进传统社会中共同体意识及共同体的产生、发展和巩固。

善恶报应作为一种宗教性的信仰，有着共同的崇拜对象和认知，有利于信仰共同体的形成和发展。德富林指出："一种共同的宗教信仰，意味着存在关于人类命途的共识。一种共同的道德信仰，意味着存在关于所应践行道路的共识。"① 在宗教信仰中，人们因为对共同的崇拜对象的信仰而产生彼此之间的认同，诸如很多宗教中信徒将彼此视为兄弟姐妹的认同；相同的祈祷祭拜仪式也会产生对彼此行为方式的理解和认同等。在传统善恶报应信仰中，宗教性仪式比如对天地的祭拜，对因义成神的关帝的崇拜，对因热心救助海难而成神的妈祖的崇拜，还有对道德规律的相信等，这些共同的或相似的认知和崇拜加强了彼此之间认知上的认同，有利于形成信仰共同体。

在善恶报应信仰中，人们由于相同的祭拜活动和修行方式而形成了相同的行为方式，这种行为上的一致性促进了信仰共同体的建立和巩固。在共同的信仰中，人们有着共同的或可相互理解的语言，有着共同或类似的行为，更容易产生对他人行为的理解和认同。共同的语言以及在此基础上对他人行为的理解和认同，是共同体的前提和基础。"语言共同体，以及借着类似的宗教观而形成的生活礼仪规制的共同性，无论何处皆是构筑'种族'亲近感的强大因素，尤其是因为，对他人的所作所为赋予意义的'理解力'，本是共同体化最为根本的前提。"② 传统社会中历来就存在的血缘认同、语言认同、生活礼仪规制的共同性，所有这些形成合力构筑着人们之间的亲近感和认同感。并且，信仰模式而衍生的一系列行为模式具有权威，而这种权威促进了共同体意识和共同体的稳固。

在善恶报应信仰中，修道者的修道都是在共同体中完成的，进一步加强了对信仰共同体的认同。无论是信仰什么宗教，其行为方式要符合

---

① ［英］帕特里克·德富林：《道德的法律强制》，马腾译，中国法制出版社2016年版，第159页。

② ［德］马克斯·韦伯：《经济行动与社会团体》，康乐、简惠美译，广西师范大学出版社2011年版，第423页。

第十一章 传统善恶报应信仰与共同体

社会的角色定位,道士要有道士的样子,佛教徒要有佛教徒的样子,儒教徒要有儒教徒的样子。"修道者或者圣人的状态是他或她如何被他人认知、接受的表现,也是他内在属性的表现,前者的重要性不低于后者;修道者按照一个特定的角色去证实自己,而这个角色是由周围的公众期待这个角色所有的行为方式规定的;以及,修道者的很多活动——就像和许多其他社会角色相关的活动那样——能够成功地理解为是面向其他听众进行的。"① 修道者中的优秀者必须是做出了重大贡献的,而且也应该是其他人甚至整个共同体的戒律楷模或道德楷模。修行过程并不是要脱离社会,而是在社会中完成并得到社会认可的。这个过程是信仰共同体对个人信仰施加影响的过程,也是信仰共同体不断被人们认可和发展的过程。黑格尔指出,信仰"从本质上说,它并不是在信仰意识的彼岸的那种抽象的本质;相反,它是〔宗教〕社团的精神,它是抽象本质与自我意识的统一体"②。信仰共同体就是个人的特殊性与群体普遍性的耦合,是二者的统一体。

善恶报应信仰不仅是信仰共同体,也是情感共同体。具有共同信仰的人不仅有着共同的行为规范,而且具有彼此认同的情感,能够连接成一体,形成共同体。信仰与情感有着天然的联系,这是由于在信仰中,往往是把个人与他人联结为同一个造物主的造物,在本体上使得人与人之间有了联系。这种本体上的联系有助于相互之间产生情感或共同体意识。在共同信仰中,人们由于共同参与活动或者有着相同的价值观念和行为方式而产生了认同感和共同体情感。共同的遭遇、不幸或幸福,都能形成集体情感,使人们获得共同体的认同感。在涂尔干看来,不仅社会成员的情感特别是所遭遇的不幸会传导给集体,而且,共同体也会要求成员具有共同体所要求的情感,诸如共同体遭受外来侵略时,成员应当具有同仇敌忾的情感,共同体遭遇灾难时具有共同悲痛的情感等,"社会也会对集体成员施加道德压力,使他们的情感与这个情境协调起来。如果社会允许其成员对社会所遭受的打击无动于衷、等闲视之,这就等于宣告了社会在其成员的心目中丧失了其应有的地位,社会就否定了它自身"③。共同体通过这种情感的渲染,在信仰和社会的双重作用下,培养人们对共同体的情感,这种

---

① 〔美〕康儒博:《修仙:古代中国的修行与社会记忆》,第31—32页。
② 〔德〕黑格尔:《精神现象学》(下),第100页。
③ 〔法〕爱弥尔·涂尔干:《宗教生活的基本形式》,第550页。

情感是维护和发展共同体所必需的。无论是善恶报应信仰中的崇拜对象，还是宗教性仪式、宗教性活动，都为共同的认知、情感、行为方式、彼此认同提供了条件和基础，不仅有利于信仰共同体和情感共同体的形成、巩固和发展，而且有利于道德共同体的形成。

二　传统善恶报应信仰对道德共同体的成就

一般而言，信仰共同体同时也是道德共同体，因为同一种信仰的人往往有着同样的行为方式，遵循同样的价值观念。在我国传统社会中，善恶报应信仰既是信仰共同体，也是道德共同体。善恶报应信仰为人们提供了共同的价值观念、行为模式，在人们的共同行为中促进个人认同与社会认同的统一。宗教信仰不仅是崇拜对象和内容上的一致，也是价值观上的一致；共同的信仰促进共同的价值观的巩固和强化，特别是道德规范意识。在善恶报应信仰中，由于共同的对善恶终有报的相信而让人们形成了共同的道德价值观念和道德情感，即形成了道德共同体。

任何宗教往往同时也是道德共同体，同一宗教的信徒往往遵循共同的道德准则、仪式仪轨，并且把这种准则和仪式作为获得救赎的途径和方式。"宗教代表了一个社团成员之间相互遵守的道德准则。"[1]道德与宗教关联密切，宗教往往把道德视为实现最终救赎的途径和方式。"从进化的角度来看，宗教知识的根本元素不是神学，而是道德、军事和生育行为的准则，这些由过去和现在的领袖们提炼出来的共同智慧作为指导原则来保证社会的生存。"[2] 有共同信仰的人认可并遵循宗教教义中的道德规定，形成了相互之间的彼此认同以及相同的行为规范。信仰共同体既通过道德规范塑造人们的共同体意识，也通过道德规范防止共同体意识的动摇。"这种规范的功能在于防止共同意识以及社会团结发生任何动摇。"[3] 任何一个共同体都有一整套的规范、制度等来约束人们的思想和行为，以维持共同体的巩固和发展。

---

[1] ［美］尼古拉斯·韦德：《信仰的本能：人类宗教进化史》，第2页。
[2] ［美］尼古拉斯·韦德：《信仰的本能：人类宗教进化史》，第261页。
[3] ［法］埃米尔·涂尔干：《社会分工论》，第355页。

第十一章　传统善恶报应信仰与共同体

　　传统善恶报应信仰与道德的关系比宗教更为密切。善恶报应不仅是以道德作为救赎的条件，而且是以道德为最基本的宇宙秩序，道德在传统文化中往往具有本体的地位。在共同的对道德本体地位、道德功能的相信中，人们以儒家道德为基础，认同忠孝节义，推崇仁义礼智信，通过对这些共同道德规范的认同、遵守而对彼此之间的行为方式加以确认，形成了以儒家道德为核心的道德共同体。在传统善恶报应信仰中，凡是孝子节妇都是模范地遵守了共同体要求的道德，并且在共同体中得到了承认，获得了极高的认可，并成为崇拜的对象。正如杜维明所指出的："道德不只是一种维系社群的工具，它还是社群从一开始何以值得组织起来的根本理由。"①具有同样的道德价值观，才更有可能形成共同体。道德在共同体的形成和发展中具有重要作用；道德共同体的建立有利于社会共同体的建立。

　　在善恶报应信仰中，他者的存在既具有工具性价值，又具有价值性意义。其工具性价值表现在：善恶报应信仰把个人和他人、社会联系了起来，个人与他人、社会之间的关系是一种相互成就的关系。在善恶报应信仰中，道德的行为、善的行为不是对主体自己的，而是表现为对他人、社会的态度和行为，即无论是善行还是恶行，最重要的途径是通过对他人、社会的态度和行为表现出来的。也就是说，报应实现的条件在于我们怎么对待他人、社会，即怎么对待他人、社会决定了我们得到怎样的赏罚。在善恶报应信仰中，普遍认为他人、社会的存在不仅对于每个主体具有工具性意义，而且在价值上通过他人、社会成就了自己，即具有价值性意义。无论是个人的现实利益还是未来的轮回，抑或是实现作为人的价值都离不开他者的存在。换一种意义上说，这种观念与马克思关于人是一切社会关系的总和的观点是类似的，只不过在善恶报应信仰中，关于个人与他者关系的观点带有神秘性，即宗教的意味；而马克思关于人的社会性本质的论断则完全是唯物主义的。这样，他人与自己就通过工具性、本体和价值联系了起来，有利于形成共同体意识。并且，在善恶报应这种带有宗教性的信仰中，他者的存在具有本体论上的依据。他人与自己一样，都是道德的主体，任何一个人，无论贫富贵贱，都可以凭借德行获得好的回报，甚至是永恒的福报。在主要依靠个人德行获救的信仰中，他人与自己都是一样

---

① ［美］杜维明：《中庸：论儒学的宗教性》，第82页。

的人，甚至本质上没有高低贵贱之分。这种本体论上的人的同质性，有利于在信仰共同体中形成共同体意识。

善恶报应信仰有助于实现自我认同与社会认同的统一。个人认同往往都是在社会中完成的，"我是在一种与他人共享的传统语境中完成自己的成长过程的，我的认同也打上了集体认同的烙印，我的生活历史融入了悠久的生活关系历史当中。就此而言，在我看来是善的生活，与我们共同的生活方式是息息相关的"①。的确，个人认同受到社会认同的影响，与其他共同体相比较而言，善恶报应信仰更能够促进个人认同与社会认同的统一。因为，在善恶报应信仰中，善的生活也是对行为者个人有利的生活，这种个人利益与社会要求的一致性客观上更有利于个人对社会道德的认同。社会是道德的诞生地，任何人的道德意识都是在社会共同生活中形成的，自我认同蕴涵着社会性的要求，不仅仅是个人怎样看待自己，而且也取决于周围的人（社会）怎样看待自己。个人遵从道德规范的要求，做出符合社会期待的行为，是对规范的认同，"规范是一个社会群体中共识的表现"②；对规范的认同即对社会共识的认同，而这种符合社会共识的认同，同时也能够满足个人的利益，获得个人的认同。这种个人认同与社会认同的统一，本质上是建基于利益基础之上的对道德观念的认同。

按照哈贝马斯的观点，行为者可以和社会通过意见和意图两条路线建立起合理的关系，即一条路线是培养对于实际存在的事态的意见，另一条路线是形成意图，把理想付诸实现。不过，这两条线路都存在着问题："沿着其中的一条路线会出现这样的问题，即行为者能否成功地让他的感知和意见与世界中客观存在的事物一致起来。沿着其中另一条路线，则有如下问题：行为者能否成功地让客观世界中存在的事物与他的愿望和意图吻合起来。"③ 善恶报应信仰可以避免这两条路线的缺陷，很好地实现个人与社会规范的良性互动。一个社会认知、情感和能力都正常的行为者的意见和感知能够与社会规范一致，同时，社会规范与行为者的愿望和意图也

---

① ［德］尤尔根·哈贝马斯：《对话伦理学与真理的问题》，沈清楷译，中国人民大学出版社2005年版，第71—72页。
② ［德］尤尔根·哈贝马斯：《交往行为理论：行为合理化与社会合理化》，第84页。
③ ［德］尤尔根·哈贝马斯：《交往行为理论：行为合理化与社会合理化》，第86页。

相吻合。这种社会规范与个人意图的一致是一种双向的互动和尊重，个人主观需要符合道德客观规范的要求，客观规范尊重和满足个人正当的需要，这种一致性体现出个人与社会之间的比较成功的信息、能量交流和共识，体现出个人正当利益与社会公共利益的相互成就，而不是相互背离；进而有助于规范对个人利益的尊重以及个人对规范的遵守，促进共同体的有序和谐。

善恶报应信仰下的道德共同体具有自我维护的力量。这种自我维护的力量表现为，在道德共同体中，凡是被共同体认可的东西，就被认为是有约束力的，有权威的，应该遵守；共同体意识对那些违背道德规范要求的行为给予了排斥。共同体中，对道德的推崇和尊重使得任何对道德冒犯、不相信的人都被予以否定，认为其应该是受到惩罚教育的，严重的还被认为是"非人"或者不具备共同体成员资格，会被排除出共同体。人类的文明史已经表明，规训与惩罚是有效的维护共同体秩序的手段；众所周知，把一个人排除出共同体的行为对个人而言是一种非常严厉的惩罚。通过各种惩罚手段，道德共同体进行了自我维护。

与其他宗教相比，我国传统社会中的善恶报应信仰带有弱的宗教性、强的道德性。这种特质带给人们更多的是共同的价值观念、共同的行为方式以及由此而产生的彼此认同。当然，与其他宗教所形成的宗教共同体有所不同，传统善恶报应信仰所形成的信仰共同体不仅与道德共同体，而且与家庭共同体、血缘共同体、政治共同体等共同体交织在一起，彼此之间并没有明晰的界限。

三　传统善恶报应信仰对家庭共同体的巩固

几乎所有的宗教在其创立之初，为了树立起宗教权威，对世俗的家庭血缘关系都抱持否定的态度。早期基督教主张宗教共同体成员之间的关系要超过父母、妻子、儿女的关系。佛教也主张舍弃血缘关系。与这些宗教不同，传统善恶报应信仰对家庭、家族共同体持肯定的态度，这是其与其他宗教的一个非常本质的区别。

之所以产生这种区别，是因为其他宗教如基督教、佛教都是救赎宗教，有彼岸意识，特别是在早期都出现过对现世的否定态度，主张人们要去另外一个世界才能得到永生或涅槃寂静，因而对家庭血缘关系是排斥的。"举凡根据救赎预言创建出宗教共同体之处，首先面对的冲突力量就是原生的**氏族**共同体。"① 在韦伯看来，基督教是伦理的宗教，"伦理的宗教——尤其是基督新教的伦理的、禁欲的各教派——之伟大成就，即在于**打断**氏族的纽带。这些宗教建立起优越的信仰共同体，与**伦理性**的生活样式的共同体，而对立于**血缘**共同体，甚至，在很大的程度上与家庭相对立"②。而在我国传统社会中，信仰共同体与家庭并不相疏离，而是相互交织、相互成就。这使得佛教传入我国后被迫改变了对家庭血缘的否定态度，无论是修佛还是成道的一个目的在于为家人祈福，修佛或成道都是孝道的成就，而不是孝道的忤逆；善恶报应的回报往往是以家庭（或家族）为单位的，信仰与家庭共同体密切关联。

善恶报应信仰加深了家庭成员之间的彼此认同，强化了家庭共同体意识。这种强化主要体现在报应的主体不仅是个人，更是家庭或家族，是以家庭或家族共同体作为报应的责任主体，所谓"积善之家必有余庆，积不善之家必有余殃"。在人类历史相当长的时期中，家庭都是社会的基本组成单位，人们在家庭中出生、成长，家庭成员之间不仅有血缘关系，也有共同生活、共同劳动的亲情，还有作为一个共同体的家庭（或家族）的名誉、荣誉等。基督教、佛教否定血缘家庭的态度，与人的生活状态相对立，违背了人的自然情感，虽然有利于信仰共同体的建立，却与很多注重家庭的文化相抵触。在我国传统社会中，家庭历来不仅是生活共同体、血缘共同体、情感共同体，而且是经济共同体、利益共同体、名誉和荣誉共同体。传统善恶报应信仰把家庭（或家族）作为一个共同体，甚至是统一体的做法符合人的自然情感，也符合传统社会家国一体的社会结构，有利于社会稳定和发展。"家共同体的规模大小并非普遍一致。然而它却是最为普遍分布的一种'经济共同体'，并且含摄了相当持续且紧密的共同体行动。家共同体是恭顺与权威的原始基础，也是其他许许多多人类共同体的基础。"③ 善恶报应信仰把家庭或家族作为报应承受的共同体，甚至是统

---

① [德]马克斯·韦伯：《宗教社会学；宗教与世界》，康乐、简惠美译，广西师范大学出版社2011年版，第455页。
② [德]马克斯·韦伯：《中国的宗教：儒教与道教》，第313页。
③ [德]马克斯·韦伯：《经济行动与社会团体》，第378页。

第十一章 传统善恶报应信仰与共同体

一体,进一步强化了人们的家庭共同体观念。

作为一种与道德相关的信仰,善恶报应与其说是宗教的,毋宁说是道德的。其宗教性活动都具有道德上的价值或意义。比如信仰中最主要的宗教性活动——祭祀就不仅是宗教性的,更是道德性的。《礼记·郊特性》云:"万物本乎天,人本乎祖,此所以配上帝也,郊之祭也,大报本反始也。""报本反始"是祭祀的一个主要原因,这种祭祀的重点并不在于祈求,而在于报恩,在于对人的本始的纪念。"维持先祖谱系使之不堕,不只是生物学意义上的传宗接代。毋宁说,它意味着对先祖先宗所表率的理想人格的承继,对本家族杰出成员所创造的文化价值的续成。"① 各个家族都以本家族中的杰出人物为荣,并且希冀后代能够继续做出成就,光宗耀祖。任何一个家族都不希望出民族败类,并且以此为耻;对一些做出恶行的家族成员予以除名,从族谱中移除出去。"人从宋后少名桧,我到坟前愧姓秦"②,这其实都体现出家族的社会道德责任。个人的德行与整个家族的荣誉休戚相关,家族不仅是个利益共同体,也是名誉共同体、荣誉共同体。家族以对家族成员的约束实现了与道德之间的关联,体现出对社会道德的尊重和对社会共同体的认同。儒家祭祀既具有纯粹性的一面,即为了明礼,又有对天地祖先祭拜会得到其庇护的功利性目的,《中庸》说:"郊社之礼,所以事上帝也;宗庙之礼,所以祀乎其先也。明乎郊社之礼,禘尝之义,治国其如示诸掌乎。"祭祀这种带有宗教性的活动,规定了人们的行为规范和礼仪,客观上对人具有教化作用,有利于政治稳定、社会和谐。

总体看来,善恶报应信仰共同体与家庭、家族共同体是兼容的关系,而不是对立的关系,这是其独特性;不仅如此,二者还是相辅相成的关系,信仰共同体巩固了家庭共同体,家庭共同体促进了信仰共同体。传统信仰中,既有以皇帝为首的官方对天地祖先的祭祀,这种祭祀是为社稷黎民祈福,为了统治的长治久安,是作为国家共同体的集体行为;也有一家一户的祭祀,这种家家户户的祭祀既有对祖先的,也有对灶君的、天上神的,是家庭或家族作为一个共同体的祭祀。国家共同体或社会共同体与家庭(家族)共同体并不是对立的,而是统一的,都是对宗法制度的维护。

---

① [美] 杜维明:《中庸:论儒学的宗教性》,第 54 页。
② 清朝的一位姓秦的状元所写的对联,表现出传统文化对待民族败类的不耻、羞于与其有关联的心理倾向和现实情况。

国家（社会）共同体包含了家庭（家族）共同体，家庭（家族）共同体构成了国家（社会）共同体。在这种信仰中，君主是整个社会的最大的家长，君主的权威既包括政治的权威，也包括伦理的权威、信仰的权威；君主的权威与家长的权威是统一的，而不是对立的；信仰的权威与伦理的权威是统一的，不曾分裂过，因而也很少有冲突。在传统社会中，家庭共同体一定是信仰共同体；信仰共同体则不止于家庭，信仰共同体超越了家庭的界限。

这种以家庭为共同体甚至统一体的认识拓展开来，就是以血缘为基础的民族共同体的认识。我国传统观念往往认为整个民族都是炎黄子孙。传统信仰特别是儒家信仰中信仰的是天地君亲师，这种人与人之间的关系的注重使得伦理关系不仅局限于家庭，而且推广到社会，就如梁漱溟指出的我国社会既不是家庭本位的，也不是社会本位的，而是伦理本位的。[①] 当然，伦理本位是以血缘为基础的，但又不局限于狭隘的血缘关系，使得传统社会形成了一种建基于血缘人伦基础上的非常稳固的共同体意识。在伦理本位中，既有对人伦自然情感的尊重，又有在此基础上的升华，要求人们履行对亲人的职责，同时应该做利他的好事，把对亲人的情感升华为对同胞的亲情。直到今天，我们依然称自己为炎黄子孙，依然有各种各样的寻根之旅，说明人们对民族共同体的认可和敬重。这种血缘上的共同体意识有利于政治共同体和社会共同体的形成和巩固。

四 传统善恶报应信仰对政治共同体、社会共同体的促进

传统社会家国一体、政教合一，因而，在传统善恶报应信仰中并没有世俗与神圣之间的无法和解的对立。神圣秩序与世俗世界是一致的，我们遵循神圣秩序，可以更好地在世俗生活，并且可以把这种世俗生活循环下去。在善恶报应信仰中，世俗从来没有丧失价值，现世具有不逊于神圣世界的意义；对世俗的肯定使得其在政治共同体、社会共同体的形成和发展

---

① 梁漱溟提出的一种观点，认为中国社会不是个人本位的，也不是家族本位的，而是伦理本位的，伦理本位指的是互相以对方为重，即尊重对方。参见梁漱溟《中国文化要义》，《梁漱溟全集》（第3卷），山东人民出版社2005年第2版，第79—82页。

第十一章　传统善恶报应信仰与共同体

中起到了正面的促进作用。

共同的信仰有助于政治共同体、社会共同体意识的产生和发展。在传统善恶报应思想中，报应的主体不仅是个人，更是家庭和社会。在善恶报应信仰中，共同的天地君亲师的存在，不仅促使家庭成员之间彼此认同，也促进了社会成员间的彼此认同。在祭祀中，不仅有各家各户的祭祀，更有天子代表国家的祭祀。"皇权本身即是个至高且经宗教性圣化的结构，从某种观点上而言，它超出民间所崇奉的众神之上。皇帝个人的地位，正如我们所见的，完全是基于他作为上天（其列祖列宗所居的上天）的委任者（'天子'）所具有的卡理斯玛。"① 通过这些国家祭祀活动，促进了人们的共同体意识，而这种共同体意识与国家、政治共同体是一致的。韦伯认为："中国官方的国家祭典，就像其他地方一样，都只是为了共同体的利益而举行；而祖先的祭祀则是为了氏族的利益。此二者都与个人的利益本身无关。"② 韦伯看到了中国祭祀的特征，但未免失之偏颇，因为他是在二元对立的观念中看待祭典的意图；事实上，国家祭典、祖先祭典既是为了共同体的利益，也是为了个人、家庭的利益。因为在中国传统观念中，个人、家庭与共同体是不可分的，每个人都是共同体中的有机成分。这种信仰中对个人、家庭和社会的并重，有利于共同体意识和共同体的形成和发展。并且，通过这种祭祀，强调了血缘上的同种观念，而同种的观念必然有助于共同体的形成，"同种的信念——当然，无论其是否有任何客观的凭据——对于政治共同体的形成，尤其可能造成重大影响"③。

传统善恶报应信仰中形成了对道德、人际关系、社会秩序、宇宙秩序以及仪式符号系统等的共同认知和运用，在政权力量的推动下，与血缘、地缘等结合起来，形成稳固的国家共同体和社会共同体。"而这种信仰共同体成员身份与公民身份的整合，则跨越团体式认同的狭小范围，扩展到对社会和国家的更广阔的认同领域。"④ 在我国社会中，国家政权把运用行

---

① ［德］马克斯·韦伯：《中国的宗教：儒教与道教》，第202页。
② ［德］马克斯·韦伯：《中国的宗教：儒教与道教》，第237页。
③ ［德］马克斯·韦伯：《经济行动与社会团体》，第420页。
④ 李向平：《从信仰到信仰共同体——以中国佛教信仰关系的分析为中心》，载黄夏年主编《禅学与佛教文化研究》，大象出版社2012年版，第220页。

政力量推行的作为共同体成员的身份认同与善恶报应信仰中的成员身份认同整合在一起，形成了多种身份的合一而不是分裂，这种合一客观上有利于国家共同体、社会共同体的巩固和发展。

善恶报应信仰通过宗教性活动促进社会共同体的形成和发展。善恶报应信仰渗透在中国传统社会的所有宗教形态和民间信仰中，通过各种各样的宗教性活动加强了人们之间的沟通、交流和认同意识。中国的宗教功能并不是纯粹的，而是与其他多种功能联系在一起的。在传统社会中，公共活动场所主要是寺庙、城隍庙等祭祀场所，这些宗教场所不仅是宗教场所，也是公共集会场所、娱乐场所、交际场所等。很多民间信仰庆祝活动除了宗教性的祭拜以外，还有庆祝庙神的诞辰之类的活动，这些活动主要是以集资唱戏等方式来实现的。在这些宗教信仰活动中，宗教场所或宗教活动往往是集娱乐、信仰、教育、交际等多种功能于一身的。共同体意识和共同体往往是在共同活动中形成的。宗教性与社交、娱乐、教育的相互联结，客观上有利于宗教共同体与社会共同体之间的交流融合，即宗教信仰及活动有利于社会共同体的形成和巩固。

在善恶报应信仰中，信仰共同体与政治共同体之间相互交织和彼此成就。这是与其他宗教共同体不同的地方，基督教的宗教共同体曾经一度与世俗政权共同体相对立，在历史上也曾经长期与世俗共同体相疏离，这种疏离或对立在我国传统社会中几乎很少见到。"相反的，在中国的最古老文献里，则从未有过独立于纯粹俗世君侯而存在的祭司。"① 在韦伯看来，中国政权与教权合一，教权对政权是一种屈从的态度。的确，在中国传统社会中，政权是高于教权的，宗教的合法地位需要得到政权的认可或默许；神职人员以获得当权者特别是皇帝的接见和认可作为荣耀，特别是道教，曾经以向皇帝献丹药仙方作为道术灵验高深的证明。信仰共同体都是以得到官方的认可作为合法性的重要依据，这有利于形成以血缘关系为基础的家国同构的共同体意识。

涂尔干曾经指出过考察社会的两种视角，"第一种情况指的是，社会在某种程度上是由所有群体成员的共同感情和共同信仰组成的：即集体类型。第二种情况指的是，当我们与社会发生连带关系时，社会是由一些特

---

① ［德］马克斯·韦伯：《印度的宗教：印度教与佛教》，第 180 页。

别而又不同的职能通过相互间的确定关系结合而成的系统"①。当然，这两种情况是同一个实体的两个方面，即共同体意识上的社会和职能构成上的社会，这两个方面不应该是割裂的，而应该是相辅相成的。第一个方面构成了社会团结的内在方面，第二个方面为社会巩固提供了制度保障。在我国传统社会中，善恶报应信仰不仅在第一个方面，而且在第二个方面中为人们形成和巩固共同体意识做出了贡献。在传统社会中，善恶报应所形成的共同体意识与作为意识形态的政权所力推的共同体意识是一致的。共同体意识既通过制度、强力等形式强加给人们，又通过共同的信仰、价值观等促进了相互之间的认可。这样，国家政权与信仰相结合，形成了一种促进共同体意识形成和发展的合力，而不是相互抵牾的力。

传统善恶报应信仰建基于道德基础之上，以其作为赏罚的标准，因而，其与传统社会建构是相协调的，是相辅相成的，而不是对立的关系。传统报应信仰并不是重新塑造一个宗教权威来取代世俗的政治权威，而是以天地君亲师为崇拜对象，与世俗权威相一致。世俗的血缘亲情与信仰要求并不相悖，世俗与神圣并不隔离。信仰手段对共同体的维护有时候比暴力手段还可靠。所有违反道德的行为都是对神的背叛，也是对集体情感的直接触犯或间接触犯。在特定的文化情境里，从团体中开除某人、神给予某人无可逃脱的赏罚等，这些带有宗教性的惩罚手段比起暴力强制甚至都更有影响力，传统善恶报应信仰依靠特有的信仰手段对社会共同体、政治共同体起到了维护作用。正因如此，国家政权积极维护、支持传统善恶报应信仰，以充分发挥其对社会、政权的正面的、积极的作用。

五 国家政权共同体对善恶报应信仰的引导和管控

在传统社会中，国家政权力图通过国家力量促进共同体的完成和稳固，而这种完成和稳固不仅通过行政制度、军队、法庭等暴力机构，而且

---

① [法]埃米尔·涂尔干：《社会分工论》，第89—90页。

也通过文化教育、宗教信仰等方式。善恶报应的共同信仰客观上有利于人们形成价值观念、情感和行为方式上的共同体及共同体观念。国家政权与善恶报应信仰不谋而合，是共生、合作关系。政治的强制力、制度等通过社会建构塑造着共同体及共同体意识，信仰则把共同体意识内化，这样，个人关于共同体的认知与政府的规定和倡导就结合在了一起。换言之，政府的引导、意识形态所做的努力巩固和强化了信仰，而强化的信仰有利于共同体意识的形成及发展。通过制度的引领和管控，信仰中的道德意识逐渐转化为强大的共同价值观和情感认同。

在我国传统社会中，国家政权历来重视对信仰的引导和管控，以有利于以政权为中心的共同体意识的形成以及国家统一体的建立和稳固。国家政权提倡以善恶报应为正统的信仰，因为在传统德治社会中，道德的地位是至高无上的。信仰中，国家政权鼓励的是对道德的相信；所有的神，都是道德化了的。民间信仰中信奉的神，往往经过皇帝、官府的正式任命而获得合法地位。并且神必须是道德的，比如妈祖信仰，妈祖本来是一个海上搭救遇难船只、渔民的姑娘，救人而死后封神。其由一个小小的地方神发展为全球华人信奉的神，这中间经过历代朝廷的封诰，才使其获得了合法性、正统性。官府对不符合道德要求的神则予以取缔，很多地方史志中都有关于取缔淫祀的记载。"所谓'正祀'与'淫祀'之间的差异，其实是一个权力分配问题，也就是权力对祭祀合法性的垄断。"① 这种垄断不仅是权力分配的问题，也是权力运用的问题，即由国家权力来筛选、决定哪些祭祀是正当的、合法的，从而起到对社会的引导和控制。所谓"升降之制，有所劝惩"，表彰和祭祀的对象，是为现世的人们提供生活的楷模，是为社会稳定、巩固统治而服务的。这种国家政权对民间信仰的引导使得信仰趋同，对信仰的管控使得不符合主流价值观的信仰都被取缔了。国家对信仰的大力管控，促进了国家共同体的形成、建立和巩固。

在政府和信仰的努力下，个人意识对共同体意识的向心力是稳定而强烈的。按照涂尔干的观点，由团结而产生的社会关系的紧密程度主要取决于三个条件，即"共同意识与个人意识之间的关系""集体意识的平均强

---

① 葛兆光：《七世纪至十九世纪中国的知识、思想与信仰：中国思想史 第二卷》，第362页。

第十一章 传统善恶报应信仰与共同体

度""集体意识的确定程度"①。在我国传统社会中,促进社会团结或共同体意识的三个条件基本都具备。首先,共同体意识与个人意识之间的关系方面,共同体意识对个人意识的涵盖程度非常高,特别是在核心意识形态方面。在传统社会中存在着各种宗教信仰如佛教、道教、民间信仰等,但是它们都有着以儒家道德为基础的善恶报应思想,可以说,儒家道德观念中的天道赏善罚恶思想是传统社会最基本的价值支撑之一。由于共同体意识对个人意识的涵盖程度高,客观上造就了个人意识对共同体意识的依赖、靠拢,整个社会的向心力非常高。其次,我国传统社会有着较高的集体意识的平均强度。涂尔干认为:"如果个人意识和共同意识是相互对等的,那么共同意识越有活力,它对个人的作用就越强。"② 与涂尔干所说的这种民主平等的方式不同,我国传统社会对于集体意识的强化依靠的是专制的方式,即依靠国家强制力,通过教育、制度的共同信仰等,使得共同价值观念和共同体观念深入人心。最后,在集体意识的确定程度方面,传统社会家国同构,通过信仰与道德、伦理与道德的结合对社会成员提出了行动和思想的确定规范,以仁义礼智信为基础,对社会中主要社会关系如君臣关系、父子关系、兄弟关系、夫妇关系、朋友关系进行了界定和规定,明确了人们行为和思想的规范,实现了共同体的团结、巩固与发展。共同体意识越是确定,则个人意识与共同体意识越有可能趋向一致,共同体越有可能团结;否则就会引起思想和行为的混乱。

传统社会的结构类型是家国同构,这种结构类型客观上有利于社会集体意识与个人意识的统一,有利于政治共同体意识和社会共同体意识的形成和巩固。因为在这种社会结构中,集体人格吸纳了个人人格,集体意识与个人意识存在相通性,从而以极大的共性巩固了共同体意识。家国同构有利于社会产生向心力,而不是离心力。忠孝是传统社会最基本的集体意识,这种集体意识不仅是对社会的、君主的,也是对自己父母的,把对自己父母和对君主的行为规范联结起来,赋予其同样的伦理蕴涵,这是一个很有创意也很有成效的道德思想。在这种思想中,如何对待父母,就应该

---

① [法]埃米尔·涂尔干:《社会分工论》,第113页。
② [法]埃米尔·涂尔干:《社会分工论》,第113页。

如何对待国家君主，这样，家庭道德与社会道德就统一起来，社会道德也就具有了先天的伦理意义；不仅肯定了家庭这个天然伦理共同体的地位，而且整个社会也就成为一个伦理共同体。这种社会的基础就不仅仅是政治权威的，而且是伦理权威的，这样，在本体论上这种社会构成必然产生强大而牢固的向心力。

政权对共同体意识和共同体进行了塑造，共同体意识反过来又加强了政权统治、社会稳定。就如涂尔干所指出的：

> 凡是在统治权力树立起权威的地方，它的首要职能就是为信仰、传统和集体行为赢得尊重，换句话说，就是为了保护共同意识去防范任何内部的或外来的敌人。因此，它成了集体意识的象征，在每个人的眼里，它都是集体意识活生生的表现。就像观念的亲和性与它的语词表达一脉相承一样，意识的内在动力与这种权威也是息息相通的。这就是权威本身能够使自己所向披靡的缘故。它是否具有重要或次要的社会功能已经没有意义了，它已经成为集体的化身。集体把权威施加在了每个人的意识里，并从中获得了力量。①

有形的共同体对无形的共同体意识进行了引导和塑造，通过有形的政权力量树立了共同体的权威，确立了以善恶报应为主要内容的共同的价值观念、行为规范，甚至风俗习惯等；无形的共同体意识则强化了有形的共同体，无形的意识包括语言、行为方式、风俗习惯、价值观念等在内的以善恶报应为主体的共同体意识的认同，这些认同维护了社会秩序和稳定，强化了政治共同体、社会共同体等有形的共同体。

善恶报应信仰的包容性使得其与西方基督教不同，基督教是排他的一神教，往往是在二元对立的西方式思维中看待问题；而在我国传统信仰中，无论是儒家、道教、佛教及民间信仰，都不是以对立的方式看待其他宗教，所以才能够实现三教融合。这种兼容性体现在其内容上，也体现在对其他宗教的态度上，比如以儒家为主体的道德价值观念在三教中的体现，三教都没有把宗教共同体和世俗共同体包括家庭血缘共同体对立起

---

① ［法］埃米尔·涂尔干：《社会分工论》，第47页。

来，而是认为宗教共同体与家庭共同体、国家政权共同体、社会共同体是相互促进、相互成就的。

六 善恶报应信仰中的集体记忆对共同体的巩固和强化

集体记忆是促进共同体形成的重要认知和心理基础。在我国传统社会中，善恶报应信仰中的祭祀、传说和民间故事等，构成了人们的集体记忆；共同的集体记忆促进了共同体意识及共同体的形成与巩固。

传统善恶报应信仰中的共同信仰和民俗记忆是集体记忆的重要内容。共同的信仰和习俗是对共同体文化的认同和传承。在善恶报应信仰中，玉皇大帝、王母娘娘、关帝、门神、灶神等都是传统信仰中普遍认可的，已经作为文化要素深入传统文化的骨髓之中；不仅是信仰者认知和记忆的重要内容，即使对于不信仰者而言，也是其文化和生活背景的重要组成部分。奇门遁甲、八卦阵、道法道术等不仅作为宗教法术存在，在现实生活中被应用，而且在文学作品、民间传说中广泛存在、影响深远。除夕祭祀、清明祭祀踏青、小年夜送灶神上天、初一十五烧香等民间习俗流传了千百年后依然根深蒂固地存在着，这既是作为共同体的表征，也是共同体的凝聚力所在。这些构成了中华民族的集体记忆，而这些集体记忆加强了彼此之间的认同和情感，强化着共同体及共同体意识。

传统善恶报应信仰中有共同的仪式记忆，仪式是共同体集体记忆的重要内容。仪式是信仰的重要内容，在共同的仪式活动中人们实现彼此的认同。无论是正统文化还是民间信仰，祭天地的仪式历来都存在着。皇帝的祭天、民间的烧香，都是相信天地道德秩序及审判者、执行者的存在。在我国传统信仰中，"天"是个含义非常丰富的概念，它既是人格神，又是道德秩序的监督者、维护者。传统社会中的天地祭祀其实是人们信仰的仪式化，通过仪式人们感觉自己与神圣者在进行信息交流，从而获得神圣感和敬畏感。随着社会的发展，善恶报应日益失去了宗教化的色彩，在民间传统中，家家户户除祖先祭祀以外，对天的祭祀依然存在，这些祭祀或仪式已然成为习俗和传统。并且，即使有形的仪式可能减少了，无形的信念却并没有缺失。这些仪式、习俗以及背后所蕴涵的意义，不仅促进了家庭作为共同体的认知，也促进了作为社会成员的集体认知。这种认知使得人们彼此承认，共同创造了集体记忆，缔造了传统文明。这些仪式不仅是整个共同体的集体记忆，而且直到今天也在很多方面依然影响着人们的观念和行为模式，仍然是这个民族之所以成为共同体的内在的强大支撑。

　　传统善恶报应信仰还造就了共同文化记忆。文化蕴涵丰富，信仰在文化中的很多方面都有所体现。传统信仰中的宗庙、碑刻、庙宇道观等，遍布全国各地，既有以政府力量兴建的文庙，也有一家一户的祠堂；既有信教者兴建的气宇轩昂的道观庙宇，又有村头巷尾民间自建的土地庙。传统文学作品也是集体记忆的重要内容，比如典型的宗教题材小说或神仙小说《西游记》《封神演义》等，话本小说《三言》《二拍》等，都影响巨大，还有"孟姜女哭长城""姜太公钓鱼——愿者上钩""孙猴子再有本事，也逃脱不了如来的手掌心"等故事、歇后语或俗语的广泛流传。文学作品既是文化的记录，又是集体记忆的重要内容，促进了共同体意识的形成和强化。善恶报应信仰是传统中国社会集体记忆的重要内容，其在文化中影响广泛而深远，以至于即使不相信善恶报应信仰的人，也会形成关于此种信仰的记忆。即使不相信，依然会对这些文化元素、信仰元素留有记忆，而这些记忆正是促进共同体意识的重要内推力。

　　记忆不仅是过去的，更是面向现在乃至未来的，是由过去而带来的对现在乃至未来的影响。人们对过去的记忆在一定程度上决定着人们现在及未来的生活方式、价值观念和行为方式。没有记忆的个人是可悲的，没有记忆的民族难以生存和发展下去，会不断陷入"我是谁？从哪里来？要去哪里？"式的困惑或追问之中。共同记忆既是共同生活、共同信仰所造就的，反过来，这种共同记忆又巩固和强化着共同体及共同体意识。共同的集体记忆不仅让人们获得了归属于同一个共同体的身份认同、文化认同，而且塑造了人们共同的价值观念和行为方式，促进了人们的共同体意识及共同体的形成和巩固。

七 以儒家思想为正统的共同体意识及共同体的形成、稳固和发展

我国传统社会中形成的是以儒家思想为正统的共同体意识和共同体。文明之初，儒家因其思想学说获得了统治者的认可，被统治者确定为正统，并运用国家权力推行这种思想；儒家也不断发展完善自己的学说，为维护其地位做出了很多努力。儒家思想正统地位的确立和巩固过程也是以儒家为核心的传统共同体意识和共同体的形成和发展过程。

儒家道德是善恶报应信仰的道德基石，是共同体意识的坚实基础。因为儒家道德强调人与人之间的关联，其道德规范并不是要人们隔离开来，为他们划定明确的界限，恰恰相反，儒家思想不仅在本体论上把人们结合起来，而且在其规范内容上为人们的彼此相处之道提供了指南和规定。"所谓伦理者无他义，就是要人认清楚人生相关系之理，而于彼此相关系中，互以对方为重而已。"① 儒家思想强调血缘的重要性，以家庭为单位把整个社会联系为一个整体。正如梁漱溟所说的，传统社会是伦理本位的社会，伦理关系始于家庭，却不止于家庭，"随一个人年龄和生活之开展，而渐有其四面八方若近若远数不尽的关系。是关系，皆是伦理；伦理始于家庭，而不止于家庭"②。在儒家思想中，君臣、父子、兄弟、夫妻、朋友是最基本的五种关系，这五种关系是以家庭为基础把人伦关系推广到了整个社会。在传统社会中，大哥大姐、叔叔阿姨、大爷大妈之类的称呼不仅是对与自己有亲戚关系的人称呼，也是对社会中没有血缘关系的人的一种普遍的称呼，这种称呼拉近了与陌生人的关系，把陌生人视为与自己有关系的人，从一个侧面说明传统文化中的共同体意识。

并且，传统节日也被儒家道德化了，我国传统的节日，无论是春节还是中秋，这些节日的原初含义与节气有关，因为节气是农耕时代非常重要

---

① 梁漱溟:《中国文化要义》,《梁漱溟全集》（第3卷），第91页。
② 梁漱溟:《中国文化要义》,《梁漱溟全集》（第3卷），第82页。

的标志性日期。在后来的发展中，传统节日大多被赋予了儒家的价值观念，比如春节成为全家团圆祈福的节日，清明成为追思先人、祭祀祖先的固定节日，端午成为缅怀伟大爱国诗人屈原的节日。这些节日在促进民族文化认同、塑造民族共同体意识方面发挥了非常重要的作用。直到今天，依然在发挥着作用。

儒家利用宗教性组织来强化儒家思想的统治力和共同体。宗教性组织上自皇帝，下至黎民百姓，从皇帝到家家户户的祭天地祖先，其实都是儒家宗教性的体现。当然，原始儒家认为，"祭神如神在"，其宗教性特征并不浓厚，更多的是一种慎终追远的象征意义。但是，在后来的发展过程中，既要面对人们宗教性的情感需要，又要面对道教、佛教的发展压力，儒家对传统信仰进行了吸纳和改造，使儒家价值观念成为传统信仰的核心。我国传统社会中，君主不仅是政治上的统治者，也是宗教上的最高祭祀者，是中国式的政教合一。韦伯指出："对儒教而言，中国的皇帝不但是俗世的君王，同时也是（宗教上的）最高祭司长。"① 在传统社会中，虽然传统政权统治的宗教性味道并不浓重，但是在一定程度上可以称之为政教合一的统治方式。任何君主都力求有一个统治上的宗教性的合法性。"天子"的称呼背后是对君主与天地之间独特关系的概括和承认，因此，君主能够代表普天下之民向天祈祷，能够封禅。通过君权的引领，使得家家户户的天地祖先祭祀都是在主流信仰的掌控之下。

儒家对信仰的内容也进行了引导。儒家注重天人合一，对天十分推崇，由君主主持的国家祭典中最重要的就是祭天；现在北京的天坛、地坛正是这种祭典的遗迹。传统社会通过宗教信仰维护皇帝的宗教首领地位，与此相对应，民间信仰中的玉皇大帝、王母、灶君、城隍等神的设立与国家机构中的官僚等级秩序相类。并且，任何宗教信仰都必须承认和接受以儒教为主导的价值观念，家家祭祀的对象都是天地人三才和祖先，儒家观念正如月映万川般地映照在几千年来的家家户户之中。现代社会，从南方到北方，每家每户逢年过节祭祀的内容、形式都大同小异，即使是侨居海外的华人或移民海外的华人当中，也往往保存着同样的祭祀和信仰内容。

儒家建立了一套社会性组织来强化儒家思想的统治力和共同体。儒家

---

① ［德］马克斯·韦伯：《印度的宗教：印度教与佛教》，第389页。

第十一章 传统善恶报应信仰与共同体

思想除了利用宗教性组织外，还利用社会性组织。"社会性组织，是宗族和乡约。宋代以后，宗族的血缘性组织，经范仲淹、欧阳修、苏洵、程伊川等人倡议改造后，已成功地转化为儒学伦理的社会性组织，以宗祠、族谱、宗族规矩整饬族人，相约过着一种儒家式的生活。南宋吕大临、朱熹发展乡约，则由一族拓及一乡，形成乡社伦理共同体。这样的宗族与乡社，遍及中国社会，才能使儒家教化普遍且深入村社乡里。"① 社会性组织既以血缘家庭为基础，又超越了家庭的狭隘范围，是建立在地缘、血缘基础上的社会性组织。这种社会性组织在价值观念、行为方式上对人们起到了教育、引导、约束和制裁的作用。宗族和乡约成为社会中最基本的组织单位及规范要求，对于形成、维护一乡一户的共同体意识及共同体的稳固起到了非常重要的作用。

儒家还通过制度建设和组织建设来加强其思想的统治地位和影响力。儒家的制度和组织建设主要是通过礼制来完成的。仪式能够造就群体的认同感和归属感，在漫长的传统社会中，儒家形成了一套非常完备的礼仪礼制。"礼"具有非常广泛复杂的蕴涵，它不仅是对人们行为的约束规范，也是一种宗教信仰和宗教仪式。比如婚礼，绝不像现代社会，是两个人爱情的水到渠成，而是合两姓之好；祭礼更是传统祖先崇拜的反映。儒家的礼既有宗教性的一面，又有教化性的一面，对人们的行为养成，对共同体的塑造都起了重要的作用。"这些仪式在道德上重新塑造了个体与群体，而且人们坚信仪式拥有着支配各种事物的力量。"② 我国传统社会中，仪式的宗教性与规范性是融合在一起的，共同维护着以儒家思想为正统的共同体意识和共同体。

不仅如此，儒家还利用政治权威和信仰权威的结合来维护儒家的统治力和共同体。作为一种取得正统地位的思想，儒家在社会中的确运用了政权的力量，这也是其得天独厚之处。在运用政权力量中，儒家从来没有放弃自己与天地合德的合法性，而是把政权权威和信仰权威结合了起来，"社会也不肯单独让宗教力去惩罚那些对仪式置若罔闻的举动；社会必定要进行干预，而且要亲手处置这些过失"③。在这种干预中，政治权威是以

---

① 龚鹏程：《龚鹏程讲儒》（下），第541页。
② [法] 爱弥尔·涂尔干：《宗教生活的基本形式》，第512页。
③ [法] 爱弥尔·涂尔干：《宗教生活的基本形式》，第547页。

一种信仰权威的执行者和代表的形象出现的,这一方面维护了统治者的统治,另一方面加强了统治者的权威。这样,在传统社会中,儒家思想的维护其实是利用了双重的权威,即世俗中的政权权威和信仰权威。统治者可以利用无形的信仰和有形的制度来促进人们对于国家共同体的认同,维护统治的长治久安。

在我国历史上,儒家及儒教是正统,其他宗教如道教、佛教等作为补充而存在,不得与皇权、儒家思想相对抗。外来宗教的传入都是以对传统主流儒家思想的承认和服从为前提的。佛教在传入我国的过程中,其实是一个不断中国化的过程,在这个过程中,佛教教义发生了重大变化,即使佛教中人,也是尽量和会儒家与佛教,而尽量不与儒家道德思想相悖。东晋名僧慧远认为儒佛殊途同归:"道训之与名教,释迦之与周礼,发致虽殊,而潜相影响,出处诚异,终期则同。"① 其报应观是把积善得报这样的儒家报应观引入了三世说。"慧远他们所理解的佛教报应说,其实与佛教本旨相去甚远,只是把积善得报这样的儒家观念嵌进佛教的三世说罢了。故宣教愈力,积善余庆、积恶余殃之说就愈深入人心,佛教乃愈成为儒家礼法之翼辅。这就是为什么我会说整个时代风气毕竟是以儒学为主流的缘故。"② 在我国传统社会,佛教是在对正统儒家思想特别是道德予以趋同之后,才获得了合法性地位。

道教与儒教的关系更是源远流长,道教虽然更多是以避世的态度出现,与儒教积极入世的态度存在着差别,但是其在发展过程中,是充分认可儒家道德观念的;并且其善恶报应的依据也是儒家的道德观念。西方思想往往是以对立思维看待同时存在的几种宗教,相互视为异端。他们不了解我们的传统智慧,往往不是以二元对立的观点看待事物,而是可以把不同的事物统一在一起。正如已经被指出的,中国人得意的时候相信儒家,积极入世实现人生抱负;失意的时候相信道家,避世修身养性;绝望的时候相信佛教,摒弃人生欲望,把希望寄托在念佛打坐上。因此,儒释道可以和平共存,相互补充,为不同心境、不同处境的人提供不同的出路。我国很多思想家在不同的人生阶段有不同的信仰,这在西方人看来往往是难

---

① 《弘明集》(上),第342页。
② 龚鹏程:《龚鹏程讲儒》(下),第307页。

以想象的，但是在中国人身上却是很正常的一种形态。这一方面体现出传统文化兼包并蓄的强大包容力；另一方面，有利于存异求同，塑造共同体意识和共同体。在传统社会中，人们形成了以儒家信仰为基础的信仰、以儒家为主流的共同体意识，并且这种信仰和意识如民族基因般影响着人们的行为方式和价值观念。

关于我国传统社会的共同体意识，不同的思想家有不同看法，韦伯认为中国古代社会共同体意识非常薄弱，在他看来，古代中国"基本上是由各省组成的联邦国家，只不过靠着职权定期交替的高级官员四出于非故乡地区当政，才融合为一个统一体"[①]。关于共同体意识的强度这个问题，应该用科学的、发展的眼光来看。之所以有学者认为我国传统社会的共同体意识不强，因为这也是一种客观现实。一是因为我国历史上疆域广大，没有一种古代文明曾经发展出这么大的疆域，所以，中央对地方的控制不可能像小国那样强；二是因为中华文明独特的地理环境，东南边是大海，西边是沙漠和高原，周边文明都比较落后，历史上的民族危机主要来自北方游牧民族，而在漫长的历史发展中，很多游牧民族也被中原文化同化了，这就造成民族危机意识非常淡薄、共同体意识并不强烈。但是，这并不代表我们传统社会没有共同体意识，虽然在我国传统文化发展史上，由于地域广大，导致共同体意识不够强烈，但是，不同地方的人有着相同的价值观念和相似的生活方式，并且可以凭借共同的文化、习俗方面的集体记忆，实现彼此之间的认同，获得共同体意识，有利于共同体的稳固和发展。这种价值和文化上的相同或相似为共同体及共同体意识奠定了牢靠的基础，当遇到危难时，共同体意识就会迸发出来，显现出传统文化的力量。

在传统社会中，善恶报应信仰与政府的世俗权力、儒家文化都是契合的，而不是对立的；这种契合使得各种权威（信仰权威、政治权威和文化权威等）形成的是合力，对个人的影响是巨大的，有利于促进共同体及共同体意识的形成和巩固。如果形成的不是合力，而是相互对立或摩擦的力，那么，会在个人认知上形成困惑，不知道谁的命令是对的；进而造成行为上的不知所措，不知道到底应该听从谁的命令；这种认知和行为上的

[①] ［德］马克斯·韦伯：《印度的宗教：印度教与佛教》，第470页。

困惑是共同体意识和共同体的敌人。善恶报应信仰下的我国传统社会，通过信仰、政府、文化等各方面形成的合力，促使以儒家思想为主流的价值观念得到全社会的认可和赞同，促进了以儒家思想为主导的共同体意识和共同体的形成和巩固。儒家思想成为中华民族根深蒂固的文化基因，不仅在于其内在的合理性，也在于其是促进民族共同体形成和巩固的重要文化力量。我们应该看到儒家思想在传统社会中为共同体所做的贡献，并认识到其在现代社会应该能够继续发挥作用。

善恶报应在我国传统信仰中是一个基本的内核性的存在，祖先崇拜、天地信仰等都以善恶报应作为基础，或者是不得与善恶报应相违背，否则就会被主流意识所排斥、取缔。对善恶报应的信仰是教化和学习的过程，信仰对人的塑造和影响，不仅是情感上的，也是认知上的、行为上的。我国传统社会中的善恶报应信仰作为一种非常基本的、普遍的信仰，渗透在传统文化、社会中的方方面面，其不仅造就了人们的价值观念、共同信仰，而且也造就了集体行动、集体记忆和共同体意识，深刻影响了传统社会的面貌和制度建构，促进了共同体的形成、巩固和发展；正是由于善恶报应信仰对于共同体具有积极正面的影响和价值，共同体通过行政命令、法律和教育等途径和手段巩固和强化着善恶报应信仰。也就是说，共同的信仰造就共同行为、共同情感、共同文化和集体记忆，塑造和强化了共同体及共同体意识，后者反过来又强化了人们的共同信仰。信仰共同体与伦理共同体、家庭共同体、政治共同体、社会共同体之间是相互契合的，而不是相互对立的。这种信仰与家庭、伦理、政权、社会之间的良性互动和互相成就，促进了传统社会中以儒家思想为主导的中华民族共同体意识的形成、巩固和发展。

善恶报应作为传统文化思想一个非常基本的公理性道德规律，植根、渗透在思想论著、经典文献、文学作品、戏剧等艺术作品中，深刻影响了人们的价值观念和行为方式，成为民族记忆的重要组成部分，促进了共同体及共同体意识。即使发展到今天，我们的天人合一思想、报应信仰并没有完全失去市场，依然在很大范围内是很多人的共识。很多人依然相信人的独特性、神秘性，相信冥冥之中的报应。现代社会如何科学合理地发扬其中的合理内核，更好地服务于道德建设，不仅需要理论研究的进展，而且需要制度建设的保障。

第十二章　善恶报应的制度建构

人类初期的善恶报应观念带有神秘性，是与宗教、迷信交织在一起的，人们相信有神秘力量诸如鬼神等在维持着这种秩序。不过，仅仅依靠带有神秘性的信仰来维系人们对道德的遵从这条途径是不够的。人类文明与制度是紧密相关的，人类的文明史其实也是制度发展的历史，我国历史上就已经利用制度来维护善恶有报的道德秩序，从而维护社会稳定和发展。现代社会，神秘力量的报应信仰日渐式微，即传统善恶报应信仰中的神秘性逐渐被消解了，因此更加需要不断完善道德制度建设。通过制度建构来促进善恶因果律的实现，不仅能深刻影响人们的认知和行为，而且能够维护社会秩序，促进社会文明进步。

一　我国历史上与善恶报应有关的制度

善恶报应制度是一种通过一系列的制度建构，实现善有善报、恶有恶报。这种制度与信仰中的善恶报应的不同在于它是通过实实在在的有形的制度来保障善有善报、恶有恶报，是把善恶有报的判决者、执行者由虚无缥缈的神拉回到人间。这种制度不是迷信，也不同于迷信，而是力图在现实中把善恶报应体现和实现出来。在我国传统社会中，既通过无形的信仰来灌输善恶报应观念，也通过有形的制度来强化人们对善恶有报和道德的相信；注重通过合力的作用，帮助人们形成善恶报应的信念，促使人们遵守道德，达到维护社会正常有序的目的。

善恶报应制度主要包括两种方式的制度，一种是直接的方式，即设立有关善恶报应内容的制度；另一种是间接的方式，即体现在其他制度中的赏善罚恶内容。在我国传统社会中，建立了对善恶报应思想和信仰进行维护的制度。这些制度既包括对行为的直接奖励或惩罚制度，也包括体现着善恶报应蕴涵的宗教信仰、祭祀内容的管理制度。

在我国传统社会中，直接体现善恶报应内容的制度历来存在。这些制度既包括对善行的奖励制度，也包括对恶行的惩罚制度。比如汉朝时的孝廉制是依据孝廉来对官吏进行选拔和任用升迁的清流正途，体现出对行孝之人的国家层面的制度性肯定和褒奖。"在别的国家，法律用以治罪，而在中国，其作用更大，用以褒奖善行。若是出现一桩罕见的高尚行为，那便会有口皆碑，传及全省。官员必须奏报皇帝，皇帝便给应受褒奖者立牌挂匾。"[①] 贞妇孝子成为道德的楷模，并且为家族赢得荣誉；各个家庭（家族）以获得官方认可的匾额、牌坊作为各个家庭（家族）的无上荣誉。这种状况使得现在散布于各地的碑匾成为研究古代历史文化的重要依据。对恶行的惩罚制度主要体现在法律制度上。儒家之道德经典是法律条文的最重要依据，历代法律中，不孝之人都是违反国家律例的，应该受到惩罚。比如《大清律例·名例律上》中规定十恶之一为不孝，"谓告言咒骂祖父母父母、夫之祖父母父母及祖父母父母在别籍异财，若奉养有缺，居父母丧身自嫁娶，若作乐释服从吉，闻祖父母父母丧匿不举哀，诈称祖父母父母死"。可以看出，传统社会中，通过法律对违反道德的人予以惩罚。无论是通过制度对模范履行道德的人予以肯定和褒奖，还是通过法律惩罚违反道德的人，这种制度建构客观上让人们相信道德的权威，有助于人们相信道德，履行道德。

在传统社会的制度建构中，除了直接体现和维护善恶报应，还有大量间接维护和体现赏善罚恶的制度内容。这种维护既通过直接的有关道德规定，也通过对祭祀、信仰活动的管理和规定体现和实现出来。在传统社会中，宗教、祭祀、信仰等都与道德息息相关，传统社会制定制度对人们的宗教、祭祀、信仰进行约束和引导。在传统社会中对宗教的管理一方面是确保所有的宗教活动都在官方的有效控制之下，另一方面是维护儒家道德的正统地位，任何宗教都不得有违儒家道德。通过这种管控，使人们相信

[①] [法]伏尔泰：《风俗论：论各民族的精神与风俗以及自查理曼至路易十三的历史》（上），第250页。

第十二章 善恶报应的制度建构

儒家道德，相信善恶有报。南北朝时期，出现了僧官的设置。"朝廷因端肃僧纪，避免冒滥，乃有僧官之设。"① 僧官体系上自中央，下至基层，代表官方监督寺院宗教活动。此后，历朝历代都对宗教组织及活动进行了有效的管理，确保官方对宗教的控制。这种控制为维护儒家正统地位提供了制度依据，也为人们相信道德提供了制度保障。

在传统社会中，政府关于祭祀的制度规定主要体现为"礼"，用以维护正统的道德观念和秩序。《通典》中"淫祀兴废"章节中记载了历代君王对祭祀的规定和管控："晋武帝泰始元年诏曰：'昔帝王修岳渎山川，各有定制。然以道莅天下，其鬼不伤人，故祝史荐而无愧辞，而淫祀不作。末世妖孽相煽，舍正为邪，故魏朝疾之。宜按礼为制，使妖淫之鬼，不乱其间。'"② "魏武王秉汉政，普除淫祀。文帝黄初五年，诏：'先王制祀，五行名山川泽，非此族也，不在祀典。叔世衰乱，崇信巫史，至乃宫殿之内，户牖之间，无不沃酹，甚矣。自今敢设非礼之祭，巫祝之言，皆以执左道论，着于令。'明帝青龙初，又诏：郡国山川不在祀典，勿祀。"③ 可以看出，祭祀要符合定制，即先王传下来的符合"礼"的祭祀，包括祭祀的范围、应该祭祀什么、不应该祭祀什么、怎样祭祀等。正统观念认为以道治理天下，即使鬼也无法伤害世间的人，祭祀应该遵照"礼"来进行；否则就是淫祀，应该予以取缔。这种通过皇帝诏曰的方式下达的命令是政权对祭祀、信仰的控制和干预。在政权的干预下，我国传统社会的绝大多数时期，占据统治地位的都是符合礼的正祀。这其实体现了政权与信仰之间的相互成就关系，政权维护正统信仰及祭祀，而信仰及祭祀能够让人们安于现状、服从统治，有利于政权的稳固。

在传统社会中，政府有意识地采取有效的制度措施来培养人们的善恶报应信念和对道德的相信。因为相信统治阶级的道德观念，有利于维护其统治；所有的统治者都喜欢驯服的被统治者，善恶报应思想恰恰能够提供统治者满意的臣民。官方通过制度建构确保人们的宗教活动、祭祀活动和信仰等都符合主流道德的要求，加强了对儒家道德的维护。制度规定让人们知道哪些是应该做的、可以做的，哪些是不能做的，是淫祀邪说，即通

---

① 汤用彤：《汉魏两晋南北朝佛教史》，上海人民出版社2015年版，第313页。
② （唐）杜佑撰：《通典》（二），王文锦等点校，中华书局1988年版，第1558页。
③ （唐）杜佑撰：《通典》（二），第1558页。

过制度的强制力让人们认识道德、遵守道德、相信道德。在传统社会中，除了制度保障，还依靠宗教性的报应来确保道德权威，"对死后的畏惧和希望就成为道德的有力保护者"①。不过，随着科技的进步和社会的发展，已经使得依靠来世报应、神秘力量这种手段变得不像以前那样普及和有效，因而，对道德的制度维护就显得格外重要。

二 善恶报应制度建构的必要性

这里所指的善恶报应制度建构，并不是像有些人所想的是一种维护迷信的制度。善恶报应并不必然意味着是一种相信鬼神之类来主宰的报应，换言之，善恶报应并不一定就是迷信，而也可能或更可能是一种对道德秩序的相信、向往，表现出人类美好的道德理想和愿望。善恶报应制度建构主要是指在制度中或直接或间接地体现或实现善恶因果律，使行善的人得到好的回报，使作恶的人受到惩罚。

任何一个社会都离不开制度，制度进步是社会进步的条件和表现。之所以强调善恶报应制度建设的必要性，是因为如果制度不能体现对善的肯定和对恶的否定，那么这种制度存在的根基往往就不够牢固，正如曾经的暴政往往都以被推翻为结局；还因为道德作为一种社会、文明所提倡和要求的人与人之间的行为规则，仅仅依靠人们的自觉履行是不太可靠的。制度的规范性、强制性既可以维护道德，又可以促进道德。如果没有制度，整个社会秩序将难以维系。换句话说，在整个社会运行机制中，道德并不是可靠的手段，而制度是。制度对人类社会乃至人的作用目前来看都是不可或缺的。通过制度建构对人们的思想和行为进行规范和引领，既能维护社会秩序，又符合人的道德养成规律，造就符合社会需要的人，促进人和社会的共同进步。

虽然有些思想家认为"无人愿意作恶"②，也有人认为作恶只是出于无知，真正的知识肯定会造就真正的道德行为。但是这里存在一个问题，即

---

① ［德］弗里德里希·包尔生：《伦理学体系》，第358页。
② 这句话被认为出于梭伦，参见［古希腊］亚里士多德《尼各马可伦理学》，第72页及注释③。

第十二章 善恶报应的制度建构

由于认知能力的差异以及环境的影响，并不是每个人都能够真正认识道德；并且即使有了对道德的知识，并不代表着必然会有美德。把认知等同于行为的观点无疑是把人性和社会环境都简单化了。知、情、意、行，这是人的行为所经历的四个阶段，从"知"并不必然会到"行"；虽然我们都承认具有真正的道德知识很有可能导致美德，但是我们仍然无法否认，有人会有意作恶，有人无意作恶。

在现实生活中，有的人即使有了对道德的认知，也不一定遵守道德，有可能为了自己的个人利益而选择违背道德。因为人是理性的动物，个人与他人、社会之间必不可免地存在着冲突和矛盾。"道德法则是每个人都希望别人去遵守的规则，但并非必然是每一个理性的人——只因他是理性的人——自己想要遵守的规则。"① 在个人利益与他人利益、社会利益发生冲突的时候，我们不能太过于乐观。"我们以及每一位他人，一方面想在社会对等性交换与交易中，在提供和平、秩序和稳定的框架之内，能够完全达到我们的目的（无论这些目的是什么）；然而，我们以及任何别人偶尔也由特殊的紧急情况和自身利益所驱动，来打破这种和平、秩序和稳定。"② 也就是说，很多情况下，人们有点类似于"囚徒困境"，都希望别人遵守规范，而自己打破规范，这种情况下，可以使个人利益最大化。所以，制度建构是非常重要的，只有一种相对科学完备的制度，才能够遏制人们打破秩序的冲动或投机心理，使人们无论是从义务论的角度还是从功利论的角度都认为遵守道德是值得的。

并且，每个人的认知能力和自律能力是不同的，不是每个人都能够认识到道德的必要性，更不是每个人都能做到自律。人们或者是出于无知，或者是出于利益的计算，往往会有意或故意做出违反道德要求的行为。正如哈耶克所说："一项行为规则本身从来就不是行动的一个充分原因。"③ 古往今来，违反道德规则、法律规则的现象从来就没有消失过。按照哈耶克的观点，个人理性是存在局限性的，"人类的智力远不足以理解纷繁的人类社会的一切细节，细致入微地安排这种秩序，是我们的理性不堪胜任

---

① [美] 迈克尔·戴维斯：《像工程师那样思考》，丛杭青、沈琪等译，浙江大学出版社2012年版，第163页。
② [美] 阿拉斯戴尔·麦金太尔：《谁之正义？何种合理性？》，第407—408页。
③ [美] 冯·哈耶克：《哈耶克论文集》，邓正来选编译，第340页。

的，这使我们不得不满足于抽象原则。进而言之，仅凭一个人的智力，也无法创立最适当的抽象原则，因为随着社会的成长而逐渐形成的原则，体现着众多尝试与失败的经验，实非某个人的头脑所能获得"①。有些人无法真正认识到道德的必要性，有些人即使认识到了，也是怀着侥幸心理，希望别人都遵守，自己可以从中谋利。因而，不能获得正确道德认知和自律的人需要制度来规范引导，甚至是强制遵守。目前为止的大多数时代、大多数社会都需要依靠制度、法律等强制力来保障道德。在制度中，"这种显示出自然秩序的两道大光辉，第一是：凡是不能统治自己的人就得由能统治他们的人去统治；其次是：世界总是由自然最适宜的人们来统治的"②。不管有意无意，不管是认知上还是意志上的缺陷，针对这些不能遵守道德的人或行为，制度规则作为工具的作用就凸显出来了。制度既是应对人们认知上无知的工具，也是应对意志薄弱的手段，制度可以通过引导力和强制约束力来对人的行为进行引导和制约，从而达到维护社会正常秩序的目的。

制度具有强制性的约束力，其约束功能在于通过制度建构对遵守道德的人予以肯定或奖励，对违反制度规定的人予以惩罚、禁止或谴责；与一般的道德规范相比，制度具有强制力，特别是法律制度，具有国家权力赋予的最高强制力。制度可以对具有正常理性的道德败坏之人进行有效的约束和制约，只要他也想有幸福的生活；并且我们不能否认，由于人的软弱性，不是所有人在所有时间都能够自觉履行社会规范，当人对规范的遵循出现动摇时，制度能够起到约束和威慑作用。对反社会、反人类的坏人，也可以通过制度对其进行惩罚；对于坏人，制度不一定能把其改造成好人，但是很可能将其塑造成遵纪守法的人。通过制度约束所有社会成员去做符合社会利益、他人利益及个人利益的行为。"不是人之善，而是制度，'使坏人也可为公众的幸福服务'，只要他希望有和平、自由和公正"③，制度的强制约束力的确可以起到对人的行为的约束和引导作为。

制度的必要性不仅仅在于对人的行为的直接约束以及间接的威慑和引

---

① [英]弗里德里希·冯·哈耶克：《哈耶克文选》，第772页。
② [意]维柯：《新科学》，第534页。
③ [美]弗里德里希·冯·哈耶克：《哈耶克文选》，第732页。

导，还在于对整个社会秩序的维护。任何个人破坏道德秩序而没有受到任何惩罚，都可能摧毁那些接受道德、遵守道德的人的信念和品格。制度通过对违反者的惩罚，不仅维护了秩序，而且维护了道德的尊严、制度的尊严，使得遵守道德的人依然能够相信道德。"文明是经过反复试验而累积产生的结果；它是经验的总和，其中一部分是作为明确的知识而代代相传，更大一部分则体现在已被证明比较优越的工具和制度之中——人们可能通过分析发现这些制度的意义，但即使人们不理解它们，它们仍将为人们的目的服务。"① 的确，好的制度作为文明的成果，不管人们是否理解其意义，其都不仅为个人利益服务，也为整个社会服务。

制度并不一定能够控制人的思想和行为，不过，其能够使人的行为具有可靠性，即这种报应制度预期具有正常道德认知和情感能力的人能够做出符合社会要求的行为；制度就是保障这种可靠性。"政府可以通过强制人们遵守那些从以往的经验来看最有助于自生自发秩序之型构的抽象行为规则的方式，去增进不确定的任何人成功地追求同样不确定的任何目的的机会。"② 在制度中，可以保障人们只要遵从规则、规定，就可以得到个人所欲求的利益。在报应制度下，通过强制性规定促使人们的行为符合社会普遍性的需要，制度促使人们形成的是社会化的行为。社会化行为也就是哈贝马斯所说的策略行为，"但如果我们从合理选择规则的角度来考察它们，并从影响对手抉择的程度来对它们加以评价，那么，我们就说这种行为是**策略**行为。工具行为可能会和社会互动联系在一起，而策略行为本身就是社会行为"③。报应制度中的行为是把个人的谋利行为和社会要求结合在了一起，使得为个人谋取利益的行为同时也是对社会有益的行为，体现出个人与社会的密切相关性，即个人离不开社会，社会也离不开个人，二者是共生、互相成就的关系。因而，好的报应制度能够让社会成员彼此期待，相信制度、相信对方，把普遍适用的社会规范当作自己的行为指南。在善恶报应制度中，虽然不一定得到对方的互

---

① ［英］弗里德里希·奥古斯特·哈耶克：《自由宪章》，杨玉生等译，中国社会科学出版社2012年版，第91页。
② ［英］弗里德利希·冯·哈耶克：《法律、立法与自由》（第2、3卷），邓正来等译，中国大百科全书出版社2000年版，第14页。
③ ［德］尤尔根·哈贝马斯：《交往行为理论：行为合理化与社会合理化》，第273页。

惠，却可以得到系统的奖励，合理有效的制度有助于人们做出符合社会道德要求的行为。

三 制度对人的塑造

个人的成长和社会化需要制度的引导和约束。制度不仅应该被视为对人们行为的约束和制约，也应被视为对人们行为和价值的指引；换言之，制度不仅是消极的束缚，也是积极的引导，即道德制度不仅仅能够起到约束人的作用，而且能够起到塑造人的作用。

个人的社会化离不开制度的引导。"人类的道德感明显极容易受到学习和环境的影响（而且可能这正是设计的结果）"①，人类运用理性建立了行为规则和制度，反过来，又通过行为规则和制度使得人逐渐完善。"一个父亲问：'要在伦理上教育儿子，用什么方法最好'，毕达哥拉斯派的人曾答说（其他人也会作出同样的答覆）：'使他成为一个具有良好法律的国家的公民'。"② 这生动地说明了良好制度对人的塑造作用。制度对人的塑造不仅是社会的需要，也是人本身成长完善的需要，人的德性是在社会制度中实现的。

从人性角度看，人的行为需要制度引导和约束。虽然在人性善恶上，思想家们并没有达成共识。但是，比较主流的观点是，人既有向善的一面，也有向恶的一面；有自利的一面，也有利他的一面。人性的复杂性有时候超过了人的想象。好的制度建构不仅对整个社会有益，也对个人的成长完善有益。"因为我们是人，我们是脆弱的，我们是**形成的**；我们的天性就是要去塑造我们的天性。"③ 人具有脆弱性，包括肉体的脆弱、精神的脆弱，所以需要制度的引导和约束。个人对私人利益的追逐难免会侵害他人或公共利益，这种情况下，仅仅依靠说教是不够的，还需要强制力来予以禁止或制

---

① ［新西兰］理查德·乔伊斯：《道德的演化》，第288页。
② ［德］黑格尔：《法哲学原理》，范扬、张企泰译，商务印书馆1961年版，第172页。
③ ［美］夸梅·安东尼·阿皮亚：《认同伦理学》，张容南译，译林出版社2013年版，第268页。

裁。"人和人之差,有时比类人猿和原人之差还远"①,人与人的差距有时候真是巨大的,所以会有"衣冠禽兽""丧尽天良"之类的词语,用来形容道德极度败坏、人性缺失的人。如果靠教育说服就能够解决所有问题,那么法律、警察和军队可能早就已经无须存在了。事实上,这些暴力机构不仅过去存在,现在存在,在将来很长一段历史时期应该也会存在。

从人的行为养成规律来看,个人需要制度的约束。"人只是通过习惯成为有德之人或无德之人。亚里士多德认为,人在中年以前不应学习道德哲学,而他的理由恰恰表达了我们眼下的这个困难——唯到中年人才长于实践审思。然而,到这个时候,就实践审思而言,人早就已经成为事事善好之人或无可救药的坏人了。"② 这与科尔伯格的观点是一致的,根据他的道德认知阶段性理论,人在最初的时候必须先要养成道德的习惯,如果等到人足够理性、成熟到能够反思道德的时候再去培养习惯,那么,很可能就错过了行为养成的最佳时期,耽误个人行为习惯的培养,社会也承受不起这样实验性的道德成本。因而,通过规范和制度之类的途径对人进行教育引导,对个人和社会都是必要并且重要的。"一开始,我们的父母和教师鼓励我们有道德,但一段时间之后,我们或多或少地变成本能的道德之人。"③ 人的社会化、道德化过程首先是一个人在社会中接受规范指引的过程,并不仅仅是一个依赖自觉的过程。

由于每个人的自制力不同、道德意志力不同,有些人即使知道应该做什么,也不一定按照道德的要求去做。"相信世界所存在的某种状态是一回事,在这个给定信念下我会被欲望推动着做些什么是完全不同的另一回事。"④ 在这种情况下,仅仅依靠人们的自觉是不可靠的,需要制度的约束,正如哈贝马斯所指出的:"规范离不开惩罚:包括外在惩罚(比如,由于社会成员违反**日常规范**而受到的指责,以及由于违反**法律规范**而遭到一个组织的强制性机器的惩罚),和内在惩罚(比如,由于违反**道德规范**

---

① 鲁迅:《坟》,人民文学出版社1973年版,第197页。
② [英] B. 威廉斯:《伦理学与哲学的限度》,陈嘉映译,商务印书馆2017年版,第51页。
③ [英] 戴维·罗比森:《伦理学》,第40页。
④ [澳] 迈克尔·史密斯:《道德问题》,林航译,浙江大学出版社2011年版,第11页。

引起的羞辱感和罪恶感）。"① 好的制度给人以规范性指导，让人在制度中成长。如果仅仅把制度看作对人的行为的制约，那无疑是对制度的误解；好的制度不仅是约束人的，也是塑造人的。阿皮亚认为由于理性的缺陷，"为了提升我们的福祉，我们可能希望国家帮助我们修正我们理性的无能，而这些干预，我们将看到，对我们的伦理自我和我们的社会认同将产生可预见的、有目的性的后果"②。我们需要依靠代表普遍意志的制度来对我们个人的不成熟的、脆弱的理性和道德进行约束和引导，来不断督促我们去完善自己的智识和德性。通过制度的约束和教育，可以在一定程度上实现"做正确的事情已经成为第二天性"③。

因而，制度不仅是约束人的，也是塑造人的。好的制度能够帮助人们形成正确的认知，做出正确的行动。哈耶克认为："人并不是因为明智而采纳了新的行为规则；实际上，人恰恰是因为遵循了新的行为规则而变得明智起来。"④ 的确，人会因为遵循行为规则而变得明智。好的制度并不是为了培养人们为个人利益而斤斤计较的意识，而是为了培养人的高贵意识。高贵意识是黑格尔非常推崇的一种意识，这种意识是意识到个人与普遍性同一的意识，以肯定态度对待普遍实体。"认定国家权力和财富都与自己同一的意识，乃是高贵的意识。"⑤ 制度建构就是要让人们意识到自己与普遍性的社会的同一性关系，让人们意识到制度是为个人更好的生活服务的。

制度通过其功能的有效性来促进道德之善。"有效性的善将有助于优秀的善"⑥，制度以其规范和约束能够引导和塑造人们的认知和行为，这不仅是培养社会化的人的过程，也是人的自由全面发展的过程。"制度产生角色期望与成功标准，而这又会引导人们采取为公共目的服务的行为方式。"⑦ 虽然自由主义者如哈耶克认为，并不是人类心智设计了使社会生活

---

① ［德］尤尔根·哈贝马斯：《交往行为理论：行为合理化与社会合理化》，第183页。
② ［美］夸梅·安东尼·阿皮亚：《认同伦理学》，第214—215页。
③ ［英］戴维·罗比森：《伦理学》，第40页。
④ ［英］弗里德利希·冯·哈耶克：《法律、立法与自由》（第2、3卷），第511页。
⑤ ［德］黑格尔：《精神现象学》（下），第57—58页。
⑥ ［美］阿拉斯戴尔·麦金太尔：《谁之正义？何种合理性？》，第51页。
⑦ ［美］斯蒂芬·马塞多：《自由主义美德：自由主义宪政中的公民身份、德性与社群》，马万利译，译林出版社2010年版，第135页。

第十二章 善恶报应的制度建构

成为可能的制度，制度是在人们生活中形成的，但是他也充分认可制度对人的心智的塑造作用。"与其说是心智创造了规则，不如说心智是由行动规则构成的。这种行动规则的复合体并不是由心智创造的，但却支配着个人的行动，因为个人按照这些规则行动，证明要比与其竞争的个人或群体的行动更为成功。"① 虽然在人类之初社会制度的建立可能是自发形成的，不过，我们应该看到，现代社会制度并不是自生自发的，而是自为的。当然，我们应该承认哈耶克有关规则对人的影响的观点是非常有价值的。"在一特定的文化中成长起来的每一个人，都会在自己的身上发现规则的影子，甚或会发现他是依规则行事的——而且也能够以同样的方式辨识出他人的行动是否符合各种各样的规则。"② 好的制度不仅能够约束人的行为，也能够引导、约束人的认知和思想，规则的发展完善与人的发展完善是相互成就的。

制度的完善和人的完善是同一个过程。哈耶克认为："心智与社会的共同进化：规则的作用。"③ 在他看来，人的心智与社会是个共同进化的过程，规则不仅能够使社会进步，而且可以使人的心智不断完善。不完善的制度不仅不利于个人智识德性的学习进步，也不利于社会的稳定发展，难免会受到人的理性质疑甚至反抗，难以为继；人的完善能够推动制度的完善，人通过自己的知识才智为制度的不断完善提供智力支持和动力。两者是相辅相成的关系，而不是相互对立。个人与社会之间是互动关系，包括行为方式、道德观念等各方面，都是互相成就的关系。"一个儿童在没有成年人的指导，未达成对制度中伦理价值的共识之前是无法形成强有力的、适应性的、有效的良知的。反之，这些制度也无法在没有后来者的持续反馈的情况下长久地令人信服或是保持弹性。"④ 如果一种社会制度把个人与制度对立起来，那么，这种制度很难长久维持下去，并且其存在的合理性也会受到诟病。例如，历史上的暴政都无一例外地被推翻了，就是制度必须要具有道德基础的一个明证。

---

① ［英］弗里德利希·冯·哈耶克：《法律、立法与自由》（第1卷），邓正来等译，中国大百科全书出版社2000年版，第16页。
② ［英］弗里德利希·冯·哈耶克：《法律、立法与自由》（第1卷），第18页。
③ ［英］弗里德利希·冯·哈耶克：《法律、立法与自由》（第1卷），第15页。
④ ［美］爱利克·埃里克森：《游戏与理智：经验仪式化的各个阶段》，罗山译，世界图书出版公司北京公司2017年版，第143页。

四　善恶报应制度建构的道德基础

在自由主义者看来，制度是自生自发的，但是不得不说，自由主义者的这种观点是片面的，制度是人类智慧的结晶，是人类的发明，也是目前为止现代社会所必需的。制度、规则都是人依靠智慧建构起来的，制度要肩负起对社会和人的塑造作用，就需要建立在公正、德福一致等伦理原则和内容的基础之上。

善恶报应制度应该是富有公正色彩的制度设计。在这种制度中，每个个体都得到平等的关切。"在一个公正的社会中，人们能够通过努力工作来改善他们的生存条件，而不是通过生来的幸运而得到利益。"① 这不仅是合情的，也是合理的。这样的制度不仅能够得到人们的认可和拥护，而且能够使得每个人在制度中都可以获得平等感、尊重感，这种感觉反过来有助于道德在其中的生长。善恶报应制度设计应该使人们生活在一个公正有序的社会中，是互利互助的相互成就关系，而不是你死我活的对立状态。

公正的道德制度更容易与人们的内在的道德信念和谐一致，而不是让人们产生认知偏差，对道德信念产生怀疑、动摇，陷入认知和行为上的不知所措甚至弃善从恶。也就是说，任何一种道德制度的建构都不能让人们怀疑自己的道德良知，在良知和盲从之间选择盲从。"在了解到是什么引起他人的不快或反对后，我们会相应地修正自己的行为，使其不仅与规则相符，还与规则背后的信念保持和谐一致。……做决定时，我们无须再重构道德齿轮，只要接受内在罗盘的指引即可，包括内疚在内的惩戒方向可以培养合法行为。当社会规则公平、公正时，保持这种一致性当然是好事，但是当不公正及邪恶占据上风，大肆盛行时，我们将不得不在愚忠顺从和诚实正直之间做出抉择。"② 道德良知与规则要求不一致会对人的认知、心灵、精神造成困惑，对人们道德信念的打击往往是致命的。

良好的善恶报应制度设计还应该贯彻德福一致的伦理内容和目标，有

---

① ［美］詹姆斯·雷切尔斯、斯图尔特·雷切尔斯：《道德的理由》，第180页。
② ［美］马克·马陶谢克：《底线：道德智慧的觉醒》，第32页。

第十二章 善恶报应的制度建构

利于社会福祉的行为同时也是有利于个人的幸福。"法律和社会的安排应当使每一个人的幸福或（实际上所说的）利益与社会整体的利益尽可能和谐一致。"① 善恶报应制度的设计是在人对社会的责任履行和个人幸福之间达成一致，使得个人遵循道德规则的行为不仅有利于社会，也有利于个人。在这种制度下，道德的行为不仅成为个人的责任，也会成为习惯，从而引导社会成员自觉地遵循社会要求。无论在什么样的社会中，好的制度设计都不是让人自我牺牲，也不是为了让一部分人生活得更好而扼住另一部分人的咽喉，而是通过人们遵循规则的行为，不仅能够实现自己意图的结果，而且能够使个人有可能获得幸福的社会秩序得到维持，换言之，好的制度设计使得遵守道德规则的人最有可能得到幸福。

为了贯彻德福一致的伦理目标，良好的制度设计应该让普遍义务关照个人正当的特殊利益。在合理的制度下，人们可以安全地追求各自利益而不会相互损害，即在这种制度中，好好工作、做好事的人可以得到相应的利益，而不是利益受损。就如黑格尔所说："个别人为他自己所做的事，对于普遍物、多数人也有好处；他关心他自己愈多，他有益于别人的可能性也就愈大；而且，他所以有现实性，本身恰恰就在于他同别人共同生存和生活；他的个别享受本质上就意味着他为别人而牺牲他自己的享受，从而帮助别人获得他们的享受。因此在完成对于个别亦即对于自己的义务时，也就在完成着对于普遍的义务。"② 好的制度建构是把个别性和普遍性有机结合在一起，而不是造成二者的对立。在单一性和普遍性相互结合的社会制度中，有利于促进人们形成把个人与社会视为同一的高贵意识，而不是二者对立的卑贱意识。

也就是说，一个好的制度设计应该是尽量减少甚至消除一个遵纪守法的人（有道德的人）的利益与社会整体利益之间的紧张，而不是相反。否则，这个制度的合理性（合法性）是令人怀疑的。"一个理性社会的最仁慈而又最有智慧的结构是这样的，其中对个体最有用的自利感情的程度与该社会的利益一致，而且对该社会最有用的仁慈感情的程度，通常与个体

---

① ［美］提摩太·夏纳罕、罗宾·王编著：《理性与洞识——东方与西方求索道德智慧的视角》（上），王新生等译，复旦大学出版社2012年版，第193页。
② ［德］黑格尔：《精神现象学》（下），第178—179页。

的最大幸福相一致或服务于个体的最大幸福。"① 在一个正义的社会里，美德能够朝着有利于行为者的方向发展，让行为者得到幸福；而在一个非正义的社会中，却能够使行为者受到伤害。在善恶报应理论中，凡是道德的行为都是个人行为的最好选择，能够使自己和他人、社会利益最大化。好的制度的设计和运行应该使得符合道德要求的行为与合理自爱引发的行为一致。制度中的制裁应该足以使不道德的行为也被视为不明智的行为。这样，制度才能够使道德获得内在的权威，而不仅仅是外在的强制。"在一个有正常的宽容精神的组织良好的社会里，即在一个处于正常条件下的普遍文明社会里，所有严重的、公开的违法活动都是与明智活动相反的，除非它是一个成功的暴力革命过程中的一个事件。"② 在良好的社会制度中，人和他人、社会之间的关系不是零和博弈，事实上，一个运行良好的社会秩序应该是互惠互利的。亚当·斯密所说的经济行为模型同样也适合社会制度，一个好的社会制度应该能够通过个人有益社会的行为把个人利益和社会利益结合在一起，并形成良性循环。

良好的制度设计应该是把个人与他人、个人利益与他人利益统一起来，而不是对立起来。内格尔认为："我们生活于其中的那些制度将使我们有可能过上富裕的个人生活，同时却无须否定来自我们数十亿同住者之需要的非个人要求。"③ 好的制度设计不仅让人看到自己的利益，更要看到其他社会成员有着与自己同样的利益要求。"我们的思想是由自私自利的基因构成的，但是我们的思想却是朝着社会的、相互信任的和彼此合作的方向建构。"④ 制度建构在于克服人们非社会化、反社会化的一面，使得人们能够彼此协作、维护社会秩序。大概很少有人愿意生活在一个有道德却贫穷落后的社会之中，大概也很少有人愿意生活在虽然高效却人人缺德的社会之中。所以，制度建构中效率和公平是非常重要的问题，即一个社会的制度建设应该是既有利于社会生产发展的，又有利于社会公平正义的。这种制度必须在经济社会发展的同时，给予人们公平公正的谋生、发展的

---

① ［英］弗兰西斯·哈奇森：《道德哲学体系》（上），第143—144页。
② ［英］亨利·西季威克：《伦理学方法》，第186页。
③ ［美］托马斯·内格尔：《本然的观点》，第238页。
④ ［美］麦特·里德雷：《美德的起源：人类本能与协作的进化》，刘珩译，中央编译出版社2004年版，第281页。

机会和待遇,同时又鼓励人们做出道德的行为。

好的制度设计让人们认识和体会到,遵从道德的要求是每个人最好的选择,是获得幸福的途径。对群体秩序的维护事实上也是对个人长远的、本质性的利益的维护;有益社会的行为同时也是有益个人利益的行为,个人利益与社会利益是联系在一起的。好的制度设计"就在于对世界进行安排,以便让每一个人都能在不做恶行、不伤害他人并且不从他们的不幸中不公正地获得利益等等情况下过一种善的生活"①。好的制度不仅能够维持制度的权威,通过其制度建构让人们遵照制度规定行事,对违反者予以惩罚或制裁;而且能够在其制度建设中体现出伦理蕴涵,只有不与伦理相悖的制度才可能获得人们普遍的认可和支持,只有这样的制度才能有利于树立道德权威,帮助人们确立对道德的相信,甚至是对道德的信仰。

道德制度建构的内在逻辑是价值性的,也是工具性的。在道德制度中,"我们把规则作为实现最终目的的手段,去实现我们集体的幸福。在我们这个追求和平与繁荣的社会,当我们把规则与良知联系起来共同发挥作用时,我们可以使规则发挥最好的作用"②。好的制度不仅蕴涵着道德上的设计,而且也具有功效性,即好的制度能让人们或被动服从或自觉遵守,让规则发挥其作用。道德制度的逻辑不是神正论的逻辑,神正论是主张必须允许邪恶的存在,以此来锻炼人们的自由意志及美德。道德制度的逻辑并不是如此,道德制度的目的是尽可能地制止和预防不道德的行为,为了达到这个目的,就需要提高制度建构的有效性。

五 制度建构的有效性

制度是用来保障和促进个人和社会利益的,制度建构应该使好的个人和社会生活成为可能。制度建构必须能够有效地实现对社会秩序的维护、对人的塑造,这就需要制度不仅具有价值之善,也必须具有实效性,即有效性之善。

---

① [美] 托马斯·内格尔:《本然的观点》,第237页。
② [美] 琳恩·斯托特:《培育良知——良法如何造就好人》,第211页。

制度建构的有效性之善表现为其威慑作用，即能通过惩罚制度的建构，让人们觉得遵守制度规定是最好的选择。制度的作用不仅在于惩罚，也在于预防和引导，维护正常的社会秩序；不过，惩罚是制度中必不可少的威慑。"一种设计良好的惩罚是与违抗这些规则相伴随的，它是一种根据下列有效性善来评估的代价，这就是：在绝大多数时候，该惩罚对绝大多数人来说，将超过任何可能从违抗行为中自然得到的利益。"① 制度的威慑应该能够阻止人们去做社会所禁止的行为。当一个人本想去做某事时，会被可预见到的制度惩罚所威慑阻止；当一个人本不想去做某事时，也可能会被所预见到的制度奖赏所推动。威慑的实现需要合适的威慑点，如果威慑点太低，就很难对所有人形成有效的威慑；而如果威慑点太高，万一有人犯错，就必须要承受比应受惩罚更重的惩罚，而这就违反了公正原则。正如罗素所说："在手段和目的之间达到适当平衡，既是困难的，也是重要的。"② 因此，要想达到有效威慑，不仅需要找到完美的威慑点，而且需要通过其他制度措施的配合。威慑既要让人们看到有形的威慑，又要认识到威慑背后的意义，让人们不仅被动服从，而且主动认同并遵守制度要求。

制度的有效性之善还表现在其应该能够降低风险和不确定性。人们生活在一个不确定的世界中，善恶报应制度建构应该是尽可能地排除人们行为与后果之间的偶然性，在普遍程度上保证行善的人得到相应的好报，作恶的人得到相应的惩罚；在不确定的世界中尽量给予人们一种确定性，感受到社会是正义的、有情感的。在社会中，偶然性是必然存在的，善恶报应制度建设应该尽量减少这种偶然性，让人们相信道德规律和道德秩序的存在，相信社会的公平正义和温暖。一个正义的社会应该是一个有缘有故的社会，而不是一个无缘无故的社会。在这种社会中，虽然不能排除偶然性对人的行为的影响，但是能通过合理的制度建构确保人们在一定范围内的行为必然能够得到相应的结果。

善恶报应自身理论的自洽性越高，与现实经验越符合，可靠的证据越多，则它的概然性就越大。在现实生活中，总会有善人得到好报的案例，

---

① ［美］阿拉斯戴尔·麦金太尔：《谁之正义？何种合理性？》，第52页。
② ［英］伯特兰·罗素：《权威与个人》，储智勇译，商务印书馆2012年版，第91页。

究竟把这些案例看作偶然的，还是概然的、必然的，这不仅依赖案例的数量多少，也依赖人们的认知及意向选择。制度建设如果使这种概然性越来越高，人们就越会倾向于相信善恶报应秩序，并且这种相信中迷信的成分会逐渐消退，更多的是一种对道德、社会、制度的相信；这种相信有助于人们更好地投身于工作和社会生活，过有意义的人生。

六　善恶报应制度的内容

善恶报应是理想化的，但不是乌托邦的，实际上完全可以通过制度设计让善恶报应在现实中实现。一个良好的道德制度，不应该让行善的人得不到应得的报偿，不管这个行善的人内心是否期盼着这种报偿。也就是说，不管这个人主观上是真情或假意地接受或拒绝这样的报偿，道德制度都应该在客观上予以保障，这是良好的道德制度运行应该予以实现的。如果有德性的人过着穷困潦倒、受人唾弃的生活，那么，整个社会的道德机制肯定是存在问题的。

善恶报应制度的内容既包括关于道德的直接的奖励性制度和惩罚性制度，也包括体现在所有制度中的赏善罚恶内容。法律制度往往是消极性的制止和制裁性惩罚，善恶报应制度不仅包括消极的制止，而且包括积极的提倡和鼓励性制度。鼓励性制度很难用强制的方法，在可规范化和可操作化方面存在着一些难度。不过，制度建构并不意味着所有的规定都是强制性的，我们并不否认强制性在制度中不可或缺；同时我们也应该看到一些软性制度构建，也能够引导人们去恶向善。比如志愿者制度、见义勇为奖励制度等，我国很多地方政府建立了见义勇为奖励制度，对见义勇为的人予以金钱、荣誉等方面的奖励，这种奖励是行政方面的奖励，体现出道德因果律，并且给予整个社会一种价值导向。

善恶报应制度应该尽力消除行善的人的利己与利他的冲突，方式通常是对热心于慈善事业的、志愿活动的人给予奖励、荣誉称号等。通过奖励，让助人者得到好的回报，得到相应的补偿，尽量消除利他与利己之间的冲突，当然，这种消除并不是对等意义上的消除，而只是一种社会的高度认可和表彰。比如对贫穷者的捐款，捐款者利他的同时，自己的金钱利益受到了损失。道德的人付出的是金钱、时间和精力，获得的是奖励、荣誉称号等肯定，以另外一种方式消解了利他与利己的矛盾；在本质上把个人正当利益与他人利益、社会利益联系在一起，而不是把二者对立起来。

当前我国大力提倡社会主义价值观建设，建立了专门的道德激励制度，体现出社会主义制度的特点，即注重社会发展与道德进步相互促进。当前我国直接的道德激励制度主要有见义勇为制度，这是通过社会再分配对行善的人的一种奖励。当然这种奖励不仅是物质利益上的，更是荣誉上的；这种奖励不仅对行为人具有鼓励作用，而且对于社会也有正面的价值导向和激励作用。我国当前还有从中央到地方的一些组织机构组织的"道德模范"之类的评选。比如中央电视台打造的"感动中国"人物评选栏目，地方上的道德模范、某地好人之类的评选等。这些活动和举措起到了弘扬社会主义道德的作用，让人们通过节目的观看、评选进行灵魂的净化和情感的熏陶，在整个社会起到了价值引领和道德教化的作用。

道德榜样，即道德标杆——至高的道德典范，为人们树立了崇拜和学习的榜样。道德榜样的意义不仅在于引导价值导向，让人们知道什么是好的，什么是社会提倡、认可和高度赞扬的；而且在于给人们提供了一个具体形象的典范，让人们知道在与道德榜样处于相同的情境中时，我们应该怎样做。"当然，在你力所能及的范围内，考虑一下一个道德完美的理想人物会如何选择，将会有助于你回答这个问题。即便功利主义学派和康德学派也认识到，在决定对错的时候，求助于这些完美的道德人物是很有帮助的。"① 榜样的作用是巨大的，"道德是经由生活的榜样、见贤思齐、模仿和认同产生的"②。给予道德的人以荣誉是社会对模范履行社会价值的行为人的高度肯定和表彰，其不仅是对做出了重大贡献、突出成就或模范行为的人的认可、肯定，也是一种对其所做努力和牺牲的补偿，更是一种对其所代表的价值观的提倡，让人们产生敬仰和羡慕之情，引导人们向其学习。

善恶报应制度建设是通过制度上的一系列措施来保障善恶报应的实现，与传统报应观念相比，具有可实现、可操作的优越性。传统善恶报应因其报应实现的时空上的无限延展和或然性而使其权威性大打折扣，善恶

---

① ［美］詹姆斯·斯特巴：《心灵三问：伦理学与生活》，李楠译，中国人民大学出版社2015年版，第138页。

② ［德］理查德·大卫·普列斯特：《不自私的艺术》，第274页。

报应制度则克服了传统报应观的缺陷，使得报应理论在现实中得以实现。与传统善恶报应思想相比，这种善恶报应的制度建构是善恶报应理论的实现，其以及时有力的奖罚反馈使得道德具有了权威，从而有利于人们从善弃恶。现实中的报应制度其实更类似于一个系统，在这个系统中通过奖罚反馈，让人们的行为甚至思想认识得到纠正、改进和完善。

直接的善恶报应制度的内容是比较有限的，因为与法律这种对违法犯罪之人最强力的约束和制裁的惩罚制度相比，善恶报应制度以人的行为道德与否作为根据，具有判断和操作上的很多困难。例如，对于德行优秀、功绩卓著之人可以褒奖，但是对于小的德行有亏就无法进行制度性的惩罚，这种制度内容更多是奖励性的，而非惩罚性。这就需要在其他制度中渗透和建构起正确的道德价值观念，使各种制度之间形成良性互补。

七 其他制度对道德及道德制度建设的促进作用

法律制度、经济制度、政治制度与道德建构之间是相辅相成的关系。如果各项制度日益渗入正确的道德价值观念，不仅有利于各项制度更好地运转，而且有利于人们形成正确的道德认知、做出道德行为，有利于形成促进社会发展、人民幸福和文明进步的合力。

经济制度方面，经济学家们日益看到了道德的经济价值，现在经济学界提出了道德经济、道德市场等范畴，认为道德有助于降低成本，促进经济发展。特别是网络经济的发展，更需要道德的支撑。当前的信用评价体系具有非常重要的经济价值，经营者可以根据对象的信用评价来开展业务，信用评价背后实质是道德评价。"道德经济在美德和财富之间建立了直接的联系。"① 这样的经济制度，不仅能够对道德制度的建构起到协助促进作用，本身也体现了道德制度建构的意蕴。

法律制度具有道德蕴涵，在最根本的意义上，法律是对社会秩序的维

---

① ［丹麦］尼古拉·彼得森、［瑞典］亚当·阿维森：《道德经济——后危机时代的价值重塑》，刘宝成译，中信出版社2014年版，第157页。

护，而这种维护是通过对严重违反社会秩序的恶行的惩罚来实现的。从古希腊柏拉图、亚里士多德开始，就认为法律不仅是为了保障市民有机会过上有德行的美好生活，还在于要求他们如此生活。哈特认为："法律不但可以用于惩罚那些犯下错误的人，而且应当这么运用；通过这些（以及其他）手段用于促进美德，这是一个足够复杂的社会发展出一套法律体系的宗旨或目的之一。"①在现代学者看来，法律与道德是相互成就的，"任何社会有权维系自身，有权利用像刑法这样的重要建制实现这一目的，而这种权利涵盖了利用刑法制裁以支持其成员共享之道德信念的权利"②。法律是国家意志的体现，反映出其所支持的道德理想和价值观念。法律的有效性依靠的不仅是根据传统而形成的自然权威、一种自主的合理性的论证，而且也是国家强制力。法律作为最严厉的惩罚制度，本质上是一种惩恶扬善的制度，其不仅能够促进人们对道德的相信，而且能够以最严厉的强制手段保障道德制度建设。

  文化教育制度最应该也最能够体现和实现道德价值观。道德教育是文化教育的重要内容，任何一个社会都注重培养社会成员的基本道德行为规范和价值观念；文化教育制度所要求的道德内容、蕴涵的价值倾向对于整个社会的道德及道德制度建构意义重大。对于当前我国的文化教育制度建设而言，应该在继承优秀传统文化的同时，对其进行现代化转换，使其适应现代社会的需要。钱理群曾经说过，现在的大学培养的是"精致的利己主义者"，需要道德的时候就假惺惺装作道德高尚，包括去参加志愿者等活动，其目的只是把道德作为获取利益的手段。这的确是教育面临的问题，这就需要完善道德教育的体系建设，建立大德育教育理念，让道德教育渗透在整个教育过程中，真正培养出有道德情怀的人才。

  事实上，在人的道德养成中，起作用的因素不太可能是唯一的，而是既有经济方面的因素，又有政治法律、文化教育等方面的因素。作为社会化的人，社会环境对人的影响是深刻而巨大的，而社会环境是包括经济、政治、文化、传统等各方面制度以及生活方式的复杂综合体。良好的各项

---

① 赫伯特·哈特：《社会团结与道德的法律强制》，载［英］帕特里克·德富林《道德的法律强制》，附录第193页。

② 理查德·阿尼森：《再论道德的法律强制》，载［英］帕特里克·德富林《道德的法律强制》，附录第245页。

制度是实现公平正义的保障和途径，也是对社会成员和社会起到约束和塑造的最重要的途径。在对社会成员和社会的道德塑造中，各项制度应该对人们的认知和行为形成合力，而不是相互摩擦或抵牾的力，以促进整个社会的秩序井然、和谐发展。

八　道德制度建构的技术支持

现代社会科技日新月异地发展，为道德制度建设提供了有力的技术支持。道德制度建设应该充分利用信息网络技术、监督技术等，以使制度建设更加合理、高效。

在资讯越来越发达的信息网络社会，日益在信息的意义上把陌生人社会变为熟人社会。技术的进步改变了社会的信息传播方式、速度和范围，使得信息以前所未有的速度传播到更广的空间领域。这种信息传播伴随着大数据处理使得对个人的以品格为基础的信用变得更容易把握，即虽然是陌生人，但是在信息内容的掌握上，可以说已经成为熟人社会。在熟人社会中，人们的交往都不是一次性的，谁都不可能做一锤子买卖；否则就会名誉扫地。而在陌生人社会中，人们往往不会顾忌很多，这也是我们国内很多旅游景点宰客的一个重要原因。在很多经营者看来，旅游区的服务往往是一次性的，而不是长期的，因为很少有游客在一生中多次游览同一个景点，这种一次性生意对于很多商家来说就是只要不被市场监管部门发现，就能坑就坑，能宰就宰，多赚一点是一点。在信息高度发达的社会中，这种随便宰客的行为将难以为继，因为宰客信息会迅速传遍整个社会，不仅受到消费者的抵制，还会受到主管部门的查处，高价宰客过后必然是市场萧条。由于信息技术的高速发展，使得整个社会日益成为信息上的熟人社会。

信息上的熟人社会使得个人一些在小共同体中可以获得反馈的道德行为同样在大共同体中也能得到反馈，客观上促使人们把陌生人社会当成熟人社会，做出同样的道德行为。"我们每一个人有时在自身付出较少代价的时候会帮助一个陌生人。每一个人也会大约同样地经常得到帮助。在一些小共同体中，助人所付出的代价或许间接地得到偿还。如果我助人的话，作为回报，这可能导致我后来得到帮助。但是在大共同体中，则未必如此。此处如果每一个人从不助人可能对他更好。但是，如果没有什么人助人，则对每一个人将会更糟。每一个人或许因从不助人而得益，但是他会因从未得到帮助而受损，而且受损得更多。"① 信息技术的飞速发展，完全可以保障善恶报应制度中的道德反馈在大共同体中实现，让助人的人得到好报，让害人的人受到惩罚。

在现代技术不断进步的今天，监视系统越来越发达，越来越多的监控摄像头的出现使得能够通过人力实现"天眼"的监督效果。在这种技术背景下，特别是在监控系统比较发达的城市，无处不在的监控镜头不仅是社会安全的监视者，也是个人行为的监督者。现代技术使得对个人的行为监控成为可能，为根据个人行为进行赏罚提供了依据。如古话所说"举头三尺有神明"，现代社会是"举头三尺有监控"，这种监控虽然在终极的永恒的意义上无法与鬼神监督相比，但是在现实的、理性的意义上比虚无缥缈的鬼神报应更具有可靠性、及时性等优越性。

与传统善恶报应思想中的报应相比较，现代制度中依靠现代技术的反馈不仅时间上更为迅捷，而且也更为准确有力。这种反馈不像传统报应思想把报应放在不可知的未来甚至虚无缥缈的死后、来世，而是及时兑现，更有说服力；也不是把报应放在父母妻子、子孙后代身上，而是由个人自己承担，更合情合理。道德制度构建过程中应该充分利用现代技术条件，推进道德建设，促进社会文明，以"看得见的手"的方式推动人们对道德权威的相信。在日益发展的高新技术面前，真的可以做到"天网恢恢，疏而不漏"了。技术不仅改变了人们的存在方式，而且能够不断促进道德制度的完善，增强人们的道德信念。

九　制度与自由

善恶制度建设是否是一种道德上的家长主义，抹杀了个人自由？这是一个存在争议的问题。自由与善的问题是伦理学中的一个非常重要的问题。为了善违背人的意志限制其自由，这是否合适？西方思想家对这些问

---

① ［英］德里克·帕菲特：《理与人》，王新生译，上海译文出版社2005年版，第84页。

题存在着争论，因为西方有个人至上的自由主义传统，注重个人自由。的确，在善恶报应制度中，把道德用制度的形式实现出来，是否违背了个人自由原则，这是善恶报应制度建设中面临的问题。

不过，在我国传统文化中，对道德上的家长主义从来很少质疑，因为在社群主义者看来，出于公义而对个人自由做出必要的限制是合理正当的。这种观点也被很多自由主义者所认同。在现实生活中，由于存在着个体差异性，并不是所有的个人都能够认识到普遍性道德的价值和尊严；即使认识到，也不一定有足够的意志力做到遵守，在这种情况下，由制度来约束个人自由不仅是必要的，也是正当的。

制度所规定的道德是一种刚性的道德要求，在刚性的道德要求之外，还有大量的柔性道德空间。善恶报应制度虽然是精心安排的一种制度，不过仍然留给人们对他人进行道德关怀和帮助的空间，也留给人们为他人、公共利益牺牲个人利益的空间，即留给人们行善的空间，当然也留有作恶的空间。并且，行善在任何一种制度中，都只能是一种鼓励性，而不可能成为强制性；个人在这种制度中仍然有其自主权和选择权。道德制度不同于高度集权统治下的制度禁锢，它并不禁锢人们的思想和行为，只是通过制度约束和引导人们做出符合基本道德要求的行为；道德制度只是对社会生活基本领域进行规范和制约，还留有很大的社会空间让个人发挥。换言之，道德制度只是在关系到社会秩序方面进行约束，并没有干预公共空间以外的个人空间。

并且，制度只能提出常态下的道德要求，而无法提出非常态下的道德要求。因为非常态的情况是偶然的、出乎意料的，因而是无法提出要求并且制度化的。任何一种社会制度都无法避免偶然性事件和意外事件的发生。只要偶然性存在，就会有意外事件，偶然性和意外为人们的道德行为提供了空间。并且，即使在制度中，仍然不能完全排除对道德的违反行为，即使有最严厉的国家法律制度，依然有人以身试法，因为人的个人意志依然在发挥着作用。

我们还应该看到，通过制度约束使人们对最基本的道德要求形成习惯，这并不是对道德和自由的亵渎，而是对道德和自由的促进和完善。若是最基本的公共生活规范比如守信、遵守交通规则、不随地吐痰等都需要反思，那么，这不是道德的进步，而是道德的倒退。习惯性道德行为的存在是社会秩序井然的必要条件，若是所有人都对其提出挑战，很可能会造成道德灾难、社会灾难。我们不是不提倡道德反思，而是提倡理性的道德反思，反对毫无根由的胡乱反思。

制度不仅从来没有取消人的选择自由，恰恰相反，道德制度恰恰能够给人提供真正的自由。人类社会的文明史其实也是制度进步史，好的制度不仅仅是对人的约束，更是对人的自由的成全。制度体现的是人类生活的一种必然性，根据马克思主义的理论，自由是对必然的认识和对规律的遵循。"所有的历史都同样告诉我们，它们的趋势不仅仅是解放，同时也是做出约束。"[①] 很多学者都看到了道德及道德制度的必然性，伯林认为道德并不是外部主体强加给我们的一种必然性，而是普遍性的人类社会加给特殊性的个人的，"这就是为什么它们是原则或法则，而不是自然法则：即使我们服从它们，我们也保持自由；因为我们可以不服从；而且我们可以违背它们，如果我们选择这么做的话，代价就是非理性地行动"[②]。自由是人对必然性的遵从而不是对立，违背必然性必定会有损自由。人们在享有越来越多自由的同时，仍然要服从法律、制度和道德规范的约束；服从约束是我们享有更多自由的前提。制度约束和自由是相互成就的关系，若把二者对立起来，是对自由和制度约束的误解；这种观点贯彻到现实中，不仅无法获得真正的自由，而且还可能会失去外在的自由，造成对制度的亵渎。"争取自由主义的惟一希望就是要在理论上和在实践上放弃这样的主张：即以为自由是独立于社会制度与安排之外的、个人所具有的一些发展完备的和现成的东西；并且要明白：社会控制，特别是对经济力量的控制，是保证个人自由（包括公民自由）所必需的。"[③] 我们应该看到，自由与制度不是二元对立的，而是二元统一的。

在好的制度中，道德应该是人们最好的选择，也是人的自由的体现。选择道德，不仅符合社会的需要，而且能够使个人获得自由，生活得更好；当然，也使他人生活得更好，使社会更加美好。弗洛姆认为："自由

---

① [美]莱昂内尔·特里林：《知性乃道德职责》，严志军、张沫译，译林出版社2011年版，第119页。
② [英]以赛亚·伯林：《现实感》，第274页。
③ [美]约翰·杜威：《人的问题》，傅统先、邱椿译，上海人民出版社2006年版，第101页。

不外是听从理性、健康、幸福、良心的呼声而反对非理性的情感愿望的能力。"① 在他看来,"自由不只是依据对必然性的认识来行动,它也是人选择善反对恶的一个极好的机会——它是在以认识和努力为基础的现实可能性之间进行选择的一个机会"②。自由是人们对必然性的认识基础上的最好的选择,不仅对个人而言是最好的选择,对社会也具有重要的价值和意义。在此意义上,道德制度是实现人的自由而全面发展的有力保障。

十 道德制度中有无真正的道德?

道德的制度建构总会受到有些学者的质疑,特别是义务论者,认为通过制度来保障、强制推行的道德并不是真正意义上的道德,而是一种机械服从的行为。还有的学者认为制度中的行为只是一种为了达到个人目的的功利行为,而不是道德行为,制度培养的是自私的理性人,而不是道德人。这些质疑看到了道德制度中的一些问题,只不过,这些问题并不是道德制度所必然造成的,而只是其维护社会秩序功能的客观后果。从科学理性的角度来看,无论是对行为还是对人的道德质疑都是站不住脚的。

善恶报应道德制度化中的道德行为是不是真正意义上的道德?对于这个问题,有学者认为如果是按照设定好的去做,这种行为只是听话、守规矩,并不能算是真正的道德行为。"假如社会环境都是设定好的,以至于大多数人能够轻松地具有良好的道德品质,这会是一件好事吗?"③ 索尔提出了"精心安排的最小道德世界"概念,认为:"在某种程度上,道德需求依赖于外在的社会环境,事情被如此这般安排好之后,听话守规矩就变得相当容易。"④ 在他看来,在制度的安排下,留给个人的道德空间已经非常狭隘。在这种制度下,服从制度的安排很难说是道德的行为。质疑者认为,制度下人们的道德行为不是为了道德而道德,而只是出于畏惧或者其

---

① [美]埃里希·弗洛姆:《人心:善恶天性》,向恩译,世界图书出版有限公司分公司 2019 年版,第 161 页。
② [美]埃里希·弗洛姆:《人心:善恶天性》,第 186 页。
③ [以色列]索尔·史密兰斯基:《10 个道德悖论》,王习胜译,中国人民大学出版社 2018 年版,第 62 页。
④ [以色列]索尔·史密兰斯基:《10 个道德悖论》,第 65 页。

他目的才遵守道德要求；认为道德制度"把事情安排得让人们很少认真地关注道德，可以被看作对人类实现真正的崇高品质的威胁"①。在道德制度的严格约束下，人人听从制度的安排，不需要反思自己的行为，很容易做出符合道德要求的行为。在质疑者看来，这种服从并不是道德的，反而是对人类崇高道德品质的威胁。

这种质疑的确是看到了道德制度中客观存在的问题，但是这种问题的存在并不能说明道德制度中没有真正的道德。质疑者只看到了道德制度中的部分现象，并且从这部分现象中得出没有真正道德的普遍结论，这无疑是片面的。其没有看到真正道德的原因在于忽视了道德空间的存在，在任何一个社会中，即使制度规定多么细致具体，都难以取消道德空间，因为人的社会生活是变动的，带有很多不确定性和偶然性，给人的道德行为留下了空间。并且，即使是制度规定，个人仍然也面临着遵从与否的选择。质疑者无疑是以一种片面的、静止不变的眼光看待制度和人的关系，忽视了人的自由选择。

还有的学者认为制度中遵守道德的行为只是一种基于个人利益考量的功利性行为。认为在道德制度中，对违反道德的人予以处罚，对模范遵守道德的人予以奖励，客观上造成个人为了利益而遵行道德的行为，而这种行为并不是真正的道德行为，只是一种策略行为，是一种虚假的道德行为。这种质疑的确看到了道德制度中存在的问题，不过这些问题并不是道德制度所必然带来的，或者说，在道德制度中出现功利性行为这并不是制度本身的弊病，而是制度所无法掌控的行为者的自由意志所决定的。这种观点的问题在于没有看到人的动机的多样性，完全是在一种行为—利益的经济学思维和视角中看待问题；并且，把特殊现象当作了一般，把表象等同于普遍本质。在道德制度中，也许人们是为了个人利益的考量而遵循道德，不过，动机的问题非常复杂，不仅动机可能是多重性的，而且动机无法真正从外部探究。当然，理论上，我们可以根据一个人的品行来探究一个人的动机，但是具体到某一事件，这个人的真实动机仍然是不可精确探究到的。目前为止的任何社会制度中，都无法解决人的动机问题，这也是道德哲学中的一个难题。道德制度下人的行为动机可能是自利的，也可能是道德

---

① ［以色列］索尔·史密兰斯基：《10个道德悖论》，第65页。

第十二章 善恶报应的制度建构

的，这并不是一个很容易判断的问题。所以，既不能一竿子打死，不能因为动机之难以判断就把道德制度下的道德行为全盘否定；又不能因噎废食，不能因为守规则之行为是否道德而消解道德制度建构的必要性和重要性。

与制度中的行为并不是真正的道德行为的质疑相关，道德制度还面临着制度培养的并不是道德人，而是自私而理性的人的质疑。的确，在道德制度中，有些人遵循道德只是为了个人私利，不过人的行为动机往往是多元的，这种质疑认为对个人行为起作用的唯一变量在于个人利益，这显然太过于片面了；并且，这种观点只看到了制度维护社会秩序的功能，而忽略了制度对人和社会的塑造功能。如前所述，制度可以通过合情合理的建构，对人们的认知和行为进行引导和约束，从而起到塑造人的作用。质疑者对行为和人的真正道德性的质疑的确看到了制度中存在的问题，但是这种问题并不是道德制度所必然造成的，而只是其可能产生的一种客观效果。质疑者往往是在一种非此即彼的二元对立思维中看待道德制度，只看到了其对人的约束，而没有看到这种约束并没有取消个人的自由选择；只看到了制度约束下人的追逐利益的动机，而没有看到动机的多样性或多样性统一；只看到了制度约束和引导下的工具性功能，而没有看到制度的价值性。从总体看来，质疑者没有以全面的、动态的视角看待道德制度，得出的结论是片面的。

与传统善恶报应思想相比，善恶报应的制度建构是善恶报应理论在制度上的实现，其以及时有力的奖罚反馈使得道德具有了权威，从而有利于人们从善弃恶。通过制度建构来促使人们相信道德、向往道德，即使不相信，依然有可能在行为上选择道德的行为。任何一种制度建构都不可能消除罪恶，善恶报应制度建设也不可能消除不道德的行为；不过，通过公正合理的制度建构，不仅能够维护良好的社会秩序，而且有利于人性的塑造。与传统思想中的报应观相比，现实中的报应制度其实更类似于一个系统，在这个系统中通过奖罚反馈，让人们的行为甚至思想认识得到纠正、改进和完善，从而输出适合社会需要的行为和人。

人类在建构社会制度的过程中，如果不想弄巧成拙，就必须明白，制度不可能完全主宰和操纵人的行为；但是，如果因此而认为制度对人的思想和行为毫无作为，那是对人性的无知。人的认知和行为是一个复杂性系统，其行为并不一定遵循因果决定论，难以被精确地预测到，但是人的行为也绝不是无规律可循的。人的行为出发点不外乎利益、情感以及外来的约束等内外因素的制约。道德制度在多大程度上实现与否，取决于制度对人的行为动机中可控性因素的控制，即取决于在多大范围内、多大程度上能够控制人的行为，即使不能完全控制，也能够对人的行为做出基本的预测和引导。

道德的制度有利于人们形成对道德的相信，即相信道德是应该做的，道德有利于实现个人幸福和社会进步。在道德的制度中，善恶报应不再像古代传统社会那样是一种带有宗教性的信仰或迷信，而更多地成为人们的一种信念，即相信好人终会有好报，恶人终会受到惩罚；道德本体地位日益凸显。道德和制度是相辅相成的，道德为制度提供了内在的合理性，道德认知能力的提高能够不断促进制度的完善；制度影响人们的认知和行为，对道德及秩序进行维护，二者相互成就，共同起到维护社会秩序、培养社会化的人的作用。"正如道德观点会创生相应的制度一样，制度也会催生相应的道德观点。"① 制度对人的塑造与人对制度的认同构成了一个统一的、相互支持的体系。作为一种社会现象，对道德的相信是通过有意或无意的培养、制度建构以及公众传媒等而产生和强化的。制度建构对于人们道德观念及信念的形成具有有形的强制和保障作用。通过制度建构让善恶报应获得了合法性和合理性，使更多的人相信道德。

好的制度是塑造人的，也是经得住人类理性反思的。制度具有传承性，人类知识和认知能力也具有传承性。任何制度在对人的塑造过程中，都受到人类文化的影响；如果一种制度与传统文化格格不入，那么，它的合理性就会受到质疑，甚至受到攻击和反抗。人是在社会中不断成长和进步的，同时人的进步又不断推进着制度的改进和完善。就如海子的诗歌："黑夜给了我黑色的眼睛，我却用它来寻找光明。"② 如果现实像诗人北岛所写"卑鄙是卑鄙者的通行证，高尚是高尚者的墓志铭"③，那么"信仰只一细烛香，那点子亮再也经不起西风，沙沙的隔着梧桐树吹！"④ 完善维护道德的制度建构，让善恶终得到相应的报应，不仅有利于维护社会正常秩序，促进社会和谐，而且有利于人们相信道德，树立起对道德的信仰。

---

① ［美］冯·哈耶克：《哈耶克论文集》，第 626 页。
② 引自海子的诗《一代人》。
③ 引自北岛的诗《回答》。
④ 引自林徽因的诗《秋天，这秋天》。

结　语

　　总体看来，传统善恶报应思想中的主流是以儒家为主的德性论，强调道德的本体地位和道德权威，在传统社会中具有正当性、合理性和合法性。它以善恶因果律为核心，反映了人的行为与后果之间联系的必然性及这种必然性是怎样实现的。这种思想蕴涵着对动机与后果、人性、道德、德福关系等内容的深刻洞察，有利于维护道德的权威，让人们相信道德，维护社会稳定有序，对传统社会及民族的精神气质都产生了重要的影响。

　　当然，传统善恶报应思想在本体论、认识论、价值论和实践论上也存在着一些问题。在本体论上，传统善恶报应思想往往借用了神秘的天地鬼神作为报应规律的操纵者，带有神秘性、宗教性的味道。在认识论上，把偶然性等同于必然性，把道德理想、愿望等同于道德现实，把行为的因果关系等同于自然规律；先入为主、倒果为因的思维方式等思维惯性和惰性不利于道德反思和道德进步。在价值论上，对后果的关注存在着道德工具化的可能，容易滑向功利主义。在实践论上，容易造成人们道德行为中的功利性，客观上让人们安于现状、逆来顺受，有利于维护统治阶级的统治，不利于道德和社会的发展进步。在善恶报应信仰特别是民间的报应信仰中，善恶报应往往与鬼神崇拜、斋醮祈禳等东西交织在一起，带有非常强烈的功利性、世俗性和迷信色彩。

　　当然，对这种思想的质疑和不屑态度历来存在。质疑者认为善恶报应思想简单、机械，只是无知者的迷信。我们不否认在民间善恶报应信仰中，善恶报应有很多迷信的成分，特别是把所有事件都牵强地归结为报应，是很荒谬的。但是，善恶报应思想不等同于善恶报应信仰，也不等同关于民间的报应信仰。善恶报应思想蕴涵丰富，其中更多的是对道德因果律的相信，是对道德的相信和追求，其主要体现在儒家、道教、佛教等的善恶报应思想中；善恶报应信仰特别是民间的报应信仰是信仰化后的善恶报应思想，其中的思想性较少，信仰性较多。如果只要提到善恶报应思想，就认定是一种低级的、庸俗的理论，那无疑是太过于片面了，缺乏全面的、客观的态度。在现实中，善恶报应思想常常被肤浅地看待、实行，这种看待和实行使得道德被功利化、浅薄化，我们应该去掉这些遮蔽，看到其蕴涵的人类理想、理性和希冀。在善恶报应思想中，体现出人们对道德秩序的美好希望和向往，体现出对人性的关切，也体现出人类的普遍理性。善恶报应是文明的产物，它不是与人的自然欲望相对抗，而是在符合社会要求的基础上对人的利益的满足，致力于维系人类更好地生存发展。

传统善恶报应思想融宗教性于道德之中，体现出综合的思维方式。综合的理论虽然没有那么耀眼，但是却体现出对人性的尊重，符合社会的需要。伦理理论的价值并不在于标新立异，而在于能够给人们提供一种有意义、有价值的生活方式。建立在儒家思想之上的传统善恶报应思想虽然在民间更多地表现为功利性，但是在整个善恶报应的逻辑脉络中，却是为人们提供了一种理想主义的对道德的相信，体现出功利性与理想性的结合。它强调了利他与利己、自律与他律、道德与幸福之间的关联，不仅在理论上沟通了神圣与世俗，而且在实践中为人们的生活方式和行为方式提供了有益的指引和规范。这种综合性理论相较那些惊世骇俗的理论而言，表面看来好像缺少了个性和独创性，这种理论中没有像尼采的"上帝死了"命题那种对人的震撼，有的是考虑周全，因此有人认为不值得研究，认为传统善恶报应思想是儒家中庸思想的体现，是一种折中主义、骑墙主义。关于中庸，杜维明有过很精辟的论断："中庸所体现的思想是一种高度的综合性和稳定性的思想，这种思想并不是软弱的没有力量的，它是力量达到最高峰的时候，就像两军对垒力量达到最高峰的时候所达到的稳定平衡。它是一种刚健自强的精神，是一个更净化更崇高的思想境界。"① 的确，报应思想虽然并不一定有让人眼前一亮的惊艳感，但是却符合人的理性、情感，符合社会需要，是一种体现公平正义、仁爱精神的报应观。伦理理论不同于艺术猎奇，在现实社会中，对社会产生重要正面价值的理论往往是朴实无华的；华而不实的理论虽然看上去新鲜，却未必能够在现实中发挥

---

① ［美］杜维明：《儒学第三期发展的前景问题：大陆讲学、答疑和讨论》，第 245 页。

结　语

正面作用。

传统善恶报应思想并不执着于一端而走向极端。这种理论与西方的各种流派不同，西方的流派往往是执着于一端，在其创造性地强调所提出的新理论的同时，把其他理论完全排斥掉。这种思想虽然具有创新性发展和独树一帜的个性化特征，但是这种思想往往为了其创新性、独特性而把很多合理的东西拒斥了。在道德理论中，合理性远远比个性鲜明更为根本、更为重要。因为，道德不是为了审美，更不是为了标新立异，而是为了更好地指导和规范人们的思想和行为。传统善恶报应思想兼包并蓄，看似没有鲜明的个性。缺乏个性的理论虽然往往显得没有足够的魅力和独创性，不过，作为一种道德理论，其合理性是更为基本的。传统善恶报应思想在道德上，既考虑到动机，又体谅人们对后果的关注；既关注天道，又注重人情，在人情物理中探讨道德上的"应该"。因而，善恶报应理论在传统社会中发挥了重要的作用，指导和规范了人们的思想和行为。作为一种道德思想或理论，其自身的合理性以及对实践的合理有效的指导和规范是最为基本的，传统善恶报应思想在这方面无疑做得比较成功。

在善恶报应思想上，虽然我们说这种理论和实践有助于让道德行为获得一种确定性，但是，我们要避免科学主义的宣言。因为作为一种哲学思想、伦理理论及实践，善恶报应只是尽量在人们的思想行为与后果之间构建一种比较可靠的因果联系，这种联系可能是现实中的，也可能是形而上学的，抑或是宗教中的，其理论的有效性依赖现实制度的发展和完善。并且，社会是不断发展的，报应理论也会随着社会情境的发展变化而有不同的时代内涵。善恶报应中的因果联系并不同于物质世界中的自然因果律。自然因果律是必然的，而善恶报应中的因果联系是人为的规律，是或然的；当然，在传统善恶报应信仰中，总是力图给予行为与后果之间的因果联系以确定性。不过，还是应该看到，在人的实践活动中，善恶报应只是一种倾向性的规律，而不是自然科学中的那种精确、确定、不变的规律。在我国民间信仰中，人们认为天公算子，清清楚楚，报应不仅是必然的，而且是精确的。这只是人们信仰中的一种理想形态，并不是现实表现。对信仰中的确定性和精确性不能以科学的眼光来看待，而只能以信仰的角度来分析。

善恶报应思想蕴涵非常丰富，既有认识论上的依据，又有价值论上的合理性，还有实践论上的可行性和有效性。我们在传统文献和历史实践中可以看到其在根本意义上扎根于传统文化，并且深刻影响了传统文化的面貌和人们的思想行为方式。即使在现代社会中，这种思想也并没有失去生命力。它不仅以传统的方式影响着人们的思想和行为，而且在制度中日益发展完善，而制度伦理蕴涵的完善又促进了人们对道德的相信。在报应上虽然有其简单机械的一面，特别是在民间信仰中，但是总体看来，其包括对伦理基本问题的思考和回答，体现出对人性的尊重和深刻认知。直到今天，在现代社会依然有着很大的市场。虽然在很多情况下，人们认为机械的善恶报应是一种迷信，但是在人们的内心深处，善恶因果联系依然深刻影响着人们的信念和行为方式。

善恶报应作为传统文化中的重要内容，因其中有超验的内容而在现代社会遭到了一些诟病，不过，对超验的相信也是人类理想的反映和表现。直到现代，虽然来世的报应之类观念在很多人看来是虚妄的，但是仍然有很多人对超验的轮回深信不疑。对超验的相信不仅是一部人的认知，更是很多人的向往，人人都不希望人生只是一场没有返程的单程旅行，人人都期盼能以特定的方式实现永生或永恒。对超验的信仰能够满足人们的这种需要，就如宗教可以使人们减免对死亡的恐惧。因此，对超验的东西的相信背后是人类的无力感、敬畏感和理想的体现，不能简单视为反科学而加以摒弃。并且，即使没有超验的轮回之类的观念，仍然有很多人相信善恶终有报的道德秩序，这不是宗教，而是一种对道德、秩序的信念，是一种优质的信仰。

虽然在现代社会中，传统善恶报应思想中的那些神秘性的东西已经渐渐失去了依据，不像从前的时代那样流行，但是大多数现代人仍然相信这种秩序的存在，不管是通过神秘力量，还是通过制度来实现。因为，善恶报应无论在什么时代，不仅能够体现社会的公正有序，而且也体现人们精神上对公正的向往和需要。在现代社会，神的观念渐渐黯然失色，制度可以代替"上帝之手"来实现公平正义，为人类的美好生活提供保障。在文化传统中，我们能够学到为人处世的最基本的行为准则，能够铸成我们的良知和良能，赋予我们的生命以实践的价值和本体上的意义。任何一种文化都很难跟自己的传统完全决裂，而且也是不必要的。如果一种文化跟自己的传统完全决裂，捣毁自己民族的道德、价值和信仰堡垒，那么就会造

结 语

成严重的精神上的无所依从和伦理灾难。传统思想观念是一个民族的文化基因，它蕴涵着民族曾经并可能将继续下去的关于世界、人类社会的认知和理想。善恶报应思想作为传统思想中习以为常的一种观念，其道德乃至宗教性方面的蕴涵非常丰富，在现代社会依然有其存在的土壤和价值。近现代以来的历史经验已经证明，全盘否定传统思想文化是不可能的，更是不必要的。我们需要做非常严谨认真的研究才能够厘清传统善恶报应思想的价值和作用，使其在现代社会道德建设中发挥更重要的作用。

近代以来，伴随着国家的衰落和被侵略粉碎了传统文化的权威，"打倒孔家店"的口号是人们在特定历史时期对自己文化失望之后的反动。痛定思痛后的发展让人们以更加理性的态度来看待以儒家为主流的传统文化，人们发现，传统文化中既有糟粕，更有精华。未来总是建立在前人智慧的基础之上，传统善恶报应思想作为传统思想文化的重要内容，我们既应该看到其迷信的一面，更要看到其合理性内核。

尊重传统是尊重人类在漫长历史岁月里的经验和理性的总结，任何时候我们对待传统的态度都应该是敬畏的、审慎的。虽然前人的认识中难免有荒谬和错误，但是凝结到传统思想中的很多东西都是无数代前人的智慧结晶，能够流传下来的传统里往往凝结了无数代人的卓见、洞识。任何对传统的傲慢都是因为对传统思想的无知，无知导致了无畏。善恶报应是世界各大文明中都存在的一种观念，我国传统思想更是对其不断发展演化，赋予其深刻的伦理蕴涵。我们不能简单粗暴地把传统报应思想归为迷信而一笔勾销、全盘否定，而应该深刻认识其内在的意蕴和价值，为今天的道德理论架构和制度建设寻找有益的借鉴。"彻底抛弃一切传统价值当然是不可能的；它会使人根本无法行动。"① 传统不仅给了我们智慧的结晶，而且也赋予了这些智慧以自然权威。

虽然其他人类文明中也有善恶报应的内容，但是没有一种文明中的善恶报应思想能像我国文明这样，不仅对其进行了理论化和系统化，而且予以本体论、价值观和实践论上的丰富和发展，使其扎根于传统文化之中，发展出了善恶报应的思维方式和制度，深刻影响了人们的思想和行为，影响了传统文化的面貌。善恶报应在现代人看来也许幼稚、直观、机械，但

---

① ［美］弗里德里希·冯·哈耶克：《哈耶克文选》，第808页。

是我们应该清楚,这种观念获得了人们广泛的认同,并且指导了人们的行为方式。我们应该充分尊重和学习前人的集体智慧,而不能简单轻易地加以否定,因为这种尊重和学习是人类社会一代代不断进步的重要原因。

  我们对传统思想的阐释并没有复古的企图,在对传统思想的重构中始终应该具有现代性的反思和重建,理解传统思想是为了更好地理解人类,更好地进行当今的理论建构和实践。我们应该建立起对待传统的科学态度,正如没有人可以拽着自己的头发脱离地面,任何一个民族都不可能完全抛开自己的传统,传统的东西根深蒂固,往往成为文化基因深入文化的骨髓。即使是对传统的反对,仍然是把传统作为参照物,在这个过程中传统仍然是一个真实的存在。任何文明的进步发展都应该扎根于传统,而不拘泥于传统,这是我们对传统善恶报应思想应该持有的态度。

参考文献

典籍

《抱朴子内篇》,张松辉译注,中华书局 2011 年版。
《大般涅槃经》,《中华大藏经》(汉文部分)(第 14 册),中华书局 1985 年版。
《大学》,四库全书本。
《道德经》,四库全书本。
《二程遗书》,四库全书本。
《法苑珠林》,《中华大藏经》(汉文部分)(第 71 册),中华书局 1994 年版。
《管子》,四库全书本。
《国语》,四库全书本。
《弘明集》,刘立夫、魏建中、胡勇译注,中华书局 2013 年版。
《金刚经 心经 坛经》,陈秋平、尚荣译注,中华书局 2016 年版。
《净明忠孝全书》,许蔚校注,中华书局 2018 年版。
《礼记》,四库全书本。
《论语》,四库全书本。
《孟子》,四库全书本。
《尚书》,四库全书本。
《说苑》,王天海、杨秀岚译注,中华书局 2019 年版。
《太平经》,杨寄林译注,中华书局 2013 年版。
《小窗幽记》,成敏译注,中华书局 2016 年版。
《增广贤文 弟子规 朱子家训 孝经 二十四孝》,喻岳衡、喻涵译注,岳麓书社 2016 年版。

《中庸》，四库全书本。

《周易》，四库全书本。

《朱子语类》，四库全书本。

中文著作

陈来：《古代宗教与伦理：儒家思想的根源》，生活·读书·新知三联书店 2009 年版。

陈来：《古代思想文化的世界：春秋时代的宗教、伦理与社会》，生活·读书·新知三联书店 2009 年版。

[美] 杜维明：《东亚价值与多元现代化》，中国社会科学出版社 2001 年版。

[美] 杜维明：《体知儒学：儒家当代价值的九次对话》，浙江大学出版社 2012 年版。

[美] 杜维明：《儒学第三期发展的前景问题：大陆讲学、答疑和讨论》，生活·读书·新知三联书店 2013 年版。

（唐）杜佑撰：《通典》（二），王文锦等点校，中华书局 1988 年版。

樊浩：《伦理精神的价值生态》，中国社会科学出版社 2001 年版。

（宋）范晔撰：《后汉书》（中），（唐）李贤等注，中华书局 2005 年版。

方立天：《中国佛教》，中国人民大学出版社 2012 年版。

方立天：《中国佛教哲学要义》，中国人民大学出版社 2012 年版。

（明）冯梦龙编著：《喻世明言》，傅成校点，上海古籍出版社 1998 年版。

（明）冯梦龙编著：《警世通言》，秋谷校点，上海古籍出版社 1998 年版。

（明）冯梦龙编著：《醒世恒言》，阳羡生校点，上海古籍出版社 1998 年版。

傅斯年：《中国人的德行》，中国工人出版社 2012 年版。

傅承洲：《明清文人话本研究》，人民文学出版社 2009 年版。

甘绍平：《应用伦理学前沿问题研究》，江西人民出版社 2002 年版。

葛兆光：《道教与中国文化》，上海人民出版社 1987 年版。

葛兆光：《七世纪前中国的知识、思想与信仰世界：中国思想史 第一卷》，复旦大学出版社 1998 年版。

葛兆光：《七世纪至十九世纪中国的知识、思想与信仰：中国思想史 第二卷》，复旦大学出版社 2000 年版。

龚鹏程：《中国小说史论》，北京大学出版社 2008 年版。

龚鹏程：《龚鹏程讲儒》，东方出版社 2015 年版。

龚鹏程：《龚鹏程讲道》，东方出版社 2015 年版。

龚鹏程：《龚鹏程讲佛》，东方出版社 2015 年版。

龚鹏程：《有文化的文学课》，中华书局 2015 年版。

龚鹏程：《这不是文学概论》，江西教育出版社 2015 年版。

（唐）韩愈撰：《韩昌黎文集校注》，马其昶校注，马茂元整理，上海古籍出版社 1986 年版。

（宋）洪兴祖撰：《楚辞补注》，白化文等点校，中华书局 2015 年版。

洪修平：《中国佛教与佛学》，南京大学出版社 2016 年版。

胡兰成：《中国文学史话》，中国长安出版社 2013 年版。

胡适：《中国文化的反省》，华东师范大学出版社 2013 年版。

胡适：《中国旧小说考证》，商务印书馆 2014 年版。

胡适：《中国中古思想史二种》，北京师范大学出版社 2014 年版。

胡士莹：《话本小说概论》，商务印书馆 2011 年版。

黄东阳：《世俗的神圣——古典小说中的宗教及文化论述》，台北：台湾学生书店 2011 年版。

黄明理：《社会主义道德信仰研究》，人民出版社 2006 年版。

黄夏年主编：《禅学与佛教文化研究》，大象出版社 2012 年版。

（清）纪昀：《阅微草堂笔记》，韩希明译注，中华书局 2014 年版。

赖永海、王月清：《宗教与道德劝善》，江苏古籍出版社 2002 年版。

赖永海：《中国佛性论》，江苏人民出版社 2010 年版。

乐爱国：《中国道教伦理思想史稿》，齐鲁书社 2010 年版。

李泽厚：《历史本体论·己卯五说》，生活·读书·新知三联书店 2006 年第 2 版。

李泽厚：《中国古代思想史论》，生活·读书·新知三联书店 2008 年版。

林基兴：《在信仰之外——从科学角度谈信念》，台北：独立作家 2016 年版。

《梁漱溟全集》（第 3 卷），山东人民出版社 2005 年第 2 版。

林语堂：《吾国与吾民》，长江文艺出版社 2009 年版。

刘道超：《中国善恶报应习俗》，陕西人民出版社 2004 年第 2 版。

（南朝）刘勰：《文心雕龙注释》，周振甫注，人民文学出版社 1981 年版。

鲁迅：《坟》，人民文学出版社 1973 年版。

鲁迅：《中国小说史略》，中华书局 2014 年版。

（明）吕坤：《呻吟语》，王国轩、王秀梅译注，中华书局 2018 年版。

罗根泽：《中国文学批评史》，商务印书馆 2015 年版。

罗家伦：《中国人的品格》，中国工人出版社 2010 年版。

牟钟鉴、张践：《中国宗教通史》，中国社会科学出版社 2007 年版。

牟宗三：《心体与性体》，台北：正中书局 1968 年版。

钱穆：《中国文学史》，叶龙记录整理，天地出版社 2015 年版。

卿希泰主编：《中国道教》（第 2 卷），东方出版中心 1994 年版。

卿希泰、唐大潮：《道教史》，江苏人民出版社 2006 年版。

任继愈主编：《中国佛教史》（第 1 卷），中国社会科学出版社 1985 年版。

任继愈主编：《中国佛教史》（第 2 卷），中国社会科学出版社 1985 年版。

任继愈主编：《中国佛教史》（第 3 卷），中国社会科学出版社 1988 年版。

任继愈主编：《中国道教史》，中国社会科学出版社 2001 年版。

（后秦）僧肇等撰：《注维摩诘经》，于德隆点校，线装书局 2016 年版，第 19 页。

（梁）释慧皎撰：《高僧传》，汤用彤校注，汤一玄整理，中华书局 1992 年版。

（清）苏舆撰：《春秋繁露义证》，钟哲点校，中华书局 1992 年版。

（清）孙诒让撰：《墨子闲诂》，孙启治点校，中华书局 2017 年版。

夏志清：《中国古典小说》，胡益民等译，江苏文艺出版社 2008 年版。

台静农：《中国文学史》，上海古籍出版社 2012 年版。

汤一介：《佛教与中国文化》（增订本），中国人民大学出版社 2016 年版。

汤一介：《早期道教史》，中国人民大学出版社 2016 年版。

汤用彤：《汉魏两晋南北朝佛教史》，上海人民出版社 2015 年版。

唐君毅：《人文精神之重建》，广西师范大学出版社 2005 年版。

唐君毅：《中国文化之精神价值》，广西师范大学出版社 2005 年版。

（汉）王充：《论衡校注》，张宗祥校注，郑绍昌标点，上海古籍出版社 2013 年版。

（清）王先谦撰：《荀子集解》，沈啸寰、王星贤点校，中华书局 2013 年第 2 版。

（清）王永彬：《围炉夜话》，中华书局 2020 年版。

王月清：《中国佛教伦理》，南京大学出版社 1999 年版。

王众托编著：《系统工程引论》，电子工业出版社 2012 年第 4 版。

万百五、韩崇昭、蔡远利编著：《控制论——概念、方法与应用》，清华大学出版社 2009 年版。

（明）吴承恩：《西游记》（李卓吾 评本），陈先行、包于飞校点，上海古籍出版社 1994 年版。

（魏）徐干撰：《中论解诂》，孙启治解诂，中华书局 2014 年版。

许地山：《道教史》，商务印书馆 2015 年版。

杨伯峻编著：《春秋左传注》，中华书局 2018 年版。

（清）俞樾撰：《太上感应篇缵义》，黄云尔点校，华东师范大学出版社 2012 年版。

张宏渊主编：《中国戏曲经典》（第 2 卷），山东教育出版社 2005 年版。

张世英：《天人之际——中西哲学的困惑与选择》，人民出版社 1995 年版。

章学诚：《丙辰札记》，《丛书集成续编》（第 90 册），上海书店 1994 年版。

郑基良：《生死鬼神与善恶报应的思想论证》，台北：文史哲出版社 2010 年版。

郑振铎：《插图本中国文学史》，中华书局 2016 年版。

朱光潜：《文艺心理学》，安徽教育出版社 1996 年版。

朱自清：《诗言志辨 经典常谈》，商务印书馆 2011 年版。

（宋）朱熹集传：《诗经》，上海古籍出版社 2013 年版。

中文论文

陈京伟：《〈易传〉善恶报应思想探析》，《周易研究》2008 年第 4 期。

樊浩：《善恶因果律与伦理合理性》，《上海社会科学院学术季刊》1999 年第 3 期。

樊浩：《"后山河时代"的精神家园》，《东南大学学报》（哲学社会科学版）2020 年第 1 期。

方圆：《善恶报应与善本当行》，《道德与文明》2018 年第 3 期。

葛晨虹：《建立道德奉献与道德回报机制》，《道德与文明》2001 年第 3 期。

黄明理：《善恶因果律的现代转换——道德信仰构建的关键概念》，《华东师范大学学报》（哲学社会科学版）2008 年第 2 期。

李养正：《道教义理之学的特征与亮点》，《中国佛教》2011 年第 7 期。

吕宗力：《从比较视角看先秦至南北朝神灵监督下的善恶报应理论》，《社会科学战线》2016 年第 12 期。

孙长虹：《善恶报应与道德信仰的确立》，《华中科技大学学报》（社会科学版）2014 年第 6 期。

王硕：《"报者，天下之利也"——论内嵌于传统伦理秩序的报机制》，《现代哲学》2001 年第 3 期。

王月清：《中国佛教善恶报应论初探》，《南京大学学报》（哲学·人文·社会科学）1998 年第 1 期。

魏长领：《因果报应与道德信仰——兼评宗教作为道德的保证》，《郑州大学学报》（哲学社会科学版）2004 年第 2 期。

闫孟伟：《道德信念、道德权威性与人的自由》，《教学与研究》2002 年第 11 期。

杨祖汉：《比较康德的德福一致论与孔子的天命观》，《深圳大学学报》

(人文社会科学版）2014 年第 6 期。

翟学伟：《报的运作方式》，《社会学研究》2007 年第 1 期。

译著

［德］阿尔伯特·史怀哲：《文明与伦理》，孙林译，贵州人民出版社 2018 年版。

［美］阿拉斯戴尔·麦金太尔：《谁之正义？何种合理性?》，万俊人等译，当代中国出版社 1996 年版。

［美］阿拉斯戴尔·麦金太尔：《追寻美德——道德理论研究》，宋继杰译，译林出版社 2011 年第 2 版。

［法］阿列克西·德·托克维尔：《论美国的民主》，曹冬雪译，译林出版社 2012 年版。

［美］阿瑟·阿萨·伯格：《通俗文化、媒介和日常生活中的叙事》，姚媛译，南京大学出版社 2006 年第 2 版。

［法］埃德加·莫兰：《伦理》，于硕译，学林出版社 2017 年版。

［美］埃尔菲·艾恩：《奖励的惩罚》，程寅、艾斐译，上海三联书店 2006 年版。

［美］埃里希·弗洛姆：《人心：善恶天性》，向恩译，世界图书出版有限公司分公司 2019 年版。

［法］埃米尔·涂尔干：《社会分工论》，渠东译，生活·读书·新知三联书店 2000 年版。

［美］艾·弗洛姆：《自我的追寻》，孙石译，上海译文出版社 2013 年版。

［美］艾梅兰：《竞争的话语：明清小说中的正统性、本真性及所生成之意义》，罗琳译，江苏人民出版社 2005 年版。

［美］爱利克·埃里克森：《游戏与理智：经验仪式化的各个阶段》，罗山译，世界图书出版公司北京公司 2017 年版。

［法］爱弥尔·涂尔干：《社会学与哲学》，梁栋译，上海人民出版社 2002 年版。

［法］爱弥尔·涂尔干：《宗教生活的基本形式》，渠东、汲喆译，商务印书馆 2011 年版。

［美］安·兰德：《自私的德性》，焦晓菊译，华夏出版社 2014 年版。

［英］B. 威廉斯：《伦理学与哲学的限度》，陈嘉映译，商务印书馆 2017 年版。

［古希腊］柏拉图：《理想国》，郭斌和、张竹明译，商务印书馆 1986 年版。

［美］保罗·费耶阿本德：《知识、科学与相对主义》，陈健等译，江苏人民出版社 2006 年版。

［美］保罗·扎克：《道德博弈：爱和繁荣究竟从何而来》，黄延峰译，中信出版社 2016 年版。

［美］彼得·伯格、［荷］安东·泽德瓦尔德：《疑之颂：如何信而不狂》，曹义昆译，商务印书馆 2013 年版。

［英］伯特兰·罗素：《伦理学和政治学中的人类社会》，肖巍译，中国社会科学出版社 1992 年版。

［英］伯特兰·罗素：《罗素自选文集》，戴玉庆译，商务印书馆 2006 年版。

［英］伯特兰·罗素：《权威与个人》，储智勇译，商务印书馆 2012 年版。

［英］伯特兰·罗素：《心的分析》，贾可春译，商务印书馆 2009 年版。

［法］布莱士·帕斯卡尔：《思想录》，何兆武译，天津人民出版社 2014 年版。

［英］C. S. 路易斯：《荣耀之重：暨其他演讲》，邓军海译注，华东师范大学出版社 2016 年版。

［加］D. 简·科兰迪宁、F. 迈克尔·康纳利：《叙事探究 质的研究中的经验和故事》，张园译，北京大学出版社 2008 年版。

［美］戴维·赫尔曼、詹姆斯·费伦、彼得·拉维诺维奇：《叙事理论：核心概念与批评性辨析》，谭君强等译，北京师范大学出版社 2016 年版。

［英］戴维·罗比森：《伦理学》，郭立东译，生活·读书·新知三联书店 2016 年版。

［英］戴维·罗斯著，普利斯·斯特拉顿－莱克编：《正当与善》，林

南译,上海译文出版社2008年版。

［美、以色列］丹尼尔·卡尼曼、［美］保罗·斯洛维奇、［以色列］阿莫斯·特沃斯基编:《不确定状况下的判断:启发式和偏差》,方文等译,中国人民大学出版社2013年版。

［英］德里克·帕菲特:《理与人》,王新生译,上海译文出版社2005年版。

《杜威全集 中期著作（1899—1924）第五卷（1908）》,魏洪钟等译,华东师范大学出版社2012年版。

［美］杜维明:《中庸:论儒学的宗教性》,段德智译,生活·读书·新知三联书店2013年版。

［德］恩斯特·卡西尔:《人论:人类文化哲学导引》,甘阳译,上海译文出版社2013年版。

［德］恩斯特·卡西尔:《神话思维》,黄龙保、周振选译,中国社会科学出版社1992年版。

［德］费尔巴哈:《宗教的本质》,王太庆译,商务印书馆2010年版。

［德］费希特:《人的使命》,张珍麟译,光明日报出版社2010年版。

［英］冯·哈耶克:《哈耶克论文集》,邓正来选编译,首都经济贸易大学出版社2001年版。

［英］弗兰西斯·哈奇森:《道德哲学体系》,江畅等译,浙江大学出版社2010年版。

［英］弗里德里希·奥古斯特·哈耶克:《自由宪章》,杨玉生等译,中国社会科学出版社2012年版。

［德］弗里德里希·包尔生:《伦理学体系》,何怀宏、廖申白译,中国社会科学出版社1988年版。

［英］弗里德里希·冯·哈耶克:《哈耶克文选》,冯克利译,河南大学出版社2015年版。

［德］弗里德里希·尼采:《人性的,太人性的:一本献给自由精灵的书》,杨恒达译,中国人民大学出版社2005年版。

［英］弗里德利希·冯·哈耶克:《法律、立法与自由》（第1卷）,邓正来等译,中国大百科全书出版社2000年版。

［英］弗里德利希·冯·哈耶克:《法律、立法与自由》（第2、3

卷），邓正来等译，中国大百科全书出版社 2000 年版。

［法］伏尔泰：《风俗论：论各民族的精神与风俗以及自查理曼至路易十三的历史》（上），梁守锵译，商务印书馆 1994 年版。

［英］G. E. R. 劳埃德：《古代世界的现代思考：透视希腊、中国的科学与文化》，钮卫星译，上海科技教育出版社 2008 年版。

［德］格林兄弟：《格林童话》，潘子立译，商务印书馆 2015 年版。

辜鸿铭：《中国人的精神》，王晋华、黄永华注译，北京理工大学出版社 2016 年版。

［德］黑格尔：《法哲学原理》，范扬、张企泰译，商务印书馆 1961 年版。

［德］黑格尔：《精神现象学》，贺麟、王玖兴译，商务印书馆 1979 年第 2 版。

［法］亨利·柏格森：《道德与宗教的两个来源》，王作虹、成穷译，贵州人民出版社 2007 年第 2 版。

［英］亨利·西季威克：《伦理学方法》，廖申白译，中国社会科学出版社 1993 年版。

［英］霍布斯：《利维坦》，黎思复、黎廷弼译，商务出版社 2017 年版。

［法］吉尔·利波维茨基：《责任的落寞——新民主时期的无痛伦理观》，倪复生、方仁杰译，中国人民大学出版社 2007 年版。

［美］杰拉德·普林斯：《叙事学：叙事的形式与功能》，徐强译，中国人民大学出版社 2013 年版。

［美］瑾·克兰迪宁主编：《叙事探究——原理、技术与实例》，鞠玉翠等译，北京师范大学出版社 2012 年版。

［德］卡尔·雅斯贝尔斯：《悲剧的超越》，亦春译，工人出版社 1988 年版。

［德］卡尔·雅斯贝斯：《生存哲学》，王玖兴译，上海译文出版社 2013 年版。

［德］康德：《单纯理性限度内的宗教》，李秋零译，商务印书馆 2012 年版。

［德］康德：《实践理性批判》，韩水法译，商务印书馆 2009 年版。

［美］康儒博：《修仙：古代中国的修行与社会记忆》，顾漩译，江苏人民出版社 2019 年版。

［美］克里斯蒂娜·科尔斯戈德：《规范性的来源》，杨顺利译，上海译文出版社 2010 年版。

［美］夸梅·安东尼·阿皮亚：《认同伦理学》，张容南译，译林出版社 2013 年版。

［法］拉罗什福科：《道德箴言录》，何怀宏译，西苑出版社 2003 年版。

［美］莱昂内尔·特里林：《知性乃道德职责》，严志军、张沫译，译林出版社 2011 年版。

［德］理查德·大卫·普列斯特：《不自私的艺术》，林宏涛译，电子工业出版社 2013 年版。

［新西兰］理查德·乔伊斯：《道德的演化》，刘鹏博、黄素珍译，译林出版社 2017 年版。

［法］列维－布留尔：《原始思维》，丁由译，商务印书馆 2009 年版。

［美］琳恩·斯托特：《培育良知——良法如何造就好人》，李心白译，商务印书馆 2015 年版。

［德］罗伯特·施佩曼：《道德的基本概念》，沈国琴等译，上海译文出版社 2007 年版。

［美］罗伯特·斯科尔斯、詹姆斯·费伦、罗伯特·凯洛格：《叙事的本质》，于雷译，南京大学出版社 2015 年版。

［美］罗纳德·M. 德沃金：《没有上帝的宗教》，於兴中译，中国民主法制出版社 2015 年版。

［英］罗素：《幸福之路》，傅雷译，江苏凤凰文艺出版社 2017 年版。

［英］罗素：《哲学问题》，何兆武译，商务印书馆 2007 年版。

［英］洛克：《人类理解论》，关文运译，商务印书馆 1959 年版。

［美］马克·马陶谢克：《底线：道德智慧的觉醒》，高园园译，重庆出版社 2013 年版。

［德］马克思·舍勒：《同情感与他者》，朱雁冰等译，北京师范大学出版社 2017 年版。

［德］马克思·舍勒：《哲学人类学》，罗悌伦等译，北京师范大学出

版社 2014 年版。

［德］马克斯·韦伯：《经济与历史：支配的类型》，康乐译，广西师范大学出版社 2010 年版。

［德］马克斯·韦伯：《社会学的基本概念》，顾忠华译；《经济行动与社会团体》，康乐、简惠美译，广西师范大学出版社 2011 年版。

［德］马克斯·韦伯：《学术与政治》，钱永祥等译，广西师范大学出版社 2010 年版。

［德］马克斯·韦伯：《印度的宗教：印度教与佛教》，康乐、简惠美译，广西师范大学出版社 2010 年版。

［德］马克斯·韦伯：《中国的宗教：儒教与道教》，康乐、简惠美译，广西师范大学出版社 2010 年版。

［德］马克斯·韦伯：《宗教社会学：宗教与世界》，康乐、简惠美译，广西师范大学出版社 2011 年版。

［美］玛莎·C.纳斯鲍姆：《善的脆弱性：古希腊悲剧与哲学中的运气与伦理》（修订版），徐向东、陆萌译，译林出版社 2018 年第 2 版。

［美］玛莎·C.纳斯鲍姆：《寻求有尊严的生活——正义的能力理论》，田雷译，中国人民大学出版社 2016 年版。

［美］玛莎·努斯鲍姆：《诗性正义——文学想象和公共生活》，丁晓东译，北京大学出版社 2010 年版。

［英］迈克尔·波兰尼：《科学、信仰与社会》，王靖华译，南京大学出版社 2004 年版。

［美］迈克尔·戴维斯：《像工程师那样思考》，丛杭青、沈琪等译，浙江大学出版社 2012 年版。

［美］迈克尔·舍默：《道德之弧：科学和理性如何将人类引向真理、公正与自由》，刘维龙译，新华出版社 2016 年版。

［澳］迈克尔·史密斯：《道德问题》，林航译，浙江大学出版社 2011 年版。

［美］迈克尔·斯洛特：《从道德到美德》，周亮译，译林出版社 2017 年版。

［美］麦特·里德雷：《美德的起源：人类本能与协作的进化》，刘珩译，中央编译出版社 2004 年版。

［美］梅维恒：《哥伦比亚中国文学史》，马小悟等译，新星出版社2016年版。

［英］米歇尔·福柯：《规训与惩罚：监狱的诞生》，刘北成、杨远婴译，生活·读书·新知三联书店2003年第2版。

［美］明恩溥：《中国人的气质》，刘云飞、刘晓旸译，上海三联书店2007年版。

［德］尼采：《悲剧的诞生》，杨恒达译，译林出版社2009年版。

［德］尼采：《尼采著作全集第5卷 善恶的彼岸·论道德的谱系》，赵千帆译，商务印书馆2020年版。

［美］尼尔斯·尼尔森：《理解信念：人工智能的科学理解》，王飞跃、赵学亮译，机械工业出版社2017年版。

［丹麦］尼古拉·彼得森、［瑞典］亚当·阿维森：《道德经济——后危机时代的价值重塑》，刘宝成译，中信出版社2014年版。

［美］尼古拉斯·韦德：《信仰的本能：人类宗教进化史》，陈华译，电子工业出版社2017年版。

［意］尼科洛·马基雅维里：《君主论》，潘汉典译，商务印书馆1985年版。

［英］帕特里克·德富林：《道德的法律强制》，马腾译，中国法制出版社2016年版。

［美］P. 阿勒·维西林、［美］阿拉斯泰尔·S. 冈恩：《工程、伦理与环境》，吴晓东、翁端译，清华大学出版社2003年版。

［美］皮蒂里姆·A. 索罗金：《爱之道与爱之力：道德转变的类型、因素与技术》，陈雪飞译，上海三联书店2011年版。

［美］浦安迪：《中国叙事学》，北京大学出版社1996年版。

［古罗马］普鲁塔克：《哲思与信仰：〈道德论集〉选译》，罗勇译，中国社会科学出版社2018年版。

［英］乔治·弗兰克尔：《道德的基础》，王雪梅译，石绍华、沈德灿译审，国际文化出版公司2007年版。

［美］乔治·桑塔亚纳：《社会中的理性》，张源译，北京大学出版社2008年版。

［法］让-皮埃尔·韦尔南：《神话与政治之间》，余中先译，生活·

读书·新知三联书店 2005 年第 2 版。

［法］萨特：《他人就是地狱：萨特自由选择论集》，周煦良等译，陕西师范大学出版社 2003 年版。

［德］叔本华：《伦理学的两个基本问题》，任立、孟庆时译，商务印书馆 1996 年版。

［美］斯蒂芬·马塞多：《自由主义美德：自由主义宪政中的公民身份、德行与社群》，马万利译，译林出版社 2010 年版。

［英］苏珊·哈克：《证据与探究——对认识论的实用主义重构》，刘叶涛、张力锋译，中国人民大学出版社 2018 年版。

［美］孙康宜主编：《剑桥中国文学史》（下），刘倩等译，生活·读书·新知三联书店 2013 年版。

［以色列］索尔·史密兰斯基：《10 个道德悖论》，王习胜译，中国人民大学出版社 2018 年版。

［英］塔拉·史密斯：《有道德的利己》，王旋、毛鑫译，华夏出版社 2014 年版。

［英］特里·伊格尔顿：《甜蜜的暴力——悲剧的观念》，方杰、方宸译，南京大学出版社 2007 年版。

［美］梯利：《伦理学导论》，何意译，北京师范大学出版社 2015 年版。

［美］提摩太·夏纳罕、罗宾·王编著：《理性与洞识——东方与西方求索道德智慧的视角》，王新生等译，复旦大学出版社 2012 年版。

［美］托德·莱肯：《造就道德——伦理学理论的实用主义重构》，陶秀璈等译，北京大学出版社 2010 年版。

［美］托马斯·卡思卡特：《电车难题》，朱沉之译，北京大学出版社 2014 年版。

［美］托马斯·内格尔：《本然的观点》，贾可春译，中国人民大学出版社 2010 年版。

［美］托马斯·内格尔：《理性的权威》，蔡仲、郑玮译，上海译文出版社 2013 年版。

［美］托马斯·斯坎伦：《我们彼此负有什么义务》，陈代东等译，人民出版社 2008 年版。

［美］威廉·詹姆士：《实用主义：某些旧思想方法的新名称》，李步楼译，商务印书馆 2009 年版。

［意］维柯：《新科学》，朱光潜译，人民文学出版社 1986 年版。

［英］维特根斯坦：《维特根斯坦论伦理学与哲学》，江怡译，浙江大学出版社 2011 年版。

［美］伍德：《黑格尔的伦理思想》，黄涛译，知识产权出版社 2016 年版。

［美］希拉里·普特南：《理性、真理与历史》，童世骏、李光程译，上海译文出版社 2005 年版。

［英］休谟：《道德原则研究》，曾晓平译，商务印书馆 2001 年版。

［英］休谟：《自然宗教对话录》，陈修斋、曹棉之译，商务印书馆 1962 年版。

［英］休谟：《宗教的自然史》，曾晓平译，商务印书馆 2014 年版。

［荷］许理和：《佛教征服中国：佛教在中国中古早期的传播与适应》，李四龙、裴勇等译，江苏人民出版社 2017 年版。

［法］雅克·朗西埃：《文学的政治》，张新木译，南京大学出版社 2014 年版。

［英］亚当·斯密：《道德情操论》，蒋自强等译，商务印书馆 2009 年版。

［古希腊］亚里士多德：《尼各马可伦理学》，廖申白译注，商务印书馆 2003 年版。

［古希腊］亚里士多德：《诗学》，陈中梅译注，商务印书馆 1996 年版。

［古希腊］亚理斯多德：《诗学》，罗念生译；［古罗马］贺拉斯：《诗艺》，杨周翰译，人民文学出版社 1962 年版。

［英］以赛亚·伯林：《现实感》，潘荣荣、林茂译，译林出版社 2004 年版。

［德］尤尔根·哈贝马斯：《包容他者》，曹卫东译，上海人民出版社 2018 年版。

［德］尤尔根·哈贝马斯：《对话伦理学与真理的问题》，沈清楷译，中国人民大学出版社 2005 年版。

［德］尤尔根·哈贝马斯：《合法化危机》，刘北成、曹卫东译，上海人民出版社 2009 年版。

［德］尤尔根·哈贝马斯：《交往行为理论：行为合理化与社会合理化》，曹卫东译，上海人民出版社 2004 年版。

［美］宇文所安主编：《剑桥中国文学史》（上），刘倩等译，生活·读书·新知三联书店 2013 年版。

［澳］约翰·L. 麦凯：《伦理学：发明对与错》，丁三东译，上海译文出版社 2007 年版。

［加］约翰·M. 瑞斯特：《真正的伦理学——重审道德之基础》，向玉乔等译，中国人民大学出版社 2012 年版。

［美］约翰·杜威：《确定性的寻求——关于知行关系的研究》，傅统先译，上海人民出版社 2005 年版。

［美］约翰·杜威：《人的问题》，傅统先、邱椿译，上海人民出版社 2006 年版。

［美］约瑟夫·劳斯：《涉入科学——如何从哲学上理解科学实践》，戴建平译，苏州大学出版社 2010 年版。

［荷］约斯·德·穆尔：《命运的驯化——悲剧重生于技术精神》，麦永雄译，广西师范大学出版社 2014 年版。

［美］詹姆斯·D. 贝尔德、劳丽·纳德尔：《幸福基因——把藏在DNA 之中的积极潜能释放出来》，邢科、柴利君译，商务印书馆 2012 年版。

［美］詹姆斯·雷切尔斯、斯图尔特·雷切尔斯：《道德的理由》，杨宗元译，中国人民大学出版社 2014 年版。

［美］詹姆斯·斯特巴：《心灵三问：伦理学与生活》，李楠译，中国人民大学出版社 2015 年版。

朱光潜：《悲剧心理学——各种悲剧快感理论的批判研究》，张隆溪译，江苏文艺出版社 2009 年版。